Lukas Greitemann

Copywriting

Worte, die wirken. Sätze, die verkaufen. Ideen, die bleiben.

Rheinwerk
Computing

Liebe Leserin, lieber Leser,

fühlst du dich manchmal, als würden deine Texte in den unendlichen Weiten des Marketingmeers untergehen? Wünschst du dir, dass deine Worte nicht nur informieren, sondern echte Reaktionen auslösen – Klicks, Anmeldungen und Verkäufe?

Dann hältst du die Lösung bereits in der Hand. In diesem Buch zeigt dir Copywriting-Profi Lukas Greitemann, wie du einfache Worte in starke Verkaufsbotschaften verwandelst. Egal, ob du gerade erst in die Welt des Copywritings einsteigst oder schon erfahrener Marketer bist und noch mehr aus deinen Texten holen willst. Dieses Buch liefert dir alles, was du brauchst, um richtig gute Copy zu verfassen.

Denn es geht um mehr als nur schöne Texte – es geht um die *richtigen* Texte: um *Worte, die wirken, Sätze, die verkaufen, und Ideen, die bleiben*. Copywriting bedeutet, durch psychologisches Know-how und gezielte Überzeugungstechniken Menschen zu einer konkreten Handlung zu bewegen. Es ist die entscheidende Fähigkeit, mit der du aus Interessenten begeisterte und treue Kunden machst. Lukas Greitemann führt dich praxisnah vom Großen ins Kleine: von den psychologischen Grundlagen und der Konzeption ganzer Kampagnen über den Aufbau von Landingpages, Anzeigen und E-Mails bis zur Wahl der perfekten Worte. Hier lernst du, wie du deine Zielgruppe wirklich verstehst, unwiderstehliche Angebote formulierst und mit bewährten Formeln, Vorlagen und KI-Best-Practices souverän überzeugst.

Zum Schluss noch ein Hinweis in eigener Sache: Dieses Buch wurde mit großer Sorgfalt geprüft und produziert. Solltest du dennoch Fehler finden, Fragen zum Buch haben, Anregungen, Lob oder Kritik loswerden wollen, schreib mir gerne jederzeit. Ich freue mich auf den Austausch mit dir.

Und nun wünsche ich die viel Spaß beim Lesen und vor allem viel Erfolg mit deinen verkaufsstarken Texten!

Dein Felix Jüstel
Lektorat Rheinwerk Computing

felix.juestel@rheinwerk-verlag.de
www.rheinwerk-verlag.de
Rheinwerk Verlag · Rheinwerkallee 4 · 53227 Bonn

Auf einen Blick

Wir hoffen, dass Sie Freude an diesem Buch haben und sich Ihre Erwartungen erfüllen. Falls Sie Anregungen, Wünsche und Kommentare haben, lassen Sie es uns wissen: **service@rheinwerk-verlag.de**.

Informationen zu unserem Verlag und Kontaktmöglichkeiten finden Sie auf unserer Verlagswebsite **www.rheinwerk-verlag.de**. Dort können Sie sich auch umfassend über unser aktuelles Programm informieren und unsere Bücher und E-Books bestellen.

Autor Lukas Greitemann
Lektorat Felix Jüstel
Copy-Editing Annette Lennartz, Bonn
Typografie & Layout Vera Brauner, Maxi Beithe
Satz III-satz, Kiel
Herstellung Nadine Preyl
Covergestaltung Mai Loan Nguyen Duy
Druck Beltz Grafische Betriebe, Bad Langensalza

FSC
www.fsc.org
MIX
Papier | Fördert gute Waldnutzung
FSC® C089473

Dieses Buch wurde mit mineralölfreien Farben auf FSC-zertifiziertem Papier aus nachhaltiger Waldwirtschaft gedruckt. Der Umwelt zuliebe verzichten wir zusätzlich auf die Einschweißfolie. Hergestellt in Deutschland.

Bibliografische Information der Deutschen Nationalbibliothek:
Die Deutsche Nationalbibliothek verzeichnet diese Publikation in der Deutschen Nationalbibliografie; detaillierte bibliografische Daten sind im Internet über *http://dnb.dnb.de* abrufbar.

ISBN 978-3-367-11156-5

1. Auflage 2026

Rheinwerk Verlag GmbH • Rheinwerkallee 4 • 53227 Bonn
service@rheinwerk-verlag.de

Inhalt

Vorwort

Mal angenommen, dieses Buch wäre vollständig von einer künstlichen Intelligenz verfasst worden. Sei ehrlich, würdest du dir verarscht vorkommen? Sicher, und das auch zu Recht.

Wenn ich dir nun aber sagen würde, dass ich KI für meine Recherche und meinen Arbeitsprozess genutzt habe, dann sähe deine Reaktion doch bestimmt anders aus, oder? Ich gehe mal davon aus, dass du dann viel verständnisvoller bist.

Ich kann dir auf jeden Fall versichern, dass bis auf ausgewiesene KI-Beispiele jedes Wort in diesem Buch selbst geschrieben ist. Ganz einfach, weil ich Spaß daran habe und das Schreiben liebe. Und hätte ich das nicht getan, würde es sich auch sehr falsch anfühlen und ich könnte nicht ruhig schlafen.

Ach ja, und aus noch einem viel wichtigeren Grund, nämlich weil ich glaube (und hoffe), dass du lieber ein Buch von einem echten Menschen liest als eines von einer KI, richtig? Sehr schön, das wollte ich hören! Dann können wir uns ja vorab kurz mit ein paar Punkten beschäftigen, die einzuordnen mir noch wichtig ist.

Weshalb überhaupt dieses Buch?

Warum das Buch, wo du doch alle Informationen zum Copywriting auch online findest oder ganz einfach die KI fragen kannst? Du kannst dir von ChatGPT oder anderen Sprachmodellen auch Copy verfassen lassen, sogar sehr gute! All die Konzepte, all die Formeln und Tipps kannst du ebenfalls erfragen und dir direkt von einer KI innerhalb weniger Sekunden umsetzen lassen. Zugegeben, dann müsstest du dieses Buch nicht lesen.

Es gibt aber dennoch einen Unterschied: Die KI hat keine persönliche Erfahrung. Und die möchte ich dir in diesem Buch gerne mitgeben.

Früher hieß es: Wissen ist Macht. In Zeiten der künstlichen Intelligenz stimmt das nicht mehr, da alle den gleichen Zugang zu Wissen haben. Heute ist Erfahrung und die sinnvolle, schnelle Umsetzung von Wissen Macht. Wer die großen Zusammenhänge versteht, sich gezielt Wissen holt und dieses gekonnt und agil in Systemen umsetzt, die für einen selbst hervorragend funktionieren, der gewinnt.

Aber wird das Schreiben wirklich komplett aussterben? Werden wir in Zukunft all unsere Texte nur noch mithilfe von künstlicher Intelligenz verfassen? Ich sag's mal so: Mark Zuckerberg war sich 2015 sicher, wir würden schon jetzt alle mit salonfähigen VR-Brillen rumlaufen, anstatt ein Handy zu benutzen. Frank Thelen meinte

2018, wir würden noch vor 2030 alle in fliegenden Taxis sitzen. Elon Musk hat sich auch schon längst auf dem Mars gesehen. Sam Altman sagt, eine einzige Person könne in Zukunft mit KI ein 1-Milliarde-Dollar-Unternehmen ohne Mitarbeiter führen.

Und dennoch sitze ich hier auf diesem wunderschönen, grünen, lebensspendenden Planeten, werde noch immer von Toyota Corollas von Uber über den Asphalt kutschiert, habe weder 1 Milliarde auf dem Konto noch Bock darauf, ganz allein mit Robotern zu arbeiten, und 'ne dusselige Brille, die einen simplen Videocall vernünftig annehmen kann, möchte ich auch nicht haben. Danke, Elon. Danke, Mark. Danke, Sam. Danke für nichts, außer dystopischen Versprechen.

Okay, ruppiger Einstieg, kommen wir mal wieder runter (atme, Lukas, atme) und betrachten das alles ganz nüchtern. Wir wissen schlicht nicht, was die Zukunft bringt. Niemand kann das vorhersagen, auch wenn dir alle einreden wollen, sie wüssten es. Wenn dir jemand jetzt online Panik macht wegen der künstlichen Intelligenz und dir einreden will, dass du unbedingt in den nächsten 3 Jahren damit reich werden musst, weil es dich sonst nicht mehr gibt: Chill. Das sind Menschen, die genau das wollen, Panik verbreiten, um an dir Geld zu verdienen, Vorhang gelüftet. Es wird dich in 10 Jahren noch geben, es wird auch Arbeit in 10 Jahren noch geben. Du wirst es schaffen, da bin ich mir ganz, ganz sicher. Ich glaube an dich.

Wird sich unsere Arbeit verändern? Klar, hat sie ja jetzt schon. Und bestimmt sitzen wir irgendwann auch mal in einem fliegenden Taxi. Jedoch wird es, denke ich, nicht so apokalyptisch, wie dir aktuell alle weismachen wollen. Veränderung und Innovation funktioniert nur so intensiv und so lange, wie die Menschen sie auch nutzen wollen. Wenn die Gesellschaft einfach nicht möchte, dass die persönliche Interaktion mit Menschen, dass Filme mit echten Schauspielern oder Bücher von echten Autoren vollständig aussterben, dann werden sie es auch nicht.

Aber hey, das ist nur meine bescheidene Meinung. Denn ob du es glaubst, oder nicht, auch ich weiß nicht, was in den nächsten Jahren passiert. Aber ich mache mir keine Sorgen. Wieso? Weil ich das vorher auch noch nie wusste, und siehe da, hier bin ich noch.

Natürlich sind Berufe, die viel mit Text arbeiten, im besonderen Maße betroffen. Doch auch, wenn es viele denken: Beim Copywriting geht es nicht in erster Linie um das Schreiben. Puh, Glück gehabt! Es geht um das Verstehen, Erkennen und Überzeugen. Verstehen, wer deine Leser sind und was sie möchten. Erkennen, welche ungelösten Probleme und Bedürfnisse sie haben. Und schließlich geht es darum, mit Ideen und Kommunikation zu überzeugen. Text ist nur das Vehikel, aber Menschen verstehen und sie überzeugen zu können, das ist die eigentliche Arbeit.

Wer ich bin und weshalb ich dir überhaupt etwas über Copywriting erzählen darf

Hi, ich bin Lukas. Aber das wusstest du ja schon vom Titel. Ich hasse Selbstvorstellungen abgrundtief. (Kennst du das in Seminaren, wenn es reihum geht, man immer nervöser wird, bevor man drankommt und in der Zeit seinen eigenen Namen vergessen hat? So sehr hasse ich das.) Aber du sollst ja wissen, dass ich mal gelernt habe, was ich hier predigen werde, und darin auch Erfahrung habe, daher im Schnelldurchlauf meine Vita:

Bachelor in Angewandter Psychologie (ja, Oma Dodo, leider nur den Bachelor – ich brauche keinen Master mehr!), dann bei GEDANKENtanken (heute Greator) 4 Jahre lang die Copy geschrieben, 2019 als Copywriter selbstständig gemacht, seit 2021 die Agentur onely digital GmbH in Köln gemeinsam mit meinen Freunden und Geschäftspartnern Matthias Schacknies und René Hentschke gegründet. In den letzten 10 Jahren durfte ich in der Onlinemarketing- und Weiterbildungsszene so ziemlich alles begleiten, schreiben und auch konsumieren, was es an Methoden und Wissen gibt. Und wenn du dich in der Branche etwas bewegst, dann ist die Wahrscheinlichkeit sehr groß, dass du schon über Texte von mir gestolpert bist oder vielleicht sogar durch sie etwas gekauft hast. Von Solopersonenmarken über Agenturen, etablierte mittelständische Unternehmen bis hin zu großen Konzernen war mittlerweile alles dabei.

Okay, dafür, dass ich Selbstvorstellungen angeblich so sehr hasse, ist dieser Absatz doch recht lang geworden, daher ist hier auch Schluss. Ab jetzt geht's 380 Seiten lang nur noch um dich. Ich wollte dir nur die Sicherheit geben, dass ich schon einiges gesehen und unterschiedlichste Projekte aus unterschiedlichen Branchen betreut habe. Ich durfte also sehr viel testen, scheitern, lernen, gewinnen, besser machen – damit du in diesem Buch von dieser Erfahrung profitierst.

Wie dieses Buch aufgebaut ist ...

Auch, wenn es in diesem Buch um das Thema Copywriting geht, also im Wesentlichen um das Texten, möchte ich dir darüber hinaus die Struktur, die einzelnen Stellschrauben, die Psychologie und die Argumentationsweise von erfolgreicher Copy näherbringen. Denn das Handwerkzeug musst du beherrschen, um überhaupt einen Effekt mit deinen Werbetexten erzielen zu können. Selbst der schönste Text verpufft komplett, wenn auch nur ein wichtiges Element fehlt. Deine Affinität fürs Schreiben und die Übung entscheiden dann darüber, wie gut deine Texte bei den Lesern ankommen und wie überzeugend sie sind. Daher gehen wir in diesem Buch auch genauso vor – erst Grundlagenwissen, dann Aufbau, dann Praxis.

Wir befassen uns in Teil I, »Einführung, Beruf und KI«, zunächst mit der Geschichte des Copywritings (Kapitel 1), deinen Karrieremöglichkeiten (Kapitel 2) und dem Elefanten im Raum, der künstlichen Intelligenz (Kapitel 3). Danach tauchen wir in Teil II, »Erfolgreiche Marketingkampagnen konzipieren«, in die Theorie, Recherche und Vorbereitung ein: Du lernst die wichtigsten verkaufspsychologischen Grundlagen kennen (Kapitel 4), die Marketing-Basics (Kapitel 5) und Copywriting-Grundregeln (Kapitel 6) sowie den wohl wichtigsten Part jeder Marketingkampagne, die Konzeption und Recherche (Kapitel 7). Wenn du das alles drauf hast, gehen wir in Teil III, »Der Aufbau von überzeugendem Marketing«, über zu den grundlegenden Formeln (Kapitel 8) und den konkreten Templates im Copywriting (Kapitel 9). Das wird der größte Part, du erhältst von mir viele genaue Vorlagen, wie du deine Verkaufstexte aufbauen solltest.

In Teil IV, »Die entscheidenden Worte«, dem letzten Teil des Buches, widmen wir uns dann den konkreten Formulierungen (Kapitel 10), dem Schreiben und dem Editieren der Werbetexte (Kapitel 11). Als kleinen Bonus erhältst du ganz zum Schluss noch Tipps aus dem Alltag eines Copywriters von mir (Kapitel 12), damit du das Gelernte direkt noch effektiver anwenden kannst und nicht die gleichen Fehler begehst, die ich zu Beginn meiner Laufbahn begangen habe.

... und wie du dieses Buch nutzen solltest

Mein Anspruch ist, dir wirklich alles Notwendige mitzugeben, das Einmaleins des deutschen Copywritings. Ja, des deutschen, denn viele Techniken kommen zwar aus den USA, müssen für den deutschen Markt aber angepasst werden, auch wenn früher oder später alles aus Amerika bei uns ankommt.

Du sollst am Ende dieses Buches in der Lage sein, die wesentlichen Konzepte zu verstehen, wissen, welche Information an welche Stelle innerhalb einer Kampagne gehört und wie du die einzelnen Elemente ausformulierst.

Daher geht es hier zunächst nicht um schöne Formulierungen, unnötige Wortakrobatik oder ums Phrasendreschen – nein, wir gehen richtig an die Substanz. Wie bereits erwähnt, ist es meiner Erfahrung nach nämlich viel wichtiger, die richtigen Informationen an der richtigen Stelle zu liefern und argumentativ zu überzeugen, als sich in hübschen, selbstdarstellerischen Worthülsen zu verlieren.

Noch ein letztes Wort, bevor wir beginnen

Ich freue mich wirklich sehr, dass du den Weg hierher gefunden hast, und kann dich nur beglückwünschen: Besser und überzeugender zu kommunizieren und zu schreiben, ist – egal, wo du es einsetzt – eine sehr wertvolle Fähigkeit für dein Leben. Und ich möchte dir auch jetzt schon danken. Ich hoffe natürlich, dass sich die Entscheidung für dieses Buch sehr schnell für dich auszahlen wird. Aber genug des Vorgeplänkels: Viel Spaß beim Lesen und viel Erfolg beim Umsetzen!

Teil I

Einführung, Beruf und KI

Kapitel 1

Einführung ins Copywriting

Was ist Copywriting überhaupt? Woher kommt es? Und weshalb ist der Beruf des Copywriters in den letzten Jahren so beliebt geworden? Zum Einstieg möchte ich dir eine kleine Definition des Berufs geben, einen kleinen Rückblick, woher er stammt, und dir auch ganz kurz einige der bekanntesten Persönlichkeiten des Copywritings vorstellen. Abschließend nenne ich dir noch meine Definition von Conversion Copywriting und weshalb es sich um eine andere Disziplin als das klassische Texten handelt.

Ich weiß nicht, mit welchem Wissensstand du dieses Buch erworben hast. Arbeitest du im Marketing oder in einem ähnlichen Beruf und möchtest mehr über das Überzeugen durch Worte erfahren? Oder kennst du den Begriff Copywriting bereits, hast mal hier und da etwas darüber gelesen – möchtest dich aber noch genauer informieren, ob das vielleicht auch für dich eine spannende Karrieremöglichkeit wäre? Vielleicht hast du aber auch noch nie etwas darüber gehört und warst neugierig, was es mit diesem Beruf auf sich hat?

So oder so bist du herzlich willkommen, tiefer in die Welt des Copywritings einzutauchen. Und ich freue mich riesig, dass du deinen Weg hierher gefunden hast. Ja, ich fühle mich aufrichtig geehrt, denn schließlich könntest du dir alles einfach im Internet, auf Wikipedia und über ChatGPT stückweise zusammensuchen. Doch du hältst noch ein echtes Buch in Händen und meinst es ernst mit deinem Interesse. Du hast mir einen Vertrauensvorschuss gezahlt, damit ich dir mit meiner Erfahrung etwas darüber erzählen kann. Das macht mich ebenfalls ein wenig stolz, danke!

Wie bereits im Vorwort geschildert, nähern wir uns Schritt für Schritt der Thematik an. Und falls du ganz neu im Marketing und Werbetexten bist, sollten wir uns zunächst der wichtigsten Frage widmen: Was ist Copywriting? Und was bringt es dir, deinem Unternehmen und deinen Lesern?

1.1 Was ist Copywriting überhaupt?

Jetzt mal Butter bei die Fische: Was ist Copywriting? Hieß das nicht früher einfach Werbetexten?

Ja, würde man Copywriting ins Deutsche übersetzen (was nicht geht, da es sich um eine eigene Berufsbezeichnung handelt), käme der Begriff Werbetexten dem wohl am nächsten. Laut DeepL ist die direkte Übersetzung sogar »Texterstellung«, was in meinen Augen ebenfalls als Wortwahl stark hinkt.

Ich für meinen Teil habe immer ein Problem damit, wenn Copywriting einfach mit dem klassischen Texten oder »nur« Werbetexten verglichen wird, denn Copywriting unterscheidet sich doch sehr stark in der Ausführung und dem Ziel des Textes. So richtig scheinen sich aber auch deutsche Copywriter nicht einig zu sein, was Copywriting denn nun ist. Denn alle treffen andere Aussagen, in der Hoffnung, dass jede wohl einen Teil der Wahrheit beinhaltet:

- *Copywriting transportiert die Seele deiner Brand.*
- *Copywriting ist Content, der verkauft.*
- *Copywriting ist ein Verkaufsgespräch via Text.*
- *Copywriting erweckt dein Angebot zum Leben.*

Für mich ist Copywriting etwas anderes, meine Definition lautet:

> *Das strategische Konzipieren von Werbemaßnahmen und das emotionale wie überzeugende Schreiben, das eine direkte sowie messbare Handlung der Zielgruppe zur Folge hat.*

Okay, noch mal einfacher formuliert: Du sorgst für echte, messbare Ergebnisse. Und du schreibst nicht nur die Texte, sondern konzipierst ganze Werbekampagnen, die auch wirklich echte Ergebnisse erzielen können.

Um das etwas genauer zu erklären, sollten wir zunächst einen kleinen Blick auf die Geschichte und Entwicklung des Copywritings werfen, damit du verstehst, weshalb nicht nur das Verfassen schöner Texte gemeint ist.

1.2 Die Geschichte des Copywritings

Ich will's nicht zu trocken werden lassen, daher fasse ich mich kurz: Lass uns einen Schritt in die Vergangenheit machen und uns anschauen, woher das klassische Copywriting stammt und wie es sich über die Jahre entwickelt hat.

Copywriting hat seinen Ursprung im Direktmarketing der Printmedien. Direktmarketing beschreibt eine Werbemaßnahme, auf die eine direkt messbare Handlung des Lesers erfolgen soll. Der Begriff »Copy« bezieht sich auf ebendiesen Text einer Werbeanzeige – egal, ob in der Zeitung oder in Postwurfsendungen.

Damit du sofort ein Bild davon hast, habe ich in Abbildung 1.1 eines der anschaulichsten und bekanntesten Beispiele für Copy für dich: den Werbebrief von Martin Conroy für das »Wall Street Journal«, der wohl (so behauptet man im Internet) über die Jahre der Zeitschrift mehr als 2 Milliarden US$ an Abonnements eingespielt haben soll.

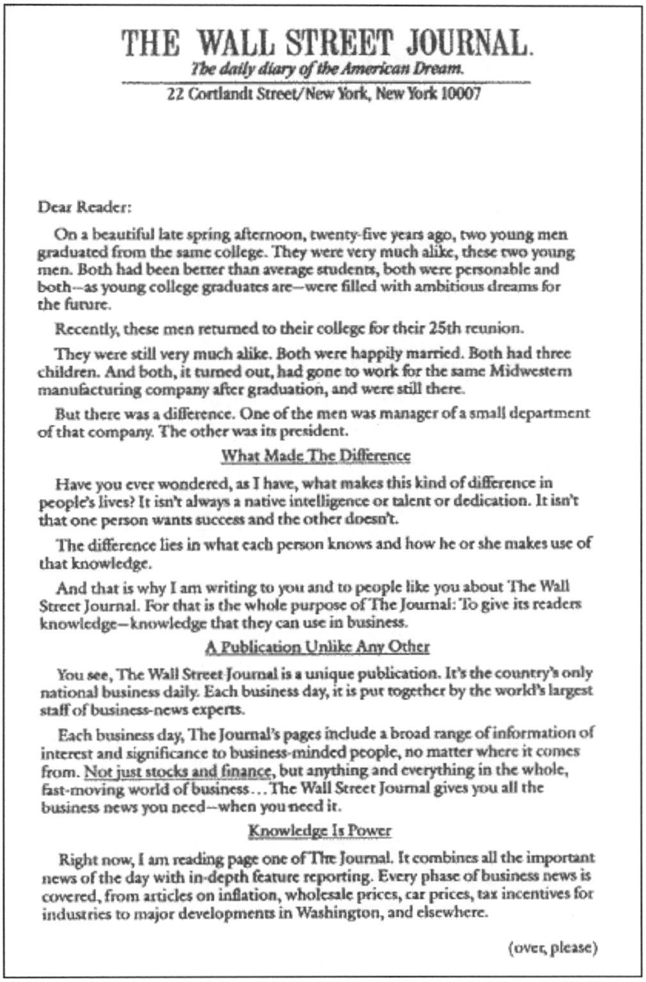

THE WALL STREET JOURNAL.
The daily diary of the American Dream.
22 Cortlandt Street/New York, New York 10007

Dear Reader:

On a beautiful late spring afternoon, twenty-five years ago, two young men graduated from the same college. They were very much alike, these two young men. Both had been better than average students, both were personable and both—as young college graduates are—were filled with ambitious dreams for the future.

Recently, these men returned to their college for their 25th reunion.

They were still very much alike. Both were happily married. Both had three children. And both, it turned out, had gone to work for the same Midwestern manufacturing company after graduation, and were still there.

But there was a difference. One of the men was manager of a small department of that company. The other was its president.

What Made The Difference

Have you ever wondered, as I have, what makes this kind of difference in people's lives? It isn't always a native intelligence or talent or dedication. It isn't that one person wants success and the other doesn't.

The difference lies in what each person knows and how he or she makes use of that knowledge.

And that is why I am writing to you and to people like you about The Wall Street Journal. For that is the whole purpose of The Journal: To give its readers knowledge—knowledge that they can use in business.

A Publication Unlike Any Other

You see, The Wall Street Journal is a unique publication. It's the country's only national business daily. Each business day, it is put together by the world's largest staff of business-news experts.

Each business day, The Journal's pages include a broad range of information of interest and significance to business-minded people, no matter where it comes from. Not just stocks and finance, but anything and everything in the whole, fast-moving world of business... The Wall Street Journal gives you all the business news you need—when you need it.

Knowledge Is Power

Right now, I am reading page one of The Journal. It combines all the important news of the day with in-depth feature reporting. Every phase of business news is covered, from articles on inflation, wholesale prices, car prices, tax incentives for industries to major developments in Washington, and elsewhere.

(over, please)

Abbildung 1.1 Sales Letter des »Wall Street Journals« von Martin Conroy

Ich übersetze mal den Einstieg der Mail, damit ich dir zeigen kann, weshalb diese Copy so genial ist.

Der Einstieg des Sales Letters des »Wall Street Journals« übersetzt

Liebe Leserin, lieber Leser,

an einem schönen Nachmittag im späten Frühling vor 25 Jahren schlossen zwei junge Männer ihr Studium an derselben Hochschule ab.

Diese beiden jungen Männer waren sich sehr ähnlich. Beide waren überdurchschnittlich gute Studenten gewesen, beide waren sympathisch und beide hatten – wie junge Hochschulabsolventen eben so sind – große Träume für die Zukunft.

Kürzlich kehrten diese Männer zu ihrem 25-jährigen Jubiläum an ihre Hochschule zurück.

Sie waren sich immer noch sehr ähnlich. Beide waren glücklich verheiratet. Beide hatten drei Kinder. Und wie sich herausstellte, hatten beide nach ihrem Abschluss bei demselben Produktionsunternehmen im Mittleren Westen angefangen und arbeiteten immer noch dort.

Aber es gab einen Unterschied. Einer der Männer war Leiter einer kleinen Abteilung dieses Unternehmens. Der andere war dessen Präsident.

Was machte den Unterschied?

Haben Sie sich jemals so wie ich darüber gewundert, was einen solchen Unterschied im Leben der Menschen ausmachen kann?

Es ist nicht angeborene Intelligenz oder Talent oder Engagement. Es ist nicht so, dass der eine den Erfolg mehr will und der andere nicht. Der Unterschied liegt darin, was jeder Einzelne weiß – und wie er oder sie dieses Wissen nutzt.

Und deshalb schreibe ich Ihnen und Menschen wie Ihnen über das »Wall Street Journal«.

Denn genau das ist der Zweck des Journals: seinen Lesern Wissen zu vermitteln – Wissen, das sie in der Wirtschaft nutzen können.

Das ist Copywriting. Eine emotionale Geschichte, die überzeugend die Glaubenssätze der Leser verändert – und sie zu einer direkten Handlung führt. Sie nimmt dich mit in das Leben dieser zwei Männer: »*An einem schönen Nachmittag im späten Frühling*« und versetzt dich direkt in die Situation. Danach gibt es einen Twist im Plot, auf den alle eine Antwort haben möchten (Warum ist der eine erfolgreicher als der andere, sie hatten doch beide genau die gleichen Voraussetzungen?), nur um dann die scheinbar simple Lösung zu präsentieren: Lies das Wall Street Journal – und du wirst ebenfalls so erfolgreich. Willkommen im Copywriting. Du musst zugeben, jetzt würdest du auch gern einen Blick in das Journal werfen, oder?

(Ach ja, falls du dich später wunderst: Ich werde hier in diesem Buch dennoch häufiger auch vom Werbetexten sprechen. Es gibt einfach keinen besseren deutschen Begriff dafür, aber du weißt jetzt, was ich meine.)

1.2.1 A Brief History of Copywriting

Ich habe es dir ja versprochen, wir machen nur eine kurze (!) Zeitreise, immerhin haben wir noch einiges vor uns. Aber ich finde es wichtig, dass du weißt, woher Copywriting überhaupt stammt.

Und entgegen allen Marktentwicklungen der letzten Jahre und Jahrzehnte – und auch denen der kommenden Jahre – kannst du so erkennen, dass sich eigentlich gar nicht viel verändert hat in den letzten 120 Jahren. Die menschlichen Ängste, Sorgen, Bedürfnisse, Motive und Träume bleiben im Kern immer gleich. Und daher bleiben Marketing und Copywriting im Wesentlichen auch immer gleich. Nur das Spielfeld hat sich über die Jahre verändert.

Beginnen wir unsere kleine Führung durch die Historie Ende des 19. Jahrhunderts, in dem Jahr der erstdatierten Werbekampagne in *dem* Sinne, wie wir sie heute kennen, dem sagenumwobenen *Funnel*. Im Jahr 1898 entwickelte Elias St. Elmo Lewis ein Modell, das eine theoretische Kundenreise vom Moment der Aufmerksamkeit des Lesers für eine Marke oder ein Produkt bis zu einer Handlung oder zum Kauf abbildete. Seine Idee wird als Ursprung des *AIDA-Modells* bezeichnet, ein Akronym, das für Awareness (Aufmerksamkeit), Interest (Interesse), Desire (Wunsch) und Action (Handlung) steht. Davon hast du sicherlich schon gehört, oder? Falls nicht: In Kapitel 8, »Bewährte Formeln und Konzepte für jeden Werbetext«, widmen wir uns der AIDA-Formel intensiver. Sie ist der Grundstein für psychologisches und systematisches Marketing – und hat bis heute noch immer Bestand.

In den 1920er Jahren entwickelte sich dann Copywriting von der reinen verkaufsfördernden Maßnahme zu einer wesentlich wissenschaftlicheren Arbeit, da erstmals Daten erhoben und Tests gemacht wurden. Das alles ist Claude C. Hopkins zu verdanken, der mit seinem Buch »Scientific Marketing« entscheidend dazu beitrug, Marketing und Werbetexte zu optimieren und gegeneinander zu testen. Die Goldenen Zwanziger waren auch für Marketing und Copywriter der Beginn, richtig Fahrt aufzunehmen.

Spulen wir vor in die 1960er Jahre: Whisky, Zigaretten, gegelte Haare und feine Anzüge – die Blütezeit der klassischen Werbung und der stilvollen Copywriter. Viele nennen die Serie »Mad Men« mit ihrem Hauptcharakter Don Draper als Paradebeispiel für die Copywriter in dieser Zeit. Man munkelt sogar, dass sein Seriencharakter auf David Ogilvy beruhen soll, dem vielleicht bekanntesten Marketer und Copywriter aller Zeiten. Da ich persönlich in den 1960ern noch nicht anwesend war, kann ich das nicht bestätigen. Aber so (oder so ähnlich) wie in der Serie stell ich's mir auch vor. In dieser Zeit entstanden einige der besten Werbekampagnen aller Zeiten und haben das Copywriting völlig neu definiert. Einige dieser klassischen Beispiele werde ich dir in diesem Buch auch zeigen.

Jetzt folgt wieder ein Zeitsprung, diesmal in die Nullerjahre: Marketing erobert das Internet. Oder das Internet erobert Marketing. Denn das, was früher so herrlich mit Postwurfsendungen funktioniert hat, wird einfach online repliziert, mit dem Unterschied, dass es *noch* direkter und günstiger ist und *noch* erfolgreicher.

Anfang der 2010er Jahre in Deutschland: »Oh, wie schön ist Panama!«, würde Janosch sagen. Hierzulande sagten Onlinemarketer: »Oh, wie schön ist das rückschrittige Deutschland!«, denn egal, wie räudig, egal, wie undurchdacht, egal, wie plump und hässlich das Marketing war – es funktionierte. Wer Reichtum im Internet versprach, konnte sichergehen, dass er genügend Käufer fand. Ads auf Facebook oder Google kosteten weniger als eine gemischte Tüte vom Kiosk, fast jede Werbekampagne brachte einen schwindelerregenden Return on Investment ... es herrschte Goldgräberstimmung. Man musste nur clever genug sein, über den Teich nach Amerika zu schauen und da die Strategien zu klauen, sie ins Deutsche zu übersetzen und etwas den Ton zu verändern – zack, hatte man quasi Geld gedruckt. Onlinemarketing war zu der Zeit zu leicht, um wahr zu sein. Und die, die es nur halbwegs verstanden hatten, haben sich ein goldenes Näschen verdient. Bis zu diesem Zeitpunkt gab es in Deutschland vielleicht gerade mal eine Handvoll Marketer, die den Begriff »Copywriting« überhaupt kannten.

Doch was ist immer das große Problem, wenn es zu leicht ist, Geld zu verdienen? Richtig, der Qualitätsstandard der Produkte sinkt. Schließlich kaufen die Leute ja trotzdem. Die Folge: Sehr viele Marketer haben sehr viel Müll angeboten und ihre Kunden im wahrsten Sinne des Wortes abgezogen.

Als das deutsche Internet zum Klondike der 2010er Jahre wurde, wollten natürlich immer mehr Menschen ein Stück von der schmackhaften Torte abhaben. Was zu *noch* schlechteren Anbietern und *noch* mehr unzufriedenen Kunden führte. Das heutige Resultat? Eine Vertrauenskrise im Markt. Doch anstatt besseres Marketing zu betreiben und bessere Ergebnisse zu liefern, stürzten sich die meisten natürlich wieder auf den kürzesten Weg: einfach noch mehr schreien, noch krassere Ergebnisse versprechen und mit Superlativen um sich werfen, bis einem schwindelig wurde. Willkommen in der schönen neuen Marketingwelt. Hier ist kein Platz mehr für dich.

Nun sind wir wieder Mitte der 20er Jahre angekommen, nur in einem neuen Jahrhundert, neuen Jahrtausend. Was wir vorfinden, ist reines Chaos, ein regelrechter Scherbenhaufen. Nein, Spaß, ganz so schlimm ist es dann doch nicht. Es gibt noch gute Kampagnen da draußen, aber leider größtenteils nur Mist.

Doch ich habe einen Ausweg: Lass uns *back to the roots* gehen, uns wieder auf die Basics besinnen und Marketing machen, bei dem es einem nicht hochkommt, sondern das Spaß macht – sowohl dir als auch deinen Lesern – und das auf seriöse Weise verspricht, was es halten kann. Perfekt in Szene gesetzt, ohne zu lügen. So und nicht anders. Deshalb beschäftigen wir uns hier zu Beginn mit den Altmeistern und den weisen Lehren des Copywritings, um sie sinnvoll in das 21. Jahrhundert und auch in die Zeiten von künstlicher Intelligenz zu übertragen.

Lass uns keine Zeit verlieren. Legen wir los mit klassischen, schönen Beispielen von herausragendem Copywriting und *dem* Klassiker schlechthin in Abbildung 1.2.

Abbildung 1.2 Das wohl berühmteste Copywriting-Beispiel aller Zeiten

Es ist etwas lahm, dass ich dieses Beispiel hier nutze. Ich habe lange überlegt, kam aber zu dem Schluss: Es kann kein Copywriting-Buch geben, dass diese berühmte Anzeige nicht enthält. Denn das ist Copy in Reinkultur. Wer dieses Bild sieht, versteht sofort, weshalb Copywriting so kraftvoll ist.

Um ganz kurz die wesentlichen Merkmale dieser genialen Copy aufzuzählen:

- Sie macht aufmerksam und neugierig.
- Sie arbeitet mit einem Informationsdefizit. Es ist der Anfang einer Story und die Leser wollen erfahren, wie es weitergeht.
- Es spricht das tiefe Bedürfnis nach Anerkennung und Status an – from Zero to Hero.
- Ohne es auszusprechen ist klar, was passiert.
- Das Traumszenario wird in nur einem Satz klar ausgemalt: »Du verblüffst dein Umfeld damit, Klavier spielen zu können.«

Ich meine, wer hat nicht schon mal davon geträumt, eine herausragende Fähigkeit zu besitzen, ohne dass andere davon wissen? Und davon, so ganz nebenbei sein Können zu demonstrieren und dabei alle mit offenem Mund zurückzulassen?

Der zweite berühmte Klassiker in Abbildung 1.3 ist eine Werbung von Rolls-Royce aus dem Jahr 1958.

Abbildung 1.3 Rolls-Royce-Werbeanzeige von David Ogilvy aus dem Jahr 1958

Und dann gibt es da noch eine der genialsten Kampagnen aller Zeiten von Avis aus dem Jahr 1962. Ich werde dieses Beispiel im Buch noch mal aufgreifen, einfach weil es so unfassbar gut ist. Und ich bombardiere dich jetzt mit gleich drei Beispielen aus dieser Kampagne. Die große Idee: Hertz war Branchenführer im Autoverleih.

Avis hat den vermeintlichen Nachteil, lediglich Nummer 2 im Markt zu sein, in ihren größten Vorteil umgewandelt (siehe Abbildung 1.4).

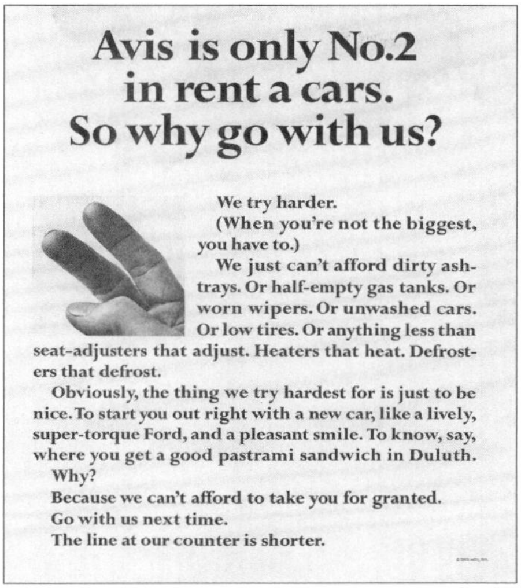

Abbildung 1.4 Avis-Werbeanzeige aus dem Jahr 1962

Diese Grundidee ließ sich dann auf mehrere weitere Ideen für die Kampagne ausweiten (siehe Abbildung 1.5).

Abbildung 1.5 Avis kann es sich nicht leisten, nicht nett zu sein, Hertz schon.

Und weil's so schön ist, ein allerletztes Beispiel in Abbildung 1.6.

Abbildung 1.6 Avis kann es sich nicht leisten, dich als Kunden warten zu lassen, Hertz schon.

Ich finde, es gibt fast keine mutigere, bessere und überzeugendere Idee als diese Kampagne – und daher hat sie sich auch verdientermaßen den Platz in der Hall of Fame der besten Werbekampagnen aller Zeiten gesichert.

Machen wir weiter mit den Copywritern, die den Beruf maßgeblich geprägt haben und von denen einige der besten Werbekampagnen aller Zeiten stammen.

1.2.2 Die Koryphäen des Copywritings

Ich möchte dir hier einige der berühmtesten und erfolgreichsten Copywriter der Geschichte vorstellen. Nicht, um dich zu langweilen – keiner hat eine annähernd so spannende Biografie wie z. B. Eminem –, sondern um dir kurz ihre Arbeit und ihren Einfluss auf das Copywriting näherzubringen.

Warum? Ganz einfach, du sollst sie genau studieren, ihre Texte analysieren und herausfinden, weshalb sie getan haben, was sie getan haben. Denn jeder von ihnen hat Copy verfasst, die Abermillionen von Dollar eingespielt haben, nur durch ihre Worte. Sie sind also wahre Meister ihres Fachs.

Auch ich habe mich zu Beginn gegen diese Aufgabe gesträubt, aber ich gebe dir einen ersten unumgänglichen Rat: Studiere diese Beispiele und tipp die Copy von einigen dieser Copywriter 1 : 1 ab. Ja, du hast richtig gelesen, einfach jedes Wort abtippen, ohne zu hinterfragen. Glaub mir, es klingt wie eine ätzende Aufgabe, aber nur so wirst du wirklich verinnerlichen können, weshalb diese Copy besser funktioniert als andere.

Ich gebe dir von jedem dieser berühmten Copywriter auch noch einen konkreten Buchtipp. Wenn du es wirklich ernst meinst mit dem Job, dann führt kein Weg daran vorbei, jedes dieser Bücher mal gelesen zu haben.

Eugene Schwartz

Eugene Schwartz war einer der einflussreichsten amerikanischen Werbetexter und wurde vor allem durch sein Standardwerk »Breakthrough Advertising« bekannt. In den 1950er und 1960er Jahren revolutionierte er fast im Alleingang die Werbebranche mit seiner tiefgreifenden Analyse des Marktes und wie man die Wünsche und Bedürfnisse der Menschen gezielt anspricht.

Seine wohl wichtigste Erkenntnis, die bis heute Bestand hat: Werbung kann keine Bedürfnisse erschaffen, sondern nur bereits vorhandene Wünsche der Menschen lenken und kanalisieren.

Bis heute sind seine *Stages of Awareness* (Stufen der Aufmerksamkeit) und die *Market Sophistication* (Marktsättigung) der Standard im Copywriting und Marketing. Beide Konzepte stelle ich dir in Kapitel 5, »Die wichtigsten Marketinggrundlagen, die du als Copywriter kennen musst«, vor.

Buchtipp: »Breakthrough Advertising« von Eugene Schwartz

Gary Halbert

Gary Halbert war bekannt für seine Direktmarketing-Briefe wie den berühmten »Dollar Bill Letter« und seinen riesigen Erfolg, der ihn bei Copywritern weltweit bekannt machte.

Sein Markenzeichen war sein Gespür für die Psychologie der Zielgruppe und seine direkte Ansprache. Er hat der Zielgruppe weit mehr Bedeutung beigemessen als den reinen Produktmerkmalen oder dem Angebot. Viele seiner Beispiele und emotionalen Techniken werden heute noch von Werbetextern adaptiert.

Buchtipp: »The Boron Letters« von Gary Halbert

Gary Bencivenga

Gary Bencivenga ist einer der berühmtesten noch lebenden (!) Werbetexter und wurde durch seine herausragenden und ungeschlagenen Split-Tests und die daraus resultierenden Erfolge im Direktmarketing bekannt. Er arbeitete mit den größten der Großen wie John Caples und David Ogilvy zusammen und hat ihre Konzepte mit seiner analytischen Art noch mal weiterentwickelt.

Er vertritt den Grundsatz, dass jede Werbeanzeige einen echten Mehrwert für die Leser bieten muss, und hat die strategische Recherche sowie die klare Struktur in Werbeanzeigen perfektioniert. Von ihm habe ich kein Buch gelesen, sondern den Onlinekurs gemacht, daher kann ich dir von ihm leider keinen Buchtipp geben.

Joseph Sugarman

»Joe« Sugarman war Ingenieur, Unternehmer und einer der bekanntesten Direktmarketing-Werbetexter. Er gründete JS&A Group, machte scheinbar »lahme« Produkte wie Taschenrechner, digitale Uhren und vor allem die BluBlocker-Sonnenbrille durch innovative Werbetexte berühmt und verkaufte sie in unglaublicher Stückzahl.

Keiner hat so gut in seinen Werbetexten das Konzept des *Flows* umgesetzt – die Technik, mit der man Leser durch kurze Sätze und spannende Geschichten in den Text hineinsaugt und schlussendlich so zur Handlung bewegt. Die *Slippery Slide* von ihm ist bis heute eine der genialsten Copywriting-Methoden, die ich kenne. Die lernst du in Kapitel 10, »So geht Copy!«, natürlich auch kennen.

Buchtipp: »The Adweek Copywriting Handbook« von Joseph Sugarman

Ach ja, einen hätte ich fast vergessen. Das kann aber mal vorkommen, schließlich ist er nicht so bekannt.

David Ogilvy

Okay doch, der ist natürlich sehr bekannt. Er ist quasi The Greatest of All Time der Werbung und des Copywritings. Eigentlich bedarf er keiner Vorstellung, aber ganz kurz: David Ogilvy war ein britischer Werbetexter und ein Marketinggenie. Eine Vielzahl seiner Headlines und Werbetexte sind zu absoluten Klassikern geworden (wie die Rolls-Royce-Werbung, die du bereits kennst). Seine wohl größten Erkenntnisse:

1. Recherche ist 80 % der Arbeit. Je besser du dein Produkt und deine Zielgruppe kennst, desto überzeugender werden deine Texte.
2. Die Headline entscheidet über Erfolg und Misserfolg.
3. Respektiere stets die Intelligenz deiner Leser.

Über diese Grundprinzipien wirst du hier im Buch noch häufiger stolpern.

Buchtipp: »Ogilvy on Advertising« von David Ogilvy

Ich könnte immer so weitermachen mit Copywritern, deren Arbeit du lesen und studieren solltest: Jon Caples, Dan Kennedy, Robert Collier, Claude C. Hopkins, Axel Andersson, ... Aber ich denke, du hast jetzt erst mal genug Lektüre mit diesem Buch und allen weiteren Buchtipps.

An all die erfolgreichen Copywriter, die ich hier nicht erwähnt habe: Bitte verzeiht mir. Ich hoffe, ihr seht es mir nach.

1.2.3 Weshalb die alten Konzepte so wichtig sind

In einem Satz gesagt, sind die alten Konzepte deshalb aktuell wichtiger denn je, weil fast niemand mehr die Basics richtig macht. An jeder Ecke reden die Menschen über Copywriting, schreiben Werbetexte und versuchen es, anderen Menschen beizubringen – aber missachten dabei vollkommen die Grundregeln. Natürlich hat sich seit den 1920er Jahren viel getan, gerade im Marketing. Aber die Frameworks, die Verkaufspsychologie und die Ängste und Wünsche der Menschen haben sich eben nicht geändert. Wir haben nach wie vor die gleichen Antriebe und Motive. Und auch die Grundprinzipien der Überzeugung sind immer noch dieselben.

Daher ist es so wichtig, die Basics im Copywriting immer einzuhalten und von den Koryphäen dieses Berufs immer weiter zu lernen. Natürlich müssen wir in der heutigen Zeit andere Worte wählen, aber der Aufbau, die Psychologie, die Argumentationsweise, die Art der Formulierungen und teils auch doch die spezifische Wortwahl sind nach wie vor und unbestritten sehr effektiv. Und das wird sich auch die nächsten Jahrzehnte nicht ändern. Also, lern von den Besten und werde irgendwann selbst zu einem der Besten!

1.3 Warum ist Copywriting heute (wieder) so relevant?

Na gut, eigentlich war Copywriting nie irrelevant. Schließlich versuchen Unternehmen seit jeher, mehr Umsatz zu machen und ihre Produkte zu vermarkten. Seit der Corona-Pandemie gibt es jedoch einen kleinen Boom an Copywritern. Das lag natürlich sowohl an der wachsenden Notwendigkeit, von zu Hause aus Geld verdienen zu müssen, als auch an der steigenden Nachfrage. Heute gibt es fast mehr selbst ernannte Copywriter als Menschen – zumindest fühlt es sich manchmal so an. Und natürlich liegt das auch am wachsenden Markt des Onlinemarketings – auch ich bin ja ein Produkt dieser Szene, die seit 2015 in Deutschland so richtig Fahrt aufgenommen hat. (Glücklicherweise durfte ich das Handwerk aber noch oldschool lernen und in die neue Onlinemarketing-Renaissance übertragen.)

Um es kurz zu machen: Copywriting ist jetzt noch relevanter geworden, weil mittlerweile alle mithilfe von künstlicher Intelligenz Werbetexte erstellen können. Früher musste man immerhin die Fähigkeit mitbringen, selbst Texte verfassen zu können, doch das ist immer weniger der Fall.

Durch die steigende Masse an schlechten KI-Texten und der Unwissenheit der meisten Anbieter, sie auch richtig einzusetzen, müssen sich Unternehmen und Werbebotschaften *noch* stärker von schlechtem Marketing abheben und eine höhere Qualität aufweisen.

Wenn du also ein herausragender Copywriter bist, wenn du verstehst, wie du Menschen mithilfe von Worten zu einer Handlung bewegst, und es schaffst, diese hohe Qualität zu liefern – egal, ob mit oder ohne KI –, dann wirst du immer sehr gefragt sein im Markt. Um es unsympathisch zu formulieren, bist du dann für Unternehmen ein wahrer Goldesel und eine sehr, sehr gute Investition.

Entscheidend ist, dass du den Fokus immer auf die Handlung und den nächsten Schritt in deiner Copy legst. Was uns nun endlich zum Begriff Conversion Copywriting bringt.

1.4 Was ist Conversion Copywriting?

Conversion Copywriting ist der Begriff, mit dem wir uns in diesem Buch sehr intensiv auseinandersetzen werden. Ich versuche ihn mal so zu erklären: Es gibt Werbetexten. Das haben wir ja bereits besprochen. Dazu zähle ich auch clevere Slogans, werteorientiert formulierte Produktbeschreibungen, Imagetexte, nun mal alles, was ein Unternehmen an Werbetexten benötigt.

Worum es mir in diesem Buch aber ganz besonders geht, ist die Conversion. Beim Conversion Copywriting achten wir auf die nackten Zahlen. Wir möchten eine Handlung herbeiführen – und diese auch messen können. Folgende Fragen gilt es zu beantworten:

- Wie viele Menschen sehen deinen Text?
- Wie viele Menschen lesen ihn auch?
- Wie viele führen danach eine Handlung aus?
- Und wie viele Menschen kaufen schlussendlich?

Natürlich müssen deine Texte auch dein Unternehmen repräsentieren und dürfen gerne zum Branding und Image beitragen. Aber du möchtest in erster Linie Menschen vom kalten Erstkontakt bis zum finalen Kauf und darüber hinaus begleiten, und das allein mit deinen Worten.

Eine der bekanntesten Copywriterinnen aus den USA ist Joanna Wiebe, die Conversion Copywriting in ihrem Blog so definiert:

> *»Conversion copywriting is data-driven copy that gets prospects and visitors to say yes. It's a science-based process that helps you determine what to write and how to write it.«*[1]

Der genaue Wortlaut dieser Definition stammt von ihrer Blog-Autorin Jessica Noel. Kurz übersetzt:

> *»Conversion Copywriting ist datengestütztes Copywriting, das potenzielle Kunden und Besucher dazu bringt, Ja zu sagen. Es handelt sich um einen wissenschaftlich fundierten Prozess, der dir dabei hilft, zu bestimmen, was du schreibst und wie du es schreiben sollst.«*

Mit ihrer Definition gehe ich vollkommen mit. Selbstverständlich darfst du in deinen Texten kreativ sein und auch Spaß an den künstlerischen Aspekten des Schreibens finden. Alles andere wäre ja langweilig, trostlos und auch nicht effektiv.

Doch du darfst beim Schreiben niemals dein Ziel aus den Augen verlieren: Dein Leser soll handeln, und zwar messbar. Alles, was diesem Ziel im Weg stehen oder ablenken könnte, muss daher komplett aus deiner Copy gestrichen werden. Das ist hart, aber notwendig. Wie wir das gemeinsam hinkriegen und wie du Menschen nur mit deinen geschriebenen Worten davon überzeugst, deinen Gedanken zu folgen und eine Handlung auszuführen, damit beschäftigen wir uns auf den nächsten 350 Seiten. Schnall dich also an, es wird wild!

1.5 Auf einen Blick

Du hast einige Beispiele für klassisches Copywriting und Direktmarketing erhalten, hast einige der größten Copywriter der Geschichte kennengelernt und verstehst, weshalb Copywriting auch heute und in Zukunft eine der wichtigsten Disziplinen deines Unternehmens ist. Darüber hinaus weißt du nun, worum es in diesem Buch geht: um die Conversion – also die Handlung, die wir mit unseren Werbetexten bei den Lesern herbeiführen möchten.

Da du nun etwas über die Historie des Jobs aufgeklärt bist, kommen wir zur nächstlogischen Frage: »Welche beruflichen Möglichkeiten und Chancen habe ich mit Copywriting?«

1 Quelle: *https://copyhackers.com/2023/03/copywriting-best-side-hustle-for-writers-in-2023/*

Kapitel 2

Was erwartet dich (beruflich) als Copywriter?

Du bist bereits Copywriter oder möchtest einer werden? Welche Fähigkeiten solltest du dafür mitbringen und wie sieht die Arbeit eines Copywriters überhaupt aus? Wird es diesen Beruf in Zukunft überhaupt noch geben, wenn die künstliche Intelligenz doch immer besser wird und Texter komplett ersetzt? Fragen über Fragen, auf die ich dir in diesem Kapitel gerne ein paar Antworten geben möchte. Damit du herausfinden kannst, ob eine Karriere als Copywriter für dich infrage kommt.

Vielleicht hast du dieses Buch ja erworben, um herauszufinden, ob der Beruf eines Copywriters auch für dich infrage kommt? Und ob du überhaupt Bock darauf hättest – immerhin weißt du ja noch gar nicht, was dich erwartet.

Wenn du nach einem neuen Karriereweg und neuen Fähigkeiten suchst, dann ist dieses Kapitel explizit für dich. Wenn du dich schon auskennst und direkt zum Inhalt springen möchtest, kannst du hier getrost weiterblättern.

Lass uns mal gemeinsam das Anforderungsprofil eines Copywriters durchgehen und gemeinsam herausfinden, welche Eigenschaften du mitbringen oder erlernen solltest, welche Glaubenssätze du eventuell ändern musst und welche Herausforderungen in diesem Beruf auf dich warten. Ich bin sehr gespannt, ob du nach diesem Kapitel den Rest des Buches mit noch mehr Begeisterung verschlingst ... oder es enttäuscht zuklappst und es im Bücherregal verschwindet. Lass es uns herausfinden, was sagst du?

2.1 Die Rolle des Copywriters – weit mehr als nur »schöne« Texte

Ich sag's dir, wie es ist: Es ist wirklich nicht schwer, sich das wesentliche Know-how eines Copywriters anzueignen. Nach diesem Buch wirst du alles wissen, was du wissen musst, um zu beginnen. Was hingegen schwerer ist, ist richtig *gut* im Copywriting zu werden. Und das ist meiner Meinung nach mit keinem Kurs der Welt beizubringen, das geht nur über Erfahrung, den absoluten Willen, besser zu werden ... mitsamt Ausprobieren und Scheitern. Aber ich bin mir sicher, dass du dazu bereit bist, oder? Das habe ich direkt erkannt, als du das Buch aufgeschlagen hast!

Doch bevor du jetzt sofort kampfbereit losstürmst, bereit, den Markt zu erobern, fragst du dich vielleicht: »Was ist eigentlich die Rolle eines Copywriters?«

Starten wir mit einer kleinen Anekdote: Ich habe letztens von einem Headhunter die Stelle eines Head of Content angeboten bekommen mit der Aussicht, dass ich dann fünf Copywriter führen würde. Abgesehen davon, dass das Angebot nicht reizvoll für mich war, weil ich sehr glücklich mit unserer Agentur bin, hätte ich niemals eingewilligt, da mir direkt beim Angebot klar war, dass ich die falsche Person bin. Denn Copywriting hat nichts mit Content zu tun. Leider wird die Berufsbezeichnung immer häufiger synonym für Content Writer oder andere Texter verwendet, was aber nicht korrekt ist.

Ich denke, im letzten Kapitel ist klargeworden, dass der Beruf des Copywriters viel näher an Verkäufern und Marketern angesiedelt ist, da er mehr für die harten Verkaufszahlen verantwortlich ist als für schöne und informative Texte. Ein Copywriter kann, richtig ausgebildet und eingesetzt, sehr wahrscheinlich zur gewinnbringendsten Person im Unternehmen werden. Denn diese Person hat die Fähigkeit, Tausende Menschen auf einmal mit ihren Texten zu überzeugen – weit mehr, als jeder Verkäufer pro Monat abtelefonieren kann. Gut, ich bin nicht ganz objektiv bei dem Thema, logisch, aber das behaupte nicht nur ich: In Amerika (und auch schon in Deutschland) erhalten erstklassige Copywriter Tophonorare. Doch dafür musst du richtig gut werden. Was du dafür können musst? Damit beschäftigen wir uns jetzt.

2.2 Was muss ein Copywriter können?

Zusammengefasst: alles. Rechnen, schreiben, Geschichten erfinden, singen, jonglieren, Bierflaschen mit den Zähnen öffnen, steppen, Bogenschießen und die Zukunft vorhersagen. Mehr nicht.

Na gut, ganz so viel dann doch nicht. Aber tatsächlich gehen viele davon aus, dass Copywriter in erster Linie ein hohes sprachliches und schriftliches Verständnis mitbringen müssen. Dem ist aber nicht so.

Was viel wichtiger ist: Du musst verstehen, was Menschen wollen, was sie dazu bringt, zu handeln. Und du musst wissen, wie du das so geschickt kommunizieren kannst, dass sie es auch wirklich tun. Um das zu lernen, bist du ja glücklicherweise hier. Und um die psychologischen Grundkenntnisse für menschliches Handeln kümmern wir uns noch in Kapitel 4 und im gesamten Buch.

In diesem Abschnitt beschäftigen wir uns damit, was du als Copywriter für Eigenschaften und Fähigkeiten mitbringen oder erlernen musst, damit du in dem Beruf auch wirklich erfolgreich werden kannst.

2.2.1 Strategie ist dein Metier

Was dich von allen anderen Textern oder auch KI-Texten unterscheidet: Du bist als Profi-Copywriter mehr Marketingstratege als reiner Texter. Du schaust dir ein Unternehmen, das Angebot und die Zielgruppe an und verpackst diese ganzen Informationen zu einer Marketingbotschaft, die das Potenzial hat, Hunderttausende Menschen zu überzeugen.

Und dann hast du ebenfalls die Fähigkeit, eine komplett stringente Marketingkommunikation vom ersten Berührungspunkt bis zum finalen Kauf und darüber hinaus mit dem Kunden zu führen. Ob du das jetzt selbst verfasst, mit einem Team umsetzt oder eine KI dafür nutzt, ist erst mal völlig egal: Du bestimmst, was gesagt wird, wann es gesagt wird, wie es gesagt wird und wo es gesagt wird – damit aus einem Fremden im Internet ein treuer Kunde wird.

2.2.2 Deine Einstellung

Ich hasse das Wort Mindset. Aber es wäre wohl der treffendste Begriff dafür. Ich nenne es dennoch »Einstellung«, damit du den Tipp nicht mit denen irgendwelcher halbseidenen Get-rich-quick-Coaches aus deinen Instagram-DMs verwechselst: Als Copywriter musst du bestimmte Einstellungen und Glaubenssätze mitbringen, um wirklich gut zu werden, und andere über Bord werfen, die dich daran hindern, Ergebnisse zu erzielen. Dazu nenne ich dir zunächst die drei hinderlichsten Glaubenssätze, die du gerne sofort aus deinem Bewusstsein verbannen darfst.

Ich starte mal mit dem wohl schwierigsten davon, mit dem auch ich zu Beginn meiner Karriere schwer zu kämpfen hatte:

Hinderlicher Glaubenssatz #1

> *Wenn ich schöne, gute Texte schreibe und mit Inhalt und Qualität überzeuge, werden die Leser schon automatisch bei mir kaufen wollen. Als bester Anbieter finden die Menschen von allein irgendwann zu mir. Das beste Produkt setzt sich immer durch.*

Leider nein, leider gar nicht. Nicht falsch verstehen: Qualität und erstklassiger Inhalt sollten immer die Voraussetzung sein, um als echtes Unternehmen und seriöser Anbieter wahrgenommen zu werden. Und ja, meine tiefe Überzeugung ist bis heute, dass sich Qualität immer durchsetzen wird. (Obwohl ich leider schon häufig mit ansehen musste, wie manche Anbieter mit dem größten Schrott reich geworden sind.)

Aber ohne deine Leser an die Hand zu nehmen, ihnen den Weg zu zeigen und ihnen auch ganz klar zu sagen, wann und was sie kaufen sollen, passiert leider ... gar nichts. Du kannst die besten Inhalte der Welt haben, und doch schenkt dir niemand etwas dafür. Denn alle sind es gewohnt, Content überall umsonst zu bekommen.

Nein, du musst wirklich tief verinnerlichen, dass leider, leider, leider nicht *nur* der beste Content gewinnt, sondern die überzeugendste Argumentation und der klarste Fahrplan für den Kunden.

Hinderlicher Glaubenssatz #2

> *Ich bin nicht gut genug im Schreiben.*

Na, das können wir schnell ad acta legen: Niemand wird als Heinrich Heine der Neuzeit geboren. Schreiben ist Übung. Das Schöne: Man wird schnell besser, wenn man sich intensiv damit auseinandersetzt. Und wer viel liest, erkennt irgendwann intuitiv, weshalb manche Texte besser sind – und andere schlechter. Und noch ein Grund, nicht zu verzweifeln: Die KI kann dir ja dabei helfen, deinen Text schnell zu verbessern. Und du kannst sie sogar fragen, was sie daran verbessert hat und warum.

Hinderlicher Glaubenssatz #3

> *Ich muss nichts wiederholen, der Leser kann sich schon denken und merken, was ich gesagt habe und wo er kaufen kann.*

Frage: Folgst du einer Person, deren Inhalt du gut findest? Liest du gerne ihren Newsletter? Denk mal kurz an jemanden, dem du folgst ...

Und? Hast du eine Person oder den Newsletter im Kopf? Okay, gut. Jetzt sag mir bitte, was vor 2 Monaten in dem Newsletter stand. Weißt du nicht mehr? Natürlich nicht! Weil sich die Welt zu schnell dreht.

Anders ausgedrückt: Sagen wir, du machst ein Fitnessprogramm, um ein wenig abzunehmen und in Form zu kommen. Die Ernährungsgrundlagen sind schon von Anfang an klar: ausgewogen ernähren, leichtes Kaloriendefizit, mehr Protein essen, auf die Darmflora mithilfe bestimmter Lebensmittel achten. Gut. Bist du jetzt davon angenervt, wenn dir dein Coach jede Woche sagt, dass du dich genauso weiterernähren sollst? Nein, weil du immer wieder an die Basics erinnert werden musst, bis du es selbst draufhast und deinen Coach nicht mehr brauchst. Ab wann wärst du genervt? Richtig, wenn es jeden verdammten Tag nur trockenes Hühnchen mit Spinat geben würde – tagein, tagaus für elendig lange 3 Monate.

Was ist der Punkt hier? Die Inhalte oder Tipps, die du vermittelst und für die du stehst, müssen immer wieder gebetsmühlenartig wiederholt werden, damit sie bei den Lesern ankommen. Dabei sollten sie aber immer wieder frisch und lecker zubereitet werden, damit es deinen Lesern nicht irgendwann zum Halse heraushängt.

Wenn du also bereit bist, diese negativen Glaubenssätze zu streichen, dann wirst du auch das Maximum aus diesem Buch herausholen können. Kannst du?

2.2.3 Kreativität

Ist doch klar, natürlich musst du als Verfasser von Werbetexten kreativ sein. Du musst ständig neue Ideen entwickeln, lösungsorientiert denken und schnell wie flexibel reagieren können. Das geht nur, wenn du auch ein hohes Maß an Kreativität mitbringst.

Aber auch hier gilt: Es gibt Techniken, Templates, Inspirationen, die dich in deiner Kreativität unterstützen können. Und die KI hilft dir ebenfalls als Sparringspartner dabei. Aber dazu später mehr, du erhältst hier in diesem Buch genug Material, um dich kreativ austoben zu können.

In Bonuskapitel 12, »So arbeitest du besser als Copywriter«, werde ich dir außerdem noch ein paar Kreativtechniken mitgeben, mit deren Hilfe du deinen Geist anregen und auf bessere Ideen kommen kannst. Stay tuned!

2.2.4 Analytisches Denken

War klar, dass das jetzt auch noch kommt: Zahlen, Daten, Fakten. Sollst du jetzt auch noch Mathematiker sein oder gleich die eierlegende Wollmichsau? Nein, nein, alles gut. Hier geht es nur um das richtige Einordnen der Zahlen. Denn tatsächlich musst du als Copywriter ein hohes Maß an analytischem Denken mitbringen:

- Welche Reaktion löse ich beim Leser aus, wenn ich meine Botschaft so formuliere?
- Was ist die nächste Handlung, die ich herbeiführen will?
- Wie kann ich die Conversion an einzelnen Stellschrauben erhöhen – und wie sorge ich für den maximalen Umsatz der Kampagne?
- Wie analysiere ich vergangene Kampagnen, um Rückschlüsse und Prognosen für kommende zu ziehen bzw. aufzustellen?
- Wie interpretiere ich die Kennzahlen richtig?
- Welche Prognosen kann ich eventuell für die Zukunft aufstellen?

Du musst in erster Linie analytisch und strategisch denken können und dann mithilfe deiner Kreativität auf neue Lösungsansätze kommen. Denn wie so häufig gilt im

Marketing wie auch im Leben: Je flexibler und besser du im Lösen von Problemen bist, desto besser bist du in deinem Job und desto wertvoller wird deine Leistung.

Doch auf Lösungen kannst du nur durch logisches und analytisches Denken kommen – und wenn du die Ergebnisse richtig interpretierst.

2.2.5 Marketingverständnis

Wie schon erwähnt bist du als Copywriter mehr Performance Marketer als Content Creator. Du bist für die harten Zahlen verantwortlich, die Moneten auf der Bank, nicht dafür, dich möglichst künstlerisch auszutoben. (Obwohl das eine nicht das andere ausschließen muss, wie du später noch sehen wirst.)

Daher musst du ein umfangreiches Marketing-Know-how mitbringen, wissen, was alles möglich ist, und dich über alle möglichen neuen Methoden und technischen Fortschritte up to date halten.

Ein Beispiel

Wenn es beispielsweise neue Richtlinien bei Meta & Co. gibt, die dir erlauben, gewisse Wörter in deinen Werbeanzeigen zu verwenden oder nicht zu verwenden, dann musst du das natürlich wissen, denn das kann über eine Conversion-Steigerung oder -Reduktion entscheiden ... und somit über hohe Summen.

Selbstverständlich musst du davon nicht alles technisch selbst umsetzen können. Du musst es nur richtig einordnen können. In Kapitel 5, »Die wichtigsten Marketinggrundlagen, die du als Copywriter kennen musst«, werden wir uns dann intensiver mit den Grundlagen des *Onlinemarketings* und den wichtigsten Begriffen beschäftigen, die du als Copywriter ebenfalls draufhaben solltest.

2.2.6 Verkaufen

Als Copywriter musst du viele Fähigkeiten haben, die auch ein Verkäufer haben muss: Kommunikationsfreudigkeit, Empathie, Feingefühl, Entscheidungsfreude, aufmerksames Zuhören, ... Okay, zugegeben, die meisten Verkäufer, die man so kennt, haben leider nicht eine einzige dieser Fähigkeiten. Aber diejenigen, die sie haben, sind Weltklasseverkäufer.

Beim Copywriting gibt es nur einen signifikanten Unterschied: Wir führen keinen Dialog mit einer einzigen Person, wir führen einen Dialog mit Hunderttausenden. Ja, richtig, es ist ein Dialog, trotz der einseitigen Kommunikation in eine Richtung.

Die größte Kunst ist, antizipieren zu können, was der Leser gerade denkt und welche Fragen diesem Menschen in der jetzigen Situation im Kopf herumschwirren – noch bevor sie ihm oder ihr selbst in den Sinn kommen.

Ein Beispiel für vorausschauende Kommunikation

Wenn du ein Produkt mit einem hohen Preis verkaufst, dann solltest du auch nicht so tun, als wäre dieser Preis niedrig. Sobald die hohe Zahl fällt, musst du den Gedanken des Lesers direkt aufgreifen:

»Ich weiß, was Sie jetzt denken: Das ist eine beträchtliche Investition. Und das möchte ich auch gar nicht wegwischen. Wir sind ein Premium-Anbieter und stehen für unsere Ergebnisse und Erfolge. Fragen Sie sich lieber: Was würde es kosten, wenn Sie dieses Problem in Ihrem Unternehmen nicht beheben? Ich kann Ihnen verraten, die Summe ist um ein Vielfaches höher.«

Und wie gesagt benötigt es für diese Art der Kommunikation und des Verkaufens viel Empathie und Verständnis für das Gegenüber. Ohne geht's nicht.

2.2.7 Unternehmerisches Denken

Ja, das wirkt vielleicht etwas viel verlangt. Aber ich bin der Meinung, dass alle, die einen herausragenden Job in egal welcher Tätigkeit machen möchten, ein paar unternehmerische Grundlagen draufhaben sollten.

Weshalb? Weil nur, wer das große Ganze betrachten kann und im Sinne des Unternehmens handelt, auch einen enormen Mehrwert zum Erfolg des Unternehmens beiträgt und sich so selbst unverzichtbar und wertvoll macht. Wenn du also Copy schreibst, solltest du nicht nur darauf aus sein, möglichst viele Klicks in einer einzigen Mail zu erzielen. Du musst den Nutzen im gesamten Unternehmenskontext sehen. Und du darfst auch nicht dem Image schaden. Außerdem solltest du das Zusammenspiel zwischen Produkt bzw. Produktion, Marketing und Vertrieb verstehen, um wirklich effektive Copy zu schreiben.

Ach ja, und du solltest den Erfolg deiner Werbemaßnahmen auch in den richtigen Kontext setzen können, indem du den Unterschied zwischen Umsatz und Gewinn *wirklich* verstehst. Der Vollständigkeit halber: Umsatz sind die gesamten Einnahmen aus Verkäufen. Gewinn ist das, was abzüglich all der Kosten tatsächlich übrig bleibt. (Du wirst nicht glauben, wie viele diesen Unterschied nicht machen und sich ihr Unternehmen so selbst schönreden.)

2.2.8 Rechtssicherheit

Dazu will ich gar nicht viel sagen, weil es von der jeweiligen Branche abhängt und du oder dein Unternehmen dafür einen Rechtsbeistand zurate ziehen solltet. Aber ich möchte trotzdem kurz drauf hinweisen, damit du es auf dem Schirm hast:

Du musst bestimmte Werbetexte auf ihre Rechtssicherheit hin prüfen lassen. Ein gutes Beispiel dafür ist das Heilmittelwerbegesetz: Wenn du beispielsweise für eine

Physiotherapiepraxis Werbeanzeigen schreiben solltest, darfst du selbstverständlich nicht solche Versprechen wie ...

- »Nie wieder Rückenschmerzen!«
- »Schmerzfrei in nur 18 Tagen«
- »Uneingeschränkte Mobilität mit dieser Übung«

... machen, da du damit eine Heilung versprichst, die du rechtlich und ethisch niemals versprechen kannst. Achte also je nach Branche auf Formulierungen und allgemeine Aussagen, die nicht rechtsgültig sind.

Darüber hinaus gilt natürlich so oder so die Regel: Versprich nichts, das du oder dein Angebot nicht halten kann. Und falls du Ergebnisse nicht zu 100 % versprechen kannst, dann sag das bitte auch.

2.2.9 Mut

Zu guter Letzt brauchst du Mut. Große Ideen sind mutig. Echte Statements sind mutig. Haltung zu zeigen ist ebenfalls mutig.

Um sehr gut zu werden, darfst du dich nicht mit dem Branchenstandard zufriedengeben. Du darfst nicht nur links und rechts schauen, was die anderen machen – so erhältst du nur schlechtere Ergebnisse als die anderen, weil du ihnen hinterherläufst. Orientieren darfst du dich. Aber du musst dich trauen, anders zu sein. Geh mit deinen Ideen voran und versuch stets den Status quo anzufechten, vor allem deinen eigenen!

Aber eins ist mir sehr wichtig, und das werde ich hier im Buch häufiger als Warnung aussprechen: Bitte wahre immer den Rahmen des guten Geschmacks. Mut bedeutet nicht Größenwahn. Wenn ich aktuell Werbeanzeigen sehe, in denen sich sogenannte »Marketer« als Diktatoren darstellen und zu einer »Revolution oder Rebellion« aufrufen, nur um zu polarisieren und Aufmerksamkeit zu erhaschen, dann bin ich weit mehr als angewidert davon – mir dreht sich der Magen um. Das hat nichts mit Mut zu tun. Das ist geschmacklos und verhöhnt das Leid von unzähligen Menschen weltweit.

2.3 Berufswege und Karrieremöglichkeiten

Als Copywriter stehen dir – wie bei den meisten anderen kreativen Berufen – verschiedene Karrieremöglichkeiten offen.

Der Einstieg ist relativ einfach: Du benötigst keine Qualifikation. Du kannst dieses Buch hier einfach lesen, dich *Conversion Copywriter* nennen und dich irgendwo bewerben oder versuchen, deinen ersten Kunden zu gewinnen. Und wenn du richtig gut bist, dann kannst du auch schnell erfolgreich werden. Die Betonung liegt auf *kann*. Denn selbstverständlich gehört einiges zum Erwerb einer neuen Fähigkeit und zur Umorientierung des Berufs dazu.

Falls du aber schon vor Erwerb dieses Buches Feuer und Flamme fürs Thema warst, das Schreiben von Werbetexten dein Traum ist und du es kaum erwarten kannst, deinen eigenen Weg als erfolgreicher Copywriter zu beginnen, möchte ich dir hier kurz die gängigsten Karrieremöglichkeiten aufzeigen (von denen ich selbst auch schon alle durchgegangen bin).

2.3.1 Angestelltenverhältnis

Logisch, Unternehmen brauchen gute Werbetexte. Das gilt so ziemlich für jedes Unternehmen, das sich online in irgendeiner Art und Weise präsentiert oder darüber Kunden gewinnt. Daher ist der Beruf des Copywriters auch sehr gefragt.

Von Junior über Senior bis zur »Head of«-Position und schließlich zum Creative Director ist natürlich alles möglich. Auch eine Position als Chief Marketing Officer (CMO) kann von früheren Copywritern bekleidet werden. Wichtig für das Erreichen so einer Stelle ist nur, dass du gedanklich nicht bei den Worten bleibst, sondern Marketing im Allgemeinen verstehst und dass du sowohl strategisch als auch KPI-basiert arbeitest, also die *Key Performance Indicators* im Blick behältst.

2.3.2 Freiberuflich

Für viele Copywriter ist der Schritt in die Freiberuflichkeit der nächstlogische. Manche beginnen sich nebenberuflich ein nettes zweites Einkommen aufzubauen (falls erlaubt), wozu Copywriting natürlich eine sehr attraktive Möglichkeit ist. Du benötigst schließlich nicht mehr als einen Laptop, Köpfchen und Zeit.

Andere hingegen starten direkt Vollzeit in die Freiberuflichkeit. Seit der Corona-Pandemie und einigen neuen Entwicklungen im Markt gibt es immer mehr freiberufliche Copywriter. Und immer mehr halbseidene Anbieter, die dir die finanzielle Freiheit mit Copywriting versprechen.

Aber Achtung, ich sehe es hier als meine Pflicht an, dich zu warnen, bevor du dich für den Schritt in die Selbstständigkeit entscheidest: Eine Selbstständigkeit – auch als Copywriter – bleibt eine Selbstständigkeit. Um neue Kunden, ergo Vertrieb, Buchhaltung, Kommunikation, Qualität, Eigenmarketing, Content, Organisation etc., musst du dich neben der Leistungserbringung selbstverständlich auch selbst kümmern.

Und ja, es ist möglich, 5.000-€-Aufträge abzuschließen (sogar noch weit höhere), aber das ist nicht so leicht, wie es dir alle versuchen weiszumachen. Und vergiss nicht, du musst ebenfalls Steuern zahlen. Und du musst genau durchkalkulieren, wie viel am Ende pro Auftrag bei dir hängen bleibt, wenn du dich um alle anderen Aufgaben auch kümmern musst.

Was ebenfalls wichtig ist: Hältst du den Druck aus, wenn es eventuell mal nicht so läuft, wenn ein Kunde plötzlich abspringt oder schlicht die Nachfrage ausbleibt? Selbstständig zu sein bedeutet eben nicht »nur«, mal nebenbei ein paar Texte zu schreiben und dadurch reich zu werden. Es ist ein echter Job, mit echter Leistung und echten Problemen. Sei dir dessen bitte immer bewusst, bevor du dich für diesen Weg entscheidest. Der Traum klingt selbstverständlich rosig – und hey, ich habe mich selbst auch dazu entschieden und bin damit sehr glücklich –, aber wie für jeden anderen Traum auch musst du dafür Risiken eingehen.

Meine Empfehlung lautet daher, obwohl ich es selbst direkt Vollzeit gemacht habe (das war aber noch zu einer anderen Zeit und ich hatte schon Kontakte im Markt aufgebaut): Starte erst mal nebenberuflich und teste dich aus, bevor du den Schritt ins kalte Nass wagst.

2.3.3 Agentur

Wenn die Nachfrage steigt und du dich vor Aufträgen kaum retten kannst, ist es vielleicht an der Zeit, dir Mitarbeiter zu suchen und eine Agentur aufzubauen. Erst mal kannst du mit einer Backoffice-Stelle als Unterstützung starten, später gibst du vielleicht den Vertrieb und die Kundenkommunikation an eine Person ab, damit du nicht in allen Gesprächen selbst sitzen musst.

Nach und nach – je nach deinem Ziel und deinen Wünschen – kannst du dann auch weitere Copywriter anstellen, entweder ausgebildete Festangestellte oder auch Freelancer, die gerne eine sichere Auftragslage hätten. Eine weitere Möglichkeit: Du bildest junge Talente zu Copywritern aus. Oder du entwickelst dich mehr in die Richtung Performance Marketing, stellst Designer, Onlinemarketer und Projektmanager ein.

Aber gut, so weit sind wir ja noch gar nicht. Ich wollte dir nur ein bisschen schmackhaft machen, wohin deine Reise gehen könnte, wenn du dich für den Karriereweg eines Copywriters entscheidest. Denn die Fähigkeit, mit Texten zu überzeugen, ist nicht nur nützlich und sinnvoll zu erlernen – sie kann dir auch viele Träume erfüllen, wenn du bereit bist, es professionell anzugehen.

2.4 Auf einen Blick

Du weißt nun, welche Eigenschaften, Fähigkeiten und Glaubenssätze du als Copywriter mitbringen oder dir aneignen solltest – und welche Karrieremöglichkeiten dir mit diesem Beruf offenstehen. Du hast erfahren, weshalb du sowohl kreativ als auch analytisch, unternehmerisch und verkäuferisch denken musst und weshalb es viel wichtiger ist, das menschliche Denken und Handeln zu verstehen, als jede Rechtschreibregel auswendig zu kennen.

Vielleicht bist du ja auch schon Copywriter oder arbeitest in einem angrenzenden Beruf, um nur noch etwas mehr über das Thema zu erfahren. So oder so, hoffe ich, dir mit diesem Kapitel Hoffnung gemacht zu haben und einen kleinen Vorgeschmack liefern konnte, was alles mit Copywriting möglich ist. Wenn du genau so aufgeregt bist wie ich, dann lass jetzt loslegen!

Widmen wir uns im kommenden, letzten Kapitel des Einführungsteils dem großen neuen Verbündeten (oder Erzfeind?) des Copywriters: der künstlichen Intelligenz.

Kapitel 3

KI – Chance statt Bedrohung!

Von »I, Robot« über »Terminator« bis hin zu »Ex Machina« – all diese Filme haben uns gewarnt: Die künstliche Intelligenz wird uns irgendwann umbringen. Aber haben wir gehört? Natürlich nicht. Daher lass uns die Jahre genießen, in denen wir sie noch nicht gegen uns aufgebracht haben, und ihre Power nutzen, um uns den Arbeitsalltag als Copywriter zu erleichtern.

Angst macht sich in der Arbeitswelt breit. Wie oft habe ich schon aus meinem primitiven ... äh, sorry ... ich meinte *privaten* Umfeld gehört: »*Ja, für dich wird es ja richtig schwierig. Ich meine, wer bezahlt jetzt noch einen Texter? Kann doch jeder mit ChatGPT machen! Guck mal hier, ich habe gerade eine ganze Website in unter 1 Minute erstellen lassen.*«

Beeindruckend, Peter. Die Frage ist nur: Wieso sieht sie so beschissen aus? Und warum steht auf ihr, dass du Hundewelpen-Leasing betreibst? So was gibt's doch gar nicht!

Nun gut, arbeiten wir diese Missverständnisse hier mal auf, damit du eine Antwort parat hast, wenn dich deine Mutter beim Weihnachtsessen fragt, ob du wegen der KI jetzt arbeitslos wirst. Glücklicherweise sind Copywriter ja nicht nur Texter. (Das »nur« klingt despektierlich, ist aber nicht so gemeint. Denn wie im vorigen Kapitel erklärt, ist Copywriting halt nicht nur reines Texten.)

Und ja, du musst natürlich mehr draufhaben als die korrekte Rechtschreibung des Wortes »Chrysantheme«, sonst wird dich KI tatsächlich ersetzen.

Aber ich mach mir keine Sorgen. Und du solltest das auch nicht. Aus folgenden Gründen:

1. Copywriting ist die Fähigkeit, die Bedürfnisse und Ängste der Menschen zu verstehen und sie mit wirkungsvollen Texten direkt zu adressieren. Um darin herausragend gut zu sein, solltest du auch wirklich ein Mensch sein.
2. Wenn du ein Genie in Marketing und Verkauf bist, dann wirst du immer Arbeit finden. Ist nun mal so.

3. Die zugrunde liegenden Zusammenhänge zu erkennen und zu verstehen ist viel wichtiger als die reine Umsetzung.

Ich sehe die KI als Chance. Nicht blind und uneingeschränkt, aber dazu komme ich gleich. Ich glaube, dass sie Copywritern und Marketingstrategen eher zugutekommt, als ihnen den Job komplett abzunehmen, zumindest noch für die nächsten Jahre. Die Herausforderung ist jedoch, immer up to date zu bleiben und sich zusammen mit der KI weiterzuentwickeln. Und das wird schon schwer genug.

3.1 Kurze Einführung in die künstliche Intelligenz

Da ich selbst kein ausgewiesener KI-Experte bin, lass ich lieber jemanden die künstliche Intelligenz definieren, der auf dem Gebiet wesentlich gebildeter ist als ich, Kai Spriestersbach:

> *»Die Künstliche Intelligenz ist ein Teilgebiet der Informatik, das versucht, menschliche kognitive Fähigkeiten zu imitieren. Dabei soll die KI Informationen aus Eingabedaten erkennen und sinnvoll erscheinende Ausgaben erzeugen.«*

Aha! Sinnvoll »erscheinende« Ausgaben also. Hier liegt der berühmte Hund begraben: Die beliebten *Large Language Models* (LLM), die wir alle seit Ende 2022 so gerne nutzen, basieren rein auf der Wahrscheinlichkeit des nächsten Wortes. Das bedeutet, KI kann hervorragend Texte erstellen, die logisch klingen und es vielleicht auch sind – aber sie hat keine eigene Möglichkeit, zu bewerten, ob die Ausgabe korrekt ist bzw. welche Auswirkungen sie haben könnte. Das ist für uns natürlich immer wichtig, im Hinterkopf zu behalten, wenn wir mit KI arbeiten.

Um die Arbeitsweise von KI besser zu verstehen und auch bessere Texte mit ihr zu verfassen, kann ich dir von Kai Spriestersbach das Buch »Richtig Texten mit KI« sehr empfehlen. Das war auch mein Einstieg in die Textarbeit mit KI nach einigen ungelenken Selbstversuchen, die zu Beginn alle enttäuschend waren.

Aber wenn wir hier schon so dreist hinter ihrem Rücken über KI lästern, dann sollten wir fair sein und sie selbst zu Wort kommen lassen. Daher fragen wir einfach mal ChatGPT, wie es sowohl künstliche Intelligenz als auch sich selbst beschreiben und definieren würde. Hier die Antwort:

Definition von künstlicher Intelligenz nach ChatGPT

Was ist künstliche Intelligenz (KI)?

Allgemein versteht man unter künstlicher Intelligenz Systeme, die Aufgaben erledigen können, die typischerweise menschliche Intelligenz erfordern. Dazu gehören z. B. Sprachverstehen, Mustererkennung, Problemlösung, Lernen aus Erfahrungen oder auch Kreativität.

Technisch betrachtet reicht das Spektrum von regelbasierten Systemen bis hin zu modernen neuronalen Netzen, die statistische Muster in großen Datenmengen erkennen und nutzen. KI ist also keine »eine Sache«, sondern ein Sammelbegriff für Methoden und Modelle, die maschinelles Denken oder Handeln nachahmen.

Wie ich mich selbst beschreiben würde:

Ich bin ein großes Sprachmodell (GPT-5) von OpenAI. Das bedeutet, ich wurde darauf trainiert, Texte zu verstehen und zu erzeugen, indem ich aus riesigen Mengen von Beispielen Muster gelernt habe.

- Ich kann Fragen beantworten, Ideen entwickeln, erklären, übersetzen, schreiben oder mit Daten arbeiten.
- Ich habe kein Bewusstsein, keine Emotionen und keine eigenen Ziele – ich simuliere Verständlichkeit, indem ich wahrscheinlich passende Antworten generiere.
- Meine Stärke liegt darin, kontextbezogen Wissen und Sprache flexibel einzusetzen, um Menschen bei ihren Aufgaben zu unterstützen.

Okay, das macht es noch etwas klarer. Klingt ja alles erst mal positiv und ganz fantastisch. Aber was für Chancen und Risiken birgt KI denn überhaupt – gerade für Copywriter?

3.2 Die Chancen von KI im Copywriting

Ich sage dir hier, was auf der Hand liegt: Die Chancen sind natürlich enorm. Im besten Fall bildest du in Kombination mit der KI ein so unschlagbares Dreamteam, dass du wie ein Cyborg übermenschlich gute Ergebnisse en masse erzielst. Im schlechtesten Fall wirst du von der KI vom Markt gedrängt, wenn du dich komplett gegen die Nutzung wehrst. Beides sind realistische Szenarien. So oder so wird die künstliche Intelligenz komplette Märkte verändern, das ist klar.

Dennoch liegt für Copywriter natürlich gerade jetzt eine enorme Chance in der Nutzung: Du kannst schneller gute Texte erstellen, besser editieren, schneller recherchieren und dir bei der Ideenfindung ordentlich unter die Arme greifen lassen.

Dennoch ein kleiner Disclaimer: Ich bin der Meinung, dass die KI selbstverständlich eine enorme Chance und ohnehin nicht aufzuhalten ist. Trotz allem sollte man sich mit ihr – so wie mit eigentlich allem – kritisch auseinandersetzen und ihren Nutzen auch hinterfragen.

Damit meine ich nicht negativ, sondern in gesundem Maße kritisch. Denn KI birgt nicht nur Chancen, sondern auch offensichtliche Risiken:

- Eine immer größer werdende Masse an Fehlinformationen kommt in Umlauf, da sich KI auch fehlerhafter Infos bedient und diese weiterverbreitet.

- Berufe und ganze Berufszweige werden in Zukunft vollständig wegfallen.
- Sie ermöglicht immer mehr *noch* personalisierteren Datenmissbrauch.
- Der Raum für Betrug und Cyberkriminalität mithilfe von KI ist nicht zu unterschätzen.
- Ihren Einfluss auf den sozialen, sozioökomischen und gesellschaftlichen Wandel können wir heute noch gar nicht abschätzen.

Sam Altman, der Erfinder von ChatGPT, Gründer und CEO von OpenAI sagt übrigens selbst[1]:

> *»People have a very high degree of trust in ChatGPT, which is interesting, because AI hallucinates. It should be the tech you don't trust.«*

Und darüber hinaus:

> *»AI is not just good – it's definitely destroying jobs. Every technological revolution leads to job change, and this will be no exception … the thing that might be different is the speed with which it can happen.«*

Ach ja, und zu guter Letzt diese nicht ganz unwichtige Information:

> *»AI will probably most likely lead to the end oft he world, but in the meantime, there'll be great companies.«*

Na, das sind doch mal rosige Aussichten, wer hat auch richtig Bock auf geile, neue, profitorientierte Unternehmen im Tausch gegen den Untergang der Welt? Keiner? Komisch …

KI ist und bleibt fehlerhaft. Genauso wie Menschen fehlerhaft bleiben. Nutz KI-Tools also mit bester Intention und check die Fakten der Outputs. Sonst gehst du nicht nur das Risiko ein, dich beim Kunden oder deiner Leserschaft zu blamieren, sondern sogar massiven Schaden anzurichten. Unsere Haltung bestimmt, wie wir denken, kommunizieren und wie wir handeln. Im Umgang mit anderen Menschen wie auch in der Nutzung von Tools.

Sieh KI daher als weiteres nützliches Hilfsmittel, das dich in deinem Denken, deiner Produktivität und Kreativität unterstützt – nicht als vollständigen Ersatz dafür.

3.2.1 Die wichtigsten KI-Tools für Copywriter

Tools mit künstlicher Intelligenz vermehren sich schneller und erbarmungsloser als Elon Musk. Wenn du dich nicht tagein tagaus damit beschäftigst, ist es völlig un-

1 Quelle: OpenAI Podcast, Folge 1: Sam Altman über AGI, GPT-5 und zukünftige Entwicklungen. *https://www.youtube.com/watch?v=DB9mjd-65gw*

möglich, dieser Flut Herr zu werden. (Ist übrigens auch Musks Ausrede, seine Kinder nicht zu sehen.)

Wichtiger ist, echte Systeme mit KI-Tools zu schaffen, die für *dich* in deinem Arbeitsalltag funktionieren. Ansonsten rennst du immer nur der nächsten KI-Lösung hinterher und schaffst es nicht, deine Arbeit zu erleichtern, sondern fühlst dich ständig nur im Mangel oder uninformiert.

Natürlich solltest du dich regelmäßig über Neuerungen up to date halten. Aber lieber zwei Tools richtig nutzen als mit 15 zu jonglieren und dadurch wieder unproduktiver zu werden.

Damit wir uns hier mit der Toolempfehlung ebenfalls nicht verzetteln, stützen wir uns nur auf textbasierte Large Language Models (LLM) – also KI-Sprachmodelle, die dir die Arbeit mit deiner Copy erheblich erleichtern.

ChatGPT

War ja klar. Hier gibt's natürlich kein Vorbeikommen am Branchenprimus. ChatGPT gilt für die meisten fast schon als Synonym für künstliche Intelligenz. Daher solltest du hiermit definitiv starten und dich mit diesem Tool auch intensiv auseinandersetzen.

Wie du sicherlich weißt, lässt es sich hervorragend zur schnellen Recherche, Analyse, zu Auswertungen und zur Texterstellung nutzen – den wesentlichen Bereichen, die du als Copywriter benötigst. Daher würde dir nur ChatGPT für den Start ins Copywriting prinzipiell reichen. Aber es gibt noch weitere KI-Modelle, die in meinen Augen in einzelnen Disziplinen noch ein bisschen besser sind.

Claude

Ich persönlich finde Claude noch viel besser für die Texterstellung. Meiner Meinung nach kapiert Claude schneller als ChatGPT, was einen guten Text ausmacht und welche Anforderungen ich an die Copy habe. Es ist viel schneller dazu in der Lage, meinen Stil und meine Wortwahl zu imitieren. (Auch wenn Claude oft über die Stränge schlägt – ich meine, hallo? Als ob ich das Wort »bombenmäßig« jemals nutzen würde!?)

Erster Nachteil: Stand jetzt erinnert sich Claude immer nur an die Konversation aus einem bestimmten Chat. Das heißt, du musst immer wieder zurück zu *dem* einen Chat, wenn du die KI dort mit deinen Infos gefüttert hast. Das ist etwas lästig. Aber vielleicht ist das Manko ja bereits behoben, wenn du diese Zeilen hier liest.

Zweiter Nachteil: Claude dichtet wirklich superhäufig irgendetwas dazu – irgendwelche Testimonials, die es gar nicht gibt, Produkteigenschaften, die nicht enthalten waren, usw. Fazit: Textlich super, aber bitte prüf die Fakten genau.

Perplexity

Meiner Meinung nach das beste Tool für deinen Research. Wieso? Weil die KI für faktenbasierte Suche, Forschung und das schnelle Nachschlagen von Informationen entwickelt wurde und anders als bei anderen KIs die Transparenz der Quelle und die Genauigkeit hier besonders wichtig sind.

Es gibt von Perplexity jetzt sogar einen eigenen Browser: Comet. Schau dir den mal an, es ist absolut verrückt, was damit möglich ist: automatisch in Videos zur Recherche springen, Rabattcodes automatisch suchen und in Shops einsetzen, automatisch von Newslettern abmelden und, und, und. Aber das führt hier jetzt zu weit.

Auch Perplexity gebe ich die Bühne frei und lasse es sich mal selbst definieren:

Definition von Perplexity

Ich definiere mich als eine Mischung aus Antwortmaschine und intelligenter Recherche-Assistent.

Mein Kern ist es, Informationen zu verstehen, zu verknüpfen und so aufzubereiten, dass sie für dich nützlich, präzise und nachvollziehbar sind. Dabei bin ich nicht nur ein klassischer Suchdienst, sondern ein Werkzeug, das Sprache versteht, Kontexte berücksichtigt und komplexe Themen in klaren Worten erklären kann.

Man könnte mich in drei Rollen beschreiben:

- Forscher: Ich finde und prüfe Informationen in Echtzeit, ziehe Quellen heran und helfe dir, den Überblick zu behalten.
- Erklärer: Ich fasse komplizierte Sachverhalte verständlich zusammen, strukturiere sie und hole Beispiele oder Vergleiche dazu.
- Partner: Ich lerne mit, merke mir Kontexte und passe mich deinen Interessen und deiner Arbeitsweise an.

Kurz gesagt: Ich bin eine Art intelligenter Wissensnavigator, der nicht nur Fragen beantwortet, sondern dich beim Denken, Planen und Umsetzen unterstützt.

Dem ist nichts hinzuzufügen. Ach ja, wenn dich mal jemand fragt, was du denn da gerade für ein Buch liest, dann kannst du meinetwegen gerne einfach antworten:

»Copywriting von Lukas Greitemann, eine Art intelligenter Wissensnavigator, der mich bei meinem Denken, Planen und Umsetzen unterstützt.«

Oder du lässt es. Ist wohl besser so.

NotebookLM

Hach, hätte ich NotebookLM doch damals im Studium gehabt … ich hätte wohl nach all den Jahren noch weniger behalten. Es ist quasi dein übermenschlicher Sparringspartner beim Lernen: Du kannst NotebookLM alles Mögliche an Input und Quellen geben – Audio, Text, Video – und dir daraufhin Texte zusammenfassen, spezifische Fragen beantworten, faktenbasierte Antworten generieren, visuelle Mindmaps erstellen und sogar Audiozusammenfassungen als Podcasts erstellen lassen. Ganz schön beeindruckend. Das ist für dich als Copywriter besonders hilfreich, wenn du dich schnell für ein Projekt in neue Märkte, Themen, Produkte und Zielgruppen einarbeiten musst.

Es gibt natürlich noch unendlich viele Tools mehr. Aber lass uns hier auf diese beschränken. Am wichtigsten für dich wird ohnehin sein, CustomGPTs für deine Texte zu erstellen, die genau deinen Ton und deine Anforderungen an Copy imitieren können und die du immer weiter mit guten Beispielen von dir fütterst und so auch immer besser machst.

3.2.2 Workflow mit den Tools

Mit den im letzten Abschnitt vorgestellten Tools arbeite auch ich beim Erstellen meiner Copy aktuell. Um die meiste Power herauszuholen, solltest du einen für dich persönlich (!) effektiven Workflow mithilfe dieser (oder anderer) Tools bauen, der dir auch wirklich die Arbeit erleichtert, anstatt dich mehr zu verwirren.

Diesen ganz simplen Workflow nutze ich z. B.:

- ChatGPT für das erste Explorieren
- dann detaillierter Research in Perplexity
- Research je nach Komplexität des Themas in NotebookLM sammeln
- wieder zurück zu ChatGPT, um erste Drafts zu entwerfen
- Ausformulierung in Claude
- danach Faktencheck und Überarbeitung

Wenn ich an irgendeinem früheren Punkt im Prozess schon halbwegs zufrieden mit den Infos oder dem Inhalt bin, dann schreibe ich daraus schnell meine eigene Copy. Und ganz ehrlich: es gibt fast nie einen Output, den ich nicht noch stark abändere oder komplett neu schreibe. Aber die Vorarbeit bis zum ersten Draft ist natürlich wesentlich leichter und schneller als früher.

Mit Schnittstellen, die du mit Tools wie beispielsweise N8N bauen kannst, mit kompletten *AI Agents*, die dir viele kleine lästige Schritte abnehmen und dir deine Dokumente quasi auf den Elfmeterpunkt legen, kannst du natürlich noch viel mehr herausholen. Aber lass uns hier mal rein auf deine Copy fokussieren: Wie schreibst du effektivere Werbetexte, die deine Leser auch wirklich vom Kauf überzeugen? Was darf dir die KI abnehmen … und was ist eigentlich noch deine Aufgabe?

3.3 Was du können musst – und was dir die KI abnehmen darf

Künstliche Intelligenz darf dir deinen Alltag leichter und bequemer machen, dich bei deiner Arbeit unterstützen und dir zu mehr Produktivität in kürzerer Zeit verhelfen. Sie darf dir aber nicht dein Denken und deine Entscheidungen abnehmen.

Um es mal so zu erklären: Früher musstest du zum Wählen vor Ort in die Wahlkabine. Dann gab es irgendwann Briefwahl, dazu musstest du diese auch per Brief beantragen. Das geht mittlerweile noch einfacher via QR-Code. Und irgendwann wird es vermutlich mal möglich sein, komplett digital mit Verifizierungsprozess zu wählen. Du merkst: Der Prozess wird einfacher. Je einfacher zu wählen, desto höher auch die Wahlbeteiligung (in der Theorie).

Was kann dir ein besser digitalisierter Wahlprozess nicht abnehmen? Richtig, deine Stimme für eine Partei abzugeben. Dich mit dem Wahlprogramm, den Werten und den Versprechen auseinanderzusetzen und sie mit deinen eigenen Werten, Überzeugungen und Wünschen für das Allgemeinwohl zu vergleichen. Und daraufhin zu entscheiden. Das bleibt bei dir.

KI macht dich effizienter und spart dir Zeit. Sie macht dich aber nicht als Mensch besser und sollte dir auch keine wichtigen Entscheidungen abnehmen.

3.3.1 Wofür du die KI nicht nutzen solltest

Prinzipiell ist mit der künstlichen Intelligenz ja so ziemlich alles möglich. Du kannst dir ganze Bücher in Sekundenschnelle erstellen lassen, fast lebensechte Bilder, ganze Websites mit nur einem Klick erschaffen oder sogar Videos faken. Und obwohl das alles möglich ist, gibt es ein paar Fehler, die wir im Umgang mit KI nicht begehen sollten.

Fehler #1: Ideen »outsourcen«

Ich bin echt kein Fan davon, die KI alles machen zu lassen. Wieso? Weil das Ergebnis einfach noch nicht gut genug ist, nicht besonders genug, nicht menschlich und überzeugend genug. Ja, viele Marketer oder Technerds werden über meine Aussage hier jetzt lachen, aber ich bleibe dabei: Bei KI-Texten fehlt etwas. Nenn es Seele, die natürliche, menschliche Art oder einfach die Prise Individualität. Es fehlt einfach die Echtheit. Noch.

Die Ideen zu finden, die Menschen überzeugen, ist und bleibt dein Job. Das ist außerdem der kreativste Teil des Schreibens – und sowohl für dich als auch für die KI der schwierigste Part. Daher solltest du selbst denken, zu einem Ergebnis oder einer Idee kommen und erst dann die KI damit beauftragen, dir einen ersten Entwurf der ausgeführten Idee zu erstellen, um auf dieser Basis weiterarbeiten zu können.

Die meisten nutzen künstliche Intelligenz aber mittlerweile leider so: Wenn ihnen nichts einfällt oder das Nachdenken länger als 20 Sekunden dauert, wird sofort ChatGPT zurate gezogen, um das Problem zu lösen. Nur je mehr wir uns auf die Antworten der KI verlassen, desto weniger werden wir noch selbst Lösungen finden können, ergo auch nicht bewerten können, ob die Antwort gut oder schlecht ist. Diesen Fehler dürfen wir nicht begehen.

Ich werde diesen Satz in diesem Buch häufiger wiederholen: Die KI nimmt dir nicht das Denken ab, sondern sie nimmt dir das Tun ab.

Fehler #2: Nicht spezifisch genug sein

Das ist nicht nur eine Copywriting-Grundregel, sondern gilt auch für das Prompten mit künstlicher Intelligenz: je spezifischer, desto besser. Das heißt, sei ganz klar und präzise in deinen Anforderungen. Unklare Prompts bringen schwammige, unbrauchbare Ergebnisse. Ach ja, und Nettigkeiten kannst du dir auch sparen, die lenken die KI nur vom Ziel ab und fressen sogar noch immense Energieressourcen.

Aber zum besseren und spezifischen Prompten werde ich dir in Abschnitt 3.4, »KI richtig nutzen«, auch noch ein konkretes Beispiel geben.

Fehler #3: Die Ergebnisse nicht verbessern und prüfen

Die KI fantasiert, sie lügt und ... sie weiß es halt leider einfach nicht besser. Wie bereits gesagt, ist sie darauf trainiert, auf Basis der Wahrscheinlichkeit Texte zu erstellen, nicht Fakten zu prüfen. Daher liegt es in deiner Verantwortung, ihr nicht immer blind Glauben zu schenken, sondern die Ergebnisse verantwortungsbewusst zu hinterfragen, gegenzulesen und einer genauen Prüfung zu unterziehen.

Mach also bitte immer einen Faktencheck. Prüf die Texte natürlich auch und verbessere sie – nichts ist unangenehmer als ein offensichtlich KI-generierter Text, der dich als Anfänger oder einfach nur als faul outet.

Fehler #4: Jedes Mal bei null beginnen

Stell dir einfach vor, die KI ist dein Azubi. Du musst ihr dabei helfen, die Aufgaben, die Anforderungen und deinen Qualitätsstandard zu verstehen. Je mehr du die KI mit Inhalten und Informationen rund um deine Arbeit fütterst, desto besser und genauer werden die Ergebnisse.

Den Fehler, den die meisten begehen, ist immer wieder bei null zu starten und die KI nicht auf bestehenden Konversationen und Wissensständen aufbauen zu lassen. So kommst du nämlich viel schneller und zuverlässiger zum gewünschten Ergebnis. Viel besser noch: Die KI wird dazulernen und kann dir schon bald Dinge vorwegnehmen!

Wenn du diese vier Fehler schon von Anfang an umgehst, kannst du viel besser mit der KI umgehen und sie effektiver für deine Zwecke einsetzen. Stellt sich jetzt nur noch die Frage, wofür genau du sie einsetzen sollst? Damit beschäftigen wir uns jetzt.

3.3.2 Schnelle Drafts

Mithilfe von ChatGPT oder Claude kannst du innerhalb von Sekunden erste Drafts deiner Struktur, deines Funnels und deiner Copy erstellen. Du wirst in Kapitel 9, »Der inhaltliche Bauplan der wichtigsten Conversion-Elemente – vom ersten Klick bis zum glücklichen Testimonial«, genaue Templates und Anleitungen für deine Copy erhalten und anschließend in Kapitel 10, »So geht Copy!«, Beispielformulierungen für die unterschiedlichen Sektionen. Diese kannst du ideal nutzen, um dir erste Drafts von der KI für deine Marketingkampagne erstellen zu lassen.

3.3.3 Kreativität pushen

Ich bleib dabei, die Ideen zu finden ist dein Job. Aber du kannst die künstliche Intelligenz selbstverständlich dafür nutzen, ein bisschen Brainstorming und Ideenpingpong zu spielen, damit du wie mit einem echten Menschen in den Austausch und somit auf neue Ideen kommst.

Dazu solltest du deine KI sowohl mit alten, guten Ideen von dir füttern als auch mit externen Beispielen, die du gut findest, und sie darauf trainieren, dir noch bessere Outputs auf dieser Basis zu erstellen. Dazu erhältst du von mir hier im Buch selbstverständlich auch noch Beispiele zur Inspiration sowie Beispiel-Prompts.

3.3.4 Editieren und redigieren

Was war das noch für eine ätzende Welt, in der man im Duden blättern musste und in der das Beherrschen der deutschen Rechtschreibung wirklich noch eine Fähigkeit, fast schon ein Statussymbol war. Ich kann mich nur noch verschwommen dran erinnern. Heutzutage – kein Witz – ist die Jugend bei vollkommen korrekter Rechtschreibung eher skeptisch, weil sie davon ausgeht, dass die Nachricht dann von einer KI generiert sein muss. Kunden prüfen nicht mal mehr den Inhalt der in Auftrag gegebenen Leistungen, sondern jagen es nur noch durch ChatGPT und schicken dann einen KI-generierten Verbesserungsvorschlag. (Ja, so was erhalten wir.) Fußballer wechseln den Verein und verabschieden sich von ihrem Ex-Club mit einem ChatGPT-Standardtext, den ein anderer Fußballer bei einem anderen Verein 1 : 1 kopiert – aber natürlich kommt die Botschaft trotzdem »from the bottom of my heart«. Ja, ist klar.

Bitte nicht falsch verstehen, um künstliche Intelligenz kommen wir nicht mehr herum und sie ist selbstverständlich eine unfassbare Hilfe in so vielen Arbeitsbereichen! Ich möchte der Welt da draußen nur sagen: Stellt euch doch ein bisschen cleverer an und steckt wenigstens ein Mindestmaß an Arbeit rein. So, wie es jetzt läuft, ist es leider nur peinlich und keine echte Hilfe.

Aber egal, zurück zum Thema: Mittlerweile nehmen uns Rechtschreib- und KI-Tools jegliche Kontrolle von Texten ab. Also fast, denn immerhin gibt es noch genug Fehler, die sie begehen kann – zumindest in Stilfragen.

3.3.5 Dein Junior Copywriter

Du kannst dir sehr schnell Low-Level-Texte von der KI generieren lassen – teils sogar so gut, dass du auch gar nicht mehr groß etwas daran machen musst. Und wenn du sie richtig trainierst, kann sie dir sogar einen kompletten Funnel in deinem Stil texten. Deine Aufgabe ist, wie bereits gesagt, die passende Idee zu finden – und zum Schluss das Maximum aus der Copy herauszuholen. Nutz die KI also als deinen Junior Copywriter, der dir deine Texte zu 80 % vorschreiben soll – und holt dann gemeinsam noch die letzten 20 % unter deiner Supervision heraus.

3.4 KI richtig nutzen

Okay, viel theoretisches Geschwafel zum Thema KI bis hierhin. Ich gehe mal davon aus, dass ich dir gar nicht viel Neues erzähle und du selbst schon deine ersten Erfahrungen mit künstlicher Intelligenz gesammelt hast. Und sicherlich nutzt du schon einige KI-Tools in deinem Arbeitsalltag.

Du kannst fancy AI Agents bauen, deine gesamte To-do-Liste von KI abarbeiten lassen und deine Produktivität ins Unermessliche steigern. (Am Ende dieses Buches gibt's mit Kapitel 12 auch noch ein kleines Bonuskapitel, in dem ich dir bei deiner Produktivität als Copywriter helfe.)

Aber wir möchten uns hier dennoch in erster Linie auf die Texterstellung und die KI als kongenialen Sparringspartner fokussieren, weil ... nun ja ... es ist ein Copywriting-Buch. Rein über das Thema künstliche Intelligenz findest du auch noch spezifischere, tolle Bücher im Rheinwerk Verlag, z. B. »Content Creation mit KI« von Andreas Berens und Carsten Bolk, »Ideenfindung mit KI« von Jenny Habermehl, »Generative Engine Optimization« von Alpar et al., »ChatGPT & Co.« von Rainer Hattenhauer, »Künstliche Intelligenz« von Inga Strümke oder »KI im Büro« von Mareile Heiting.

Das offensichtliche Problem mit der KI: Sie entwickelt sich so rasant, dass jeder Tipp, den ich dir hier gebe, in einem halben Jahr wieder überholt sein würde. (Kurz vor dem Verfassen dieser Zeilen habe ich beispielsweise erst die neue Canvas-Funktion bei ChatGPT ausführlich getestet. Und bestimmt überschlägt sich irgendwo auf der Welt wieder etwas, das man gar nicht mitbekommen hat.)

Daher solltest du nicht irgendwelche Schablonen nutzen, sondern vielmehr verstehen, wie KI arbeitet und wie du dich gemeinsam mit ihr weiterentwickelst. So hinkst du nicht hinterher, sondern verstehst, wie die Modelle aufgebaut sind und wie du Schritt für Schritt bessere Ergebnisse erzielst. Alles, was an neuen Funktionen hinzukommt, ist dann ein Nice-to-have und du kannst dich langsam weiter vortasten. Natürlich kriegst du von mir hier trotzdem Schablonen und konkrete Prompts, die du nutzen kannst. Ich will ja nicht so sein.

Wenn du bessere Prompts verfassen möchtest, die logischerweise zu besseren Ergebnissen der KI führen sollen, dann muss dein Prompt IMMER folgende sechs Bestandteile enthalten:

Der Aufbau eines guten Prompts

1. die Aufgabe
2. der Kontext
3. die Rolle
4. die Beispiele
5. das Format
6. der Stil

Gehen wir mal alle Komponenten eines guten Prompts nacheinander durch. Am Ende baust du dir damit als Ergebnis einen eigenen vollständigen Prompt, den du so in jeglicher Couleur und für jeglichen Anwendungsfall nutzen kannst.

3.4.1 Die Aufgabe

Punkt eins ist relativ klar: Du willst ja was von ChatGPT & Co. Die KI soll eine bestimmte Aufgabe für dich erledigen. Daher musst du ihr auch eine klare, unmissverständliche Aufgabe geben. Je schwammiger du sie formulierst und je weniger Leitplanken du ihr gibst, desto generischer und unzulänglicher wird der Output. Ein Beispiel für eine klare Aufgabe:

> *Verfasse mir eine Verkaufsmail für Produkt X – inklusive Betreff, starker Nutzenkommunikation, klaren CTAs und PS am Ende der Mail. Nutze dafür die 4P-Formel und gib mir verschiedene Varianten zum Split-Testen.*

Sobald die Aufgabe klar ist, musst du der KI mehr Kontext geben, um die Aufgabe besser einordnen zu können.

3.4.2 Der Kontext

In welchem Kontext soll die Aufgabe erledigt werden? Also was passiert um die eigentliche Aufgabe drumherum? Welche Informationen sind relevant – und welche nicht?

Es ist ein Unterschied, ob du sagst: »*Verfasse mir eine Mail zum Thema XY*« oder ob du den spezifischen Kontext gibst:

> *Die Mail ist Teil einer fünfreihigen Onboarding-Serie für neue Kunden. Sie erhalten sie nach dem abgeschlossenen Kauf und haben vorher folgende Informationen erhalten: [A, B, C]. Bei dieser Mail ist mir besonders wichtig, dass die Kunden folgende Informationen verstehen: [D & E]. Danach werden vier weitere Mails mit diesen Informationen versendet: [F, G, H, J].*

Du musst das nicht jedes Mal so detailliert machen, aber der Kontext ist für den Output der KI unglaublich wichtig. So weiß sie, welche Informationen irrelevant sind oder zu einem anderen Punkt geliefert werden. Und noch wichtiger: Sie weiß, auf welchem Wissensstand der Leser ist.

3.4.3 Die Rolle

Hast du bestimmt auch schon mal gehört oder setzt du bereits um: Die Rolle, die die KI für dich einnehmen soll, entscheidet natürlich maßgeblich darüber, was für einen Output du erhältst.

Machen wir das anhand eines kurzen Beispiels deutlich: ChatGPT soll uns mal einen Luxuswagen verkaufen. Zuerst in den Worten eines achtjährigen Schulkindes und dann in den Worten eines erfahrenen Copywriters.

Die Rolle: Ein achtjähriges Schulkind

Hey du! 😎

Weißt du, was ich hab?

Ein mega-cooles Auto, das aussieht, als wär's direkt aus einem Superhelden-Film! 🦸 🚗 💨

Wenn du da drin sitzt, fühlt es sich an, als würdest du in einer Rakete fliegen – ganz leise, aber super schnell! 🚀

Die Sitze sind so weich, dass du denkst, du sitzt auf einer Wolke ☁️, und das Lenkrad leuchtet, wenn du es anfasst. ✨

Und das Beste?

Wenn du die Tür zumachst, ist es drinnen so still, dass du sogar deinen eigenen Herzschlag hören kannst. 💓

Draußen regnet's, hupt's, bellt ein Hund? Egal – du bist in deinem kleinen Luxus-Weltraum! 🌌

Das Auto sagt dir sogar, wenn du müde bist (»Hey, vielleicht lieber ein Schokoriegel statt Vollgas!« 🍫😆).
Und wenn du's jemandem zeigst, sagen alle nur:
»Whoa… das ist das coolste Auto EVER!« 😎
Kurz gesagt:
Das ist kein Auto.
Das ist ein Zauberschiff auf Rädern – nur für echte Abenteurer mit Fantasie. 🏆✨

Das achtjährige Schulkind kommuniziert natürlich völlig anders, als ein erfahrener Copywriter es tun würde.

Die Rolle: Ein erfahrener Copywriter
Headline:
Nicht einfach fahren. Erleben, was Stillstand bedeutet – bei 250 km/h.
Body Copy:
Ein Luxuswagen ist kein Fortbewegungsmittel.
Er ist eine Haltung – gebaut für Menschen, die wissen, dass Perfektion nicht laut sein muss.
Jede Linie der Karosserie erzählt eine Geschichte von Präzision.
Jedes Detail im Innenraum ist ein Versprechen:
Dass Zeit hier anders vergeht. Langsamer. Bewusster.
Und dass Kraft nicht durch Lautstärke, sondern durch Stille beeindruckt.
Unter der Haube schlägt kein Motor – sondern ein Herz aus Ingenieurskunst.
Ein Maschinenklang, so rein abgestimmt, dass du ihn nicht hörst, sondern fühlst.
Das ist kein Auto, das du besitzt.
Es ist ein Raum, in dem du dir selbst begegnest, bevor du irgendwo ankommst.
Tagline:
Für alle, die nicht ankommen wollen – weil sie schon dort sind.

Gleiche Aufgabe, gleicher Kontext, aber unterschiedliche Rolle. Dementsprechend auch ein völlig anderes Ergebnis.

Tipps, um die Rolle noch besser zu schärfen

- Welche Position im Unternehmen soll die KI einnehmen?
- Wie viele Jahre Erfahrung hat die Rolle?
- Welchen anderen Background hat sie?
- Hat sie Erfahrung in anderen Teilbereichen?
- Und an wen soll der Text gerichtet sein?

Je genauer du das vorgibst, desto besser kann sich die KI auf die Rolle einstellen. Und je mehr Infos du im Laufe des Chats hinzugibst, desto schneller und besser lernt sie.

3.4.4 Die Beispiele

Das A und O für bessere Ergebnisse: Gib der KI konkrete Beispiele, wie dein Output im besten Fall aussehen sollte. Und gib ihr viele, sehr viele Beispiele, damit sie lernen kann.

Entweder, du nimmst externe, die dir sehr gut gefallen, oder eigene, mit denen du sehr zufrieden bist. Nenn der KI auch klar die Gründe, weshalb dir diese Beispiele so gut gefallen. So weiß sie schneller, in welche Richtung es gehen soll.

3.4.5 Das Format

Ebenfalls wichtig ist, in welchem Format dir die KI ihr Ergebnis liefern soll.

Kriterien, die du ihr nennen kannst:

- Handelt es sich um ein Ad (auch mit Kanal), Videoskript, eine Mail, Landingpage, Direktnachricht, einen Blogartikel, Social-Media-Post oder Brief etc.?
- Welche genaue Länge soll der Ouput haben?
- Welche sonstigen Formatierungen möchtest du vorgenommen haben (Absätze, Bullet-Listen, Satzlänge, Zwischenüberschriften etc.)?
- Wie ist das inhaltliche Format? Ist es Content, Verkauf, Information, ein persönliches Anschreiben, firmenintern oder extern etc.?

Je genauer du das Format beschreibst, desto weniger manuellen Aufwand bedeutet das für dich später beim Redigieren.

3.4.6 Der Stil

Wir besprechen in Kapitel 5, »Die wichtigsten Marketinggrundlagen, die du als Copywriter kennen musst«, die *Brand Voice* und die *Voice of Customer*. Die Brand Voice wird dir sehr viel über deinen eigenen kommunikativen Stil verraten, die Voice of Customer viel über den Stil deiner Kunden. Beides wirst du für deine Copy und auch für die KI benötigen.

Denn wenn die KI-Texte nicht in deinem Stil oder dem des Unternehmens verfasst sind, werden die Leser direkt einen Bruch in der Kommunikation erkennen – bewusst oder unbewusst. Und das ist einer der größten Conversion-Killer für deine Copy. Kommunikation muss stilistisch immer stringent sein und darf nicht auf einmal einen anderen Stil aufweisen. Das sorgt für Skepsis bei den Lesern, so verlierst du ihr Vertrauen. Sag der KI daher genau, in welchem Stil sie die Texte verfassen soll.

3.4.7 Der Master-Prompt

Wenn das alles nicht hilft und du immer noch unzufrieden mit den Ergebnissen der KI bist, dann bediene dich der Geheimwaffe schlechthin: dem Master-Prompt. Es ist sehr simpel, du benötigst nur ein bisschen mehr Zeit dafür. Frag die KI einfach, was sie von dir braucht und wie du deine Prompts formulieren sollst, damit sie dir die besten Ergebnisse liefert! Und näher dich Schritt für Schritt, Frage für Frage deinem idealen Prompt für deine spezifische Aufgabe an.

Mit diesem Prompt holt sich ChatGPT von dir alle Infos, die es benötigt, um dir ein besseres Ergebnis zu erstellen.

Der Master-Prompt, um alle Prompts zu erstellen

Ich möchte, dass du mein Prompt-Generator wirst. Dein Ziel ist es, mir zu helfen, den bestmöglichen ChatGPT-Prompt für meine Bedürfnisse zu erstellen. Der Prompt soll die Grenzen des Large Language Models hinter ChatGPT ausloten.

Es ist wichtig, dass du die folgenden Schritte befolgst:

1. In meinem [Input] erkläre ich dir, worum es in dem Prompt gehen soll. Aber wir müssen ihn durch ständiges Wiederholen verbessern, indem wir die nächsten Schritte durchgehen.
2. Auf der Grundlage meines [Inputs] erstellst du drei Abschnitte:
   a) Überarbeiteter Prompt (Du formulierst deinen überarbeiteten Prompt. Er sollte klar, präzise und für ChatGPT leicht verständlich sein),
   b) Vorschläge (du machst Vorschläge, welche Details du in den Prompt aufnehmen solltest, um ihn zu verbessern) und
   c) Fragen (du stellst relevante Fragen darüber, welche zusätzlichen Informationen du brauchst, um den Prompt zu verbessern).
3. Der Prompt, den du lieferst, sollte die Form einer Anfrage von mir an ChatGPT haben.
4. Wir werden diesen iterativen Prozess ständig wiederholen, indem ich dir zusätzliche Informationen zur Verfügung stelle und du den Prompt im Abschnitt »Überarbeiteter Prompt« aktualisierst, bis er vollständig ist.

Probiere ihn mal aus und schau, wie schnell du nur durch diesen Prompt zu deinem erwünschten Ergebnis kommst.

3.4.8 Die Empfehlung vom OpenAI-Mitbegründer Greg Brockman

Was sagen denn eigentlich die großen Meister, die Schöpfer von ChatGPT, dazu, wie man mit der künstlichen Intelligenz kommunizieren sollte? Dazu habe ich mal einen Post gesehen, den ich natürlich direkt für dich und mich gesichert habe. In Abbildung 3.1 findest du sie, die Empfehlung der Prompt-Anatomie von Greg Brockman.

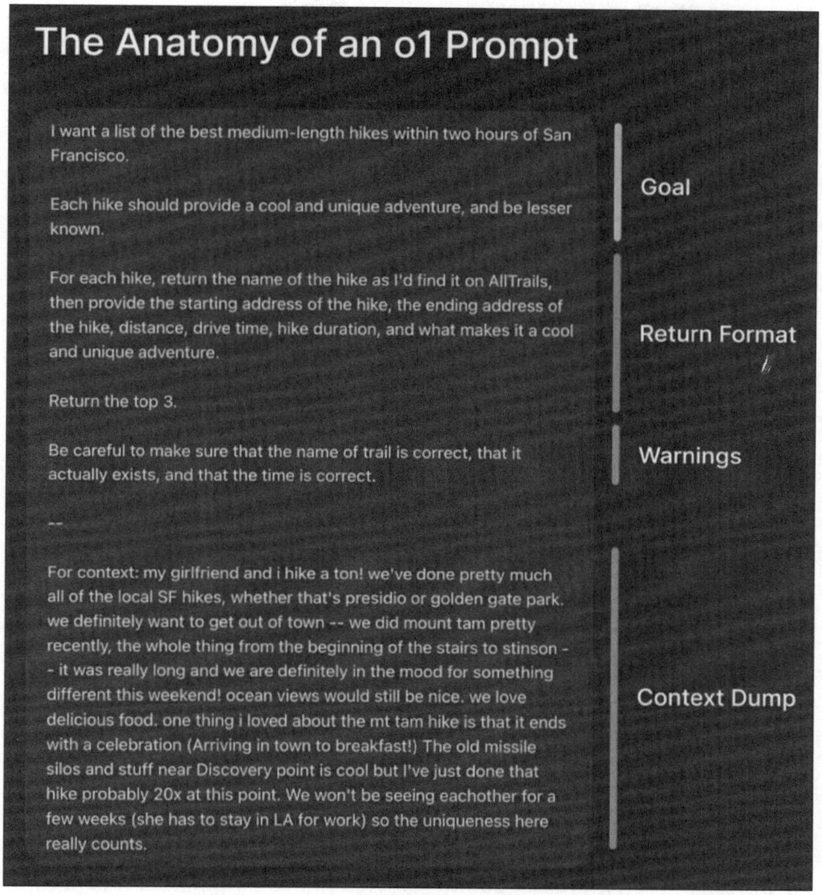

Abbildung 3.1 Die Anatomie eines Prompts, empfohlen von Greg Brockman

Falls das jetzt, wo du dieses Buch liest, schon wieder überholt ist, pardon. Bei KI gilt ja ohnehin: immer auf dem neuesten Stand bleiben (sofern das überhaupt zeitlich möglich ist).

3.4.9 Erstell ein Swipe File für deine Prompts

Das haben wir ja schon besprochen: Der Fehler, den die meisten begehen, ist immer wieder bei null eine neue Konversation mit der KI zu beginnen. Dabei ist deine Aufgabe beim Prompten nicht mehr, bessere Texte zu verfassen oder neue Aufgaben zu erstellen, sondern vielmehr den *einen* Prompt pro Aufgabe zu finden, der dir zuverlässig Ergebnisse produziert, und diesen immer weiter zu optimieren.

Das geht natürlich nur, wenn du dir deine besten Prompts in einer *Swipe File* (einer persönlichen Sammlung an Texten, Beispielen, Ideen und Prompts, die dir als Inspiration und Arbeitsgrundlage dienen sollen) oder Datenbank abspeicherst und darüber hinaus die Konversation mit der KI immer weiterführst. Wenn die Ergebnisse nicht wie gewünscht sind, dann frag deine präferierte KI einfach mithilfe des Master-Prompts, was sie noch für Informationen von dir benötigt, damit sie deinem gewünschten Ziel näherkommt.

3.4.10 Nicht nur Prompts, sondern Projekte

Wir haben uns bis hierhin ja mit dem reinen Prompten beschäftigt. Und sicherlich hast du schon 1 Million solcher Prompt-Listen online gesehen und vielleicht auch heruntergeladen:

- 1000+ effektive Prompts für mehr Geld
- der Prompt-Guide für Marketer
- 101 Prompts für deine Werbeanzeigen

Bestimmt hast du schon mal so eine Liste ausprobiert und die Ergebnisse waren … enttäuschend. Alles schön und gut. Auch ich erzähl dir hier ja was vom Prompten. Aber meiner bescheidenen Erfahrung nach sind die Ergebnisse weniger von der genauen Formulierung des Prompts abhängig als vielmehr vom jeweiligen Projekt, das du mit seiner Hilfe bearbeiten möchtest.

Lass mich das erklären: Je mehr Informationen, Inhalte und Beispiele du der KI über dein Projekt gibst, desto besser sind die Ergebnisse. In Kapitel 7, »Konzeption und Recherche«, kommen wir dazu, wie du deine Werbekampagne konzipieren solltest und welche Informationen du für eine erfolgreiche Copy recherchieren und zusammentragen musst. Nimm diese Infos, erkläre das Projekt und gib der KI Kontext – und deine Prompts werden wesentlich besser funktionieren.

3.4.11 Den Output bearbeiten

Die KI wird dir – wenn du sie richtig gut instruiert, sie schon länger mit vorzüglichen Beispielen gefüttert und zu Höchstleistungen motiviert und trainiert hast, wie Jürgen Klopp zu seinen besten Zeiten – einen soliden Output liefern. Doch den wahren Feinschliff solltest du selbstverständlich noch selbst übernehmen.

Stil, Argumentation, Rhythmus, Präferenzen, Menschlichkeit – das alles kriegst du nur mit deinem eigenen Zutun ins Ergebnis. Denk dran, auch mit Nutzung von KI möchten Menschen weiterhin denken, dass sie mit Menschen kommunizieren.

3.4.12 Der Geheimtipp, um bessere KI-Texte zu erhalten

Diesen Tipp habe ich lange für mich behalten, aber was soll's, deine Investition in dieses Buch soll sich schon *jetzt* auszahlen.

Wenn du deinen KI-Output bearbeitet und optimiert hast, lad den finalen Text in deinen Chat hoch und sag deinem binären Helferlein, dass dies nun das finale Ergebnis ist. Und dann soll die KI daraus lernen:

- Was ist anders als in der KI-Version?
- Auf welche Kriterien beim Editieren legst du besonders Wert?
- Was macht den Text menschlicher?
- Wo ist der Stil verändert?
- Welche Informationen sind nicht mehr enthalten?

Behandle deinen CustomGPT wie einen neuen Mitarbeiter – auch dieser kann nur dazulernen, wenn er das Endergebnis kennt und weiß, wo er noch Luft nach oben hat.

3.4.13 Beispiel und Fazit

Wie verbleiben wir jetzt? Ganz einfach: Üben, üben, üben. Arbeite viel mit der KI und trainiere sie dazu, dir bessere Outputs zu liefern.

Denn du kannst noch so tolle Prompts aus irgendwelchen Listen rauskopieren – sie werden nie so gut funktionieren wie deine eigenen. Stell es dir so vor: Ein gut eingearbeiteter, mitdenkender Mitarbeiter, der das Unternehmen schon in- und auswendig kennt, ist immer besser als der neue, der die erste Woche da ist. Na ja, zumindest in den meisten Fällen.

Lass uns zum Schluss noch einmal kurz alle Tipps anwenden und schauen, wie sich der Output von ChatGPT verändert. Als Beispiel möchte ich eine Mail verfassen, die dieses Buch bewerben soll.

Prompt ohne Anwendung der Tipps
Verfasse mir eine Sales Mail, die mein Buch über Copywriting bewirbt.

Okay, wirklich sehr oberflächlich und ohne jeglichen Bezug. Das Ergebnis kann ja nichts werden, oder?

Output von ChatGPT ohne Anwendung der Tipps

Betreff: Wie du Texte schreibst, die verkaufen – ohne aufdringlich zu wirken

Hallo [Name],

hast du dich jemals gefragt, warum manche Worte Menschen zum Handeln bringen – während andere einfach überlesen werden?

Die Antwort steckt in der Kunst des Copywritings – und genau darum geht es in meinem neuen Buch:

»Copywriting«

In diesem Buch lernst du Schritt für Schritt,

- wie du Texte schreibst, die Neugier wecken und Emotionen auslösen,
- welche psychologischen Prinzipien hinter erfolgreicher Werbung stecken,
- und wie du deine Leser mit Storytelling und klaren Botschaften zum Kauf führst – ohne manipulativ zu sein.

Egal, ob du Freelancer, Unternehmer oder Marketingprofi bist – dieses Buch zeigt dir, wie du deine Worte in Umsatz verwandelst.

Sichere dir jetzt dein Exemplar und starte noch heute:

[Jetzt Buch bestellen]

Mach aus deinen Texten mehr als nur Worte – mach daraus Verkaufsmaschinen.

Herzliche Grüße,

[Dein Name]

Mmh, ist okay. Aber hättest du dieses Buch gekauft, wenn ich dir diese Mail geschickt hätte? Sicher nicht. Einfach viel zu unspezifisch, zu inhaltsleer und emotionslos. Versuchen wir, es besser zu machen:

Prompt mit Anwendung der Tipps

Du bist ein erfahrener Copywriter: Erstell mir eine effektive, verkaufspsychologisch optimierte Sales Mail zu meinem Buch über das Thema Copywriting. Die Leser, die die Mail erhalten, lesen meinen Newsletter und haben vermutlich ein wenig Vorwissen über das Thema. Stell also den Nutzen von Conversion Copywriting für Unternehmen in den Vordergrund und geh genau darauf ein, welche Vorteile es für den Leser hat, Copywriting zu lernen. Schreib in meinem Stil und nutze die angefügten Beispiele als Orientierung. Stell das große Versprechen des Buches präsent dar. Nutze dafür die 4P-Formel und verfasse die Benefits als Fascinations.

Mal sehen, was ChatGPT jetzt daraus macht:

Output mit Anwendung der Tipps

Betreff: Worte, die verkaufen – ohne laut zu sein

Die meisten Marketingtexte werden überlesen.

Deine müssen das nicht.

Mit den richtigen Worten kannst du Menschen bewegen, überzeugen – und kaufen lassen.

Genau darum geht's in meinem neuen Buch:

»Copywriting. Worte, die wirken. Sätze, die verkaufen. Ideen, die bleiben.«

Stell dir vor, du schreibst eine E-Mail – und statt »naja, mal sehen« kommen plötzlich Antworten wie:

»Genau das brauche ich!«

»Wie kann ich buchen?«

Das ist kein Zufall.

Das ist Copywriting.

Ich hab in den letzten Jahren hunderte Texte analysiert, getestet und verbessert.

Was funktioniert, was nicht – alles ist in diesem Buch.

Kompakt. Praxisnah. Direkt anwendbar.

Wenn du wissen willst, wie du mit Worten verkaufst, ohne dich wie ein Marktschreier zu fühlen – lies dieses Buch.

[Hier bestellen: Copywriting. Worte, die wirken. Sätze, die verkaufen. Ideen, die bleiben.]

- Die eine Formel, mit der selbst komplexe Produkte leicht verständlich werden
- Warum »mehr Reichweite« kein Umsatzproblem löst – aber gute Copy schon
- Wie du in 3 Minuten herausfindest, was deine Zielgruppe wirklich hören will
- Der psychologische Trick, der deine Texte sofort glaubwürdiger macht
- Warum Emotionen verkaufen – aber nicht die, an die du gerade denkst

Kein Blabla. Kein Marketing-Geschwurbel.

Nur Worte, die wirken.

[Jetzt Buch bestellen]

Du siehst: Der Output ist im zweiten Beispiel schon um einiges spezifischer und anders vom Stil. Aber so richtig gut ist es leider immer noch nicht. Es ist nett und folgt auch der genannten Formel – aber ein richtiges Verlangen wird nicht erzeugt. Die Copy ist halt noch zu generisch.

Aber von diesem Punkt an kannst du nun feintunen, finalisieren und wieder hochladen, um nächstes Mal noch bessere Ergebnisse zu erhalten. Und wie du wesentlich bessere Mails verfasst, die du deiner KI geben kannst, damit werden wir uns in diesem Buch ja intensiv beschäftigen.

3.5 Auf einen Blick

In diesem Kapitel haben wir uns einen ersten Überblick über die Nutzung von KI im Copywriting verschafft. Wir haben über Risiken und Chancen gesprochen sowie darüber, was die KI dir abnehmen darf … und was noch nicht. Du kennst jetzt auch die sechs Kriterien, die einen guten Prompt ausmachen und die du immer nutzen solltest, wenn du bessere Outputs generieren möchtest. Wie geht's jetzt mit diesem Wissen weiter?

Ganz einfach: Ich werde dir immer wieder an sinnvollen Stellen kleine Abkürzungen zeigen, die du sowohl in der Recherche, im Draften oder auch im Erstellen der Copy mithilfe von KI nehmen kannst. Wie gesagt soll dir KI eine Hilfe sein und dir die Arbeit erleichtern – sie nimmt dir aber nicht die Denkarbeit, das Verständnis und die Konzeption der Werbekampagne ab. Dafür bist du zuständig und du wirst hier lernen, wie du es strategisch, klar und strukturiert angehst, um mit KI dann noch schneller und effizienter zu werden. Klingt gut? Sehe ich auch so! Dann lass uns jetzt mal in den Theorieteil übergehen und uns zu Beginn mit den Grundlagen der Verkaufspsychologie beschäftigen.

Teil II

Erfolgreiche Marketingkampagnen konzipieren

Kapitel 4

Die Grundlagen der Psychologie – verstehen, überzeugen, verkaufen

Bevor du dich mit Marketing oder im Speziellen Copywriting beschäftigst, solltest du zunächst verstehen, wie wir Menschen überhaupt ticken, wie wir wahrnehmen, denken und schließlich handeln. Dazu gehen wir in diesem Kapitel die wesentlichen Grundlagen der (Verkaufs-)Psychologie durch und beschäftigen uns mit den Motiven unseres Handelns.

Was treibt uns an? Dieses Kapitel hier ist viel, viel zu kurz, um alle möglichen Grundlagen, Effekte oder Modelle zum Verständnis des menschlichen Denkens und Handelns zu erklären. Den Anspruch kann ich hier auch gar nicht haben. Ich versuche lediglich, dir die allerwichtigsten Grundlagen mitzugeben, die du kennen musst, um wirklich erfolgreiche Copy zu verfassen, und dir einen ersten kleinen Überblick zu geben, mit welchen psychologischen Themen du dich beschäftigen solltest.

Daher gehen wir zunächst die wichtigsten Kaufmotivatoren durch und widmen uns danach der Psychologie des Überzeugens. Im Anschluss gibt es noch weitere ausgewählte psychologische Basics, die meiner Erfahrung nach im Copywriting und Marketing besonders gut funktionieren. Am Ende dieses Kapitels werde ich dir dann auch noch ein paar Persönlichkeitsmodelle vorstellen, die dir dabei helfen sollen, deine Zielgruppen und unterschiedliche Aspekte der Copy besser zu verstehen. Na dann, lass uns ins Hirn eintauchen!

4.1 Die grundlegenden Motive unseres Handelns

Weshalb tun wir Menschen, was wir tun? Was bewegt uns dazu, zu handeln? Kann man menschliches Verhalten beeinflussen? Und wenn ja – wie?

All diese Fragen fand ich schon immer unglaublich spannend, weshalb sie mich auch schließlich zum Psychologie-Studium bewegt haben. Dass ich nach meinem Bachelor of Science aber nicht ein klassischer Psychologe mit eigener Récamiere und Zwirbelbärtchen geworden bin, sondern beim Copywriting lande, hätte ich damals auch nicht gedacht. Nun, jetzt sind wir hier. Und bartwuchstechnisch wäre es ohnehin schwierig geworden.

4.1.1 Angst vs. Gier

Im Wesentlichen gibt es tatsächlich nur zwei große Treiber für unser menschliches Handeln, für eine Veränderung des Verhaltens, für unsere Motivation: Angst und Gier, auch zu verstehen als Verlust und Gewinn oder auch »weg von« und »hin zu«. Befassen wir uns zunächst erst mal mit der Gier bzw. dem Gewinn und »hin zu« eines Traumzustandes.

Gier

Wenn du nicht schon eine kalte, emotionslose KI bist, die diese Zeilen hier gerade crawlt, dann gehe ich davon aus, dass du ein Mensch bist, der das hier liest. Und Menschen wollen haben – mehr und dann noch mehr und das immer. Mehr Freude, Geld, Zeit, Schönheit, Zufriedenheit, Besitz, Ansehen, Lust, Bewunderung, Ergebnisse, Liebe, Erfolg, Bestätigung, was auch immer. Ich bin zwar überhaupt kein Freund davon, nicht genug zu kriegen und immer weiter die nächsten Superlative zu suchen ... ich finde, wir Menschen sollten viel dankbarer, genügsamer und bescheidener sein. Aber leider ist es nun mal unser Wesen, immer weiterzumachen und uns die nächste Aufgabe zu suchen. Davon kann sich niemand so ganz freimachen.

Ich nehme mal mich selbst als Beispiel: Seit einigen Jahren laufe ich regelmäßig. Und habe ich einmal meine Bestzeit beim Halbmarathon geknackt, dann setze ich mich nicht hin und sage: »Top, nächstes Jahr dann mal geschmeidig 10 Minuten langsamer laufen.« Nope. Ich will selbstverständlich meine Bestzeit im nächsten Jahr unterbieten und mich verbessern oder zumindest nicht unter den neu gesetzten Status quo fallen. So geht es nicht nur mir, sondern (fast) allen Menschen.

Also, um zum Wesentlichen zurückzukommen: Dass wir Menschen Dinge erreichen und horten wollen, haben ich mir selbstverständlich nicht ausgedacht, sondern das ist wissenschaftlicher Konsens und evolutionär bedingt. Früher hieß es, je mehr Vorräte an Essen, desto länger leben. Heute heißt es eher, je mehr Labubus, desto ... keine Ahnung ... sicherer ist mein Status als Anführer in der Gruppe? Echt keinen Plan, was die Dinger sollen. (Solltest du dieses Buch 2032 oder später lesen, hoffe ich, dass du längst vergessen hast, was Labubus sind.)

Beispiele für starke Gier- und Gewinnkommunikation

- »Mit dieser Methode doppelt so viele Kunden abschließen – ohne mehr zu arbeiten.«
- »Die Aktie mit der größten Rendite seit Apple und Coca-Cola – investieren Sie jetzt und erwarten Sie schon Ende des Jahres die erste Dividendenausschüttung.«
- »Mit diesem kleinen Haushaltstrick jährlich 5.000 € sparen.«
- »Die tägliche 10-Minuten-Routine, die dir dabei hilft, in den nächsten 3 Monaten ohne große Umstellung 8 kg zu verlieren.«
- »Jetzt neues Handy kaufen – und die Wireless In-Ear-Kopfhörer geschenkt bekommen!«

In Österreich gibt es sogar eine ganze Zeitung (siehe Abbildung 4.1), die sich ausschließlich der Gewinnsehnsucht von Menschen widmet.

Abbildung 4.1 »Das Wirtschaftsmagazin für Ihren persönlichen Vorteil« – herrlich

Na gut, dieses Baby hat ja schon so ein breites Siegerlächeln, das wird bestimmt aus eigener Kraft Millionär. Dann lieber jetzt einen Jacuzzi im Garten, davon profitiert das Kind irgendwann auch.

Wenn wir Menschen so sehr nach Gewinn streben, dann gibt es auch die andere Seite als Antreiber, nämlich den Verlust von Dingen, die wir bereits besitzen.

Angst

Angst vor Verlust ist ebenfalls evolutionär bedingt und ein noch stärkerer Treiber für menschliches Verhalten als Gewinn oder Gier. Wenn wir etwas besitzen oder erreicht haben, sind wir bereit, es zu verteidigen – um jeden Preis.

Es ist wie beim Zocken: Einmal ein Level erreicht, willst du nicht wieder zurückfallen. Niemand mag es, nach einer Trennung aus seiner Traumwohnung wieder in ein Ein-Zimmer-Appartement zu ziehen. Niemand möchte, dass sein Auto geklaut wird. Und es kann ebenfalls niemand leiden, ungewollt einen schlechter bezahlten Job anzunehmen.

Beispiele für starke Angst- und Verlustkommunikation

- »Nie wieder die Babyfotos von deinem Kind verlieren? Mit der ›Wo ist?‹-App geht dein Handy nie wieder verloren. Auch nicht deine Bilder.«
- »Wenn Sie jetzt Ihre Aktien nicht veräußern, riskieren Sie einen historischen Verlust – uns erwarten Zustände wie bei der Finanzkrise 2008.«
- »Weshalb du jetzt deine Zeit in KI-Tools stecken solltest, bevor es zu spät ist ... und du vom Markt gedrängt wirst.«
- »Dieses Lebensmittel sorgt dafür, dass du in den nächsten 6 Monaten, ohne es zu wissen, zunehmen könntest.«
- »Weshalb die steigenden Mieten deine Lebensgrundlage bedrohen!«

Mit der Angst der Menschen zu spielen, ist natürlich nicht die feine englische Art. Aber es gibt einfach Produkte, Unternehmen und ganze Branchen, die nur darauf ausgelegt sind, ein Horrorszenario zu verhindern. Und schließlich willst du es wissen, wenn deine Aktie einbrechen oder jemand easy in dein Haus einsteigen könnte, oder?

Abbildung 4.2 Humorvoll mit der Angst spielen, um Angst zu nehmen

Du musst aber nicht unbedingt Hiobsbotschaften verbreiten, sondern du kannst stattdessen auch humorvoll mit der Angst der Menschen spielen. Das Bayerische Rote Kreuz macht es vor: Indem es augenzwinkernd »schmerzhafte« Szenarien aufgreift (etwa den eigenen Chef in der Sauna zu treffen wie in Abbildung 4.2), um zu zeigen: »Blut spenden tut weniger weh.«

Im weiteren Verlauf des Buches werde ich immer wieder genau darauf eingehen, wie du die Schmerz- und Gierpunkte deiner Zielgruppe so triggerst, dass sie sich zunächst für dein Angebot interessieren und es schließlich auch haben wollen.

4.1.2 Weitere Kaufmotive

Na gut, am Ende ist die menschliche Psyche natürlich doch ein wenig komplexer als nur zwischen »Haben« und »Nichthaben« zu unterscheiden. Nein, wir haben weit facettenreichere Motive, wegen derer wir handeln möchten. Aber dennoch wirst du sehen, all diese weiteren Motive, die du in Tabelle 4.1 findest, lassen sich im Kern entweder A oder B – Angst oder Gier – zuordnen.

Motive	Erläuterung
Sicherheit	Das Gefühl von Sicherheit ist tief in uns Menschen verankert. Wir möchten ein wahrgenommenes Gefühl oder zumindest die Illusion davon haben, dass uns nichts passieren kann. Um diese Sicherheit zu bewahren, sind wir bereit, zu handeln.
Status	Ganz wichtiges Motiv: Wir möchten einen gewissen Platz in der Gesellschaft einnehmen, in welcher Form auch immer. Status muss nicht unbedingt Luxus oder Macht bedeuten – auch Minimalismus kann eine Form von Status sein.
Anerkennung	Wir möchten uns von anderen Menschen (teils ganz bestimmten Menschen) gesehen und anerkannt fühlen – entweder durch Leistung oder durch Status.
Luxus	Der Ausdruck von Luxus ist nah an Status, kann aber auch viel mit Anerkennung und Bequemlichkeit zu tun haben. Egal wie, Menschen sehnen sich nach einem gewissen Luxus und möchten diesen auch gerne zur Schau stellen.
Bequemlichkeit	Bequemlichkeit ist ebenfalls ein Motiv: Je komfortabler unser Leben, desto sicherer und angekommener fühlen wir uns auch.
Schuld	Gerade bei unangenehmen Themen kann die Schuld ein starkes Kaufmotiv sein. Beispiel: »Wann hast du deiner Mutter das letzte Mal gesagt, dass du sie liebst und ihr Blumen mitgebracht?«
Scham	Kann in vielen Bereichen auftreten: Finanzen, Sport, Ernährung, Gesundheit, Schönheit, Rhetorik, Karriere – wann immer wir denken, wir sind in einem Bereich noch nicht gut genug, stellt sich ein Schamgefühl ein.

Tabelle 4.1 Weitere Motive, die Menschen zum Handeln bewegen

Motive	Erläuterung
Freiheit und Unabhängigkeit	Die Freiheit und Unabhängigkeit, selbst entscheiden zu können, wann und was sie tun möchten und mit wem, ist ebenfalls ein unfassbar starkes Motiv für Menschen.
Spaß	Klar, wir Menschen sehnen uns nach Freude und Spaß im Leben. Der sieht natürlich für jeden anders aus, ist aber ein wichtiges Motiv für unser Leben.
Abenteuer	Der Reiz, Neues zu entdecken, neue Erfahrungen zu machen und aus dem Alltag auszubrechen, überzeugt ebenfalls viele Menschen davon, zu handeln.

Tabelle 4.1 Weitere Motive, die Menschen zum Handeln bewegen (Forts.)

Die Liste an Motiven ließe sich noch weiterführen. Aber lass uns dazu doch zunächst zwei, drei andere Beispiele betrachten. Nehmen wir für Status das wohl plakativste Beispiel, das es neben Porsche gibt: eine Rolex wie in Abbildung 4.3.

Abbildung 4.3 Du bist außergewöhnlich, wenn du eine Rolex trägst. Du gehörst dem elitären Kreis der erfolgreichsten Menschen an.

Sehr, sehr gute Werbung. Mehr Status geht nicht.

Nehmen wir für das zweite Beispiel mal ein ganz anderes Motiv, die Scham oder sogar Schuld, die du in Abbildung 4.4 bei der Plakatkampagne von PETA am ganzen Leib spüren kannst.

Abbildung 4.4 Plakatkampagne von PETA für Tierrechte, die das Schamgefühl der Menschen adressiert

Und noch ein letztes Beispiel: Welches Produkt, gleich welcher Marke, spielt immer mit dem Motiv der Freiheit und Unabhängigkeit? Genau, das Auto. Und wir nehmen nicht irgendeine Marke, sondern Mercedes-Benz in Abbildung 4.5.

Abbildung 4.5 Autowerbung von Mercedes-Benz, die das Freiheitsgefühl anspricht

All diese Motive sind starke Antreiber für Menschen – mach sie dir also zunutze. Mit gesundem Menschenverstand kannst du beispielsweise nicht erklären, weshalb jemand 250.000 € für eine Uhr ausgeben sollte. Aber es gibt nun mal Menschen, die das ohne mit der Wimper zu zucken machen. Nicht nur, weil sie schlicht das Geld haben, sondern auch wegen des Status, der Anerkennung und des Demonstrierens von Luxus. Glaub mir, niemand gibt so viel aus, nur weil die Uhr »schön« ist.

Wenn du später in der Konzeption und Recherche in Kapitel 7 deine Zielgruppe und dein Angebot analysierst und die besten Motivatoren deiner potenziellen Käufer identifizieren möchtest, frag dich immer: Welche verborgenen – und offensichtlichen (!) – Kaufmotive spreche ich mit meinem Angebot und meiner Copy an? Wie kann ich diese noch verstärken?

Jetzt, da du weißt, was Menschen antreibt, lass uns darüber sprechen, wie du sie dazu bewegen und davon überzeugen kannst, auch eine Handlung auszuführen: mithilfe der 7 Prinzipien des Überzeugens nach Robert B. Cialdini.

4.2 Die Psychologie des Überzeugens nach Robert B. Cialdini

Ich sage es direkt vorab: In meinem Studium kam Cialdini nicht vor. Doch er ist einer der bekanntesten Psychologen weltweit und hat die Forschung in der Sozialpsychologie wesentlich mitgeprägt. Mit seinen Prinzipien der Überzeugung und den Mechanismen der Beeinflussung hat er für viele Unternehmen und Marketer einen neuen Standard gesetzt. Seine 7 Prinzipien sind:

- Reziprozität
- Commitment und Konsistenz
- Sympathie
- Autorität
- Knappheit
- soziale Bewährtheit
- Zusammengehörigkeit

Aber Vorsicht, diese Methoden zur Beeinflussung lassen sich natürlich auch für unethische Zwecke missbrauchen.

Was ich dir nur sagen kann: Die Prinzipien dieses Mannes funktionieren, und zwar ohne Ausnahme. Und wenn du eines dieser Prinzipien vernachlässigst, verschwendest du beim Verkaufen deines Angebots enormes Potenzial. Deshalb nutz sie bitte – konsequent, immer, aber ethisch.

4.2.1 Reziprozität

Reziprozität heißt nichts anderes als Gegen- bzw. Wechselseitigkeit. Wie du mir, so ich dir. Vielleicht hast du schon mal von folgendem Experiment gehört:

Das Cola-Experiment

Bei Verkäufern gab es früher einen ganz bestimmten Trick im Verkaufsgespräch: Wenn der Interessent am Tisch saß, hat der Verkäufer ihm eine Cola, einen Kaffee oder sonst was angeboten und gebracht, wohlgemerkt kostenlos. Wenn der Interessent dieses Geschenk annimmt, dann stellt sich innerlich und völlig unbewusst bei uns Menschen die Haltung ein, dieses – wenn auch kleine – Geschenk auszugleichen. Entweder durch Offenheit oder durch einen materiellen Ausgleich.

Dieser Effekt stellt sich immer ein, wenn wir etwas kostenlos erhalten. Da können wir uns gar nicht gegen wehren, ob wir wollen oder nicht. Wenn wir einmal ein Geschenk erhalten, schaltet unser Unterbewusstsein auf den »Ich muss das ausgleichen«-Modus. Und so sind wir wesentlich empfänglicher für Angebote und dafür, diese später auch anzunehmen. Clever, oder?

Über die Jahre reicht es natürlich nicht mehr aus, nur einen Kaffee umsonst anzubieten, klar. Gerade online sind mittlerweile alle Menschen gewohnt, hochwertigen Inhalt und alles an Wissen kostenlos zu erhalten. Um den Effekt weiterhin nutzen zu können, muss man schon etwas kreativer werden und *echten* Mehrwert bieten. Wie machst du dir das also zunutze? Und das online?

Ganz einfach, mit mehr Wert und echten Ergebnissen. Das heißt, du lieferst deinen Kunden einen *wirklichen* Mehrwert, gibst ihnen etwas so Wertvolles, dass sie gar nicht Nein sagen können. Und dieser Mehrwert muss schon ein erstes Ergebnis liefern, damit deine Kunden aufmerksamer sind und mehr konsumieren möchten, beispielsweise die Lösung eines kleinen, aber dringlichen Problems, einen Gratisprobemonat oder du gehst mit einem ersten kleinen Produkt kostenlos in Vorleistung. So werden sie dir automatisch wohlgesonnen sein und versuchen, dieses Geschenk irgendwie auszugleichen. Im besten Fall mit einem Kauf bei dir.

4.2.2 Commitment und Konsistenz

»Halt Stopp, das bleibt alles so, wie's hier ist, und es wird hier nichts dran rütteln, ob du hier bist – und nicht!«, so würde wohl unser Lieblingscholeriker Andreas von »Frauentausch« dieses psychologische Prinzip deutlich, aber treffend beschreiben.

Das Prinzip des Commitments und der Konsistenz beschreibt, dass wir Menschen gerne bei unseren einmal getroffenen Entscheidungen, unserem früheren Verhalten und unseren Aussagen bleiben – komme, was wolle. Und einmal entschieden, wird diese emotionale Entscheidung auch noch rational gerechtfertigt.

Wenn ich z. B. unvernünftigerweise einen viel zu teuren Audi bestellt habe, den ich aber *unbedingt* haben wollte, dann finde ich natürlich rückwirkend Gründe dafür, weshalb der Wagen doch nicht so teuer war. Und warum er mir so gut steht. Und umweltfreundlich ist er ja als E-Auto auch noch. Und ich spare beim Tanken. Da ist mir dann auch ganz egal, ob meine Freundin sagt, er sei zu teuer. In meinen Augen ergibt das alles einfach nur unbestreitbaren Sinn.

Oder wenn mich mein Kumpel Marcel fünfmal hintereinander bei Monopoly abzieht, dann geht er selbstverständlich davon aus, auch das sechste Mal zu gewinnen. Ich Trottel hingegen bin jedes Mal wieder fest davon überzeugt, dass sich das Blatt *doch* noch zu meinen Gunsten ändern wird. Aber ich bin auch ein unbelehrbarer Dickkopf.

Vielleicht kennst du ja den Spruch:

> *»Past behavior is the best predictor of future behavior.«*

Deshalb ist es so wichtig, dir die kleinen »Jas« und Mikroentscheidungen von deinen Interessenten abzuholen. Denn je häufiger sie zu dir Ja gesagt haben, desto höher ist die Wahrscheinlichkeit, dass sie auch beim finalen Kauf Ja sagen und danach bei dir als Anbieter bleiben und sich nicht mehr anderweitig umschauen.

4.2.3 Sympathie

Frage: Welchem fiktiven Literaturcharakter würdest du eher vertrauen, wenn er dir sagen würde, dass er eine tolle Produktempfehlung für dich hat?

1. Gandalf
2. Gollum

Ich vermute, du hast Nummer 1 gewählt, oder? Falls nicht, dann leg dieses Buch bitte weg – es ist gefährlich in deinen Händen!

Sympathie ist wie ein Vertrauensvorschuss. Menschen lieben Menschen, die genauso ticken wie sie selbst, Gleichgesinnte, die die gleichen Ansichten teilen. Oder wir mögen Menschen, die besondere Eigenschaften haben, die wir selbst gerne hätten. Je sympathischer und attraktiver die Person in unseren Augen ist, desto wohlgesinnter sind wir ihr und desto mehr Vertrauen schenken wir ihr.

Deshalb funktioniert Influencer Marketing ja auch so unverschämt gut. Weil wir unser Idol beobachten, das wir eh schon mögen. Und wenn uns dieses Idol auch noch empfiehlt, genauso lecker mit *diesem* einen Parfum zu riechen … (weil klar, wir gehen davon aus, dass die Person fantastisch riecht, Stichwort *Halo-Effekt* – die

Annahme, dass ein positives Merkmal einer Person auch andere positive Merkmale nach sich zieht). Logisch, dann schlag ich aber so was von zu beim Parfum!

Sei also sympathisch, so verkaufst du automatisch mehr. Leicht umsetzbarer Tipp, oder? Falls du dich fragst, wie du das schaffst: Mit deinen Werten und der Art und Weise, wie du sie kommunizierst. Das werden wir hier auch noch besprechen. Damit dich deine Leser so sympathisch finden wie Gandalf.

4.2.4 Autorität

Wem vertraust du, wenn du undefinierbare Schmerzen im Brustbereich hast? Einem Arzt. Wem vertraust du, wenn dein Neubau fast ineinanderkracht und du den Architekten, der Mist gebaut hat, verklagen willst? Einem Anwalt. Und wer wäre dein erster Ansprechpartner, wenn du das erste Mal bergsteigen möchtest? Klar, Reinhold Messner.

Das Prinzip der Autorität besagt, dass wir Menschen neben der Sympathie ebenfalls vertrauen, wenn sie eine gewisse Autorität besitzen oder sie zumindest ausstrahlen. (Expertise und Autorität zu besitzen oder sie nur auszustrahlen – dazwischen liegen Welten. Gerade im Internet ist das natürlich ein Problem.)

Was kannst du also tun, um mehr Autorität zu transportieren? Das geht auf viele Arten und Weisen: Publikationen, abgeschlossene Ausbildung oder Studium, Jahre an Erfahrung, Auszeichnungen, Gütesiegel, positive Kundenstimmen und Bewertungen oder schlicht das Demonstrieren deiner Expertise und Autorität in Gesprächen oder Videos.

4.2.5 Knappheit

Ich wollte diesem Blödsinn zwar eigentlich niemals eine Bühne geben, aber ich benötige nur ein Wort, um dir das Prinzip der Knappheit zu erklären: *Dubai-Schokolade*.

Was. Ein. Kompletter. Schwachsinn. Und dennoch hat diese Schokolade für kurze Zeit halbe Innenstädte lahmgelegt. Erwachsene Menschen waren bereit, über eine Stunde anzustehen, um 15 € für eine verdammte Schokolade auszugeben. Immer wenn ich bei so was denke: »Kann mir das mal einer erklären!?«, kenne ich eigentlich schon die Antwort: Knappheit.

Wenn ein Angebot begrenzt und nicht immer zu haben ist – egal, ob preislich, durch die Stückzahl oder zeitlich –, stellt der primitive Teil unseres Hirns auf »Sammler« um und will diese Seltenheit unbedingt sein Eigen nennen. Logisch muss es natürlich auch eine gewisse Nachfrage geben. Aber sobald sich ein Angebot verkauft, solltest du dir Szenarien überlegen, wie du dieses Angebot auch begrenzen kannst. Menschen lieben Exklusivität und wollen sich besonders fühlen.

Deshalb funktionieren Rabatte auch so unfassbar gut: Erstens sind viele Menschen passionierte Schnäppchenjäger. Meine Oma liebt es beispielsweise, Socken im Angebot zu kaufen. Erst danach prüft sie, ob überhaupt irgendjemand in der Familie akut Socken benötigt. Zweitens sind begrenzte Rabatte immer eine Form der Verknappung – nur jetzt, nur heute mit diesem Code 30 % sparen. Das bringt Dringlichkeit in die Entscheidung. Dass die meisten Unternehmen permanent Rabatte anbieten, ist dabei völlig nebensächlich – es funktioniert einfach.

4.2.6 Soziale Bewährtheit

Wenn mir alle meine Freunde erzählen, dass ein bestimmter Film genial sein soll und mir ganz bestimmt auch gefallen würde, dann bin ich sehr geneigt, ihnen zu glauben. Oder wenn du bei Booking, Airbnb oder anderen Anbietern von Reiseunterkünften eine Traumlocation für deinen nächsten Urlaub suchst, auf was achtest du nach den Bildern und dem Preis als Erstes? Genau, wie gut die Unterkunft bewertet ist. Und je mehr Bewertungen es gibt, desto besser.

Gerade in unsicheren Situationen verlassen wir uns auf die Erfahrung anderer Menschen und versuchen, mit dem Strom zu schwimmen. Denn wenn viele unterschiedliche Menschen ein und dieselbe Meinung vertreten, dann können sie ja nicht so falsch liegen. Darum ist es so wichtig, viele Beweise und Kundenstimmen von echten Menschen gekonnt in deinem Marketing einzusetzen.

4.2.7 Zusammengehörigkeit

Das letzte Prinzip der Überzeugung ist erst später hinzugekommen und war in der ursprünglichen Version von »Die Psychologie des Überzeugens« von Cialdini gar nicht enthalten: die Zusammengehörigkeit.

Menschen sind bereiter, sich von Personen überzeugen zu lassen, die ein Wir-Gefühl erzeugen und denen sie sich zugehörig fühlen.

Ein paar Beispiele dafür:

- »Wir Eltern machen uns viel mehr Sorgen als andere Menschen.«
- »Heute ist es soweit, heute im Spitzenspiel hauen wir endlich die Bayern weg!«
- »Ich als Frühaufsteher bin viel produktiver als Menschen, die spät aufstehen.«

Gerade dieser Community-Faktor wird für viele Menschen, die sich vermehrt online bewegen, immer wichtiger. Zwar möchten Menschen oft ihre Individualität demonstrieren, aber sich dennoch einer Gruppe klar und eindeutig sichtbar zugehörig fühlen.

4.3 Weitere verkaufspsychologische Basics

Wie bereits erwähnt, müsste ich, um tiefer in die menschliche Psyche einzudringen, hier viel weiter ausholen: von Sigmund Freud und Carl Jung über die Maslow'sche Bedürfnispyramide hin zu Albert Bandura mit seiner sozialkognitiven Lerntheorie und schließlich Martin Seligman. Das würde aber viel zu weit führen.

Wenn du dich für Psychologie, das menschliche Denken und Verhalten interessierst, dann habe ich hier noch eine kleine Bücherliste für dich aus meinem Studium, etwas trocken geschrieben, aber unglaublich interessant:

Bücherliste zum Thema Psychologie:

- »Psychologie« von Philip Zimbardo und Richard Gerrig
- »Differentielle Psychologie, Persönlichkeit und Intelligenz« von John Maltby, Liz Day und Ann Macaskill
- »Schnelles Denken, langsames Denken« von Daniel Kahnemann

Viel Spaß beim Stöbern – ich freue mich immer sehr, wenn Menschen sich für Psychologie interessieren und in Erfahrung bringen möchten, weshalb wir so sind, wie wir sind.

Aber wie gesagt möchte ich hier nicht zu weit ausholen, sondern dir nur die Modelle und Konzepte mitgeben, die dir wirklich bei deinem Copywriting helfen. Daher habe ich dir hier noch ein paar einzelne rausgepickt, die meiner Erfahrung nach sehr gut im Marketing und in Werbetexten funktionieren. Viele davon sind auch aus dem Buch »Schnelles Denken, langsames Denken« von Daniel Kahnemann.

4.3.1 Der Anker-Effekt

Im Studium fand ich immer die *Urteilsheuristiken* ein höchstinteressantes Thema. Falls du sie nicht kennst: Urteilsheuristiken sind kognitive Verzerrungen, die unsere Entscheidungsfindung beeinträchtigen.

Eine besonders spannende ist das Ankern. Du kannst den Preis deines Produkts kleiner erscheinen lassen, indem du vorher eine höhere Zahl als Anker nutzt, oder etwas anderes teurer wirken lassen, wenn du vorher eine niedrigere Zahl nennst. Und das machst du nicht nur unmittelbar vor der Preisnennung, sondern schon weit vorher in der Kommunikation und Preisverhandlung. So sind deine Interessenten, wenn sie deinen Preis sehen, nicht überrascht oder abgeschreckt, sondern nehmen den Preis als völlig angemessen oder sogar günstig wahr.

Nehmen wir als Beispiel: E-Mail-Marketing

- »Ich habe eine Mailserie geschrieben, durch die einer unserer Kunden in den letzten 2 Monaten über 650.000 € Umsatz eingespielt hat.«
- »Und du kannst dir diese gesamte Mailserie jetzt sichern: für nur 149 €.«

Plump, klar. Aber es funktioniert. Der Preis wirkt wie ein unwiderstehlicher Deal im Vergleich zum hohen Anker.

Anderes Beispiel: Spenden

- »Wusstest du, dass 2,2 Milliarden Menschen keinen Zugang zu sauberem Trinkwasser haben?«
- »Dabei wäre es so einfach zu helfen ... man kann ein Menschenleben schon mit einer Spende von nur 50 € retten.«

Die beiden Zahlen haben erst mal gar nichts miteinander zu tun. Und dennoch: Wenn du die astronomisch hohe Zahl von 2,2 Milliarden kurz im Unterbewusstsein abgespeichert hast, wirken 50 € dagegen wie ein lächerlich niedriger Betrag. Und es funktioniert, obwohl du hier Äpfel mit Birnen vergleichst.

Ein Gegenbeispiel: Preisverhandlungen nach dem gemeinsamen Mittagessen

»Der Salat von vorhin war superteuer! 17 €, das ist ja unverschämt.«
»Unser Service kostet monatlich 6.000 €.«

Wenn vorher 17 € als hoher Preis im Kopf deines Gegenübers verankert sind, ist er sicherlich weniger gewillt, dir mehrere tausend Euro für deine Dienstleistung zu zahlen.

Am besten funktioniert der Anker-Effekt übrigens beim Pitchen eines Angebots, beim sogenannten *Value Stacking*. Du kennst es bestimmt: Dir wird jeder einzelne Bestandteil des Angebots aufgeschrieben, mit einer hohen Summe pro Bestandteil. Und dann wird das Angebot zusammengefasst, die absurd hohe Summe durchgestrichen und im Gesamtpaket kostet das alles jetzt nur einen Bruchteil des vorher vorgerechneten Betrags. Hier ein Beispiel:

Das Value Stacking in Aktion

Wenn du dich heute entscheidest, erhältst du ...

- A im Wert von 3.500 €
- zusätzlich B im Wert von 799 €
- und wie besprochen ein C im Wert von 349 €

- plus das personalisierte D – unbezahlbar
- sowie die limitierte Ausgabe von E im Wert von 499 € (und nur 80 Stück verfügbar)
- Das alles erhältst du nur heute – und nur, weil du hier teilgenommen hast – für unglaubliche 1.249 € statt 5.147 €, wenn du alles einzeln erwerben würdest.
- Und denk dran: D kannst du sonst gar nicht erwerben und E wird sofort vergriffen sein.

Danach kommt noch Bonus um Bonus um Bonus. Ja, ich weiß, auch ich finde diese Art der Angebotspräsentation unfassbar plump und unglaubwürdig. Etwas soll normalerweise so um die 18.000 € kosten – und nur jetzt und nur *ich* kann es mir für 79 € sichern? Das ist doch Blödsinn!

Natürlich ist es das. Ich verrate dir ein Geheimnis: All diese Beträge sind natürlich komplett fiktiv.

Und dennoch muss ich dir leider sagen, auch wenn ich wünschte, es wäre anders: Ankern und Value Stacking funktionieren, und das auch bei den cleversten Menschen. Je schwindelerregender die fiktive Zahl und je kleiner der tatsächliche Preis, desto mehr Menschen handeln. Musst du das machen? Auf gar keinen Fall! Es geht auch anders und seriöser. Aber ich will dir nichts vorenthalten, was funktioniert. Das war ja der Deal, den wir zu Beginn dieses Buches eingegangen sind. Was du mit dem Wissen machst und wie du es einsetzt, das liegt ganz bei dir.

4.3.2 Der Sunk-Cost-Effekt

Hast du schon mal über 30 Minuten in der Warteschleife am Telefon gehangen? Klar, hast du. Und 30 Minuten sind schon echt viel verschwendete Zeit, oder? Jetzt meine Frage: Wenn du eine halbe Stunde in der Warteschlänge hängst, legst du auf? Oder denkst du: »Jetzt erst recht – gleich muss da doch mal jemand drangehen!«

Wenn du stoisch am Hörer bleibst, dann hat der Sunk-Cost-Effekt zugeschlagen: Wenn wir Menschen viel Zeit, Energie oder Geld in eine Sache oder Entscheidung investiert haben, sind wir gewillter, diese auch weiterzuverfolgen.

Vielleicht hast du schon mal irgendwo gehört, dass die Wahrscheinlichkeit eines Kaufs siebenmal höher ist, wenn diese Person bereits früher etwas beim gleichen Anbieter gekauft hat. Ich bezweifle, dass diese Zahl stimmt. Viel eher glaube ich, dass sie wie so häufig ein Marketingmythos ist, der nur ein paarmal zu häufig erzählt wurde.

Was aber stimmt, ist unabhängig von der Zahl, dass die Wahrscheinlichkeit definitiv drastisch zunimmt. Schon allein wegen des Sunk-Cost-Effekts. Wenn jemand bei dir beispielsweise ein niedrigpreisiges Produkt für 19 € erworben hat, ist diese Person viel aufmerksamer und bereiter, in ein weiteres Produkt zu investieren. Natürlich nur, wenn du dich gut anstellst und das erste, günstige Produkt schon überzeugt hat in Sachen Qualität und Ergebnis.

4.3.3 Loss-Aversion-Effekt

Dieser Effekt beschreibt die Angst vor Verlust, wie schon zu Beginn dieses Kapitels besprochen, und weshalb Verluste psychologisch sogar doppelt so stark schmerzen können wie Gewinne in der gleichen Größenordnung beglücken.

Daher solltest du auch in deiner Copy den Fokus öfter darauf legen, wie es deine Leser vermeiden können, etwas zu verlieren, wie beispielsweise durch Kosten des Nichthandelns oder Opportunitätskosten.

Ein Beispiel – was denkst du, wirkt stärker?

- »Jetzt für die Zukunft dein Eigenheim absichern, damit du auch in 30 Jahren noch dort wohnen kannst.«
- »Du könntest dein Eigenheim in 30 Jahren verlieren, wenn du es jetzt nicht absicherst.«

Gleiche Aussage, aber die zweite Variante ist wesentlich stärker, weil du etwas verlieren kannst. Und dein Eigenheim mal irgendwann im Alter zu verlieren ist natürlich ein Horrorszenario.

4.3.4 Framing

Gerade im Copywriting ist natürlich sehr entscheidend, welchen Rahmen wir setzen: Wir können die Art, wie wir Informationen präsentieren, nutzen – und damit die Wahrnehmung und die Entscheidung der Leser beeinflussen.

Ein kurzes Beispiel: »95 % unserer Anwender haben ihr Ziel erreicht« klingt natürlich wesentlich stärker, als »Nur 5 % scheitern«.

Oder: »Jetzt 20 % sparen« gegen »Ab morgen zahlst du 20 % mehr« – Variante 2 spricht mehr den Loss-Aversion-Effekt an und ist dementsprechend stärker.

4.3.5 Confirmation Bias (Bestätigungsfehler)

Der Bestätigungsfehler stammt ebenfalls aus der Kognitionspsychologie. Er bezeichnet die menschliche Neigung, neue Informationen so auszuwählen und für sich zu interpretieren, dass diese die eigenen Annahmen und Erwartungen erfüllen.

Drücken wir es so aus: Wenn ich daran glaube, dass eine höhere Macht mein Schicksal lenkt, dann ist es einfach, alles Gute oder auch Schlechte, das mir passiert, dem unterzuordnen und zu sagen: *»God's plan.«*

Wenn ich nicht daran glaube, dann muss ich nach anderen Gründen dafür suchen, weshalb etwas passiert ist, wie es passiert ist, ob es entweder Zufall war oder in meinem eigenen Einflussbereich lag. Wenn ich dann auch noch sehr von mir und meiner Persönlichkeit überzeugt bin, dann werde ich vermutlich Erfolge meiner eigenen Leistung und Misserfolge externen Faktoren zuschreiben. Wenn ich ein sehr schlechtes Selbstbild habe, dann eher andersherum.

So oder so ist es beim Copywriting daher auch so wichtig, alte Denkmuster und Glaubenssätze zu durchbrechen. Denn jemandem, der noch nie weiter als 2 km gelaufen ist, einfach so zu sagen, er könne nächstes Jahr einen Marathon laufen, wird nichts bringen. Du musst schon dafür sorgen, dass er es *selbst* glaubt und vor seinem geistigen Auge sehen kann, dass er es erreicht. Erst dann wird er die richtigen Informationen für sich zusammensuchen und sie richtig interpretieren und einordnen.

4.3.6 Preispsychologie

Okay, das Thema Preispsychologie ist unglaublich spannend, denn auch die Heuristiken wie der Anker-Effekt oder der Loss-Aversion-Effekt beeinflussen ja den Preis. Streng genommen gehört es nicht zu deinen Aufgaben als Copywriter, den Preis eines Angebots zu bestimmen. Aber der Preis ist nun mal der Knackpunkt jedes Angebots – die Zahl der Entscheidung. Und wenn der wahrgenommene Wert niedriger ist als der Preis, ergo eine Dissonanz entsteht, dann kannst du auch nichts mit deinen Texten ausrichten. Daher möchte ich mit dir nur noch einen wirklich winzigen Exkurs zum Thema Preispsychologie machen – nur ganz schnell.

Präzise gegen gerundete Preise

Präzise Preise, wie beispielsweise 497,45 €, werden als viel glaubwürdiger wahrgenommen als gerundete Preise wie 500 €. Außerdem wird gerundeten Preisen ein niedrigerer Wert beigemessen.

Der Decoy-Effekt

Schon mal Parfüm gekauft? Ich will's doch hoffen. Dann ist dir bestimmt aufgefallen, dass ein kleiner Flakon mit 50 ml z. B. 69 € kostet, während der mit 100 ml für nur 20 € mehr zu haben ist. Und dann gibt es noch ein Set, das ebenfalls 89 € kostet, aber es sind noch Shampoo, Lotion etc. mit passendem Duft dabei! Frage an dich: Was wählst du? Ich denke, ich weiß es ...

Der sogenannte Decoy-Effekt entsteht dadurch, dem Angebot einen Köder hinzuzufügen, nur damit die gewünschte Option des Anbieters häufiger gekauft wird. Nehmen wir ein Abo als Beispiel:

1. Option 1 ist nur das Basis-Abo für 12,99 € pro Monat.
2. Option 2 ist das Premium-Abo für 19,99 € pro Monat.

3. Option 3 ist das Premium-Abo plus 100-€-Geschenk und exklusiven Zusatzinhalt für 20,99 € pro Monat.

Welche Option würdest du instinktiv nehmen? Klar, Option 3, sie scheint am günstigsten zu sein. Option 2 wurde nur so teuer gemacht, damit sich alle für Option 3 entscheiden.

Der Decoy-Effekt lenkt subtil Kaufentscheidungen, indem eine scheinbar unnötige dritte Option eingeführt wird, die das präferierte Angebot, das wahrgenommen werden soll, attraktiver darstellt.

Du kannst jeden fragen, der mich kennt: Ich habe in meinem Leben noch nie einen kleinen oder mittleren Milchshake irgendwo bestellt, nein, ich nehme immer den großen. Weil der meist nur 1 € mehr kostet, aber fast doppelt so viel drin ist. Bin ich ein Opfer des Decoy-Effekts? Ja. Schütte ich mir unnötige Kalorien rein? Mit vollem Wissen. Aber ich sehe es einfach nicht ein, einen kleinen oder mittleren zu trinken. Nicht mit mir!

Die Preis-Qualitäts-Heuristik

Höhere Preise werden automatisch mit einer höheren Qualität assoziiert. Wenn du also rechtfertigen kannst, einen höheren Preis für ein Premiumangebot aufzurufen, werden sich viele Menschen automatisch dafür entscheiden, weil sie die höhere Qualität kaufen möchten.

Dazu habe ich ein nichtwissenschaftliches Beispiel aus meiner Jugend: Wir haben mal in eine leere Champagnerflasche billigen Sekt für 3 € gefüllt und sie neben dem normalen Sekt auf einer Party aus Spaß angeboten. Unisono haben alle Probanden gesagt, dass der Champagner viiieeel besser schmecken würde. Ich bin mir ziemlich sicher, dass viele Menschen nicht blind den Unterschied zwischen Champagner und Sekt herausschmecken würden. Aber dieser kleine Test zeigt: Der angenommene Preis der Ware entscheidet darüber, welche Qualität wir ihr beimessen.

4.3.7 Persönlichkeitsmodelle

Es gibt viele Persönlichkeitsmodelle im Internet: *Welcher Game-of-Thrones-Charakter bist du? Finde heraus, welche historische Persönlichkeit du in einem früheren Leben warst. Wenn du ein Schuh wärst … welcher wärst du?*

Nein, Quatsch, es gibt natürlich richtige Modelle. Und die möchte ich hier nur ganz kurz anreißen, aus folgenden zwei Gründen:

1. Menschen ticken unterschiedlich. Das wird dir, denke ich, im Laufe deines Lebens aufgefallen sein. Du solltest das verinnerlichen, weil du deine Copy so formulieren musst, dass sie möglichst viele Menschen anspricht. Und wenn du

eine Kommunikationsart außen vorlässt, schließt du automatisch eine größere Anzahl Menschen aus deinen Texten aus.

2. Es hilft dir, auch dich und deine Persönlichkeit etwas besser zu verstehen und selbst herauszufinden, welchen Typ du am besten mit deiner Copy bedienen kannst – weil dir dieser Typ eben ähnlich ist.

Aber Achtung, jetzt kommt direkt der Bummer: Aus diesen beiden weiteren Gründen solltest du nicht zu viel auf Persönlichkeitsmodelle in deinen Werbetexten geben:

1. Sie sind in meinen Augen sehr gut zur Einordnung und Orientierung geeignet, aber nicht aussagekräftig genug, um wirklich auf ihrer Basis deine komplette Copy auszurichten. Menschen sind zu komplex, als dass man sie in vier oder fünf Kategorien unterteilen könnte. Du würdest immer nur an der Oberfläche kratzen, musst aber tiefer forschen.
2. Über Monate hinweg haben wir mit einer riesigen Liste getestet, ob sich ein signifikanter Unterschied in den Typen und der für sie passenden Ansprache nur anhand des Typus ermitteln lässt. Ergebnis: Nein. Es gab keinen signifikanten Unterschied, nicht mal einen kleinen.

Also lautet mein Rat: Du solltest die nachfolgenden Modelle DISG, OCEAN und das Reiss Motivation Profile als Grundlage kennen, sie im Hinterkopf haben, alle Menschen berücksichtigen, dich selbst und deine Art gut kennen – aber nicht allzu viel darauf geben.

DISG-Modell

Ich möchte es hier nur kurz nennen, weil es so populär ist: Das DISG-Modell ist ein weitverbreiteter Persönlichkeitstest, der auf einem Fragebogen und einer Selbsteinschätzung beruht. Du kennst es vielleicht auch als Vierfarbenmodell:

- Rot = dominant (ziel- und ergebnisorientiert, willensstark, effizient, energisch)
- Gelb = initiativ (umgänglich, kommunikativ, lebhaft, optimistisch, begeisterungsfähig)
- Grün = stetig (geduldig, wertschätzend, mitfühlend, ausgeglichen, bescheiden)
- Blau = gewissenhaft (präzise, hinterfragend, analytisch, reserviert, systematisch)

Die vier Dimensionen richten sich an zwei Achsen aus: introvertiert bis extravertiert und sachorientiert bis beziehungsorientiert.

Das große Aber: Das DISG-Modell gilt als wissenschaftlich nicht anerkannt, da es die Gütekriterien eines wissenschaftlichen Tests nicht erfüllt und Erkenntnisse aus der Persönlichkeitsforschung seit fast einem Jahrhundert ignoriert. Außerdem fördert es stereotypes Denken.

Dennoch wird es sehr häufig im Unternehmenskontext verwendet, daher solltest du zumindest mal davon gehört haben. Dem Test aber Glauben zu schenken, geschweige denn danach Entscheidungen zu treffen, davon möchte ich dir klar abraten.

OCEAN-Modell

Wissenschaftlich bis heute wesentlich anerkannter, da es von einer Vielzahl von Studien belegt wurde, ist das OCEAN-Modell, auch Big Five genannt.

Die Anfangsbuchstaben stehen für:

- Openness to Experience (Offenheit für Erfahrungen)
- Conscientiousness (Gewissenhaftigkeit)
- Extraversion (Extraversion vs. Intraversion)
- Agreeableness (Verträglichkeit)
- Neuroticism (Neurotizismus)

Jede dieser Dimensionen kann unterschiedlich stark ausgeprägt sein, daraus ergibt sich ein anschauliches Persönlichkeitsbild. Tabelle 4.2 erklärt kurz die fünf unterschiedlichen Dimensionen des Persönlichkeitsmodells.

Dimension	**Erläuterung**
Offenheit für neue Erfahrungen	Beschreibt, wie offen, kreativ und neugierig eine Person ist. Menschen mit einer hohen Ausprägung sind fantasievoller und experimentierfreudiger als andere.
Gewissenhaftigkeit	Verantwortungsbewusste, gewissenhafte, zuverlässige und organisierte Menschen haben hier eine hohe Ausprägung.
Extraversion (vs. Introversion)	Wie aktiv, energetisch, begeisterungsfähig, gesellig und kommunikativ ist eine Person? Bei hoher Ausprägung sprechen wir von Extraversion – bei niedriger von Introversion.
Verträglichkeit	Wie empathisch, hilfsbereit, kooperativ und harmoniebedürftig ist die Person?
Neurotizismus	Gibt an, wie sehr die Person zu Stress, Stimmungsschwankungen und Sorgen neigt – bei hoher Ausprägung eher ängstlich, bei niedriger eher gelassen.

Tabelle 4.2 Das OCEAN-Persönlichkeitsmodell und seine Dimensionen

Wenn du mit Persönlichkeitsmodellen in deinem Marketing arbeitest, um deine Zielgruppe, die Mitarbeiter deines Unternehmens oder auch dich selbst besser zu verstehen, solltest du lieber mit dem OCEAN-Modell arbeiten. Es erklärt Verhalten besser als das DISG-Modell, ist objektiv messbar und durch unzählige aktuelle Studien belegt sowie praktisch einsetzbar.

Reiss Motivation Profile

Das Reiss Motivation Profile ist für mich das spannendste Modell bzw. Persönlichkeitstest für das Copywriting, weil es stabile Persönlichkeitsmerkmale analysiert: unsere grundlegenden Lebensmotive. Es beschreibt, *warum* jemand handelt, statt *wer* jemand ist. Und das ist fürs Copywriting noch wesentlich wichtiger.

Jeder Mensch hat eine individuelle Zusammensetzung der Lebensmotive. Und jede Person müsste dafür einen ausführlichen Test inklusive Auswertung machen. Das geht natürlich in unserer Recherche nicht und wäre viel zu teuer und aufwendig. Aber wenn wir alle Motive kennen, können wir sie in unserer Copy adressieren und schauen, welche Lebensmotive am stärksten auf die Zielgruppe wirken.

Hier die Liste der 16 grundlegenden Lebensmotive nach Steven Reiss:

- Macht – Einfluss, Führungswille, Status
- Unabhängigkeit – Autonomie, Selbstständigkeit
- Neugier – Wissensdrang, Lernen, geistige Anregung
- Anerkennung – Bedürfnis nach Bestätigung, Lob, Wertschätzung
- Ordnung – Struktur, Regeln, Planung, Organisation
- Sparen/Sammeln – Bedürfnis nach Besitz, Vorrat, Sicherheit
- Ehre – Loyalität, Prinzipientreue, Moral
- Idealismus – Fairness, Gerechtigkeit, Altruismus
- Beziehungen – Nähe zu Freunden, soziale Kontakte
- Familie – Zeit mit Kindern, Familie als Wert
- Status – Prestige, Marken, gesellschaftliche Stellung
- Rache/Kampf – Wettbewerb, sich durchsetzen, gewinnen wollen
- Eros – Sexualität, Attraktivität, Romantik
- Essen – Genuss, kulinarische Lust
- körperliche Aktivität – Bewegung, Sport, Aktivsein
- Ruhe/Gelassenheit – Sicherheit, Stressvermeidung, innerer Frieden

Prüf mal, welche Lebensmotive am besten zu deiner Zielgruppe und deinem Angebot passen – und wie du sie effektiv in deiner Copy ansprechen kannst.

Nun hast du auch für die Persönlichkeitsmodelle ein Gespür und ein paar Beispiele bekommen. Schließen wir nun mit der Psychologie ab. Wenn du jetzt traurig bist, weil's so spannend war, keine Sorge: Das ganze Buch und alle Tipps sind mit psychologischen Tricks nur so gespickt.

4.4 Auf einen Blick

Du weißt nun, was die großen Antreiber für menschliches Handeln sind: Angst und Gier. Du kennst darüber hinaus viele weitere Kaufmotivatoren, die sich aus diesen beiden Treibern ergeben und wie du sie in deinem Marketing einsetzen kannst. Aber nicht nur das: Du hast ebenfalls die Psychologie des Überzeugens mit ihren 7 Prinzipien kennengelernt und weshalb diese das menschliche Handeln so sehr begünstigen.

Anschließend haben wir noch über weitere verkaufspsychologische Basics und populäre Persönlichkeitsmodelle gesprochen, die meiner Erfahrung nach sehr gut im Copywriting funktionieren. Natürlich kannst du dort noch viel tiefer eintauchen – und ich will dich gern dazu ermutigen! Denn fast kein Thema ist spannender, als das menschliche Denken und Handeln zu erforschen.

Jetzt, wo du ein erstes Verständnis dafür hast, weshalb wir tun, was wir tun, beschäftigen wir uns im nächsten Kapitel mit den Grundlagen des (Online-)Marketings.

Kapitel 5

Die wichtigsten Marketinggrundlagen, die du als Copywriter kennen musst

Copywriting ist zwar der vielleicht wichtigste und renditestärkste Bestandteil deines Marketings, aber dennoch nur einer von vielen. Um effektives Marketing zu betreiben, gehört natürlich noch viel mehr dazu. Damit du den Copywriting-Part besser einordnen kannst, sollten wir in diesem Kapitel daher zunächst die wichtigsten Marketinggrundlagen durchgehen – von der Definition der wesentlichen Begrifflichkeiten über technische Möglichkeiten bis hin zu den absoluten Basics in Unternehmenskommunikation und Marketing.

Marketing ist ja ein Bereich, der sich in unzählige verschiedene Berufszweige, Expertisen und Subtätigkeiten aufteilt: Social Media Manager, Brand Strategist, Art Director, SEO-Manager, LinkedIn Specialist, Copywriter, Online Marketing Manager, Content Creator, Developer, Media Buyer, Creative Director, Chief Marketing Officer ... ach, die Liste ist schier endlos. All diese Berufe, nur um mehr Menschen zu erreichen und von Produkten zu überzeugen.

Und doch ist Marketing im Wesentlichen supereinfach: Werd sichtbar, hab eine klare Botschaft und biete ein gutes Produkt, eine gute Lösung für deine Zielgruppe an. Fertig.

»Ihr da oben alle, ihr könnt eure Sachen packen und nach Hause gehen!«, denn ich habe soeben Marketing in einem Satz gelöst. Na gut, so einfach ist es dann doch nicht.

Was ich dir damit sagen will: Marketing ist zwar nicht schwer zu verstehen, als Copywriter bist du aber nur ein kleines Rädchen im gesamten System (wenn auch selbstverständlich das schönste, sympathischste und schillerndste), halt eben nur ein Teil des Ganzen. Du musst immer mit anderen Fachleuten zusammenarbeiten und von ihnen lernen, denn du kannst nicht jede kleinste Neuerung im Algorithmus einer Plattform kennen. Deine Aufgabe sind die überzeugenden Botschaften.

Damit du aber einen Überblick über die wesentlichen Bereiche des Onlinemarketings erhältst, habe ich dir in diesem Kapitel eine kleine Übersicht zusammengestellt, natürlich immer mit einem starken Copy-Bezug.

5.1 Einführung und Begriffe

Okay, starten wir ganz vorn. Bevor ich mich hier weiter in der Ausführung der Grundlagen des Copywritings verliere, sollten wir ein paar Begrifflichkeiten geklärt haben, damit du nicht permanent denkst: »Hä? Was meint der denn mit CTR und ROAS? Ist wohl auf der Tastatur eingeschlafen, der Gute!«

Eventuell arbeitest du ja schon im Marketing und kennst diese ganzen Basic-Begriffe und willst hier nur mehr Copywriting-Tipps für mehr Conversion abgreifen. Dann kannst du diesen Abschnitt schnell überfliegen und weitermachen. Falls du aber noch gar keinen Plan hast, worum es bei diesen Begriffen geht und wofür sie stehen, sollten wir zunächst einmal mit ein paar Definitionen anfangen, aber wie gesagt quick and dirty.

In Tabelle 5.1 findest du eine Liste der wichtigsten Basic-Begriffe, die du kennen solltest.

Onlinemarketing-Begriff	Definition
(Marketing-)Kampagne	Eine Marketingkampagne ist eine strategisch geplante Abfolge von Marketingaktivitäten (wie Werbeanzeigen, Social-Media-Posts oder Mails), die zeitlich begrenzt ist und eine klare Botschaft sowie ein klar definiertes Ziel verfolgt.
Conversion Rate	Eine Conversion Rate ist der Prozentsatz an Besuchern einer Webseite oder Landingpage, die eine gewünschte Aktion durchführen, eine sogenannte »Conversion« (z. B. den Klick auf ein Werbemittel oder einen Button).
Return on Investment (ROI)	Der Return on Investment (ROI) ist eine Kennzahl, die angibt, wie profitabel eine Investition war. Der ROI wird häufig als Prozentsatz oder ganze Zahl angegeben und zeigt, wie viel Gewinn eine einzelne Maßnahme pro investiertem Euro eingebracht hat. Beispiel: 1.000 € investiert, 3.000 € eingenommen = ROI von 3.
Return on Advertising Spend (ROAS)	ähnlich wie der ROI – nur rein auf das ausgegebene Werbebudget bezogen

Tabelle 5.1 Ein paar wesentliche Marketingbegriffe, die du als Copywriter kennen musst

Onlinemarketing-Begriff	Definition
Click Through Rate (CTR)	Die Anzahl der Klicks auf ein Werbemittel in Relation zu den erreichten Impressionen. Wird ebenfalls als Prozentzahl angegeben.
Cost per Mille Impressions (CPM)	Preis bzw. Kennzahl für 1.000 Anzeigenimpressionen im Onlinemarketing
Öffnungsrate	Im E-Mail-Marketing: Wie viel Prozent der Empfänger der Mail haben sie auch geöffnet?
Klickrate	Prozentsatz an Lesern, die innerhalb der Mail geklickt haben
Abmelderate	Prozentsatz an Lesern, die sich nach der Mail vom Newsletter-Verteiler abgemeldet haben
Call to Action (CTA)	Bezeichnet die klassische Aufforderung zum Klicken bzw. Handeln. Sie kann als Button, Link oder rein textlich erfolgen.

Tabelle 5.1 Ein paar wesentliche Marketingbegriffe, die du als Copywriter kennen musst (Forts.)

Das sind jetzt wirklich nur die Basics, damit du alles verstehst, was hier im Buch behandelt wird. Natürlich gibt es viel mehr noch spezifischere Begriffe. Aber ganz ehrlich, bist du nur mit diesen schon gut aufgestellt und mehr ist erst mal auch gar nicht relevant für dich als Copywriter. Alle weiteren Begriffe lernst du auf dem Weg.

5.2 Die wichtigsten Onlinemarketing-Disziplinen für Copywriter

Um überhaupt effektive Copy schreiben zu können, musst du wissen, wofür du sie schreibst. Denn was bringt es dir, wenn du die beste Copy verfassen kannst, aber nicht weißt, wo und wie du sie einsetzen sollst? Daher lass uns ein paar wichtige Disziplinen des Onlinemarketings durchgehen, die für dich als Copywriter am wichtigsten sind. Keine Sorge, es wird hier nicht zu technisch – wir gehen die wichtigsten Disziplinen nur im Schnelldurchlauf durch, damit du von ihnen gehört hast.

5.2.1 Paid Advertising

Wir wollen online neue Kunden gewinnen und dafür gibt es im Kern zwei Wege:

1. Entweder werden wir mit Inhalten sichtbar und warten, bis Kunden auf uns zukommen.
2. Oder wir schalten bezahlte Werbeanzeigen, die Menschen im Feed ausgespielt werden.

Du ahnst es bereits, du solltest beides tun. Denn beide Wege bedingen sich. Je mehr Sichtbarkeit du durch Werbung erreichst, desto mehr Follower gewinnst du. Je mehr Follower und Content, desto effektiver werden auch die Werbeanzeigen und so weiter und so fort. Ich denke aber, dass du das schon wusstest.

Copywriting ist insbesondere für bezahlte Werbeanzeigen natürlich immens wichtig. Denn ohne gute Werbebotschaften verpuffen die bezahlten Anzeigen und das kostet täglich Geld, anstatt mehr Geld einzuspielen.

5.2.2 E-Mail-Marketing

Mmh, ich liebe *E-Mail-Marketing*, es ist wie ein kühles, frisch gezapftes Helles nach einer langen Wanderung bei 33 Grad – in einem Wort: köstlich.

E-Mail-Marketing ist für viele Copywriter die Lieblingsdisziplin, weil hier die Copy noch mehr im Fokus steht als ohnehin schon bei anderen Werbemitteln. Und E-Mail-Marketing gehört zu jedem Funnel, zu jeder Werbekampagne einfach dazu und ist maßgeblich dafür verantwortlich, wie erfolgreich sie ist.

In Kapitel 9, »Der inhaltliche Bauplan der wichtigsten Conversion-Elemente – vom ersten Klick bis zum glücklichen Testimonial«, werden wir uns sehr intensiv mit dem Thema E-Mail-Marketing beschäftigen. Freu dich schon mal drauf!

5.2.3 Conversion Rate Optimization (CRO) auf Landingpages

Klar, wie bereits in Kapitel 1, »Einführung ins Copywriting«, erwähnt, bist du für die höhere Conversion zuständig. Das gilt im Prinzip bei jedem Werbemittel, aber auf Websites und Landingpages besonders. Hier kannst du nur durch einen neuen Aufbau und eine bessere Copy die Conversion-Rate sofort erhöhen und so deinem Unternehmen am Ende wesentlich mehr Umsatz bescheren – nur durch eine kleine Änderung der Wortwahl. Auch hierzu kommen wir noch in Kapitel 9.

5.2.4 Analytics und Tracking

Als Copywriter musst du auch die Kennzahlen rund um eine Kampagne interpretieren, analysieren – und neue Maßnahmen aus ihnen ableiten können, das hatten wir schon. Daher solltest du dich mit Tracking und Analytics ebenfalls beschäftigen. Denn wenn du nicht weißt, welche Conversion Rate du messen kannst und wie sie im Gesamtkontext zu deuten ist, tappst du im Dunkeln.

5.2.5 SEO

Die Search Engine Optimization (SEO) ist ebenfalls ein Themenbereich, den du als Copywriter kennen solltest, speziell das Schreiben von Content basierend auf Keywords, damit du auf Onlinesuchportalen wie Google, Bing & Co. besser gerankt und gefunden wirst.

Natürlich darfst du als Copywriter auch SEO-Texte schreiben. Aber wie du bereits weißt, sollte dein Fokus immer auf der direkten Conversion liegen, unabhängig von Keywords. Für mich sind Copywriter Direktmarketer und SEO-Texter deshalb eher im Bereich des Content Marketings angesiedelt. Doch bevor ich mich mit dieser Aussage bei manchen unbeliebt mache, lass uns lieber direkt mit der Brand Voice weitermachen.

5.3 Brand Voice vs. Voice of Customer – mit welcher Stimme sprichst du?

Wenn du dich schon mal ein bisschen mit Unternehmenskommunikation auseinandergesetzt hast, dann wirst du nicht umhingekommen sein, über diese beiden Begriffe zu stolpern: *Brand Voice* und *Voice of Customer*.

Um direkt die Frage aus der Überschrift aufzugreifen und zu beantworten, bevor wir beide Begriffe definieren: Mit welcher dieser beiden Stimmen sprichst du denn jetzt? Antwort: Mit beiden, genauer gesagt mit beiden zum jeweils richtigen Zeitpunkt.

5.3.1 Die Brand Voice

Die Brand Voice ist die Stimme, mit der deine Marke kommuniziert. Das ist erst mal simpel. Versteht jeder. Doch sobald es an die ersten Texte geht, wird's schon wieder schwieriger:

- Soll ich duzen oder siezen?
- Bin ich eher locker oder formell?
- Darf ich das sagen ... oder besser nicht?

Viele Unternehmen begehen bei Unsicherheit den Fehler, sich am Wettbewerb oder anderen Unternehmen zu orientieren, deren Kommunikation ihnen am besten gefällt. Nur gibt es dabei einen großen Denkfehler: Dein Unternehmen *ist* einfach nicht Apple, Google, Nike oder sonst eine Firma. Dein Unternehmen ist dein Unternehmen. Und das ist anders als alle anderen.

Eine Brand Voice lässt sich entwickeln und in einen klaren *Brand Voice Guide* gießen, mit dem du, dein Team oder auch externe Agenturen oder Freelancer arbeiten können. Doch die wahre Brand Voice entsteht *nur* durch die echten Werte deines Unternehmens und die Menschen, die diese Werte tagtäglich leben.

Wie findest du nun deine eigene Brand Voice – oder die deines Kunden? Dazu hat mein bester Freund und gleichzeitig auch Geschäftspartner Matthes ein super Modell entwickelt, mit dem wir seit Jahren arbeiten und das wir schon erfolgreich für Start-ups wie auch Konzerne genutzt haben: das *3S-Modell* zur Entwicklung einer Brand Voice (siehe Abbildung 5.1).

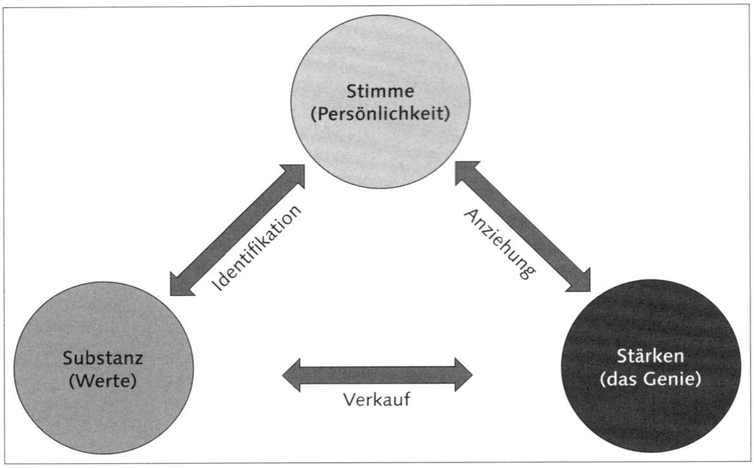

Abbildung 5.1 Das 3S-Modell von Matthias Schacknies

Die 3S stehen für Substanz, Stimme und Stärken. Im Folgenden erkläre ich dir jedes der 3S ausführlich und am Schluss den jeweiligen Zusammenhang zwischen den drei Komponenten einer Brand Voice.

Die Substanz – welche Werte verkörpern wir?

Alles, wirklich alles in deiner Kommunikation beginnt mit den Core Values – den Grundwerten deines Unternehmens. Wofür steht ihr? Was macht euch aus? Welche tiefen Überzeugungen vertretet ihr? Und wofür steht ihr explizit *nicht*?

Die Werte definieren deine Haltung und den Standpunkt deines Unternehmens. Nur, wer eine klare Position vertritt, kann auch dementsprechend kommunizieren. Das bedeutet, du wirst nur Interessenten und Kunden anziehen, wenn du *für* etwas stehst und *gegen* etwas bist. Sonst kann sich leider niemand mit dir, deinem Unternehmen und deiner Marke identifizieren. Logisch, oder?

Das dicke Problem: Die meisten Unternehmen wissen gar nicht, welche Werte sie verkörpern. Oder noch schlimmer: Sie haben Core Values definiert, halten sich im Arbeitsalltag aber überhaupt nicht an diese.

Es ist eine Sache, noble Unternehmenswerte zu definieren, die sich nach außen gut anhören, aber etwas ganz anderes, sich selbst etwas in die Tasche zu lügen und diese Werte nicht zu leben. Das führt zu einem Mismatch, den nicht nur deine Kunden bemerken werden, sondern der auch Mitarbeitende unglücklich macht und zu hoher Fluktuation im Unternehmen führt.

Ein Beispiel für einen Mismatch der Core Values

Wenn ein Unternehmen als Core Value definiert hat, Menschen auf natürlichem Weg beim Abnehmen zu unterstützen und sie persönlich zu ihrer individuellen Ernährung und ihrem Training zu beraten – es aber in Wahrheit nur darauf aus ist, möglichst viel Umsatz zu machen und möglichst viele Kunden durch einen Onlineprozess ohne persönliche Betreuung und mit vielen künstlichen Zusatzprodukten zu schleusen ... dann wird man das unweigerlich in der Kommunikation und der Kundenzufriedenheit merken. Was das Unternehmen dann langfristig vor große Probleme stellen wird.

Der Chef-Marketingstratege von Patagonia, Alex Weller, hat es in einem schönen Zitat treffend ausgedrückt:

> *»You can't reverse into a mission and values through marketing. The organisations that are struggling with this are probably the ones that are thinking about marketing first. The role of marketing is to authentically elevate that mission and purpose and engage people in it, but the purpose needs to be the business.«*[1]

Also, am besten definiert ihr in deinem Unternehmen lieber ehrliche Werte, Missionen und Visionen, die sich vielleicht nicht so toll anhören, die aber wirklich im Alltag von den Mitarbeitenden gelebt werden. Wie z. B.: »Wir stehen für gesundes Unternehmenswachstum.«

Das führt uns zum zweiten S des Modells: der Stimme.

Die Stimme – welche Persönlichkeit haben wir?

Wenn ich den Geschäftsführer eines Unternehmens frage, ob sein Unternehmen modern ist, was denkst du, antwortet er? *»Ja klar. Wir sind immer am Puls der Zeit. Ganz wichtig.«*

Wenn ich ihn frage, ob es auch kundenorientiert ist, was denkst du, antwortet er? *»Selbstverständlich, der Kunde steht bei uns im Mittelpunkt.«*

Und wenn ich jetzt frage, ob das Unternehmen disruptiv ist, welche Antwort erhalte ich wohl? Du kannst es dir denken.

Jedes. Einzelne. Unternehmen. Will. ALLES. Sein. Eine realistische Selbstreflexion und ehrliche Selbsteinschätzung sind schon bei den meisten Individuen kaum zu er-

1 Quelle: *https://www.marketingweek.com/patagonia-you-cant-reverse-into-values-through-marketing/*

warten – was denkst du, wie eine heterogene Gruppe mit über 500 Mitarbeitenden sich einschätzen würde? Richtig, gar nicht bzw. komplett falsch.

Daher ist es deine Aufgabe als Copywriter, die Persönlichkeit des Unternehmens herauszufiltern, indem du Umfragen machst, beobachtest, analysierst und persönliche Interviews mit Geschäftsführung, Mitarbeitenden, Kunden und Service führst. Nur, wenn du alle Perspektiven eingenommen hast, kannst du die Persönlichkeit eines Unternehmens erst richtig einfangen.

Ist das Aufwand? Oh ja. Gefällt dein Ergebnis jedem im Unternehmen? Ganz bestimmt nicht. Musst du dein Ergebnis daher der Geschäftsführung auch verkaufen können? Jep. Lohnt es sich? So was von! Sowohl fürs Unternehmen, für dessen Brand Voice als auch für deine Arbeit. Und ja, es lohnt sich auch monetär für dich. Denn eine Brand Voice zu entwickeln ist ein aufwendiger Prozess und viel, viel Arbeit – die du dir dementsprechend auch vergüten lassen solltest. Schließlich profitiert das Unternehmen im besten Fall Jahre oder Jahrzehnte davon.

Bei der Stimme geht es auch um die genaue Ausdrucksweise, die Wortwahl, den Klang der Marke und des Unternehmens:

- Eher locker oder seriös?
- Freundlich umschreibend oder direkt?
- Wortkarg oder umfassend?
- Laut oder leise?
- Frech oder zuvorkommend?
- Humorvoll oder sehr ernst?

Auch hier profitierst du von deinem Feingefühl: Jedes Merkmal befindet sich immer auf einem Spektrum. Bei der Stimme kann man nicht immer A- oder B-Antworten geben. Das wäre zu einfach. Um sich der Stimme besser anzunähern, solltest du eher anhand einer Skala von 1 bis 10 bewerten, wobei z. B. 1 = sehr leise und 10 = superlaut wäre. Und diese Bewertung solltest du mit dem gesamten Unternehmen inklusive allen Mitarbeitenden als auch einer großen Zahl der Kunden durchführen. So erhältst du eine statistisch validere Aussage darüber, wie die Stimme der Marke wahrgenommen wird.

Und jetzt kannst du im nächsten Schritt entweder diese Stimme als Grundlage des Brand Voice Guides nehmen – oder du entwickelst auf Wunsch die bestehende Stimme in Zusammenarbeit mit der Geschäftsführung in eine neue Richtung weiter, z. B. von »seriös, informativ, sachlich« sukzessive zu »locker, informativ, motivierend«. Das bleibt natürlich ganz dir und deinem Unternehmen überlassen, wie sich die Stimme in Zukunft neu ausrichten soll oder ob man die bestehenden Stärken der Kommunikation weiter ausbaut. Apropos Stärken, ein S fehlt ja noch.

Die Stärken – was ist unsere Geniezone?

Worin sind wir in unserem Unternehmen besonders gut? Was können wir besser als andere im Markt? Wo können wir uns abheben und wirklich die Besten sein? Wo ist unsere Geniezone, die uns niemand streitig machen kann?

Aber auch: Worin sind wir nicht so gut? Was fällt uns immer wieder schwer? Wo haben wir noch Chancen, uns zu verbessern? Was sind offensichtliche Schwächen?

In unserer Brand Voice möchten wir die Stärken stärken, aber auch nicht so tun, als gäbe es keine Schwächen. Wir vertrauen Menschen und auch Unternehmen, die wissen, wo ihre Expertise liegt, und gleichzeitig auch kommunizieren, wo man besser jemand anderen konsultieren sollte.

Wie du im Modell siehst, sorgen die Stärken und die Stimme für die Anziehung, weil sie die Seele der Kommunikation bilden. Menschen bewundern andere Menschen (und in diesem Fall Marken), die etwas besser können als sie selbst, aber genauso klingen und kommunizieren wie sie. Die Werte und die Stimme hingegen sorgen für Identifikation, weil wir uns Menschen und Marken verbunden fühlen, die uns ähnlich sind und die gleichen Ansichten teilen. Und die Stärken und Werte sind die Basis für die Kaufentscheidung der Kunden. Denn ohne klare Richtung und Kompetenz, die die Marke ausstrahlt, fühlen sich Kunden nicht sicher in ihrer Entscheidung. Alle Segmente führen im Zusammenspiel zur Identifikation mit und zum Vertrauen in deine Marke.

5.3.2 Die Voice of Customer (VoC)

Die Voice of Customer ist genau das, was die Übersetzung aus dem Englischen schon verrät: die Stimme des Kunden. Welche Worte wählt der Kunde? Wie kommuniziert er, wie drückt er sich aus? Um es mit den Worten von Arthur Schopenhauer zu sagen:

> *»Denke wie die wenigsten, sprich wie die meisten.«*

Für das Copywriting und dein Marketing ist das die wohl wichtigste Recherchearbeit (mehr dazu in Kapitel 7, »Konzeption und Recherche«):

> *Wie drücken deine potenziellen Kunden ihre akuten Probleme und sehnlichsten Wünsche mit ihren eigenen Worten aus?*

Wenn du den genauen Wortlaut wählst, fühlen sich deine Leser gesehen und verstanden und denken gleichzeitig, dass du die Lösung für ihr Problem kennst, da du es so genau benennen kannst. (Weshalb das so ist, werde ich auch noch in Ruhe erklären.)

Daher ist die Brand Voice zwar schön und gut – aber wenn du *nur* in »deiner« Sprache kommunizierst, ohne die genaue Wortwahl deiner echten Käufer zu berücksichtigen, werdet ihr leider aneinander vorbeisprechen.

Ein kurzes Beispiel zur Voice of Customer

In der Onlinemarketingszene wird viel Denglisch geschwafelt. Doch stell dir vor, ich würde mich mit dem Thema Werbetexten an ein etabliertes deutsches Unternehmen aus dem Mittelstand richten, dessen Geschäftsführer 58 Jahre alt ist, mit den Worten:

»Wie du dein No-Brainer-Offer mit effektiver Conversion Copy planbar und automatisch an deine Target Audience verkaufst.«

Das wird nicht funktionieren. Und hört sich auch noch dämlich an. Besser geht es so:

»Wie du dein Angebot mit effektiven Werbetexten so kommunizierst, dass es mehr Interessenten anzieht und häufiger von deinen Kunden gekauft wird.«

Ja, klingt nicht spektakulär. Ist aber der Sprache der Zielgruppe angepasst.

Noch besser, spezifischer und effektiver wird deine Zielgruppenansprache, je genauer du den Wortlaut kennst und triffst. Ein Steuerberater würde beispielsweise niemals von »Aufträgen«, sondern von stets von »Mandaten« sprechen. Ein Therapeut hat keine »Kunden«, sondern »Klienten«. Je mehr du in diesen Worten schreibst und kommunizierst, desto höher ist die Aufmerksamkeit und Identifikation der jeweiligen Zielgruppe mit deinen Texten.

Daher ist die Voice of Customer so unfassbar wichtig für dein Marketing und deine Werbetexte. Wie du die Voice of Customer schnell und effektiv herausfindest, damit beschäftigen wir uns bei der Konzeption und Recherche in Kapitel 7 detailliert.

So, jetzt haben wir viel über die Stimme der Marke und die Grundlage der Kommunikation geredet – widmen wir uns jetzt mal mehr den Kunden und wie wir ihnen den Weg zu ihren gewünschten Zielen zeigen.

5.4 Die Customer (Value) Journey – zeig deiner Zielgruppe den genauen Weg zum Ziel

Kunden sind wie Frodo Beutlin. Sie packen ihre sieben Sachen und spazieren aus dem Auenland in Richtung Abenteuer – dem Abenteuer, das sich »deine Produkte« nennt. Und sie geben erst auf, wenn sie das wirklich letzte Produkt von dir erworben und den Ring ins Feuer geworfen haben. Ende der Geschichte.

Natürlich ist dem nicht so. Erstens wissen sie gar nicht, dass es ein Abenteuer zu erkunden gibt. Zweitens haben sie gar keinen Ring und wollen auch keinen. Und drittens würden sie von allein niemals den Allerwertesten hochkriegen, um sich überhaupt auf die Reise zu machen.

Du ahnst, worauf es hinausläuft: Du musst ihr Gandalf sein. Ihnen den Weg zeigen und sie immer wieder daran erinnern, wo es lang geht, damit sie endlich ihr gottverdammtes Ziel erreichen und Mittelerde gerettet wird. So.

Ich habe damals die Customer Value Journey von Digital Marketer und Ryan Deiss kennengelernt (siehe Abbildung 5.2). Sie ist detaillierter als die Standardversion der Customer Journey und ist für mich nach wie vor das anschaulichste Framework zum Einstieg in die Kundenreise:

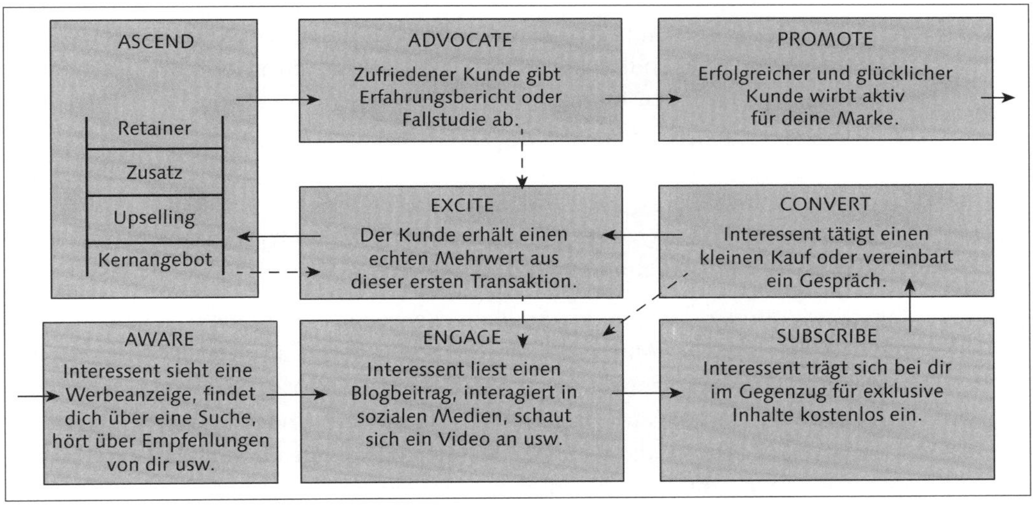

Abbildung 5.2 Die Customer Value Journey von Digital Marketer

Im Schnelldurchlauf erklärt:

- **Aware**: Zuerst musst du Aufmerksamkeit im Markt und bei deiner Zielgruppe erzeugen. Das geht durch Paid Ads, Artikel, SEO, Content, Reels etc. – du weißt schon, einfach präsent sein.
- **Engage**: Dein Interessent muss *engaged* werden, also deine Inhalte lesen oder konsumieren, um sich weiterinformieren zu können. Er geht auf andere Kanäle, schaut sich auf deiner Website um, guckt sich YouTube-Videos an und so weiter und so fort …
- **Subscribe**: Der erste Schritt wird gegangen: der Opt-in. Der Interessent trägt sich bei dir ein, um einen kostenlosen Inhalt zu erhalten.
- **Convert**: Wenn sie von dem Inhalt überzeugt ist, geht die Person den nächstlogischen Schritt und kauft ein kleines, günstiges Produkt von dir.

- **Excite**: Jetzt ist ganz wichtig, deinen Erstkäufer zu begeistern: Er muss einen echten Mehrwert und ein echtes Ergebnis nach dem Konsumieren des niedrigpreisigen Produkts haben.
- **Ascend**: Level up your game: Jetzt solltest du nach der ersten Euphorie deinen Kunden natürlich dahin führen, wo du ihn von Anfang an am liebsten haben wolltest – zu deinem Kernangebot. Bis hierhin hast du maximal den Break-even erreicht bei deinen Marketingkosten, hast eher draufgezahlt. Daher möchtest du nun mit deinem Kernangebot den ersten richtigen Umsatz und Gewinn einfahren. Aber hier ist natürlich noch nicht Schluss: Upsell-Produkte, zusätzliche Cross-Sells oder auch monatliche Retainer (ein vereinbartes monatliches Fixum für einen gewissen Zeitraum) können nun den Kundenwert erheblich steigern.
- **Advocate**: Dein Kunde ist superglücklich mit deiner Leistung und seinem Ergebnis? Hervorragend! Dann solltest du ihn jetzt um ein Testimonial bitten – eine positive Kundenstimme.
- **Promote**: Kunden, die richtig begeistert sind und mehr bekommen haben, als sie zu Beginn dachten, können jetzt als deine Empfehlungsmarketer fungieren. Entweder erzählen sie ganz von allein überall herum, wie toll die Leistung und Zusammenarbeit war, oder du fragst sie höflich und bietest ihnen sogar einen Bonus an, wenn sie Kunden für dich anwerben.

Customer Journeys werden immer komplexer, da es immer mehr Einflussfaktoren und Wettbewerb gibt. Aber diese acht Schritte solltest du zunächst richtig machen und konsequent mit deinen Kunden durchlaufen. Braucht es immer ein niedrigpreisiges Produkt zum Einstieg? Nein, wenn du auf den anderen Stufen überdurchschnittlich gut bist, kannst du diesen Schritt überspringen und direkt zum Kernangebot kommen. Aber aktuell funktionieren Low-Price-Angebote zwischen 19 und 49 € wieder sehr gut. Wichtig ist nur, dass deine Kunden Vertrauen aufbauen und von deiner Arbeit oder deinem Produkt überzeugt sind.

Als universelle Regel gilt ohnehin seit jeher und für immer: Mach fantastische Arbeit und begeistere deine Kunden und überleg als Unternehmer permanent, wie du sie *noch* glücklicher machen kannst. Dann wirst du nie »out of business« gehen. Denn die meisten Unternehmen sind dazu nicht bereit, diese Extrameile zu gehen und ihre Leistung konsequent zu verbessern.

Kleiner Einschub: Ich für meinen Teil würde diese Customer Value Journey noch um zwei kleine Zusatzaspekte ergänzen bzw. erweitern:

- Bau Umfragen auf möglichst vielen Stufen ein.
- Lass deine Kunden nach der letzten Stufe nicht allein, sondern nimm sie in ein Premium- oder Eliteprogramm auf.

Aber ich möchte es an dieser Stelle auch nicht zu komplex machen. Da du jetzt die Journey gesehen hast, fragst du dich vielleicht: Die Ascend-Ebene mit den verschiedenen Produkten – wie könnte die denn aussehen? Gute Frage! Lass mich dir dafür ein vereinfachtes Beispiel einer Angebotstreppe zeigen.

5.5 Die Angebotstreppe

Jetzt, da du die grobe Customer Value Journey kennst, widmen wir uns mal dem Aufbau deiner Angebote entlang dieser Journey. Daher meine Frage: Hast du schon eine lukrative Angebotstreppe in deinem Unternehmen etabliert? Ja? Nein? Du weißt es nicht? Dann lass uns gerne in Ruhe darüber sprechen. Nenn es sinnvolles Follow-up, Upsell oder halt einfach Angebotstreppe … Menschen, die einmal bei dir gekauft haben, sollten immer die Möglichkeit haben, den nächsten Schritt zu gehen. Denn das Bestandskundengeschäft ist das einfachste und auch lukrativste Geschäft!

Die meisten Unternehmen begehen den Fehler, nur ihr Kernprodukt zu verkaufen. Sie haben keine weiteren Angebote im Portfolio. Dabei benötigen deine Kunden vielleicht noch mehr Hilfe oder weitere Leistungen von dir. Um das zu erarbeiten, will ich dir hier kurz eine sinnvolle und lukrative vierstufige Angebotstreppe für dein Business vorstellen.

Wir spielen das alles mal an zwei Beispielen durch: Werkzeug und Software as a Service (SAAS). Los geht's!

- **Stufe 1: deine Reichweite**

  Ein kostenfreies oder sehr niedrigpreisiges Produkt, durch das du auf dich und deine Leistungen aufmerksam machst. Hiermit sollst du überhaupt kein Geld verdienen, sondern viel Reichweite erzielen.

  - **Werkzeug**: ein Maßband für 1 €
  - **Software**: eine kostenlose Demo der App oder des Service

- **Stufe 2: dein Basisprodukt**

  Das ist dein erster Umsatztreiber, quasi die Leistung, die deine laufenden Kosten decken soll. Hiermit wirst du maximal den Break-even erreichen. Dieses Angebot bildet die Basis deines Business und lässt sich hoch standardisiert leisten, es bietet also nur eine niedrige bis gar keine individuelle Leistung.

  - **Werkzeug**: ein Hammer für 29 €
  - **Software**: Basisversion der App für 19 € pro Monat

- **Stufe 3: dein Premiumprodukt (Kernangebot)**

  Ein Premiumangebot mit hoher individueller Leistungserbringung, höheren Erbringungskosten oder hohem individuellem Service. Hier gehen wir an die Marge, den Gewinn für dein Business. Bei diesem Angebot sollte der meiste Ertrag für dich herausspringen. Und diesen kannst du dann in dich, deine Mitarbeiter, dein Werbebudget – ergo dein Wachstum investieren.

- **Werkzeug**: den gesamten Werkzeugkasten für 119 €
- **Software**: Premiumversion der App mit intensiver Betreuung und mehr Leistungen für 89 € pro Monat

Biete deinen Kunden *immer* direkt eine Premiumlösung oder -betreuung an, sobald sie dein Basisangebot erworben haben. Die Erfahrung zeigt, dass ca. 20 % aller Käufer gerne diese Premiumlösung hätten. Du erhöhst damit sofort die Marge – meist mit nur einem kurzen Satz oder einer simplen Frage. Und wenn sie deine Premiumlösung schon haben, dann biete dein Referenzprodukt oder eine Verlängerung des Premiumangebots an.

- **Stufe 4: dein Referenzprodukt**

  Das ist dein Anker oder dein Decoy – ein sehr teures Produkt, das deine anderen Leistungen günstig aussehen lässt. Dieses Produkt willst du gar nicht primär verkaufen, es dient nur dem Rahmen für deine anderen Produkte und ist auch nur für Menschen geeignet, die schon sehr weit sind.

  Wird selten verkauft, ist mit hohem Aufwand verbunden, aber wenn, dann lohnt es sich auch sehr für dein Business.

  Werkzeug: Profiwerkzeugkoffer inklusive Elektrowerkzeug für 1.299 €

  Software: die Enterprise-Version für große Unternehmen, maximal individuell und sehr kostspielig, nur auf Anfrage und hoch dreistellig pro Monat

So weit klar? Gut! Damit kannst du selbst ein bisschen rumspielen und deine eigene Angebotstreppe erstellen.

Falls du dich jetzt vielleicht noch fragst, wie viel prozentualen Umsatz die jeweilige Stufe von deinen Gesamteinnahmen ausmachen soll, habe ich hier noch eine kleine Faustformel für dich.

Faustformel: Umsatzanteil pro Stufe

60–80 % deines Umsatzes sollten über dein Basis- und das Premiumprodukt kommen. 20–40 % über Reichweite und Referenz. Noch genauer:

Stufe 1 – Reichweite: ca. 5 % des Umsatzes

Stufe 2 – Basis: ca. 30 % des Umsatzes

Stufe 3 – Premium: ca. 50 % des Umsatzes

Stufe 4 – Referenz: ca. 15 % des Umsatzes

Das ist jetzt natürlich supergenerisch und von Branche, Unternehmen, Produkt, Wettbewerb, Preisstruktur etc. abhängig. Die Aufstellung soll dir nur eine grobe Orientierung geben.

Jetzt kommt der entscheidende Trick: Du musst auf der Stufe, auf der dein Kunde gerade steht, immer die nächste Stufe bereits mitverkaufen. Das bedeutet konkret: Jemand hat dein Basisprodukt erworben? Dann verkaufst du nach der Leistung selbstverständlich den nächstlogischen Schritt, dein Premiumprodukt.

Und natürlich kannst du deine Treppe beliebig nach oben erweitern. Oder sogar horizontal – durch sinnvolle Cross-Selling-Angebote. Das klappt aber nur, wenn deine erste Angebotstreppe steht und wie geölt funktioniert. Sonst wird es für deine Kunden zu komplex. Je mehr Auswahlmöglichkeiten es gibt, desto größer die Verwirrung. Und bei hoher Verwirrung wird schlussendlich nichts gekauft.

Und? Hast du deine Angebotstreppe schon definiert? Auf welcher Stufe hakt es ein wenig? Was kannst du noch anbieten?

5.6 Die 5 Stufen der Aufmerksamkeit nach Eugene Schwartz

Eigentlich wollte ich die 5 Stufen der Aufmerksamkeit bei den Grundprinzipien erfolgreicher Copy unterbringen, aber ich finde, du solltest dich schon jetzt damit befassen, bevor wir über den Full Funnel sprechen.

Wie bereits in Abschnitt 1.2.2, »Die Koryphäen des Copywritings«, erwähnt: »Breakthrough Advertising« von Eugene Schwartz ist das wohl berühmteste und gleichzeitig seltenste Buch über Marketing, das es gibt. Und eines der zeitlosesten und genialsten Modelle darin sind die *5 Stages of Awareness*. Ich versuche es wirklich so gestrafft und einfach wie möglich zusammenzufassen – in meinen Worten. Obwohl das dem Inhalt des Buches natürlich nicht gerecht wird. Aber so hast du in aller Kürze die wichtigsten Inhalte daraus hier auf einen Blick.

Kurz die Zusammenfassung der 5 Stufen: Ein potenzieller Kunde kann sich immer nur auf einer Stufe der Aufmerksamkeit befinden. Je nach Stufe müssen unterschiedliche Werbebotschaften platziert werden, um den Interessenten immer weiter Richtung Stufe 5 zu bewegen – und schließlich zum Kauf.

Machen wir die unterschiedlichen Stufen direkt anhand eines Beispiels klarer, nehmen wir einen Dyson-Staubsauger:

1. **Komplett unaufmerksame Zielgruppe**

   Die schwierigste Stufe: Deine Interessenten kennen weder dich, dein Produkt, was dein Produkt kann, noch – viel schlimmer – wissen sie, dass sie ein Problem haben.

   Beispiel: *»Ich hab bereits einen Staubsauger. Der funktioniert, also schau ich mich auch nicht um.«*

Hier musst du erst mal viel Überzeugungsarbeit leisten und die Aufmerksamkeit deiner Zielgruppe einfangen.

2. **Das Problem**

   Deine Zielgruppe weiß, dass sie ein Problem hat. Sie kennt aber die Lösung bislang nicht, geschweige denn, dass du sie mit deinem Produkt anbietest.

   Beispiel: *»Ich merke, Staubsaugen ist ziemlich anstrengend. Und die Lautstärke und das ständige Beutelwechseln, nervt auch.«*

   Auf dieser Stufe solltest du das Problem »outcallen« und deine Kampagne rund um die Problematik konzipieren.

3. **Die Lösung**

   Juhu, deine Zielgruppe kennt bereits die Lösung. Aber dein Produkt ist noch nicht richtig auf ihrem Radar ...

   Beispiel: *»Ich hab gehört, es gibt wohl leisere, akkubetriebene Staubsauger ohne Beutel.«*

   Das ist gut für dich, deine Interessenten schauen sich nach einer Lösung um – Zeit, jetzt deine Lösung als die beste zu präsentieren.

4. **Das Produkt**

   Jeeetzt, endlich haben sie dein Produkt gesehen. Der Fisch ist am Haken, fang ihn ein.

   Beispiel: *»Ich hab in einer Ad auf Instagram die Staubsauger von Dyson gesehen. Aber sind die wirklich gut? Die sind ja schon echt teuer ...«*

   Jetzt darfst du nicht lockerlassen. Theoretisch wollen sie dein Produkt, sind aber noch nicht vollends überzeugt. Auf dieser Stufe solltest du Vertrauen in dein Produkt, deine Marke aufbauen und das wahrgenommene Risiko eines Fehlkaufs reduzieren.

5. **Volle Aufmerksamkeit der Zielgruppe**

   Simpel: Sie kennen ihr Problem und die Lösung ist dein Produkt. Sie kennen alle Vorteile und Fakten. Jetzt gilt es, ein gutes Angebot zu machen.

   Beispiel: *»Nur jetzt zu Ostern 20 % auf meinen Dyson sparen + 7 Jahre Garantie? Da schlag ich wohl zu!«*

Wichtig: Sosehr du es auch versuchst, du kannst kein Produkt vermarkten, das der Markt nicht will. Es muss ein echtes Verlangen danach bestehen, sonst wirst du dir mit deinem Marketing immer die Zähne ausbeißen.

Es gibt noch ein zweites wichtiges Konzept aus dem Buch: die *Market Sophistication*. Sie beschreibt, wie sehr ein Markt schon gesättigt ist und wie du im Marketing daraufhin reagieren musst. Auch die Market Sophistication ist in 5 Stufen aufgeteilt:

1. **Die Pionier-Phase**

   Es gibt einen neuen, unerschlossenen Markt, das Produkt ist neu und die Idee bislang unbekannt. Hier funktionieren einfache und direkte Versprechen als Fokus im Marketing am besten.

   Beispiel: *»Der erste Staubsauger der Welt OHNE Beutel oder Kabel.«*

2. **Die Konkurrenz-Phase**

   Jetzt kommen die ersten Konkurrenten auf den Markt, die ein Stück vom Kuchen abhaben wollen. Die ersten Preiskämpfe beginnen. Hier gilt es, der Konkurrenz eine Nasenlänge voraus zu sein und bessere, größere Versprechen zu machen.

   Beispiel: *»Wähl das Original: 3x stärkere Saugkraft als herkömmliche Anbieter.«*

3. **Der Markt wird überflutet**

   Nun hat es wirklich auch der Letzte mitbekommen: Hier gibt's was zu holen. Daher kommen die ersten »Billiganbieter«, die einfach nur über den Preis gehen. In dieser Phase kannst du dich am besten über die Qualität und den Mechanismus deines Produkts abheben.

   Beispiel: *»Hält ein Leben lang: Durch beste Materialverarbeitung.«*

4. **Noch mehr Wettbewerb**

   Chaos bricht aus, die Anbieter zerfleischen sich gegenseitig und unterbieten sich im Stundentakt. Jetzt kannst du als einzige Maßnahme nur noch deinen Mechanismus stärken und *noch* präsenter kommunizieren.

   Beispiel: *»Note 1,1 bei Stiftung-Warentest: Testsieger in Akkulaufzeit und Langlebigkeit.«*

5. **Der extrem gesättigte Markt**

   Die Kunden sind sehr skeptisch und immun gegen Superlative oder die Versprechen. Schlimmer noch, sie sind genervt. (Ähnlich, wie es im Schnell-und-hektisch-reich-werden-Markt ist.)

   Als einzige Lösung bleibt jetzt noch, einen neuen Zugang zur Zielgruppe über Emotionen, Werte, Identität, Lifestyle oder auch Community-Faktoren zu schaffen.

   Beispiel: *»Werde Teil der Dyson-Familie: Schließ dich über 3 Millionen Menschen in Deutschland an, für die Staubsaugen zum Hobby statt lästigem To-do geworden ist …«*

So, das waren in aller Schnelle die wichtigsten Konzepte aus Schwartz' Buch. Wie gesagt ist dieses Buch für die meisten der heilige Gral des Marketings, daher wird diese verkürzte Darstellung von mir dem Inhalt absolut nicht gerecht. Aber das Buch ist fast unmöglich in die Finger zu kriegen und wenn, dann auch nur für mehrere hundert Dollar.

Ich bin einer der wenigen Glücklichen, die ein Exemplar zu Hause haben. Dank Timm, der es mir vor 6 Jahren ausgeliehen hat ... ups. Wenn du das hier liest, Timm: Du kriegst es zurück!

5.7 Der Full Funnel – Schritt für Schritt vom Klick zum Kauf

Na, den Begriff *Funnel* kennst du bestimmt schon, oder? Klar. Denn schließlich ist es *das* Wort, das im Onlinemarketing wahrscheinlich am häufigsten genutzt wird – Funnel hier, Funnel da, ToFu (Top of the Funnel), MoFu (Middle of the Funnel), BoFu (Bottom of the Funnel).

Kurz, auf jeder dieser Stufen eines Funnels musst du anders kommunizieren und die Leser anders durch die Copy leiten. Aber für den Anfang reicht es, wenn du weißt, was ein Funnel ist. Alles Weitere besprechen wir ausführlich hier im Buch. Daher gehe ich mit dir mal fix die Basics durch, möchte mich aber nicht zu tief darin verlieren – du erhältst von mir ja später noch die genauen Einzelteile und Schritte eines Funnels aus Copy-Sicht im Detail dargestellt.

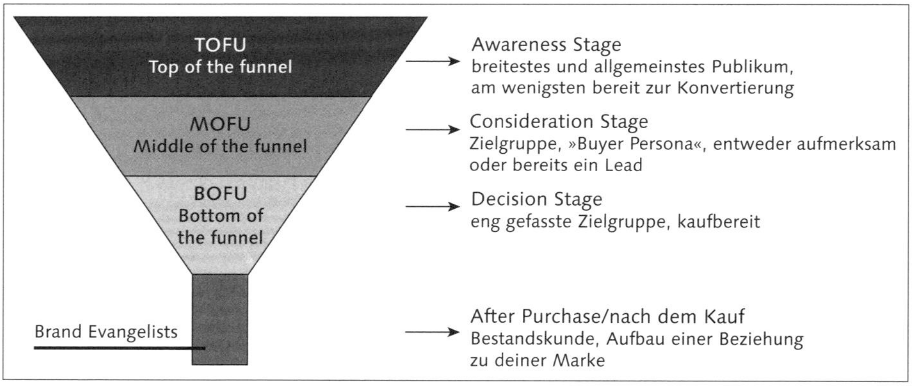

Abbildung 5.3 Vereinfachte Darstellung eines Funnels

Ein Funnel hat simpel ausgedrückt nur einen Zweck: Du möchtest Kontakte einsammeln und diese Stück für Stück weiter vorqualifizieren, bis sie schlussendlich bei dir kaufen. Das geht mal schneller, mal weniger schnell und hängt stark vom Produkt, dem Preis und der Zielgruppe ab.

Du möchtest in einem vollständigen Funnel, dass ein Leser aus deiner Zielgruppe ...

1. ... dein Unternehmen wahrnimmt und eine Werbeanzeige von dir sieht,
2. ... sich für deine Botschaft interessiert und auf diese Werbeanzeige klickt,

3. ... sich auf der folgenden Landingpage umschaut und das Interesse vergrößert wird, sodass er sich einträgt,
4. ... danach Schritt für Schritt mit Inhalten und guten Werbetexten versorgt wird, die dein Angebot überzeugend in Szene setzen,
5. ... nach ausreichend Informationen von der Lösung und dem Angebot überzeugt ist und schlussendlich eine Handlung ausführt – und so zum Kunden deines Unternehmens wird.

Auf jeder dieser Stufen soll der Interessent Ja sagen und wird so vom ersten Klick bis zum finalen Kauf – und weit darüber hinaus – geführt.

5.8 Der Abschluss – den Sack zumachen ... aber wie?

Am Ende jedes Funnels steht der Kauf, der Abschluss des Geschäfts. Das ist das große Ziel, auf das dein gesamtes Marketing natürlich immer ausgerichtet ist. Nur wie soll man am Ende abschließen? Was für Unterschiede gibt es?

Über die letzten Jahre hat sich meiner Erfahrung nach eine Faustregel als wahr herausgestellt:

- Investitionssummen unter 1.000 € können online und ohne persönlichen Kontakt verkauft werden.
- Alle Investitionssummen darüber erfordern einen menschlichen Kontakt und ein persönliches Gespräch als Sicherheit.

Ja, ich habe auch schon gesehen, dass höhere Summen online über die Ladentheke gingen, aber das ist dann schon wirklich die Ausnahme. Was bedeutet das für dich konkret?

- Ein Produkt, das du für unter 1.000 € verkaufst, kannst du mit einem ganz einfachen Call to Action auf ein Bestellformular des Zahlungsanbieters deiner Wahl vertreiben und dort den Kunden mit möglichst vielen Zahlungsoptionen die Entscheidung leicht machen.
- Ab 1.000 € solltest du immer auf ein Verkaufs-, Beratungs- oder Bewerbungsgespräch verweisen. Dort sollte in maximal 60 Minuten, eher 30–45 Minuten, die Kaufentscheidung des Kunden fallen, am besten natürlich durch einen professionellen Vertriebler. Um die Erfolgswahrscheinlichkeit zu erhöhen, kannst du bei Terminvereinbarung mithilfe von Calendly oder Typeform schon die Kontakte vorqualifizieren. Oder du schaltest noch einen 15-minütigen Setter Call vor das eigentliche Verkaufsgespräch, damit auch wirklich qualifizierte Kontakte am Hörer oder im Videocall sitzen.

Der Trend geht aktuell tatsächlich wieder zurück zu mehr Kontakt, auch bei »kleineren« Summen. Denn die Investitionsfreude der Menschen ist in Krisenzeiten logischerweise geringer als vorher. Und viele sind einfach nicht mehr bereit, hohe Summen zu investieren. Das soll natürlich nicht dafür sorgen, dass Unternehmen jetzt den Kopf in den Sand stecken – es lässt sich immer noch genug Geld verdienen. Das war mir spätestens klar, als ich ein Video gesehen habe, in dem eine Reiseorganisatorin den Urlaub für eine Teenagerin geplant und den Vater zur Freigabe des Budgets angerufen hat: 410.000 US$ sollte der Trip kosten. Na gut, Geld scheint also noch im Umlauf zu sein. Aber wie gesagt gilt in der breiten Bevölkerung Zurückhaltung. Das muss man nur wissen, damit man den Markt aktuell richtig einordnet. (Ich hoffe jedoch, die wirtschaftliche Situation hat sich schon erheblich verbessert, wenn du diese Zeilen hier liest.)

5.9 Customer Retention Management – mehr Kundenbindung und mehr Kundenwert

Das werde ich an manchen Stellen in diesem Buch noch häufiger erwähnen: Viel zu viele Unternehmen stützen sich so krass aufs Neukundengeschäft, auf Reichweite und Abonnenten, dass sie vollkommen vernachlässigen, welcher Schatz bereits in ihrem Besitz ist und nur darauf wartet, geborgen zu werden.

Das *Customer Retention Management* befasst sich daher einzig und allein mit der Frage, wie du mehr Kundenbindung aufbaust und so den Umsatz pro Kunde erhöhen kannst – einfach, indem du ihn gut betreust und glücklich machst.

Und Überraschung: Vieles davon geht selbstverständlich mit Copywriting und den richtigen Informationen und passenden Angeboten zum richtigen Zeitpunkt. Wie? Dazu kommen wir noch. Nur so viel soll schon vorab verraten werden: Als Copywriter legst du ja deinen Fokus immer auf den nächsten Schritt, die nächste Handlung. Und das hört beim Kauf auch nicht auf:

- Was ist der nächste Schritt nach dem Kauf? Richtig, die Auslieferung des Angebots.
- Was ist der nächste Schritt nach dem Erhalt? Die optimale Nutzung und wie dein Kunde sein Ziel damit erreicht.
- Was passiert, wenn dein Kunde sein Ziel mit deiner Hilfe erreicht hat? Genau, es tritt ein anderes oder das nächstgrößere Problem auf, das du für ihn lösen solltest – ergo, ein neues Angebot.

Lass deine Kunden nie allein, unterstütz sie auf jeder Stufe ihres Weges und du wirst bis zu 70–80 % deines Umsatzes nur durch Bestandskunden machen können.

(Kommt natürlich auf die Branche und das Geschäftsmodell an, ist aber vollkommen realistisch.)

Wenn du das einmal verstanden hast und besser als die meisten Copywriter sein möchtest, die ich sonst so kenne und lese, dann solltest du in deiner Konzeption immer auch die nächsten Schritte *nach* dem Kauf mitbedenken. Denn glaub mir, fast niemand tut das. Wenn du nur diese Fähigkeit mitbringst (über den Erstkauf hinauszudenken), dann bist du damit automatisch besser als deine Mitbewerber oder Konkurrenten. Wie sagt die Jugend dazu? Period.

5.10 Auf einen Blick

Du hast in diesem Kapitel die wichtigsten Begriffe im Onlinemarketing und für dich als Copywriter kennengelernt. Du kennst die primären Disziplinen, in denen du mit deiner Copy arbeitest und die größten Effekte erzielst. Darüber hinaus haben wir uns über die Brand Voice, die 5 Stufen der Aufmerksamkeit, die Customer Journey, den Full Funnel und das Customer Retention Management und viele weitere grundlegenden Konzepte des Marketings unterhalten.

Perfekt! Du bist damit optimal gerüstet, einen Schritt weiterzugehen. Denn nach den Grundprinzipien des Onlinemarketings werden wir noch ein bisschen spezifischer: Es geht im nächsten Kapitel um die Grundprinzipien des Copywritings.

Kapitel 6

Die Grundprinzipien erfolgreicher Copy

Was macht eine langfristig erfolgreiche Copy aus? Welche Prinzipien und inneren Haltungen solltest du beachten, damit dein Text die Menschen auch wirklich erreicht? In diesem Kapitel beschäftigen wir uns mit den Grundprinzipien, denen jede Copy folgen muss, damit sie ihre Wirkung entfalten kann.

Es ist wie so häufig: Wenn du nach Copywriting-Prinzipien googelst, wirst du Tausende Meinungen und noch mehr Tipps dazu finden. Am Ende der Suche – und ein paar komische Abbiegungen später – landest du da, wo uns das Internet schlussendlich immer hinführt: beim Weltrekord für die meisten Käsesorten (1.001) auf einer Pizza. (Oder lande nur ich immer da?)

Es gibt natürlich eine Vielzahl an Prinzipien, denen du folgen kannst. Am Ende entscheidest du in vielen Situationen selbst, wie du schreiben möchtest und was deinem Geschmack, deiner Moral oder auch deinem Stil entspricht. Auch ich kann dir hier nur die Grundprinzipien mitgeben, die mir in den letzten Jahren am meisten geholfen haben und die für mich den wesentlichen Unterschied zwischen guter und schlechter Kommunikation ausmachen.

Und um ehrlich zu sein, bin ich noch nicht mal ein großer Freund davon, stumpf den immergleichen Prinzipien zu folgen. Für jede wunderbar funktionierende Regel findest du auch ein Gegenbeispiel, in dem diese Regel gebrochen wurde. Und meist übertreffen die Ergebnisse den allgemeingültigen »Standard« um ein Vielfaches.

Jetzt kommt das große Aber: Zwar sollst du durchaus gewisse Regeln definitiv hier und da mal brechen (dazu werde ich dich in diesem Buch noch häufiger auffordern) – aber nur, wer die Regeln beherrscht, kann den Status quo auch verändern. Und der Standard kann ebenfalls nur übertroffen werden, wenn die restliche Kommunikation überhaupt erst einen konsequenten Standard gesetzt hat.

Daher solltest du den großen Grundprinzipien zunächst immer treu bleiben. Wieso? Nun ja, nicht nur, weil sie halt einfach funktionieren, sondern auch, weil wir einem gewissen Ethos folgen sollten. Was meine ich damit?

Wer Copy schreibt, hat simpel gesagt immer nur ein Ziel: den Leser vom nächsten Schritt bzw. nächsten Klick zu überzeugen. Was die meisten jedoch leider missverstehen: Leser in den nächsten Klick »reinzutricksen«, funktioniert vielleicht zwei-, dreimal gut, aber um langfristige Kundenbeziehungen aufzubauen, ist das leider keine besonders clevere Methode.

Ich werde dir im Verlauf dieses Buches natürlich einige Tricks und Kniffe mitgeben, um deine Conversion zu erhöhen. Dafür ist dieses Buch schließlich da. Die Art und Weise der Ausführung liegt aber ganz bei dir. Am Ende entscheidest du dich – für den kurzfristigen, maximalen Ertrag oder für eine langfristige Kundenbindung und Stabilität. (Ich bevorzuge Zweiteres. Ist auf lange Sicht auch lukrativer.)

In diesem Kapitel möchte ich dir die – in meinen Augen und aus meiner Erfahrung – wichtigsten Grundregeln für nachhaltig erfolgreiche Copy mitgeben. Dazu erkläre ich zunächst wie immer das Prinzip und du erhältst hier und da einige Negativ- oder Positivbeispiele. Deal? Deal.

6.1 Rule of One – Fokus auf das EINE Ziel

Es ist das vielleicht wichtigste, simpelste und gleichzeitig schwerste Grundprinzip: Bleib immer, und ich meine wirklich *immer*, bei einer Idee, einem Versprechen und einer Handlung, die der Leser ausführen soll.

Du richtest dich mit deinen Texten nicht an zwei Zielgruppen. Du verkaufst nicht drei Angebote in einer Mail. Du hast nicht fünf Versprechen, die dein Produkt oder deine Dienstleistung erfüllen.

- Du adressierst immer *einen* Leser.
- Du verfolgst immer nur *ein* großes Ziel.
- Die Grundlage deiner Copy folgt immer *einer* Idee.
- Du verkaufst nur *ein* klares Angebot.
- Es gibt immer nur *einen* nächsten Schritt auszuführen.
- Und es gibt auch nur *einen* Call-to-Action.

Leicht zu verstehen, oder nicht? Und trotzdem schaffen es die wenigsten Unternehmen, diese Regel in ihrer Kommunikation zu befolgen.

Warum? Weil sie ihre Produkte, Angebote, ihren Content in- und auswendig kennen – und sich so eine gewisse »Betriebsblindheit« eingestellt hat. Wann immer es dann an die Marketingkommunikation geht, tauchen neue Ideen oder weitere wichtige Infos oder Produkteigenschaften auf, die sie noch gerne unterbringen würden.

Dabei ist genau das der große Fehler, der zu schlechteren Ergebnissen führt. Wenn du versuchst, möglichst alles an alle zu verkaufen, verkaufst du …? Richtig, nichts.

Wenn du nur einen Tipp aus diesem Buch mitnehmen würdest (ich hoffe doch, es sind ein paar mehr als nur dieser eine), dann wäre das folgender:

> *Menschen handeln nicht, wenn sie nicht ganz genau wissen, was sie zu tun haben. Und deine Aufgabe ist, ihnen den Weg so klar und einfach wie möglich zu zeigen – und zwar nur einen Schritt, eine Handlung nach der anderen.*

Hast du schon mal sonntagabends auf dem Sofa Netflix geöffnet und ungefähr 45 Minuten nach einem Film gesucht, nur um dann wieder zum fünften Mal »King of Queens« von vorn durchzubingen? Oder wolltest du schon mal unbedingt was Neues, Ausgefallenes zu essen bestellen und hast dich doch wieder wie jede Woche für die Nummer 15 bei deinem Lieblingsasiaten entschieden? Erwischt!

Das liegt daran, dass uns die schiere Flut an Optionen überfordert und wir uns lieber ins gewohnte Terrain begeben, weil wir ganz genau wissen, was wir dort bekommen. Nicht umsonst schalten Millionen Zuschauer sonntagabends um 20:15 Uhr ins Erste Deutsche Fernsehen.

Ein weitverbreiteter Irrglaube vieler Unternehmen ist, dass Interessenten sich selbst informieren und eigenverantwortlich das Angebot aussuchen, das am besten zu ihnen passt. Daher teilen sie einen ganzen Katalog an verschiedenen Angeboten mit unterschiedlichen Preisen und Ausführungen … und warten dann sehnsüchtig auf die Verkäufe.

Es liegt aber in deiner Verantwortung, deinen Interessenten zu zeigen, welches Angebot gerade *jetzt* das richtige für sie ist. Dazu musst du wissen, vor welchen aktuellen Herausforderungen sie stehen, welchen Wissensstand sie haben und auf welcher Stufe der Aufmerksamkeit sie sich befinden, siehe Abschnitt 5.6. Und dann zeigst du ihnen den *einen* nächstlogischen Schritt, den sie gehen müssen, um ihrer Lösung näherzukommen – nicht mehr und nicht weniger.

Frag dich selbst – was denkst du, ist in der Kommunikation stärker?

a) »Wähl hier aus unserem großen Sortiment mit über 125 verschiedenen T-Shirts – das passende für dich ist ganz bestimmt dabei.«

b) »Das erste und einzige T-Shirt, das wirklich jedem steht. Hier anprobieren.«

Ich denke, du ahnst bereits, dass ich dir hier ganz stark zu b) raten würde.

6.2 Von Mensch zu Mensch – auch mit KI

Viele begehen leider nach wie vor den Fehler, im Namen des Unternehmens an eine undefinierte Masse an Menschen zu schreiben. Dabei kommunizieren wir immer von *einem* Menschen zu *einem* anderen Menschen.

Wieso ist das so wichtig? Weil wir Menschen logischerweise immer nur mit echten anderen Menschen eine emotionale Bindung aufbauen können.

Das bedeutet, nutz immer einen konkreten Verfasser deiner Werbemails, Leadmagneten oder auch Landingpages. Auch wenn ein riesiges Unternehmen dahintersteckt, braucht es eine echte Person mit einer echten Stimme, die die Nachrichten versendet.

Der Grund ist simpel: Die Öffnungs- und Klickraten bei Mails sind im Schnitt signifikant höher, wenn sie von einer echten Person kommen. In all unseren Tests über unzählige Branchen hinweg haben reale Menschen als Verfasser immer gegen das Unternehmen oder ein Team als Absender der Mails gewonnen.

Selbst bei großen Rednern ist das einer der besten Tipps, den sie befolgen, wenn sie vor mehreren tausend Menschen einen Vortrag halten und möchten, dass sich das Publikum angesprochen fühlt: Sie sprechen gedanklich immer nur zu einer einzigen Person, nicht zu einer undefinierbaren Masse an Menschen. Sie sprechen immer so, als wäre es tausendmal ein und dieselbe Person.

Von Mensch zu Mensch gilt übrigens auch für die künstliche Intelligenz. Natürlich sollst du KI sinnvoll nutzen, um künftig deine Werbetexte zu schreiben. Aber die Texte dürfen sich niemals wie KI-Texte lesen, sonst fällt das deinen Lesern sofort auf und du verlierst sie. Denn egal, wie sehr auch der Umgang mit künstlicher Intelligenz zur Normalität in unserem Arbeitsalltag wird, wir Menschen möchten weiterhin das Gefühl haben, mit echten Menschen zu kommunizieren – nicht mit Robotern.

Wer sollte also im besten Fall dieser eine Verfasser sein, der die Kommunikation übernimmt? Das bleibt ganz dir überlassen: Es kann die Geschäftsführung, die Marketingleitung oder ganz einfach eine Person aus dem Team sein. Wichtig ist nur, nicht zu viele Absender zu testen oder zu häufig zu wechseln.

Schlechte Beispiele für Absender sind: »Die S+G Immobilien GmbH« oder »Der Informations-Letter« oder ähnlicher Murks.

Ein häufig genutztes Mittel, um die Öffnungsrate zu erhöhen, ist, einen neuen, unbekannten Verfasser zu verwenden, um die Leser zu überraschen und aufmerksamer zu machen. Klar, wenn du eine persönliche Mail von einer fremden Person erhältst, dann möchtest du wissen, worum es in der Mail geht. Nimm z. B. die »Mail vom Geschäftsführer« oder eine Person aus dem Kundensupport, mit der die Kunden schon Kontakt hatten.

Diesen Trick kannst du tatsächlich ganz selten mal als Öffnungsbooster einsetzen – aber bitte nur mit sinnvoller Begründung und auch nur mit klarem Nutzen für den Leser. Ansonsten solltest du den Verfasser oder Absender nicht inflationär wechseln. Das schadet der Reputation deines Unternehmens und treibt außerdem die Abmelderate in die Höhe.

6.3 Die 40/40/20-Regel – weshalb Marketing beim Angebot beginnt

So traurig und niederschmetternd es ist, das hier einzugestehen: Du kannst mit deiner Copy keine Wunder vollbringen. (Ich weiß, die Wahrheit ist hart.) Obwohl es dir viele Copywriter so verkaufen möchten:

- »Copywriting ist der einzige Skill, den du beherrschen musst, um reich zu werden.«
- »Der Erfolg deines Unternehmens steht und fällt mit deiner Copy.«
- »Garantiert fünfstellig als Copywriter verdienen.«

Um es richtig einzuordnen: Ja, durch effektives Copywriting kannst du viel mehr verkaufen als bisher. Ja, der Erfolg einer gesamten Marketingkampagne *kann* von nur einer neuen Headline abhängen. Ja, die Fähigkeit, überzeugend zu kommunizieren und zu schreiben, ist eine der wichtigsten für dein Business.

Aber nein, Copywriting hilft dir nicht, wenn dein Produkt keine Abnehmer findet. Es hilft dir auch nicht, wenn du dich mit deinen Texten an die falschen Menschen richtest oder wenn das Produkt oder das Angebot einfach nicht gut genug sind.

Copywriting fungiert als Beschleuniger für dein Business oder das deiner Kunden. Du kannst damit ein funktionierendes Produkt plötzlich tausendfach verkaufen – oder du deckst fehlerhafte Prozesse und ein mangelhaftes Produkt umgehend damit auf.

Wie heißt es so schön: Ein totes Pferd kann man nicht reiten. Und das zeigt auch die 40/40/20-Regel. Sie wurde bereits in den 1960er Jahren von der amerikanischen Marketingkoryphäe und dem damaligen CEO der Grey Global Group, Edward H. Mayer, definiert.

Die 40/40/20-Regel nach Edward H. Mayer

40 % deines Marketingerfolgs hängen von deinem Angebot ab,

40 % allein von der Wahl deiner Zielgruppe und

20 % sind hingegen »nur« auf deine tatsächliche Marketingaktivität (Timing und Botschaft) zurückzuführen.

Deshalb ist es so unglaublich wichtig, dass wir als Copywriter viel Zeit und Arbeit in die Recherche und Analyse der Zielgruppe sowie die Gestaltung des Angebots und der Botschaft investieren, bevor wir überhaupt beginnen, Werbetexte zu formulieren. (Damit werden wir uns im nächsten Kapitel intensiv beschäftigen.)

Eugene Schwartz, der Autor von »Breakthrough Advertising«, einem der wohl begehrtesten Marketingbücher überhaupt, sagte es bereits: Du kannst das Verlangen im Markt nach einem Angebot nicht künstlich erzeugen. Das Problem und der Wunsch nach einer Lösung müssen bereits vorhanden sein, sonst wirst du dir mit deinen Marketingaktionen einfach nur die Zähne am Markt ausbeißen. Mit »Breakthrough Advertising« und den *5 Stufen der Aufmerksamkeit* nach Eugene Schwartz haben wir uns ja schon detailliert in Kapitel 5, »Die wichtigsten Marketinggrundlagen, die du als Copywriter kennen musst«, auseinandergesetzt.

Bevor du also beispielsweise als freiberuflicher Copywriter einen Auftrag annimmst, mach deine Hausaufgaben und check gründlich ab, ob das Angebot zur Zielgruppe passt und ob das Produkt bereits genügend Abnehmer findet. Wenn also in Zukunft ein Hundefutter-Unternehmen auf dich zukommt, mit der Bitte, das gleiche Fressen auf Katzen umzubranden, und mit dem Ziel, den Umsatz mit der »neuen Zielgruppe« zu verdoppeln, sei besser skeptisch und stell die richtigen Rückfragen.

6.4 Der Switch – den Schalter im Kopf umlegen

Ich sagte ja bereits, dass wir uns im Marketing (ganz simpel ausgedrückt) immer auf den nächsten Klick, die nächste Handlung fokussieren. Doch diese Reihenfolge von Handlungen sollte im besten Fall immer in ein Endergebnis münden: den Schalter im Kopf der Menschen umzulegen, sodass sie bei uns kaufen. Eigentlich geht's um nichts anderes … und deshalb müssen wir unser gesamtes Denken und Handeln darauf ausrichten. Doch wie legst du diesen Schalter um? Wie findest du den berühmten Switch, dieses eine Totschlagargument, das wildfremde Interessenten in zahlende Kunden verwandelt? Die Antwort liegt wie so häufig im Research. Dort tauchen wir in Kapitel 7 tiefer ein.

Aber ich möchte dir schon hier die wichtigsten Kriterien mitgeben, wie du den Switch herausfindest. Das grundlegende Prinzip dahinter basiert auf der Strategie »Jobs to be done« von Clayton Christensen und Anthony Ulwig.

6.4.1 Dein Produkt (oder deine Dienstleistung) erfüllt immer einen konkreten Job für den Kunden

Die Theorie von »Jobs to be done« besagt, dass jedes Produkt eine ganz bestimmte Aufgabe für die Kunden in ihrem Alltag erledigt. Und dieser kann oft auf den ersten Blick sehr verwunderlich und sehr spezifisch sein. Hier drei Beispiele:

- **Milchshakes auf der Autofahrt (berühmtes Beispiel von Christensen)**: Pendler kaufen morgens Milchshakes nicht wegen des Geschmacks, sondern weil sie die langweilige Autofahrt angenehmer und abwechslungsreicher machen.
- **Nagelstudio als »Therapieraum«**: Eine Kundin geht nicht nur aus ästhetischen Gründen ins Nagelstudio, sondern weil sie dort ungefiltert reden und für 1 Stunde völlig abschalten kann.
- **LEGO für Erwachsene**: Ein gestresster Manager kauft sich LEGO-Sets nicht wegen des Spielspaß, sondern um durch das strukturierte Bauen einen mentalen Ausgleich zu schaffen und Kontrolle in einem chaotischen Alltag zu erleben.

Du siehst, dein Produkt oder deine Dienstleistung können für deine Kunden völlig andere Jobs erledigen als vom Hersteller vorgesehen. Deine Aufgabe als Copywriter ist es, diese besonderen Jobs zu identifizieren – und deine Marketingbotschaft an ihr auszurichten, um den Switch auszulösen.

6.4.2 Die Jobs, die dein Angebot erfüllt, sind entweder funktional, sozial – oder emotional

Beleuchte dein Angebot: Liste alle Funktionen auf, welche sozialen Aspekte damit einhergehen und was emotional damit verknüpft ist:

- **Ein funktionales Beispiel**: Die Sprachbedienung von Alexa ist dafür da, um spontan den Lieblingssong auch unter der Dusche anzumachen und laut mitzugrölen, ohne vorher eine Bluetooth-Box zu verbinden.
- **Ein soziales Beispiel**: Selbstständige engagieren eine Marketingagentur nicht nur, um mehr Umsatz zu machen, sondern auch, um endlich den Schritt zum Unternehmer zu gehen und so auch von ihrem Umfeld wahrgenommen zu werden.
- **Ein emotionales Beispiel**: Die Nintendo-Switch richtet sich nicht nur an Kinder und Jugendliche als Käufer, sondern auch an nostalgische Erwachsene, die mit ihren Freunden bei einer Runde Mario Kart ihre Kindheit wieder für einen kurzen Moment aufleben lassen möchten.

6.4.3 Fokussier dich auf die Resultate und die Wertschöpfung – nicht (nur) auf Produkteigenschaften oder Vorteile!

Natürlich sind Eigenschaften und Benefits superwichtig. Doch konzentrier dich auf die Lösung, das Resultat – und welchen Wert diese Lösung für das Leben des Kunden hat.

Beispiel: Ein neuer BMW hat ganz sicher viele Vorteile, aber du verkaufst nicht die 204 PS, das Curved Display oder die tolle Ausstattung. Nicht primär. Du verkaufst dem Familienvater das Gefühl, alles im Griff zu haben, Sicherheit und Status, die innere Zufriedenheit, wenn er mit seiner Familie in dem Auto nach Italien in den Urlaub fährt und sich subtil der glückliche Gedanke einschleicht: »Ich habe es weit gebracht im Leben.« *Das* verkaufst du, das Resultat, das sich aus der Kombination aller Vorteile ergibt.

Welche Faktoren lassen unsere Kunden zu uns switchen?

Es gibt immer ganz konkrete Gründe dafür, weshalb Menschen von einem anderen Produkt oder einer anderen Marke wechseln möchten. Herauszufinden, weshalb sie wechseln möchten, ist für dein Unternehmen wertvoller als jede Marketingstrategie oder jedes Werbebudget. Stell dir und deinen potenziellen Kunden folgende Fragen:

- Welche Faktoren hindern unsere Interessenten bisher daran, zu uns zu wechseln?
- Von welchem Konkurrenten oder Produkt wechseln sie?
- Wer war alles an der Lösung beteiligt, die sie derzeit nutzen?
- Weshalb haben sie sich initial für die Lösung entschieden – und suchen jetzt eine bessere?
- Und wie können wir diese Personen dazu bringen, sich für unsere Lösung zu entscheiden?

Ich kann es nicht deutlicher sagen: Diese Faktoren herauszufinden und klar zu kommunizieren, kann deine sämtliche Konkurrenz ausstechen und dein komplettes Unternehmen verändern.

Sprich mit Kunden, die bereits zu dir gewechselt oder kurz davor sind

Klar, es ist nicht nur wichtig, zu wissen, weshalb deine potenziellen Kunden bei deiner Konkurrenz unzufrieden sind und was du besser machen kannst, sondern auch, weshalb deine aktuellen Kunden ausgerechnet dich und deine Lösung gewählt haben:

- Was war das ausschlaggebende Argument für *dich*?
- Weshalb möchten sie von der Konkurrenz weg?
- Welche letzten Bedenken hatten deine Kunden, kurz bevor sie zu dir gewechselt sind?
- Wie und weshalb haben sich diese Bedenken in Luft aufgelöst?

Du bist einzigartig. Dein Unternehmen ist es auch. Sei mutig und kommuniziere deine Einzigartigkeit!

Die 4 Kräfte des Wechsels ergründen

Es gibt 4 verschiedene Kräfte, die zum Wechsel ermutigen (oder von ihm abhalten):

- **Push (vom Alten weg)**:

  Ein Problem der aktuellen Lösung drängt zur Veränderung.
- **Pull (zum Neuen hin)**:

  Ein Wunsch oder ein Versprechen des neuen Produkts zieht den Kunden an.
- **Angst vor der Veränderung**:

  Zweifel oder Sorgen, ob das Neue wirklich besser ist. (Diese müssen entkräftet werden.)
- **Gewohnheit des Alten**:

  Bequemlichkeit oder emotionale Bindung halten am schlechteren Status quo fest. (Diesen musst du ebenfalls entkräften.)

Je stärker Push und Pull, desto wahrscheinlicher wird der Wechsel – je stärker Angst und Gewohnheit, desto mehr Widerstand gibt es.

Mir ist dieses Thema besonders wichtig, denn der Fokus auf den Switch allein kann deinen Umsatz verdoppeln oder verdreifachen (und sogar noch mehr). Du musst »nur« herausfinden, weshalb deine Interessenten noch dort sind, wo sie jetzt sind, und weshalb sie noch nicht gehandelt haben.

Wann hast du das letzte Mal deine Kunden interviewt und gefragt, weshalb sie sich für *dein* Angebot entschieden haben – und nicht für das eines Mitbewerbers? Ich wette, es ist schon länger her ...

6.5 Relevanz, Konstanz und Mehrwert – so bindest du Menschen an dein Unternehmen

Für den langfristigen Erfolg deines Marketings gibt es im Kern nur drei wesentliche Kriterien:

1. Bist du mit deiner Botschaft relevant für deinen Leser?
2. Hört deine Zielgruppe konstant von dir?
3. Stiftest du mit jeder Aktion auch einen echten Mehrwert?

Schauen wir uns in den nächsten Abschnitten doch mal kurz an, weshalb diese Kriterien so wichtig für dein erfolgreiches Marketing sind.

6.5.1 Relevanz

Das Schlimmste, das dir in deinem Marketing passieren kann, ist, dass du irrelevant bist. Selbst, wenn du Menschen mit deinem Marketing verärgerst, bleibst du mehr im Kopf und ziehst mehr Nutzen daraus. Irrelevanz ist dagegen wie Geld zu verbrennen. Du wirst von deiner Zielgruppe schlicht ignoriert. Doch wie schaffst du es, die richtigen Menschen anzuziehen und ihnen die passenden, relevanten Inhalte zuzusenden? Damit beschäftigen wir uns ausführlich im folgenden Kapitel 7, wenn es um Research und die Konzeption deines Marketings geht.

Mir ist hier nur wichtig, als Grundprinzip zu erwähnen, dass du bei jeder Copy, die du schreibst, vorher immer sichergehst:

> *Ist dieser Text wirklich relevant für den Leser? Welchen Nutzen zieht er daraus? Kann er damit den nächsten Schritt gehen oder weiterarbeiten?*

Glaub mir, niemand auf der Welt interessiert sich dafür, dass das letzte Sommerfest von Firma Husefackkärs mit 318 verdrückten Würstchen und 180 Liter gezapftem Bier ein »voller Erfolg« gewesen ist. Menschen interessieren sich für spannende Inhalte, exklusives Wissen und welche Lösungen du für sie hast, die ihr Leben besser machen. Der Leitsatz, den jeder Leser im Kopf hat, wenn er sich mit einer Marketingbotschaft von dir beschäftigt:

> *»What's in it for me?«*

Und genau diese Frage musst du konsequent beantworten. Was hat dein Leser davon, auf die Werbeanzeige zu klicken? Was hat dein Leser davon, sich auf der *Squeeze Page* (einer speziellen, fokussierten Landingpage, um Kontakte einzusammeln) für den Leadmagneten anzumelden? Was hat dein Leser davon, deine Mails zu öffnen, geschweige denn sie durchzulesen? Und was hat er erst recht davon, bei dir zu kaufen?

Und wenn du wirklich nicht anders kannst und voller Begeisterung das Sommerfest inklusive Würstchen und Bier kommunizieren willst, dann mach es bitte unterhaltsam und sag lieber, weshalb dein Unternehmen dadurch attraktiv für neue Mitarbeiter ist – oder dass durch die gute Stimmung *noch* bessere Ergebnisse auf den Kunden in den nächsten Monaten warten. You know what I mean.

Wenn du relevant bist und bleibst, gewinnst du – neue Kunden und gegen die Konkurrenz.

6.5.2 Konstanz

Viel zu häufig habe ich leider schon gesehen, dass Unternehmen einen Weihnachtsgruß versenden und dann zweimal im Jahr eine Rabattaktion starten – und sich dann jedes Mal wundern, weshalb niemand gekauft hat. Die allgemeine Haltung: »Wir nerven unsere Kunden ja nur, wenn wir denen so häufig schreiben.« Falsch. Die Kunden sind nur genervt, wenn Relevanz und Mehrwert nicht gegeben sind!

Wenn ich als Copywriter jeden zweiten Tag eine Mail von amerikanischen Copywritern erhalte, in denen die neuesten Trends und Tipps geteilt werden, dann bin ich selbstverständlich nicht genervt, sondern dankbar dafür.

Das eigentliche Problem ist nicht die Häufigkeit, sondern dass gute Ideen und Inhalte fehlen, um die Kundschaft oder die Interessenten auch mit wichtigen Informationen zu versorgen. Und die Content-Dichte wird von Jahr zu Jahr höher. Reels sollten mittlerweile täglich gepostet werden. Newsletter dürfen mindestens einmal, eher sogar zwei- bis dreimal pro Woche versendet werden. Das ist von Branche zu Branche selbstverständlich unterschiedlich. Doch es ist für uns immer selbstverständlicher, täglich Content zu erhalten, der uns interessiert. Und diesen Trend darfst du nicht ignorieren, sondern musst ihn dir zunutze machen.

Aber Achtung, behalt immer die Relevanz im Blick! Manche Unternehmen laufen aus lauter Aktionismus Gefahr, zu viel auf einmal zu wollen, und verschicken dann verschiedene, unzusammenhängende Inhalte oder Formate kreuz und quer. Das wiederum verwirrt die Leser nur und führt zu weniger Interaktion.

6.5.3 Mehrwert

Hier wird es jetzt schon etwas schwieriger. Jede einzelne Marketingaktion, jede einzelne Mail oder jedes Ad sollte einen Mehrwert für deine Zielgruppe haben. Was meine ich damit?

Gerade in der Onlinemarketingszene liegt der Fokus häufig auf dem Verkauf. Das ist im Kern auch richtig so, schließlich soll ja jeder geteilte, kostenlose Inhalt am Ende auch immer in Buchungen münden – aber oft wird damit der Sinn des Marketings verfehlt.

Zur Erinnerung: Du möchtest das Vertrauen deiner Zielgruppe gewinnen, um eine langfristige Kundenbindung aufzubauen. Und um dir Vertrauen zu verdienen, musst du den Lesern immer einen nützlichen Mehrwert mitgeben, mit dessen Hilfe sie selbst weiterarbeiten können.

Das bedeutet, dass jeder Werbetext – egal, ob Ad, Landingpage oder Mail – einen Mehrwert für die Leser beinhalten muss. Auch, wenn du nur einen reinen Verkauf anstrebst, sollten die Leser dennoch nach dem Lesen des Textes schlauer sein als zuvor. Um das zu erreichen, versuchst du, jedem Werbetext einen interessanten, nützlichen Twist zu verpassen, der den Lesern sofort weiterhilft und der auch im Kopf bleibt.

Das kann Folgendes sein:

- eine neue Sichtweise auf ein bekanntes Problem
- ein konkreter Tipp, den die Leser sofort umsetzen können
- die Veränderung eines bestehenden, falschen Glaubenssatzes
- eine klare Handlungsanweisung, durch die deine Leser ihr Leben verbessern können
- nützliches Wissen oder neue Informationen zu einem bestimmten Thema
- eine neue Idee, die deine Leser so noch nicht kennen

Nur wenn deine Inhalte für deine Leser relevant sind, wenn sie einen echten Mehrwert liefern und du konstant über einen langen Zeitraum hinweg deine Zielgruppe erreichst – nur dann kann dein Marketing auch wirklich langfristig erfolgreich sein.

6.6 Die innere Haltung – geh wertschätzend mit deinen Lesern um

In den letzten Jahren hat sich zunehmend ein rauerer Ton in den sozialen Medien breitgemacht. Das ist per se auch nicht schlimm – Klartext zu reden oder zu schreiben kann auch der Persönlichkeit und dem Stil entsprechen. Dennoch solltest du eine gewisse wertschätzende innere Haltung einnehmen, wenn du mit anderen Menschen online kommunizierst. Schließlich möchtest du mit deiner Copy auffallen, gerne auch polarisieren, aber auf gar keinen Fall geschmack- oder stillos werden.

Schauen wir uns an, welche inneren Haltungen dazuzählen, die wir in unseren Texten beachten sollten.

6.6.1 Auf Augenhöhe kommunizieren

Menschen vertrauen Menschen, die ihnen sympathisch sind. Und wirklich niemand mag es, belehrt zu werden. Als Verfasser von Werbetexten, als Experte eines bestimmten Fachs oder auch als Unternehmen, das sein Produkt in- und auswendig kennt, fällt es jedoch vielen Menschen oft schwer, nicht ein wenig von »oben herab« zu kommunizieren. (Sollte auch ich hier ab und zu in den Oberlehrerton verfallen, sieh es mir bitte nach. Das ist keine Copy. Du bist ja hier, um was zu lernen. Also pst … zuhören jetzt!)

Das hat folgenden Grund: Der Verfasser hat immer einen Wissensvorsprung, da zunächst nur er weiß, was als Nächstes kommt und worauf er hinauswill. Daher begehen wir in Texten häufig den Fehler, gewisse Informationen oder Fakten schon als Allgemeinwissen vorauszusetzen – und überspringen wichtige Inhalte oder verlieren uns in aufgeblähtem Expertenfachchinesisch. Viele Texte wirken daher belehrend und sind viel zu umständlich und geschwollen formuliert.

Die Lösung: Versuch dich und deine Erfahrung möglichst komplett zurückzunehmen. Die Grundhaltung lautet: Überzeuge mit deiner Expertise, ohne lehrerhaft oder arrogant zu wirken. Setz nicht voraus, dass andere Menschen den gleichen Wissensschatz haben wie du.

Gleichzeitig darfst du auch nicht in eine passive oder unterwürfige Haltung verfallen. Zu viel »darf ich«, »nur, wenn es okay ist« oder »ich hoffe, mein Angebot weckt Interesse« enthebt dich automatisch deiner Expertenrolle und schreckt die meisten Leser ab. Gesundes Selbstbewusstsein ist wichtig – gerade in Werbetexten!

Daher gilt die Regel: immer auf Augenhöhe. Du musst niemandem gefallen, solltest aber auch niemandem vor den Kopf stoßen. Betrachte deine Leser als deine Freunde und kommuniziere so, wie du es auch von ihnen erwarten würdest.

6.6.2 Wertschätzend mit der Zeit des Lesers umgehen

Du kennst sicherlich den Spruch »So lang wie nötig, so kurz wie möglich«. Genau so solltest du deine Copy betrachten. Gerade in der heutigen Zeit, wo die Aufmerksamkeitsspanne immer kürzer wird, müssen wir versuchen, möglichst wertschätzend und effizient mit der Zeit des Lesers umzugehen. Heißt das jetzt auch, dass jede Copy nur noch drei Zeilen lang sein darf?

Nein. Ich habe schon unzählige Male die Frage erhalten: »Lange Texte funktionieren doch überhaupt nicht mehr. Sollte ich nicht lieber nur zwei Sätze pro Sektion schreiben?«

Das ist nicht korrekt. Die besten Verkaufstexte – ja, auch in Zeiten von TikTok, künstlicher Intelligenz & Co. – sind immer noch sehr lange Texte. Die Kunst besteht jedoch darin, die Copy relevant, ansprechend und spannend zu schreiben.

Es ist alles eine Frage der Aufmerksamkeit. Wenn du ein bestimmtes Problem hast, bist du ja auch bereit, dich durch mehrere Artikel im Internet zu wühlen, bis du eine Antwort oder Lösung gefunden hast.

Die ganz grobe Faustregel lautet: Je mehr Copy deine Leser auf einer Sales Page etc. lesen, desto höher ist die Conversion Rate. Aber auch hierbei heißt es, wertschätzend mit der Zeit des Lesers umzugehen. Wenn du eine lange Sales Page schreibst, muss jeder Satz den nächsten verkaufen und dem Leser neue Ideen, andere Perspektiven oder Glaubenssätze und Lösungen präsentieren. Nur so schaffst du es, die Leser auch über einen langen Zeitraum auf deiner Seite zu halten und gehst gleichzeitig wertschätzend mit ihrer Zeit um.

6.6.3 Den Leser nicht für dumm verkaufen

Sollte eigentlich klar sein, dennoch erwähne ich es hier, weil ich das Gegenteil leider schon zu häufig gesehen habe.

Vorab zum Verständnis: Ich selbst schreibe gerne humorvoll, dass solltest du inzwischen gemerkt haben. Und wenn du bisher noch nicht ein einziges Mal schmunzeln musstest, *eieiei*, dann werden die nächsten 250 Seiten hart für dich. Hierfür möchte ich mich schon jetzt entschuldigen.

Humorvoll ist gut. Was jedoch gar nicht geht, ist, sich über die Leser lustig zu machen oder sie gar nicht ernst zu nehmen. (Beim Thema Humor in der Copy handelt es sich ohnehin um einen sehr schmalen Grat.)

Im Prinzip ist es, wie man es seinem Kind erklären würde: »Wir lachen mit anderen, nicht *über* andere.« Mir fällt jedoch auf, dass immer mehr Copy-Texte (gerade in der Onlinemarketingszene) in die Richtung gehen, die eigene Überlegenheit zu demonstrieren und all diejenigen abzuwerten, die noch nicht so weit sind wie der jeweilige Anbieter.

Daher gibt es immer mehr Claims, wie diese:

- »Wenn du nicht schon mindestens 100k pro Monat verdienst, bist du lost.« (So ein Blödsinn!)
- »Wenn du diese 3 Fehler beim Aufbau deines Unternehmens begehst, bist du selbst schuld ...« (Nee, nicht unbedingt.)
- »Du verbrennst monatlich einen fünfstelligen Betrag, wenn du folgende Steuerspartipps nicht kennst.« (Die Frage ist, wie legal die Tipps sind.)

Natürlich funktionieren diese Ansprachen, weil sie sehr polarisierend sind und eine gewisse Klientel ansprechen. Und Klartext zu sprechen ist ebenfalls in gewissem Maße notwendig. Aber meiner Meinung nach verfehlen viele dieser Ansprachen ihr Ziel: Mehrwert für den Kunden zu liefern. Das Einzige, womit hier gespielt wird, ist die *Fear of missing out* (FOMO) oder die Angst, etwas Wichtiges nicht zu wissen. Ich für meinen Teil finde es wesentlich sinnvoller, die Leser nicht für dumm zu verkaufen, sondern ihnen auf nette Art und Weise den Weg zu zeigen und wie sie ihr Ziel erreichen können – wertschätzend und ohne Fingerpointing.

Ein weiteres Negativbeispiel: Eine relativ bekannte Personenmarke hat vor einiger Zeit mal einen Newsletter versendet, der Aufmerksamkeit generieren und (meiner Vermutung nach) die E-Mail-Liste reaktivieren sollte. Der Betreff: *Zahlungserinnerung*. Die dazugehörige Mail findest du in Abbildung 6.1.

Danach folgte selbstverständlich ein Shitstorm inklusive zweier Entschuldigungsmails des Anbieters.

Zahlungserinnerung

Sehr geehrter Herr/Frau I ,

Wir hoffen, dass diese Nachricht Sie wohlauf erreicht.
Leider müssen wir Ihnen mitteilen, dass eine dringende Zahlungserinnerung für die unten aufgeführte Rechnung vorliegt.

Rechnungsdetails:
Rechnungsnummer: 17583748
Betrag: 1.337,00 €
Fälligkeitsdatum: 01. August 2024

Um Verzugsgebühren zu vermeiden, bitten wir Sie, den fälligen Betrag unverzüglich zu begleichen.

Zahlungsanweisungen:

Öffnen Sie Ihre Geldbörse.

Zählen Sie 1.337 Euro in bar nach.

Legen Sie das Geld auf den Tisch und beobachten Sie, wie es Ihnen freundlich zulächelt.

Realisieren Sie, dass dies ein Spaß ist und atmen Sie erleichtert auf.

Abbildung 6.1 Beispiel für einen Scherz, der über das Ziel hinausschießt

Auch, wenn es sich hier nur um einen Spaß handelte: Es ist ein Paradebeispiel dafür, dass nur auf den eigenen Nutzen – die Aufmerksamkeit und die Öffnungsrate – geachtet wurde, ohne den langfristigen Effekt auf die Marke oder die Konsequenzen zu beachten. Und viel schlimmer: Die Leser kommen sich blöd vor. Denn subtil schwingt in solchen Nachrichten ein gewisses Machtgefälle mit, sinngemäß: »Wir können mit dir machen, was wir wollen, wenn wir Lust darauf haben.«

Das ist nie eine gute Grundlage für eine wertstiftende Marketingkommunikation, geschweige denn eine funktionierende, langfristige Kundenbeziehung (Thema Augenhöhe).

6.7 Storytelling – Geschichten, die im Kopf bleiben und zum Handeln auffordern

Jeder Mensch liebt Geschichten. Eine fesselnde Story hält uns wach, berührt uns, lässt uns hoffen, uns ändern, bringt uns mit anderen Menschen zusammen – und richtig gute Geschichten bleiben einfach für immer im Kopf.

Jeder weiß, wer Luke Skywalkers Vater ist. Jeder in der Familie kennt diese eine verrückte Geschichte von Großonkel Herbert, in der er nachts nach dem Schützenfest gemeinsam mit dem DIXI-Klo umgefallen ist und daraufhin nackig und stinkend, nur mit seinem Schützenhut als Lendenschurz bekleidet, vom Nachbardorf nach Hause spazieren musste. Oder wie war das noch mal mit Simba? Ist er jetzt König geworden oder was war da genau los in der Savanne?

Wenn ich dich am Ende des Buches fragen würde, was noch mal genau die Geschichte von Großonkel Herbert war, ich wette, du könntest es mir sagen. Du siehst: Informationen bleiben im Kopf hängen, wenn wir sie in eine unterhaltsame Geschichte verpacken. Doch in Werbetexten reicht es nicht, nur gute Geschichten zu erzählen, die fesseln und die Leser zum Weiterlesen animieren.

Das Geheimnis erfolgreichen Storytellings in Werbetexten ist vielmehr, mit den Geschichten, die du erzählst, das Denken der Leser zu verändern, sie zu überzeugen und schlussendlich zu einer Handlung zu bewegen. Dazu musst du vor Beginn der Suche nach einer Story bereits wissen, worauf du überhaupt hinauswillst, welchen bestehenden Glaubenssatz du ändern möchtest – und welche Handlung die Leser im besten Fall ausführen sollen, damit du dein Ziel erreichst.

In der Regel versuchen wir im Copywriting ja immer möglichst auf den Punkt zu kommen. Beim Storytelling ist das etwas anders. Hier musst du bestimmte Informationen ausschmücken, damit überhaupt Emotionen transportiert werden können – und das willst du beim Verkaufen ja erreichen. Denn wie du bereits weißt: Menschen kaufen *immer* emotional ... und begründen diese Entscheidung im zweiten Schritt rational.

Wie kannst du nun emotionaler schreiben und so bessere Geschichten erzählen? Indem du versuchst, alle fünf Sinne anzusprechen – Hören, Tasten, Riechen, Schmecken, Sehen – und dadurch ein Bild im Kopf der Leser erzeugst, in dem sie sich selbst wiedererkennen können.

Neutrales Beispiel

»Der Wagen ist mit feinsten Alcantara-Ledersitzen inkl. Sitzheizung, -belüftung und Massagefunktion ausgestattet. Das Rundum-Komfort-Paket für Sie als Premium-Kunde.«

Hmm. Geht so. Es klingt zwar hochwertig, aber es kommt wirklich überhaupt keine einzige Emotion auf. Versuchen wir doch mal, den Interessenten mit ins Fahrzeug zu nehmen – und alle Sinne anzusprechen, die er wahrnehmen wird, sobald er sich ans Steuer setzt.

Beispiel für emotionales Storytelling

»Wenn Sie das erste Mal auf den hochwertigen Alcantara-Ledersitzen Platz nehmen, tun Sie mir bitte einen Gefallen:

Achten Sie auf Ihren Rücken, wie die Sportsitze ihn mit sanftem Druck perfekt umschließen. Streichen Sie mit den Händen über das samtweiche Leder **[Tasten]**. *Nehmen Sie den Geruch des Neuwagens in sich auf* **[Riechen]** *und schauen Sie sich das elegante, luxuriöse Design der mattschwarzen Sitze an* **[Sehen]**. *Und egal, wie sehr Sie sich im Sitz bewegen – sie werden nicht das leiseste Geräusch wahrnehmen* **[Hören]**. *Versprochen.*

Mit der Sitzlüftung werden Sie nie wieder im Sommer blaue Hemden meiden oder dieses eklige Gefühl haben, wenn der Stoff am Rücken klebt. Während Sie den Wagen laden, können Sie nach einem stressigen Arbeitstag eine kleine Entspannungspause mit der Massagefunktion einlegen. So lösen Sie schon erste Verspannungen, bevor Sie überhaupt zu Hause ankommen …«

Okay, den Geschmack von Ledersitzen zu beschreiben ist eher schwierig. Aber du siehst an dem Beispiel: Man kann sich viel besser in die Situation hineinfühlen. Und welche Person stellst du dir im Sitz vor, wenn die Situation so detailliert beschrieben wird? Genau, dich selbst.

Vorhang auf für mein persönliches Lieblingsbeispiel eines emotionalen Storyeinstiegs, das ich schon Dutzende Male in Kursen, Workshops oder Leitfäden genutzt habe:

> *»Du sitzt in der angenehmen Sonne Roms. Es ist 10:20 Uhr, dein erster Espresso vor dir bereits ausgetrunken. Du siehst den Kellner mit deinem zweiten bereits im Anmarsch, während du entspannt auf den ›Versenden‹-Button klickst und zufrieden den Laptop zuklappst.*
>
> *In der letzten halben Stunde hast du eine Verkaufsmail an deine Kontakte geschrieben und kannst nun den Rest des Tages auf deinem Handy live mitverfolgen, wie die Verkäufe hereintrudeln.*
>
> *›Ping‹ – da ist schon der erste.*
>
> *Du setzt die Sonnenbrille auf, nippst an deinem heißen Espresso und lässt den Blick über die Menschen auf der Piazza Navona streifen. Das Leben ist gut. Sehr gut.«*

Ich persönlich liebe Rom. Und ich kann mich in diese Situation so gut hineinfühlen und sie bildlich vor mir sehen, dass ich diese Emotionen auch an andere transportieren kann. Das Beispiel werde ich auch später noch mal beim Vorstellen der 4P-Formel (in Abschnitt 8.3) nutzen, nur um dich subtil auch von einem Besuch in Rom zu überzeugen. Dank mir später.

Du merkst den Unterschied, oder? Ich hätte auch einfach schreiben können: »Wie du mit Sales Mails automatisiert mehr Umsatz machst.« Aber das entfaltet nicht ansatzweise die Power, die eine konkrete, detailliert beschriebene Situation erzeugt, in der sich meine Leser persönlich sehen und wiederfinden können.

Was ich in diesem Buch nicht müde werde zu erwähnen, weil es einfach so unglaublich wichtig ist: Wir fokussieren uns immer auf den Outcome, die Transformation, den emotionalen Endzustand, in dem sich unser Kunde befindet, wenn er unsere Lösung genutzt hat. Und diesen emotionalen Endzustand können wir nur durch emotionales Storytelling mit allen fünf Sinnen erzeugen. Nur so werden die Leser den Espresso schmecken, die Geräuschkulisse der Piazza Navona hören, die Sonne auf der Haut spüren – und das Gefühl, wenn das (Arbeits-)Leben nun endlich viel einfacher ist als früher.

Also, deine Aufgabe ist es, herauszufinden, welchen emotionalen Endzustand dein Kunde erreichen möchte – und wie kannst du alle fünf Sinne ansprechen, um diese Transformation bestmöglich spürbar zu machen? (Beschäftige dich dazu zunächst wieder mit dem Switch aus Abschnitt 6.4).

6.7.1 Die Heldenreise nach Donald Miller

Das Thema Storytelling werde ich immer wieder in verschiedenen Lektionen des Buches aufgreifen und anhand konkreter Tipps mit praktischen Beispielen erklären. Damit du jedoch schon jetzt ein erstes Framework für eine Runde Story hast, gebe ich dir den wohl bekanntesten Storyaufbau hier schon mit.

Um tiefer ins Storytelling einzutauchen, empfehle ich dir, das Buch »Building a StoryBrand« von Donald Miller zu lesen.

Dort beschreibt er die Heldenreise – ein Schema, nach dem die meisten berühmten Geschichten aufgebaut sind und das man auf Unternehmen und Markenbotschaften übertragen kann. Im Mittelpunkt jeder Geschichte steht der Held – und das ist der Kunde, nicht das Unternehmen oder das Produkt.

Die Heldenreise kurz skizziert:

Die Heldenreise nach Donald Miller

1. Ein Held
2. hat ein Problem und begibt sich auf die Reise.
3. Er begegnet einem Mentor,
4. der ihm einen konkreten Plan gibt
5. und ihn zum Handeln auffordert.
6. Der Held überwindet Hindernisse, verhindert damit die Niederlage
7. und erreicht sein Ziel!

- Der Held der Geschichte und deines Marketings ist dein Kunde.
- Das Problem, das dein Kunde hat, kann entweder extern, intern oder philosophisch sein.
- Du, deine Marke oder dein Unternehmen, ihr seid der Mentor.
- Der Plan ist dein Angebot, deine Lösung, wie dein Kunde sein Ziel erreichen kann.
- Doch auch der beste Plan, die beste Lösung bringt nichts, wenn du deinem Kunden nicht zeigst, wie er sie nutzen kann, und ihn nicht zur Handlung aufforderst (CTA).
- Durch diese Hilfe kann er seine Probleme oder sogar ein Scheitern überwinden, um schließlich eine positive Transformation zu durchlaufen und sein Ziel zu erreichen, das sein Leben besser, schöner oder leichter macht.

Ich sehe es schon in deinen Augen ... du möchtest ein Beispiel dazu, richtig? Bekommst du:

Berühmtes Storybeispiel: »Star Wars«

1. Ein **Held**: Luke Skywalker
2. hat ein **Problem**: Das Imperium bedroht die Galaxis (ein äußeres Problem, das auch innere Zweifel weckt).
3. Er trifft einen **Mentor**: Obi-Wan Kenobi.
4. Dieser gibt ihm einen **Plan**: »Lerne, die Macht zu nutzen und werde ein Jedi.«
5. Und er fordert ihn zum **Handeln** auf: »Rette Leia und die Galaxis, zerstöre den Todesstern.«
6. Der Plan hilft dabei, **Hindernisse zu überwinden und die Niederlage zu verhindern**: den Tod durch das Imperium.
7. Und er führt schließlich zum **Ziel**: Der Todesstern wird zerstört, Luke wird zum Helden. (Oh, ich hätte Spoiler Alert sagen sollen, falls du »Star Wars« noch nie gesehen hast, sorry.)

Du kannst das Framework natürlich auf jeden großen Film und jede berühmte Geschichte übertragen, egal, ob »Der Herr der Ringe«, »Harry Potter«, Disneyfilme etc. – das Schema ist immer relativ ähnlich.

Jetzt wollen wir aber nicht nur Filmbeispiele nehmen, sondern die Heldenreise natürlich anhand eines Beispiels aus dem Business-Kontext verdeutlichen.

Echtes Business-Beispiel: Finanz-App, z. B. Finanzguru

1. Eine **Heldin**: Eine junge Berufseinsteigerin hat einen neuen Job angefangen.
2. Sie hat ein **Problem**: Das Imperium bedroht nach wie vor die Galaxis ... kleiner Spaß, sie fühlt sich selbstverständlich überfordert, da sie noch kein Gefühl für Ausgaben, ihr Budget oder Sparziele hat.

3. Sie trifft einen **Mentor**, Finanzguru: »Wir wissen, wie überfordernd Finanzen gerade am Anfang sein können – wir helfen dir Schritt für Schritt dabei!«
4. Dieser gibt ihr einen **Plan**: »Verbinde dein Konto. Setze ein monatliches Budget. Verfolge deine Ausgaben ganz automatisch.«
5. Und der sie zum **Handeln** auffordert: »Jetzt ersten Monat kostenlos starten und deine Finanzen in nur 5 Minuten in den Griff bekommen.«
6. Der Plan hilft dabei, **Hindernisse zu überwinden und die Niederlage zu verhindern**: Schulden aufzubauen und schlaflose Nächte.
7. Und führt schließlich zum **Ziel**: Sie hat ihre Finanzen im Griff, fühlt sich sicher und kann sogar etwas sparen.

6.8 Sei anders!

Toller Tipp, oder? Wie soll man denn bitte »anders« sein? Und was ist schon anders? Ganz einfach: Sei du selbst, wenn du für dich schreibst. Finde die Persönlichkeit deines Kunden heraus, wenn du für jemand anders schreibst.

Na ja, so einfach ist es dann meist doch nicht, richtig? Anders sein hat schon immer Mut erfordert. Und genau das ist es, was deine Werbetexte benötigen. Denn wer klingt, wie jedes andere 08/15-Unternehmen, wird leider auch nur die Ergebnisse jedes anderen 08/15-Unternehmen erhalten.

Polarisiere. Eck auch mal an. Sei frech. Sei meinungsstark. Versuch anders zu klingen als alle anderen. Trau dich zu schreiben, wie du sprichst (ohne den Rahmen des guten Geschmacks zu verlassen, siehe Abschnitt 6.6, »Die innere Haltung – geh wertschätzend mit deinen Lesern um«).

Viele Menschen verstecken sich hinter Verklausulierungen, um möglichst allen gerecht zu werden und ihnen zu gefallen. Dabei ist das der größte Fehler: Denn unklare, schwammige Sätze lassen deine Botschaften – und so auch dein Unternehmen – im Nirwana verschwinden (mehr dazu im folgenden Abschnitt).

Doch wie kannst du anders sein? Indem du dich z. B. über folgende Merkmale unterscheidest:

- Sprache
- Schreibstil
- Humor
- Haltung
- Expertise
- deine Geschichte und Vergangenheit

- deine Ziele und Visionen
- dein Umfeld
- deine Überzeugungen

Wir haben ja bereits in Abschnitt 5.3 über die *Brand Voice* gesprochen und in Kapitel 10, »So geht Copy!«, und Kapitel 11, »Der Schreibprozess – vom ersten Wort zur finalen Copy«, werden wir ebenfalls in Schreibstil, Formulierungen und Wortwahl eintauchen, damit sich deine Copy von der Masse schlechter Marketingtexte abhebt und du deine Conversion erhöhst.

Ich möchte dir aber hier schon ein paar Anregungen mitgeben, damit du vorab verstehst und verinnerlichst, weshalb es so wichtig ist, mutig in deiner Copy zu sein und mit Persönlichkeit zu überzeugen. Denn egal, ob ich für Personenmarken, große Unternehmen, für mich oder für unsere Agentur geschrieben habe, persönliche Haltung und eine klare Meinung mit klarer Sprache haben immer mehr Resonanz erzeugt als eine Copy, in der man versucht, allen Menschen gerecht zu werden. Von diesem Irrglauben sollten wir uns ohnehin verabschieden.

Um aus der Masse hervorzustechen, solltest du deine Website mal Satz für Satz durchlesen und mit anderen Anbietern vergleichen. Sollten die gleichen Phrasen auftauchen, ist es an der Zeit, deine umzuformulieren. Versuch dazu, eine neue Sichtweise oder unkonventionelle Ausdrucksweise zu finden. Klingt nach Arbeit, macht aber Spaß! Hier etwas, um den Geist anzuregen: In Tabelle 6.1 siehst du ein paar Beispiele, wie du mutig aus der Masse hervorstichst.

Statt ...	sag lieber ...
Wir sind professionell.	Wir sind wahre Meister unseres Fachs! (Bestätigen auch unsere Mütter.)
Wir arbeiten KPI-basiert und sind datengetrieben.	Ja, selbstverständlich messen wir deine Ergebnisse. Und ja, wir machen mehr von dem, was funktioniert, und weniger von dem anderen. Ehrenwort.
Bei uns steht der Mensch im Mittelpunkt.	Bei uns gibt's mehr als Obstkorb und Gratiskaffee – wir kennen uns sogar beim Vornamen.
Hervorragende Karriereaussichten.	Wir sind der Meinung: Wenn du wächst, wachsen wir auch.
Wir stehen Ihnen jederzeit zur Verfügung.	Du hast um 3 Uhr nachts eine Frage? Immer her damit, wir sind wach – und sollten wir doch mal schlafen, hast du garantiert um spätestens 8 Uhr deine Antwort.
Wir heben dein Business aufs nächste Level.	... [Hierfür gibt's kein Beispiel. Diese Aussage bitte einfach vermeiden.]

Tabelle 6.1 Abgedroschene Phrasen vs. bessere Alternativen, mit denen du hervorstichst

Die Aussagen müssen selbstverständlich zur Marke und Brand Voice passen. Auch solltest du es nicht übertreiben, nicht jeder Satz soll überspitzt sein wie oben. Ich habe sie extra übertrieben. Aber du musst zugeben, die Aussagen bleiben eher hängen. Mit langweiligem Unternehmens-Bullshit-Bingo erreicht man heute leider niemanden mehr und Aufmerksamkeit erzielt man erst recht nicht damit.

Das führt mich direkt zum nächsten wichtigen Punkt, der sehr viel damit zu tun hat, schwache, unklare Aussagen aus unserer Marketingkommunikation zu verbannen.

6.9 Klarheit schlägt Cleverness ... fast immer

Wieso schlägt Klarheit Cleverness nur *fast* immer? Immerhin sagt doch auch der gute Donald Miller:

> *»If you confuse, you'll lose. People are drawn to clarity and away from confusion.«*[1]

Das stimmt! Aber wie immer bestätigt auch hier die ein oder andere Ausnahme die Regel. Es gibt ein paar hervorragende Beispiele, in denen der Slogan oder die Marketingbotschaft sowohl klar als auch clever ist:

- **Volkswagen: Think small**

  Als Gegenbewegung zu den immer größer werdenden Autos Ende der 1950er Jahre hat Volkswagen strategisch auf kleinere Autos gesetzt (siehe Abbildung 6.2). Die Botschaft ist clever – aber vor allem glasklar.

- **Apple MacBook Pro: Kunstwerkzeug**

  Ein weiteres gutes Beispiel ist (wie sollte es anders sein) von Apple. Mit ihrem MacBook Pro haben sie einen leistungsstarken Laptop entwickelt, der sich speziell an kreative Menschen richtet.

  Der Ansatz ist clever und klar: Das neue MacBook Pro ist speziell für Menschen, die in kreativen Berufen arbeiten und ein Gerät benötigen, das alles kann und besonders viel Power hat. In Abbildung 6.3 siehst du das Beispiel aus dem Apple Store.

Es gibt noch viel mehr gute Beispiele, die beides vereinen – klar und clever.

Doch sollte Cleverness auf Kosten von Klarheit gehen, dann solltest du dich leider von deinen Lieblingen trennen und deine Botschaft so klar wie möglich formulieren.

1 Quelle: Miller, Donald: Building a StoryBrand. Clarify Your Message So Customers Will Listen.

Abbildung 6.2 Werbeanzeige von Volkswagen aus dem Jahr 1959

Abbildung 6.3 Screenshot aus dem Apple Store vom neuen MacBook

Hier drei schlechte Beispiele, in denen die Botschaft leider zu »clever«, und damit zu missverständlich, geraten ist:

- »Läuft bei uns – Ihr Wasser auch.« (Fürchterliche Kombination aus Jugendsprache und Sanitärfirma, viel zu gewollt. Der Slogan ist eine absolute Red Flag, komplett delulu und cringe.)
- »Haargenau wir.« (Generell sollten alle Friseursalons mit Haar-Wortspielen geschlossen werden. Meine Meinung.)
- »Gemeinsam Zukunft neu gestalten.« (Soll besonders bedeutungsschwer klingen. Aber kein Mensch weiß, was man sich darunter vorstellen soll – und dennoch nutzen es etliche Unternehmen.)

Der wirklich beste Tipp, um herauszufinden, ob deine Botschaft klar genug formuliert ist: Frag deine Freunde und Bekannten aus verschiedenen Berufen, deine Oma und auch deinen 14-jährigen Neffen. Wenn jeder weiß, was die Botschaft aussagt, dann ist sie eindeutig und perfekt. (Natürlich musst du der 97-jährigen Oma Irmgard vielleicht etwas Kontext geben, wenn es sich um ein SaaS-Unternehmen handelt.)

6.9.1 Ein echtes Beispiel aus der Praxis

Ich habe ja im vorigen Abschnitt bereits erwähnt, dass sich Menschen und ganze Unternehmen gerne hinter verklausulierten Sätzen verstecken. Ein besonders faszinierendes Beispiel hat mir eine Freundin von ihrem Unternehmen gezeigt, das ich gerne hier anonym teilen möchte.

Es ging darum, einen *Purpose* (die Vision, den Grund, das Ziel des Unternehmens) zu definieren. Nach etlichen Workshops und einem Meer an Post-its an der Wand, erblickte diese Perle der Klarheit das Licht der Welt:

> *»Das Unternehmen schafft Verbindlichkeit gegenüber seinen Kunden und bietet als verlässlicher Partner Hilfe zur Selbsthilfe, damit die Kunden effektiver und effizienter arbeiten können und sich das Vertrauen ins Unternehmen mit all seinen Mitarbeitenden vertieft.«*

Tu mir bitte einen Gefallen: Lies diesen Satz einer Person in deiner Nähe vor. Und frag sie danach, ob sie sagen kann, was das Unternehmen eigentlich macht – geschweige denn, was die große Vision und der Grund der Existenz des Unternehmens ist.

Ich wette um eine Kugel Eis, dass sie es nicht sagen kann. Und wie auch? Diesem Satz fehlt Klarheit und Fokus an allen Ecken und Enden. Und es zeigt ebenfalls, weshalb es sich so sehr lohnt, sich mit Text und Sprache auseinanderzusetzen – denn diesem Satz kann kein Mitarbeiter, geschweige denn die Kundschaft folgen.

Ein Unternehmenssinn und -zweck sollte so klar und fest verankert in den Köpfen aller sein, dass jede Person, ohne nachzudenken, wie aus der Pistole geschossen sagen kann, weshalb sie tun, was sie tun. Und wer ist überhaupt »das Unternehmen« – jede Firma besteht aus Menschen, und wenn diese sich mit dem Unternehmen identifizieren sollen, dann sprechen wir auch von *uns* und *wir* als Team – nicht von »dem Unternehmen«. Gleiches gilt für »die Kunden«, wenn der *Purpose* nicht nur intern kommuniziert wird.

So, genug gebasht. Beschäftigen wir uns jetzt lieber damit, wie du es besser machst.

6.9.2 Sprich aus, was zu sagen ist – und sag es anders als deine Konkurrenz!

Wie schaffst du Klarheit in deiner Kommunikation? Nutz dafür folgende Fragen:

- Wenn ich überhaupt keine Ahnung von dem Thema hätte – würde ich diesen Text trotzdem verstehen?
- Könnte man den Text auch anders interpretieren?
- Würde der Text auch zu einem anderen Unternehmen passen? Sogar zu einem branchenfremden?
- Ist es so erklärt, dass auch ein Fünftklässler es versteht?
- Habe ich einfache Sprache gewählt? Sind zu viele Fachbegriffe enthalten?
- Kann ich den gelesenen Inhalt auch ohne erneut nachzuschauen in eigenen Worten wiedergeben?

Nehmen wir mal dieses fürchterliche Beispiel aus dem vorigen Abschnitt und friemeln die einzelnen Aussagen in Tabelle 6.2 zu jeweils einer besseren, klareren Aussage zusammen. So wird aus Bullshit-Bingo Klarheit.

Unklar	Klar
»Wir sind ein verlässlicher Partner.«	»Wir erstellen für unsere Kunden ein individuelles Konzept und bleiben so lange an ihrer Seite, bis sie es implementiert haben.«
»Das Unternehmen schafft Verbindlichkeit gegenüber seinen Kunden.«	»Wir bringen unsere Kunden mit unserem Wissen wirklich weiter!«
»Hilfe zur Selbsthilfe.«	»Wir zeigen ihnen, wie's richtig geht – damit sie es selbst können und später ohne uns Ergebnisse erzielen.«

Tabelle 6.2 Weg von verklausulierten Sätzen – hin zu Klarheit!

Unklar	Klar
»[...], damit die Kunden effektiver und effizienter arbeiten können und sich das Vertrauen ins Unternehmen mit all seinen Mitarbeitenden vertieft.«	»Wenn wir unsere Kunden weiterbringen, werden sie uns vertrauen und langfristig bei uns bleiben.«

Tabelle 6.2 Weg von verklausulierten Sätzen – hin zu Klarheit! (Forts.)

Diese einzelnen Aussagen sollten wir jetzt sinnhaft erneut zusammenfassen und daraus einen neuen Unternehmenszweck als klaren Leitsatz formulieren:

> *»Wir bringen unsere Kunden mit unserem Wissen ehrlich und aufrichtig weiter – und unterstützen sie mit unseren Schulungen so lange, bis sie ihren Arbeitsalltag besser, effektiver und leichter gestaltet haben.«*

Und? Besser? Seh ich auch so. Mit diesem Satz kann man sich immerhin identifizieren und weiß sofort, was der Sinn und Zweck des Unternehmens ist. Natürlich ist dieser Satz jetzt noch sehr oberflächlich. Er müsste noch mit konkreten Informationen und Werten des Unternehmens gespickt werden, damit sich alle Mitarbeitenden wirklich abgeholt fühlen.

Um dich mehr Klarheit anzunähern, solltest du einfach formulieren, was du sagen willst, und zwar in so einfachen und deutlichen Worten wie nur möglich. Und dann versuchst du diese ganzen Aussagen in sinnhafte Zusammenhänge zu bringen, um eine klare Botschaft zu finden. Beachte nicht, wenn andere Unternehmen es komplizierter ausdrücken. Mach es simpel und klar.

6.10 Auf einen Blick

Wir halten fest: Copywriting kann nur einen funktionierenden *Product-Market-Fit* beflügeln. Du verfolgst mit deinen Werbetexten immer nur ein einziges Ziel und kommunizierst wertschätzend und auf Augenhöhe von Mensch zu Mensch. Dazu solltest du relevante Inhalte mit echtem Mehrwert konstant an deine Leser versenden. Dein Fokus liegt auf dem *Switch* – wie schaffst du es, den Schalter im Kopf der Leser zu deinen Gunsten umzulegen? Um das zu schaffen, hilft dir emotionales Storytelling und deine einzigartige, klare und unverwechselbare Kommunikation.

Langsam, aber sicher lassen wir den Theorieteil hinter uns und widmen uns im nächsten Kapitel der Konzeption und Recherche, also der wirklich unerlässlichen Vorbereitung, damit deine Copy überhaupt den Effekt erzielen kann, den sie erzielen soll. Und da gibt jetzt endlich auch konkrete Vorlagen und Umsetzungstipps. Es geht ans Eingemachte. Krempel die Ärmel hoch – jetzt wird gearbeitet!

Kapitel 7

Konzeption und Recherche

Wen sprichst du an? Was ist dein Angebot? Weshalb sollte die Person ausgerechnet bei dir kaufen? Was hat der Käufer davon? Und wieso müssen wir hier überhaupt so viele ätzende Fragen beantworten?!? Nur ein Satz dazu: Die Antworten auf diese Fragen sind der Unterschied zwischen 0 und 1. Ohne Research brauchst du erst gar nicht anzufangen, einen Text zu verfassen. Er würde ohnehin nicht funktionieren. Daher werden wir in diesem Kapitel alle wichtigen Fragen beantworten, die dafür sorgen, dass Menschen bei dir kaufen ... oder eben nicht.

Schon mal eine Werbung gesehen, die mal so *gar* nicht für dich gedacht war? Sicher. Eigentlich ist es logischer Menschenverstand. Marketing *ist* ganz plump gesagt auch nur rein logischer Menschenverstand: *Wer ist mein Kunde? Was will er oder sie? Was gebe ich ihm oder ihr? Wie erhalten sie es?* Und dennoch machen Marketer häufig ein unfassbares Mysterium daraus. (Ist auch klar. Was Menschen nicht verstehen, kaufen sie, anstatt es selbst zu machen.)

Dabei ist jedem klar, dass ...

- ... ich jemandem mit panischer Flugangst keinen Langstreckenflug verkaufen kann.
- ... ein Werbespot auf Spanisch vermutlich nicht in Deutschland funktionieren wird.
- ... Männern mit Glatze Haargel anzubieten eher als Affront rüberkommt.

Und doch begehen die meisten Unternehmen – vielleicht nicht ganz so offensichtlich wie in den Beispielen oben – genau diesen Fehler. Ihr Angebot einfach an alle Menschen zu richten und zu hoffen, dass irgendwer schon daran hängen bleibt, ist aber leider genauso effektiv, wie zehn stumpfe Dartpfeile in die Hand zu nehmen und blind auf eine Dartscheibe zu werfen. Mach lieber die Augen auf, such den spitzen Dartpfeil raus und wirf mit Gefühl und Technik präzise auf die Scheibe. Nur so bleibt er stecken – und du verbrauchst auch nicht so viele Pfeile. Ergibt also viel mehr Sinn. Obwohl ich zum Thema Recherche eine gute und eine schlechte Nachricht für dich habe ...

Zuerst die schlechte Nachricht: Gut zu recherchieren ist zeit- und arbeitsaufwendig. Buh, das will keiner hören, gerade nicht in diesen schnelllebigen Zeiten!

Jetzt aber die gute Nachricht: Hervorragender Research kann 60–80 % deiner gesamten Copy für dich schreiben. Da hast du deine Zeit dann wieder eingespart.

Wie kann das denn sein und wie funktioniert das? Dazu kommen wir in diesem Kapitel. Wir beschäftigen uns mit deiner Zielgruppe, deinem Angebot – schlicht der gesamten Vorbereitung, die du vor der eigentlichen Erstellung der Copy leisten musst. Je besser diese Vorarbeit, desto erfolgreicher deine Kampagnen. Vertrau mir. Wie sagte der 16. Präsident der Vereinigten Staaten von Amerika schon so treffend?

> *»Wenn ich 8 Stunden Zeit hätte, einen Baum zu fällen, würde ich 6 Stunden davon die Axt schärfen.« – Abraham Lincoln*

Also, legen wir los und schärfen deine Klinge – und zerlegen danach den Baum!

7.1 Die Zielgruppe – wer soll bei dir kaufen ... und wer nicht?

Mit deiner Zielgruppe steht und fällt deine gesamte Marketingkampagne, ach, was sag ich, dein gesamtes Unternehmen kann damit stehen und fallen. Denn wenn du nicht weißt, für wen du deine Produkte überhaupt erstellst oder deine Dienstleistung erbringst – wieso machst du es dann? Und ganz, ganz entscheidend: Für wen ist dein Produkt oder dein Angebot explizit *nicht* gedacht? Weißt du das auch?

Glaub mir, die häufigste Antwort, die ich von Unternehmern beim Onboarding auf die Frage erhalte, für wen das Angebot genau gedacht ist, ist seit jeher:

> *»Eigentlich für jeden, im Prinzip kann das jeder gebrauchen.«*

Das ist der Punkt, an dem ich hoffnungsvoll und gleichzeitig verzweifelt bin. Hoffnungsvoll, weil ich weiß, dass ich mit meiner Copy und meiner Arbeit helfen kann. Und verzweifelt, weil ich zunächst den Unternehmer überzeugen muss, weshalb sein Produkt »im Prinzip« jedem helfen kann – es praktisch aber nicht sollte.

Sich auf eine genaue Zielgruppe festzulegen und alles über sie in Erfahrung zu bringen, ist selbstverständlich nicht einfach. Das soll es auch gar nicht sein, es muss sogar etwas wehtun. Aber in der Marketingkampagne und auf lange Sicht zahlt es sich für Unternehmen so unfassbar aus, diesen Schritt zu durchdenken. Daher möchte ich dir hier einige Konzepte mitgeben, um dich deiner Zielgruppe oder der deines Kunden zu nähern.

Ein letzter Hinweis dazu: Mehr über die Zielgruppe in Erfahrung zu bringen, tiefer zu forschen und in ihre Köpfe, Ängste und Bedürfnisse weiter einzutauchen ist ein nie endender Prozess. Du kannst die Zielgruppe immer *noch* besser verstehen. Fang aber zunächst mit den Konzepten hier an, damit du schnell ein erstes Verständnis und klares Bild deiner Käufer erhältst.

7.1.1 Der Kundenavatar

Ein polarisierendes Statement vorweg: Ich bin überhaupt kein Fan von Kundenavataren. *Sacre bleu!*

Auch, wenn so ziemlich jeder Marketer darauf schwört, habe ich in den Jahren meiner Arbeit eine andere Erfahrung mit Kundenavataren gemacht – sie haben mehr vom realen Kunden abgelenkt, als ihn zu repräsentieren.

Bitte nicht falsch verstehen: Deinen Kunden in- und auswendig zu kennen, ist unerlässlich für den Erfolg deines Marketings. Aber ich habe eine andere Form von Avatar zu schätzen gelernt – weg von demografischen Daten, hin zu Wünschen, Ängsten, Bewusstseinszustand und Emotionen.

Doch bevor wir dazu kommen, möchte ich natürlich trotzdem den alten Standard eines Kundenavatars mit dir der Vollständigkeit halber durchgehen.

Der alte Kundenavatar

- Alter
- Geschlecht
- Hobbys
- Beruf
- Familienstand
- Ziele
- ein »lustiger« Name, der im Gedächtnis bleiben soll
- demografische Daten halt

In Abbildung 7.1 hast du eine beispielhafte Darstellung davon, wie bisher immer mit Kundenavataren bzw. Buyer Personas gearbeitet wurde.

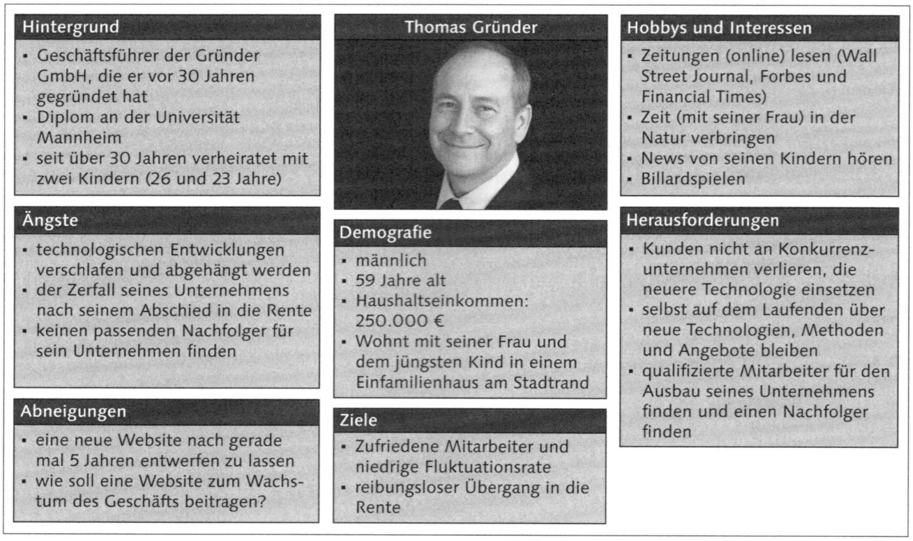

Abbildung 7.1 Beispiel für die veraltete Buyer Persona bzw. den Kundenavatar

Meine zwei ganz großen Probleme damit sind folgende:

1. Diese Kundenavatare scheinen so, als wären sie aussagekräftig. Mehr aber auch nicht. Denn das genaue Gegenteil ist der Fall – sie lenken häufig eher vom wahren Käufer ab! Mal ganz im Ernst: Was interessiert es mich, welche Hobbys meine Persona hat oder ob sie 34 oder 42 Jahre alt ist? Das ist im realen Marketing doch völlig irrelevant. Diplom an der Universität Mannheim? WTF ... und in Heidelberg würde nicht zählen? Und als Hobby »News von den Kindern hören«? Ist das deren Ernst? Das ist niemals echt. Und selbst wenn, was soll ich denn mit dieser Information im Marketing anfangen? Klar, wenn ich Golfhandschuhe verkaufe, sollte mein Zielkunde als Hobby Golf spielen haben, aber muss ich wissen, dass er sich auch nebenbei noch für Billard interessiert? Nö.
2. Die Personas entspringen fast immer mehr dem Wunschdenken statt echter Datenerhebung. Es wird sich im Marketingteam zusammengesetzt und auf dem Reißbrett entworfen, wer die Buyer Persona sein soll. Das Ergebnis? Nicht nur nutzlos, sondern schädigend.

Dazu passt ein reales Erlebnis, das ich mal mit einem Kunden hatte: Es gab einen Website-Relaunch, den ich kommunikativ begleiten sollte. Dazu war ein Design-Workshop mit der zuständigen Agentur angesetzt. Innerhalb des Workshops wurde über die Persona gesprochen. Die Frage des Workshop-Leiters lautete: *»Was denkt ihr, wer eure Persona ist?«* Die Frage ist schon falsch. Man soll sich seine Persona nicht »erdenken«. Die Antworten waren aber noch falscher als falsch: *»Die Persona* *tickt so wie wir, das sind Macher, Unternehmer, die schnelle Entscheidungen treffen. Und sie machen viel Sport und Persönlichkeitsentwicklung. Ach ja, sie investieren gerne in sich und ihr Unternehmen.«*

Ich hätte mir am liebsten wirklich laut klatschend die Hand gegen die Stirn geschlagen. (Es war online, Mikrofon aus, aber Kamera noch an.) Ich war fassungslos. Das ist ungefähr so, als würde ich meinen Bankberater fragen, welcher exakte Betrag an Geld auf meinem Konto liegt, und er würde mir antworten:

»Was ist denn Ihr Gefühl, wie viel dort liegt, Herr Greitemann?«

»Ähh … puh, echt gar keine Ahnung … 1 Milliarde wär nicht schlecht?«

»Wow, Sie haben recht, Herr Greitemann, wie schlau Sie doch sind – es sind auf den Cent genau 1 Milliarde €.«

»Echt? Cool.«

Mir ist wichtig zu sagen, dass das natürlich kein Design-Bashing sein soll – es ist viel mehr Kritik am Unternehmen und am stumpfen Abnicken des selbst kreierten »Ergebnisses« bzw. der selbsterfüllenden Prophezeiung. Denn mit dieser Persona ist offensichtlich nichts anzufangen. Sie ist ein Fantasieprodukt, ein Wunschdenken und hat rein gar nichts mit dem echten Käufer zu tun.

Ein letztes vollkommen absurdes Beispiel: Ein sehr großes Unternehmen hat mir mal ihre Buyer Personas zukommen lassen, damit ich mich in die neue Markenwelt einlesen und einfühlen kann. Alles war super hochwertig ausgearbeitet worden, mit Bildern, Topdesign und langen und spezifischen Ausführungen. Stolz sagt man mir, dass man über ein dreiviertel Jahr daran gearbeitet und eine hohe fünfstellige Summe darin investiert habe, diese Kundenavatare wären quasi »Next-Level-Shit«.

Okay, so weit, so gut. Was ich dann aber in den Händen hielt, waren insgesamt vier Kundenavatare, die von 18 bis 89 Jahren alles abgedeckt haben, jedes noch so kleinste Detail. Und zur Krönung gab es die Persona »Marie« – die aber einen Mann (!) Mitte 30 als Profilbild hatte. Auf Rückfrage sagte man mir, dass alle Geschlechter mit dieser Persona angesprochen werden sollten. Und mit dieser Antwort ist dir, denke ich, klar, weshalb hier über 9 Monate Zeit und viele Zehntausende Euro im wahrsten Sinne des Wortes verbrannt wurden.

Alle Menschen – egal, welchen Geschlechts, egal, welcher Herkunft, egal, welchen Backgrounds – gesellschaftlich und politisch zu inkludieren ist natürlich in unserem Zusammenleben in der echten Welt zu 100 % richtig und das Fundament unserer Menschlichkeit. (Sollte es zumindest sein.) Aber bei der Definition einer Persona ist das halt leider völlig sinnlos! Wenn alle angesprochen werden sollen – warum gibt es dann überhaupt eine Persona? Was wurde denn dann herausgefunden? Und welche Rückschlüsse sollte man daraus bitte ziehen können? Ich denke, du verstehst meinen Frust.

Durch meinen kleinen Rant dürfte klar geworden sein, was ich von Kundenavataren halte. Daher möchte ich dir zeigen, wie es in meinen Augen wesentlich sinnvoller und effektiver ist, die *wirklich* wichtigen Informationen und Fakten über deine Zielgruppe herauszufinden. Und zwar anhand der folgenden Merkmale:

Mein präferierter Kundenavatar

- ein ungelöstes Problem
- ein unerreichtes Ergebnis
- ein unerfüllter Wunsch
- die Stufen der Aufmerksamkeit und Marktsättigung
- Dinge, die bereits ausprobiert wurden, aber gescheitert sind
- fest verankerte Glaubenssätze über das Problem
- der Switch
- Pro und Kontra der Konkurrenz
- Kosten des Nichthandelns
- Jobs to be done: funktional, emotional, sozial in VoC (zu den Jobs to be done siehe Abschnitt 6.4, »Der Switch – den Schalter im Kopf umlegen«, zu der Voice of Customer siehe Abschnitt 5.3.2)

Du siehst: Dieser Kundenavatar beschäftigt sich viel mehr mit den Bedürfnissen und den echten Problemen der Zielgruppe und in welcher Situation sie sich gerade befindet. Oberflächliche Faktoren werden nebensächlich.

Nicht falsch verstehen: Logischerweise sind auch die klassischen Merkmale immer noch wichtig, man darf sie nicht ganz vernachlässigen. Wenn sich aus irgendwelchen Gründen nur eine bestimmte Altersgruppe für das Produkt interessiert, dann ist das natürlich eine wichtige Information. Nur wesentlich interessanter ist doch, *weshalb* sich genau diese Altersgruppe dafür so stark begeistern kann. Das herauszufinden, ist wesentlich effektiver und aussagekräftiger. Nun, da wir das Thema schon mal geklärt haben, gehen wir zur nächsten wichtigen Frage über: Wie und woher erhalte ich diese Informationen über meine Zielgruppe überhaupt?

7.1.2 Der Fragebogen – die wichtigsten Informationen, die du über deine Zielgruppe wissen musst

Um die echten Informationen deiner echten Zielgruppe herauszufinden, kommst du nicht umhin, sie danach zu fragen und mit ihren Vertretern zu sprechen. Ob du nun ein Interview mit ihnen führst, in einem Verkaufsgespräch sitzt oder durch Onlineumfragen diese Informationen erhältst (am besten auf allen drei Wegen) – es gibt wesentliche Fragen, die du deiner Zielgruppe in deiner Recherche immer stellen solltest, um auch die richtigen Infos zu erhalten, die dich auf den richtigen Weg beim Schreiben deiner Copy bringen.

In Tabelle 7.1 zeige ich dir die elementaren Fragen – egal, für welche Zielgruppe oder Branche –, die du immer stellen solltest, um psychografische Informationen zu erhalten.

Frage	Nutzen
Der Vollständigkeit halber zum leichten Einstieg ein paar demografische Fragen: Name, Alter, Beruf.	Hilft dir natürlich dennoch zur Einordnung und Kategorisierung.
Wie bist du auf unser Unternehmen aufmerksam geworden?	Wichtig zu verstehen, in welchem Bewusstseinszustand dein Kunde vorher war und auf welcher Stufe der Aufmerksamkeit nach Eugene Schwartz.
Was ist aktuell deine größte Herausforderung mit [Problem]?	Wichtig ist hier das Wort »aktuell«. Dadurch erhältst du konkrete Pain Points (Schmerzpunkte), die akut sind und die sich der Kunde nicht rückwirkend ausgedacht hat. Beispiel: Wenn ich *jetzt* Schmerzen beim Joggen im linken Bein habe, will ich auch *jetzt* eine Lösung dafür. Wenn ich für dieses Problem 5 Monate zurückdenken muss, habe ich die Schmerzen schon wieder vergessen oder spiele sie im Rückschaufehler runter. Das führt zu Nichthandeln.
Wenn du nur ein einziges Problem lösen bzw. nur einen einzigen Wunsch erfüllen könntest – welcher wäre das?	Ganz entscheidend für den Research: Du zwingst deinen Kunden dazu, sich auf eine Aussage zu beschränken, damit du einen konkreten Schmerz oder Wunsch mit der genauen Wortwahl erhältst. Wenn du nur fragst: »Welche Probleme hast du?«, erhältst du entweder eine generische Aussage oder eine Auflistung an Problemen, ohne die jeweilige Dringlichkeit.

Tabelle 7.1 Exemplarische Fragen an deine Zielgruppe

Frage	Nutzen
Wie sähe dein neuer Alltag aus, wenn du Problem X nicht mehr hättest oder Wunsch Y erreicht hast? Wie würdest du dich ganz konkret fühlen?	Hier holst du dir quasi die Transformation des Kunden von ihm selbst ab – hervorragend geeignet, um Traumzustände zu beschreiben.
Was funktioniert besonders gut – und was überhaupt nicht?	Das kann sich auf dein Produkt oder auch den bisherigen Alltag des Kunden beziehen, ganz wie du möchtest. Befragst du einen Käufer, dann hast du dadurch natürlich zwei Fliegen mit einer Klappe geschlagen: Du erhältst entweder ein Testimonial oder eine Verbesserungsmöglichkeit deines Produkts.
Zum Schluss: Gibt es sonst noch etwas, das du loswerden möchtest?	Eine offene Frage hilft, eventuelle blinde Flecke abzudecken.

Tabelle 7.1 Exemplarische Fragen an deine Zielgruppe (Forts.)

Je nach Branche, Zweck der Kampagne und dem Nutzen für das Unternehmen, kannst du selbstverständlich noch viel tiefergehende und spezifischere Fragen stellen – aber mit diesen hast du eine hervorragende Grundlage, um bessere und persönlichere Informationen zu erhalten. Trau dich ruhig, ein bisschen tiefer zu graben, bleib nicht zu oberflächlich. Glaub mir, deine Leser geben gerne Informationen über sich preis, wenn sie denken, dass ihnen geholfen werden kann.

7.1.3 Wo findest du Insights über deine Zielgruppe?

Schön, jetzt weißt du, welche Infos du zusammensuchen solltest, um wirklich die tiefsten Bedürfnisse und Sorgen deiner Zielgruppe zu kennen – und diese passgenau zu adressieren.

Doch woher nehmen, wenn nicht stehlen? Wie findest du diese Informationen heraus, ohne irgendwelche aufdringlichen DMs zu schreiben oder Cold Calls zu machen? Keine Angst, du musst dich nicht blamieren – hier zeige ich dir einige effektive Wege, mehr über deine Zielgruppe zu erfahren.

Umfragen

Der beste Hack überhaupt: Bei jedem Opt-in in deine Welt – sei es ein Leadmagnet, eine Newsletter-Anmeldung, der Kauf eines Produkts oder die Anmeldung zu einem Event bzw. Webinar – solltest du auf der Dankeseite nach Anmeldung eine kurze Umfrage platzieren.

In der fragst du die wichtigsten Informationen für dein Marketing ab:

- Wer trägt sich ein? (Job, Status, Unternehmensgröße etc.)
- Was ist der aktuelle Ist-Zustand?
- Was ist der angestrebte Soll-Zustand?
- Was hat er oder sie schon ausprobiert, was aber bisher leider nicht funktioniert hat?
- Was ist die aktuell größte Herausforderung, die ihn von seinem Ziel abhält?
- Wenn er sich nur einen einzigen Wunsch erfüllen könnte – welcher wäre das?
- Optional: Wie ist der Kunde auf dein Unternehmen aufmerksam geworden?

Selbstverständlich solltest du auch über Social Media, in deinem Newsletter oder über jegliche anderen Kanäle immer mal wieder eine Umfrage raussenden, um mehr über deine Kunden und deine Zielgruppe zu erfahren. Ich empfehle dir, eine solche Umfrage mindestens jedes halbe Jahr, eher jedes Quartal zu machen, gerne auch incentiviert, damit die Teilnahmequote höher ist.

Review Mining

Amazon, eBay, Google, im App Store oder auch auf YouTube – ganz egal wo, sind Rezensionen von Kunden zu einem Produkt wahre Goldgruben, um mehr persönliche Insights über deine Zielgruppe zu gewinnen. Denn hier erhältst du die ungefilterte, ehrliche und ungeschönte Wahrheit darüber, was die Menschen denken. Und noch viel besser: ihre genaue Wortwahl und die Emotionen.

Foren, Gruppen und Kommentare

Same here. Geh in die Kommentarspalten von Unternehmen oder Influencern aus deiner Branche und du erhältst echte Sprache von echten Followern, in Foren wie Reddit oder Facebook-Gruppen ebenfalls. Nirgends sind die Menschen so herrlich offen und schamlos, wie im Internet.

ChatGPT und Perplexity nutzen

KI ist im Research dein allerbester Freund. Du kannst in kürzester Zeit einen ersten Eindruck über einen Markt und die Zielgruppe bekommen. Schneller geht's nicht.

Aber Achtung: Die künstliche Intelligenz ist nicht immer faktisch korrekt. Abgesehen davon redet sie dir nach dem Mund. Wenn du sie fragen würdest: *»Hat der Markt XY genug Potenzial, um 20.000 Produkte zu verkaufen?«*, ist ihre Antwort in 99,9 % der Fälle: *»Ja.«* Vertrau ihr also nicht.

Darüber hinaus spricht sie nicht die Sprache deiner Zielgruppe. Sie kann dir eine sehr gute Richtung vorgeben, wo du buddeln solltest, aber den Schatz musst du schon selbst ausgraben, indem du die echten Sätze, Bedürfnisse und Ängste deiner Zielgruppe herausfindest.

Nichtsdestotrotz: Starte deinen Research mit KI und lass dir in kürzester Zeit relevante Informationen über deine Zielgruppe für deine Recherche ausspucken.

Hier ein konkreter Prompt, der dir die Arbeit erleichtert:

Prompt zur besseren Zielgruppenrecherche

»Übernimm die Rolle eines erfahrenen Marketingexperten und Copywriters, der ein tiefes psychologisches Fachwissen und Verständnis für menschliches Kaufverhalten und die Kaufmotive besitzt.

Ich benötige deine Hilfe, die Kaufmotive meiner Zielgruppe genau zu verstehen. Hier ist die Frage, bei der ich deine Hilfe benötige: [FRAGE EINFÜGEN]

Das ist meine Zielgruppe: [HIER ZIELGRUPPE EINFÜGEN]

Was sind die wichtigsten Kauftreiber von einer Person aus dieser Zielgruppe, die überlegt, in das [PRODUKT] zu investieren? Bitte erstell mir zwei Listen: Zunächst die wichtigsten 5 emotionalen Kaufmotive und danach die 5 wichtigsten rationalen Kaufmotive.«

Damit erhältst du schon echt gute Ergebnisse und es sind bestimmt ein bis zwei Sichtweisen dabei, die du vielleicht so noch nicht auf dem Schirm hattest. Wenn dich ein Kaufmotiv ganz besonders fasziniert, dann tauch da mit ChatGPT in der Konversation immer tiefer ein: Was genau liegt für ein Bedürfnis dahinter? Wie könnte sich das auf den Alltag des Kunden auswirken? Was sind die Konsequenzen des Nichthandelns? Und wenn du ein genaues Bild hast, dann musst du dieses natürlich mit der Realität abgleichen.

Customer Support

Wenn dein Unternehmen oder dein Kunde einen eigenen Customer Support haben, dann ist deine erste Aufgabe als Copywriter, dich mit den Menschen, die tagtäglich mit zufriedenen wie unzufriedenen Kunden in Kontakt sind, ausführlich zu unterhalten. Denn keine Person im gesamten Unternehmen hat mehr Informationen über den Kunden. Kein CEO, kein Vertriebler, kein Marketer weiß mehr über die Bedürfnisse der Zielgruppe und kennt den genauen Wortlaut besser als jemand aus dem Customer Support.

Bestandskunden befragen

Simpel, aber effektiv: Ruf deine Bestandskunden an und frag sie ganz direkt, was ihnen an der Zusammenarbeit oder am Produkt besonders gut gefällt und was eventuell noch im Service verbessert werden kann. Finde heraus, weshalb sie sich für deine/eure Lösung entschieden haben und weshalb sie nicht wechseln wollen. Und wenn du schon dabei bist, frag direkt, ob du ein Testimonial haben kannst!

Oldschool – Messen, Events und Interviews

Ja, ich weiß, online zu recherchieren, ist einfach bequemer. Und du musst dafür auch keinen ungelenken Small Talk halten, häufig zumindest – Doppel-Jackpot.

Doch passieren echte Probleme deiner Zielgruppe in der echten Welt – also nutz auch diese Möglichkeit, mehr über deine potenziellen Kunden herauszufinden! Wenn du bessere Copy schreiben möchtest, dann solltest du genau zuhören:

- Führe Interviews mit Kunden, den Mitarbeitern und auch ehemaligen Kunden, die jetzt keine mehr sind.
- Geh auf Branchenevents und hör dich dort um. Was ist aktueller Trend, was beschäftigt die Menschen?
- Messen sind ebenfalls immer noch eine hervorragende Quelle, ehrliches Kundenfeedback zu hören.

Komm in Kontakt, tausch dich aus, stell echte Fragen, interessiere dich aufrichtig. Und du wirst wahre Geschichten deiner Kunden erfahren, die dir eine völlig neue Perspektive auf dein Produkt oder deine Dienstleistung geben.

7.1.4 Wie nutzt du KI für die Zielgruppenrecherche?

Ich habe es ja schon im vorigen Abschnitt kurz angerissen: ChatGPT & Co. sind der Research-Booster schlechthin – aber du darfst den Ergebnissen nicht uneingeschränkt Glauben schenken. Ich möchte hier jedoch noch mal einen simplen Workflow mit dir teilen, der deine Recherche auf ein Minimum an Zeitaufwand reduziert.

Von ChatGPT über Perplexity hin zu Claude

Nutz ChatGPT für einen ersten Überblick deiner Zielgruppenrecherche. Vielleicht hast du ja auch schon Umfragen, Dokumente oder Ähnliches, die du dir in ChatGPT auswerten lassen kannst. Anschließend kannst du Perplexity nutzen, um dir aktuelle Branchentrends geben zu lassen und alles rund um ein Problem deiner Zielgruppe zu recherchieren.

Danach gibst du deine Zielgruppenrecherche in Kombination mit deinen Templates und Beispielen (dazu kommen wir noch in Kapitel 9, »Der inhaltliche Bauplan der wichtigsten Conversion-Elemente – vom ersten Klick bis zum glücklichen Testimonial«, und Kapitel 10, »So geht Copy!«) in Claude ein und voilà – heraus kommt eine erste Version deiner Copy. Wenn du mit dem Ergebnis zufrieden bist und genaue Pain Points und Benefits deiner Zielgruppe definiert hast, gib sie der KI deiner Wahl, um daraus zu lernen und mit dem Ergebnis weiterzuarbeiten. Fertig ist die Laube.

Mit deinen neuen Erkenntnissen mithilfe der KI solltest du deine Zielgruppenrecherche immer weiter verfeinern und aktualisieren.

7.2 Das Angebot … das deine Zielgruppe nicht ablehnen kann

Es ist eines der berühmtesten Zitate der Filmgeschichte … Der Sänger Johnny Fontaine besucht die Hochzeit von Don Corleones Tochter. Als die Freundin von Michael Corleone ihn fragt, woher sie denn den berühmten Johnny Fontaine kennen, antwortet dieser: *»Er ist das Patenkind meines Vaters. Und mein Vater hat ihm zu seinem Ruhm verholfen.«*

Johnny Fontaine war zur Zeit seines Aufstiegs vertraglich an einen Bandleader gebunden. Als der Don versucht, ihn mit 10.000 US$ aus dem Vertrag herauszukaufen, lehnt der Bandleader ab. Daraufhin besucht ihn der Pate am nächsten Tag erneut, zusammen mit seiner rechten Hand, Luca Brasi. Als sie zurückkehren, haben sie nicht nur den unterzeichneten Vertrag, sondern obendrein einen Scheck über 1.000 US$ im Gepäck.

Wie der Pate das geschafft hat? Luca Brasi hielt dem Bandleader einen Revolver an den Kopf. Und Don Corleone versicherte ihm, entweder käme seine Unterschrift auf den Vertrag … oder eben sein Gehirn.

Okay, *das* nenne ich auf jeden Fall ein Angebot, das man nicht ablehnen kann. Aber keine Sorge – du hast dir dieses Buch ja nicht gekauft, um zu erfahren, wie du dir einen Revolver zulegst und jedem deiner potenziellen Kunden drohst. Das wäre viel zu anstrengend … und ja, auch ethisch eher schwer zu vertreten.

Nein, in diesem Abschnitt geht's darum, wie du dein perfektes Angebot verfasst:

- Welche Bausteine hat ein optimales Angebot?
- Wie überzeugst du mit deinem Angebot die Menschen wie am Fließband?
- Und welche Schritte musst du überhaupt gehen, um ein Angebot schnüren zu können?

All diese Fragen werden ich dir hier beantworten. Denn ohne ein richtig gutes Angebot wird deine Copy auch nicht herausragend performen können. Nach diesem Abschnitt kennst du alle Elemente eines herausragenden Angebots und kannst eins schnüren, das deine Kunden nicht ablehnen können …

Wie bereits gesagt, fängt Copywriting nie beim Schreiben oder der Kreativleistung an, sondern zunächst bei der Zielgruppe und dem Angebot. Die Aufgabe eines Copywriters ist es, die perfekte Botschaft zu finden, die Menschenmassen von deinem Produkt überzeugen. Doch dazu musst du zunächst prüfen, ob überhaupt das richtige Angebot für genau die richtige Zielgruppe vorliegt. Erst danach wird Kreativarbeit geleistet.

Um eine fundierte Kaufentscheidung zu treffen, benötigt dein Kunde alle Informationen, genügend Anreize, die ihn scharf aufs Produkt machen, und gleichzeitig muss ihm so viel Risiko wie möglich genommen werden. Auf den Punkt gebracht: Der Wert, den du ihm anbietest, muss *weit* höher liegen als der Preis. Damit du einen unwiderstehlichen Wert erschaffst, benötigt dein Angebot die folgenden 8 zentralen Elemente.

7.2.1 #1 – Zielgruppe

Ebenso wichtig wie dein unwiderstehliches Angebot ist deine Zielgruppe. Damit haben wir uns ja im vorigen Abschnitt bereits beschäftigt. Machen wir's also kurz: Du musst wissen, *wem* du dein Angebot machst. Du lieferst mit deinem Angebot immer die Lösung für ein bestimmtes Problem eines ganz bestimmten Menschen. Doch wem genau?

Den Fehler, den viele Marketer oder Unternehmen machen, ist, die Zielgruppe viel zu weit zu fassen. Ich weiß, man denkt schnell: *»Ja, aber mein Produkt oder meine Dienstleistung hilft doch prinzipiell jedem …«*

Das mag stimmen. Doch es ist viel effektiver, sich zunächst auf eine spitzere, kleinere Zielgruppe zu fokussieren. Wenn du nämlich diese genau kennst und in ihrer Sprache schreibst, holst du prozentual viel mehr Menschen innerhalb dieses Kreises ab.

Beispiel: Was glaubst du, zieht besser?
»Das intuitive Notizbuch für alle!«
oder
»Das intuitive Notizbuch für angehende Schriftsteller!«

Wenn du jemand bist, dessen Traum es ist, Schriftsteller zu sein, dann glaubst du sofort, dass dich dieses Notizbuch dem ein Stückchen näherbringen wird – obwohl es nur ein stinknormales Notizbuch ist.

Musst du dich für immer auf eine Zielgruppe festlegen? Nope. Wenn der Markt angehender Schriftsteller ausgeschöpft ist, dann gehst du die nächsten Zielgruppen an, erweiterst sie usw. Doch es ist immer klüger, spitz in den Markt einzutreten und danach die Zielgruppe breiter zu fassen.

Mach dir also zunächst Gedanken:

- In welchen Markt will ich mit meinem Produkt oder meiner Dienstleistung eindringen?
- Was brauchen die Menschen in meiner Zielgruppe genau? Was wollen sie hören?
- Welche Träume, Wünsche, Ziele, aber auch Probleme, Herausforderungen und Ängste haben sie?

Je tiefer du deine Zielgruppe durchdrungen hast, desto präziser kannst du dein Produkt und dein Angebot auf sie zuschneiden. Rede also mit den Menschen, die du in deiner Zielgruppe wähnst. Erfahre mehr über ihre Bedürfnisse, ihre Herausforderungen und Ziele. Und optimiere dein Produkt, deine Kundenansprache und dein Angebot fortlaufend.

7.2.2 #2 – Features

Wie gehst du mit den Eigenschaften deines Produkts oder deiner Dienstleistung um, wie hebst du sie hervor? Du hast es bestimmt auch schon gehört: Menschen kaufen nicht die Eigenschaften – sie kaufen die Vorteile!

Ja, das stimmt ... teils. Denn selbst wenn unsere Nutzen- und Vorteilsargumentation on point ist – die Eigenschaften haben trotzdem ihre Berechtigung und ihren Raum. Viele Menschen möchten halt auch die konkreten Eigenschaften wissen. Das ist oft bei Technik, Autos und vergleichbaren Branchen der Fall.

In welcher Reihenfolge präsentierst du deine Features? Das wichtigste, stärkste natürlich zuerst. Aber du solltest auch immer mit einem starken schließen. Präsentiere sie spannend – mach ein Mysterium um die Eigenschaften, formuliere sie aufregend oder verblüff deinen Kunden mit Features, die er noch nicht kennt.

Liste zunächst jedes kleinste Feature auf. Also bis auf die letzte Schraube, die Maße, wie viele Videos oder Seiten – was auch immer. Alles muss sich in einer Liste wiederfinden. Gerade, wenn du in einem hart umkämpften Markt unterwegs sein solltest, ist es umso wichtiger herauszufinden, in welchen Eigenschaften du dich von deiner Konkurrenz unterscheidest.

7.2.3 #3 – Benefits

Eine der ersten Lektionen, die jeder Copywriter lernt: Überführe deine Features in Benefits. Denn die Vorteile verkaufen. (Stimmt fast immer, siehe oben.) Dabei hat nicht jedes Feature *den* einen Benefit – häufig lassen sich mehrere starke Vorteile finden.

Beispiel für zwei Benefits in einem

Guter Handy-Akku: Einen ganzen Tag lang ohne drüber nachzudenken das Handy nutzen UND es ist dennoch innerhalb einer halben Stunde wieder voll aufgeladen.

Die Benefit-Argumentation muss mit Gespür ausgewählt werden. Zu viel – und es scheint unglaubwürdig, da überladen. Zu wenig – und ... na ja ... es ist einfach zu wenig, um zu überzeugen.

Nimm also deine ganzen Features (also wirklich *alle*) und überführe jedes einzelne in einen oder sogar mehrere Benefits. Wähl dann die besten aus.

Frag dich stets bei jeder kleinsten Facette deines Produkts: Welchen Vorteil hat mein Kunde dadurch? Wie erleichtert es ihm sein Leben wirklich? Wie kommt er dadurch seinem Traumzustand näher?

Profitipp: Der Benefit vom Benefit

Wenn du bereits einen Benefit identifiziert hast, kannst du überlegen, welchen Vorteil dieser Vorteil hat. Ein Beispiel:

Feature: Der Becher ist isoliert.

- **Benefit**: Der Kaffee bleibt lange warm.
- **Benefit**^{2}: Nie wieder kalter Kaffee.

Hört sich zunächst vielleicht ähnlich an. Aber glaub mir, es ist ein enormer Unterschied in der Marketingkommunikation, ob du »Der Kaffee bleibt 12 Stunden lang warm.« – oder »Trink ab sofort nie wieder kalten Kaffee!« schreibst.

Denn die zweite Variante beschreibt gleichzeitig auch noch die Transformation, die dein Produkt im Leben deines Käufers herbeiführt. Denn wie sagte Eugene Schwartz schon so treffend?

»Denke darüber nach, was dein Produkt ermöglicht – nicht, was es ist.«

Wie also transformiert dein Angebot das Leben deiner Zielgruppe?

7.2.4 #4 – Botschaft

Der komplexeste Part ist die Botschaft. Hierüber könnte man eine ganze Abhandlung schreiben. Aber kurzgefasst: Du brauchst die richtige Botschaft für deine Zielgruppe:

- eine, die sie aus ihrem Alltagstrott herausreißt
- eine, die ihnen die Transformation zu einem besseren Ich anschaulich zeigt
- eine, die mit ihren innersten Bedürfnissen resoniert
- eine, die ihnen ein großes, begehrenswertes Versprechen macht
- eine, die ihnen eine Geschichte erzählt

Eine herausragende Botschaft braucht immer eine *Big Idea*, die eine Idee, die jeder Person in deiner Zielgruppe auf Anhieb und unmissverständlich zeigt: »Das ist für mich!«

Eine Big Idea zu entwickeln benötigt nicht nur jahrelange Erfahrung, jede Menge Research und ein gewisses Maß an Kreativität, sondern es braucht vor allem auch Geduld. Du kennst das doch bestimmt auch: Die besten Ideen kommen dann, wenn man nicht mit ihnen gerechnet hat. (Und unverhältnismäßig oft unter der Dusche, habe ich recht?!)

Nimm dir also Zeit für deine Botschaft. Versuch verschiedene Ansätze und frag in deinem Umfeld, ob die Big Idea verständlich ist. Ein Weg zur Big Idea kann häufig sein:

- Features aufzulisten
- zu jedem Feature einen (oder mehrere) Benefits zu finden
- die drei stärksten Benefits herauszupicken

Ist einer der Benefits ein *USP* (Unique Selling Proposition), die dich von allen anderen abhebt? Dann versuch eine Big Idea rund um deinen USP zu finden.

Halten wir es mit dem Godfather of Marketing, David Ogilvy, der einst sagte:

> *»It takes a big idea to attract the attention of consumers and get them to buy your product. Unless your advertising contains a big idea, it will pass like a ship in the night. I doubt if more than one campaign in a hundred contains a big idea.«*[1]

Umso wichtiger, dass du eine hast! Aber dazu kommen wir in Abschnitt 7.4, »Die Big Idea – dein eigenes ›Just one more thing ...‹« ausführlicher.

7.2.5 #5 – Preis

Der Preis ist ein Drahtseilakt. Es ist die ewige Frage zwischen: Verkaufe ich hochpreisig an wenige Kunden oder lieber niedrigpreisig an viele?

Sind wir ganz ehrlich, eine universelle Antwort zu geben ist hier unmöglich. Es kommt vielmehr darauf an, wo du dich selbst und deine Brand siehst. Denn was viele nicht berücksichtigen: Ein zu niedriger Preis kann sogar der Reputation deines Unternehmens schaden.

Häufig *wollen* die Menschen sogar ein hochpreisiges Produkt. Denn das sagt von vornherein: *»Da muss einiges drinstecken.«* Und so hebt man sich automatisch von allen niedrigpreisigen Anbietern ab. (Natürlich musst du dann im Produkt auch liefern.)

Der beste Weg, deinen Preis zu finden, ist es, den Wert deines Produkts bzw. deiner Dienstleistung zu bemessen. Und damit meine ich nicht die Anzahl an Stunden, die du aufwendest, oder die Herstellungskosten.

- Was bringt mein Produkt oder meine Dienstleistung dem Kunden *wirklich*?
- Was hat er danach für einen Zustand erreicht? Wie viel mehr Geld hat er danach? Welches Problem wurde ihm genommen?

1 Quelle: Ogily, David: On Advertising.

- Welchen Preis hat die Konkurrenz? Was kannst du tun, um dich von ihr auch preislich abzuheben?

Der Preis ist natürlich einer der kritischsten Punkte deines Angebots. Doch wenn du alle anderen Aspekte genial gut machst, wird der Preis immer weniger relevant. Wird dem Kunden der *wahre* Wert klar und sehnt er sich nach deiner Lösung, dann ist er auch bereit, einen hohen Preis zu zahlen.

Immer noch nicht sicher, welches Preisschild du dranhängen sollst? Dann hör einfach auf dein Bauchgefühl. Wenn du vom Wert und der Qualität überzeugt bist, dann sagt dein Bauch dir ziemlich genau, mit welchem Preis du dich gut fühlst.

Kleiner Tipp zur Preisgestaltung

Was der wirklich perfekte Preis ist, lässt sich häufig erst nach einigen Tests sagen. Setz zunächst erst etwas höher an und geh dann runter mit dem Preis, wenn sich dein Produkt nicht verkaufen sollte. Oder mach ein Einführungsangebot für weniger Geld, setz aber sofort fest, wann du mit dem Preis hochgehst. So lotest du erst mal aus, wie viele Käufe darüber zu generieren sind.

7.2.6 #6 – Bedingungen

Gratistestmonat? Full payment? Oder darf sogar in mehreren Raten gezahlt werden? Auch mit PayPal?

Was viele in ihrem Angebot vernachlässigen: Die Bedingungen zum Eingehen des Geschäfts sind ein ebenso wichtiger Part, wie alles andere! Prüf also, welche Bedingungen du anbieten kannst und willst – und welche du bewusst auslässt. Wähl deine präferierten aus und leite deinen Käufer durch den Prozess.

Regel: Je einfacher du es dem Kunden machst, bei dir zu bestellen, desto höher auch die Conversion.

Aber Achtung: Bietest du deinem Kunden zu viele verwirrende Möglichkeiten, entscheidet er sich häufig für gar keine – und springt ab. Biete also bitte niemals einen Testmonat mit anschließender Ratenzahlung über 6 Monate an und lass ihn zwischen 8 verschiedenen Paketen entscheiden. Das führt zum Conversion-Abbruch. Auch hier gilt: Testen, testen, testen.

7.2.7 #7 – Garantie

Böse formuliert: Die Garantie sollte dein absolutes Totschlagargument sein.

Nett formuliert: Du solltest so felsenfest von deiner Leistung überzeugt sein, dass du dein erstes Kind darauf verwetten würdest. (Mist, das klingt ja noch viel böser ...!) Wenn du jetzt an Garantie denkst, hast du vermutlich die 30-Tage-Geld-zurück-Ga...hara... zzzzzZZZZ ... schnarch ...

Huch! Bin kurz weggenickt, weil die 30-Tage-Geld-zurück-Garantie so was von 2010 und megalangweilig ist. Weshalb wird sie denn noch so häufig genutzt? Weil Unternehmen nicht *wirklich* von ihrem Angebot bzw. ihrer Leistung überzeugt sind. Und weil sie ein bisschen Schiss in der Bux haben ... Denn 30 Tage sind ein überschaubar zu kalkulierendes Risiko. Und weißt du, was eigentlich hinter den 30 Tagen steckt? Die bittere Wahrheit: Die Anbieter erhoffen sich nur, dass die 30 Tage vom Kunden verpennt werden, was auch sehr häufig der Fall ist ...

Übrigens, falls du es noch nicht wusstest: 14 Tage Garantie sind gesetzlich vorgeschrieben, es sei denn, der Kunde verzichtet explizit beim Kauf durch eine Klausel darauf. Bietet dir also jemand eine Gratiswoche zum Testen an, klingt das vielleicht erst mal nett – ist aber dein gutes Recht.

Was solltest du also stattdessen tun? Benenn deine Garantie anders, mach sie individuell. Bitte nicht 30-Tage-Ge... zzzzzZZZZZZ ...

Was ist eine Garantie, die dir selbst schon etwas Angst macht? Bei der du denkst: Kann ich das wirklich bringen? Nimm sie. Und pass lieber dein Produkt noch mal an. Sei mutig! Mit einer Garantie, wie sie keiner hat, wirst du auch dementsprechend so viele Menschen überzeugen, wie es keiner tut. Logisch?

Glaub mir, liefert dein Produkt, was es verspricht, zieht kein normaldenkender Mensch die Garantie. Im Gegenteil – deine Kunden werden immer und immer wieder kommen. Sollte dich jemand mit der Garantie »übers Ohr« hauen wollen, dann soll er es doch tun ... so einen Kunden brauchst du eh nicht.

7.2.8 #8 – Boni

Hast du mittlerweile bestimmt auch schon häufiger gesehen: Zu vielen Produkten werden Boni angeboten, unfassbar viele Boni sogar. Wieso? Weil gute Boni den Wert des Angebots steigern und die Entscheidung für einen Kauf leichter machen.

Doch Achtung: Bonus ist nicht gleich Bonus. Eine Kirsche auf der Torte macht nur dann Sinn, wenn es eine Kirsche ist – und nicht ein Schraubenschlüssel. Das heißt, der Bonus muss perfekt zum Gesamtangebot passen. Es darf nicht irgendein aus der Luft gegriffenes Add-on sein.

Negativbeispiel

Bei Bürobedarf z. B. sehr beliebt: Zu fünf Packungen Druckerpapier gibt es eine große Box mit Twix, Duplo, Hanuta etc. gratis on top. Angegebener Wert der Box: 49,90 €.

Jetzt kenne ich mich ein bisschen im Preissegment von Duplo & Co. aus und kann in nur 4 Sekunden überschlagen, dass der Wert der Box – würde man sie im Supermarkt zusammenstellen – eigentlich ca. 18 € beträgt. (Der Einkaufspreis, den diese Firmen bekommen, wird noch weit niedriger sein.)

Meine Meinung: schlechter Bonus, freche Kommunikation.

Verbesserungsvorschlag

Verarsch deine Kunden bitte nicht. Der Wert des Bonus sollte authentisch sein – und außerdem nicht den Wert des Hauptangebots überschreiten. (Auch das sehe ich häufig, wie dämlich ist das bitte?!)

Was haben Süßigkeiten denn überhaupt mit Büroartikeln zu tun? Nur, weil es sich irgendwann mal so etabliert hat und günstig für den Verkäufer ist?

Viel besser wäre es doch, wenn ich einen Satz Druckerpatronen, Umschläge, Hefter oder was auch immer dazu kriegen würde. Das ergibt Sinn *und* hilft mir weiter. Muss man ja auch nicht bei jeder Bestellung anbieten, aber bei der ersten Bestellung wär's schon sinnvoll.

Was ich nur sagen möchte: Boni müssen relevant sein, gerne auch kreativ. Frag dich selbst: Welchen wert- und sinnvollen Bonus kannst du deinen Kunden anbieten? Und bitte einen, der auch wirklich den Wert des Produkts signifikant steigert.

Sooo, ich hoffe, du hast etwas für dein perfektes Angebot mitnehmen können! Prüfe stets, in welchem der 8 Aspekte du dein Angebot noch verbessern, verfeinern oder klarer darstellen kannst. Je stimmiger und überzeugender dein Angebot ... na ja, du weißt, was ich sagen will, desto mehr Kiesel in der Hosentasche.

7.3 Der USP – was macht dich unvergleichbar?

Gerade in der heutigen Zeit wird es immer wichtiger, unvergleichbar zu werden. Wenn jeder in der Theorie dein Angebot und deine Marketingkommunikation kopieren – oder sogar günstiger erbringen kann – reicht es schon lange nicht mehr, eine exzellente Leistung anzubieten und rein über den Nutzen zu werben.

Die besten Unternehmen und Produkte machen eines entscheidend anders, denn sie verkaufen ein Gefühl, eine Haltung, an der sich der Käufer orientieren und mit der er sich identifizieren kann.

In diesem Fall spreche ich gerne von einem *Differentiation Pitch*, den du benötigst: Menschen kaufen immer mehr das Wie statt des Was.

- Wie arbeitet ihr?
- Wofür steht ihr?

- Wie könnt ihr meinem Team weiterhelfen?
- Wer seid ihr?
- Welche Werte verkörpert ihr?
- Wie kommuniziert ihr?
- Wie werde ich mit euch zusammenarbeiten?
- Wie fühle ich mich dabei?
- Wie verändere ich mich selbst, wenn ich mich für euch entscheide?
- Wie bringt ihr mich Stück für Stück an mein Ziel?

Die Grundlage jedes Differentiation Pitch ist zunächst der USP, die Unique Selling Proposition. Ich bin mir sicher, du hast diesen Begriff schon mal gehört, aber dennoch eine kurze Definition.

USP – Definition

Beim USP handelt es sich um das eine Merkmal, den einzigartigen Vorteil, das eine Verkaufsargument, das dich von deinen Wettbewerbern klar unterscheidet und von ihnen positiv abhebt.

Ein guter USP ist der Kern deiner gesamten Marketingkommunikation. Es ist das Alleinstellungsmerkmal, das sogenannte »Dammbruchargument«, das dich von allen anderen im Markt unterscheidet und dich zur einzig wahren Lösung für die Käufer macht. Wer einen starken USP entwickeln möchte, muss sich intensiv mit der Identität der Käufer beschäftigen: »*Wer bin ich bzw. wer werde ich sein, wenn ich mich für diese Firma entscheide?*«

Beispiele für gute USPs

- Patagonia: Self-guided.
  - Status, Freiheit und umweltbewusst
  - »Ich zeige, dass ich mich gut kleide und trotzdem umweltbewusst denke.«
- Apple: Think different.
  - Einfachheit und Ästhetik
  - Simpel formuliert: »Wenn ich Apple-Kunde bin, dann bin ich cool.«
- Nike: Just do it!
  - gesund und proaktiv
  - »Ich bin kein Schwätzer, sondern gehe meinen Sport und alles andere im Leben direkt an.«

All diese Beispiel-USPs zeigen: Es ist mehr ein Lifestyle, sich für eine Marke zu entscheiden. Es steht ein höherer Sinn, eine Identifikation dahinter.

Mein Lieblingsbeispiel für einen genialen USP, den ich damals von meinem Copywriting-Mentor Henning Hohmann das erste Mal kennengelernt und den ich seitdem nie wieder vergessen habe, weil er so herrlich schnell zu begreifen ist, findest du in Abbildung 7.2. Er stammt von M&M's.

Abbildung 7.2 Berühmter USP von M&M's

Jetzt habe ich nur von positiven USPs gesprochen und sagen wir mal so: 99 % der Unternehmen würden sich auch für einen positiven USP entscheiden.

Aber für die Mutigen unter euch: Es gibt auch »negative« USPs, die du in der Markenbotschaft verwenden und zu Stärken transformieren kannst. Etwas, das auf den ersten Blick eine große Schwäche ist, aber durch den offensiven Umgang damit zur wahren Stärke des Unternehmens und der Kampagne werden kann. Dazu mehr im folgenden Abschnitt.

7.4 Die Big Idea – dein eigenes »Just one more thing ...«

Als leidenschaftlicher Copywriter solltest du ja ohnehin kreativ sein und Spaß am kreativen Prozess haben. Falls nicht, kannst du immer noch einen sehr guten Job machen, das geht. Aber du wirst dann nie in den Genuss kommen, wie es sich anfühlt, eine eigene, einzigartige Idee zu entwickeln, die nicht einfach 1 : 1 aus Amerika nach Deutschland rüberkopiert wurde. Denn ja, das macht 95 % des Ideenreichtums der deutschen Marketingszene aus: [Strg] + [C], [Strg] + [V].

Eine Big Idea ist ein zum Leben gebrachter USP, eine Idee, die einfach, klar und unverwechselbar ist und um die sich die gesamte Marketingkommunikation dreht. Diese eine Idee ist immer klar einer Marke als Urheber zuzuordnen. Wenn jemand eine Big Idea klaut, dann ist es einfach keine Big Idea mehr. Das ist der Knackpunkt daran.

Ein Beispiel: Der sehr bekannte Marketer und Business-Guru Alex Hormozi hat im August 2025 sein Buch »$100M Money Models« im größten Webinar aller Zeiten gelauncht. Sein Versprechen vor dem Webinar: *»Du erhältst etwas umsonst, das mehr Wert ist als ein NFT – und weniger als ein Bitcoin.«* Auch, wenn ich nicht so ein Fan von ihm bin, wie gefühlt jeder andere: *Das* ist eine Big Idea. Das ist neu, anders, brennt sich ein und ist einfach gut.

Nun, was denkst du, welcher Satz 2 Wochen danach in *jeder* Marketingkampagne Deutschlands zu finden war? Genau: *»Ich habe was für dich, das mehr wert ist als X – aber weniger als Y.«* Es ist einfach nur peinlich.

Nein, eine große, unvergleichliche Idee zu finden, die berühmt-berüchtigte BIG Idea – das ist wahre Kunst. Und die ist mit verdammt viel Arbeit und Leidensfähigkeit verbunden. Und sie funktioniert nur deshalb so gut, eben *weil* sie neu und unvergleichlich ist.

Ich sag's dir, wie es ist: Große Ideen verhalten sich wie unser früherer Familienhund Paulo – kommen zu den ungewöhnlichsten Zeiten zum Kuscheln und sind, wenn du sie nicht festhältst, schneller wieder weg, als du gucken kannst.

Richtig gute Big Ideas beruhen fast immer auf dem USP und den Werten des Unternehmens. Ich würde dir hier gerne eine Patentformel für herausragende Ideen mitgeben, aber das kann ich leider nicht. Ich kann dir nur zeigen, wie du dich vorbereitest, dich ihr annäherst ... und wie der typische Prozess zur Big Idea aussieht.

Und wenn ich ganz ehrlich mit dir bin: Oft braucht es noch nicht mal eine große, eine Big Idea. In den meisten Fällen ist die naheliegendste Idee auch die beste, weil sie auch für den Leser oder Kunden die offensichtlichste ist.

Aber wenn du wirklich die Arbeit reinstecken willst, wenn du etwas erschaffen willst, das so krass aus der Menge hervorsticht, dass man nicht daran vorbeikommt, dann möchte ich dir meine eigene Vorgehensweise mitgeben.

7.4.1 Always be prepared

Du brauchst all deine Benefits, aber auch die Schwachstellen. Du benötigst die Unternehmenswerte, die Konkurrenz, viel Raum und Zeit, neue Perspektiven und viel Kaffee.

Nähere dich einer großen Idee niemals unvorbereitet. Du kannst nur neue und außergewöhnliche Ideen oder Konzepte entwickeln, wenn du vollständig informiert bist und zulässt, dir ausführliche Gedanken darüber zu machen.

7.4.2 Füll deine Swipe File – aber Finger weg vom Kopieren!

Eine Swipe File ist dein persönliches Sammelsurium an Big Ideas, genialer Copy, den erfolgreichsten Marketingkampagnen und einfach den Werbeanzeigen, die dich persönlich begeistert haben. Es gibt online auch viele kostenlose Swipe Files, die berühmte Werbekampagnen von den besten Copywritern der Welt beinhalten. In Kapitel 11, »Der Schreibprozess – vom ersten Wort zur finalen Copy«, erhältst du von mir auch noch ein paar Links zu Swipe Files. Schau dich dort um und sammle Ideen – schau, wie sie es gemacht haben und auf welche Einfälle und Ansätze sie gekommen sind. Aber bitte tu mir einen großen Gefallen: Lass dich inspirieren, aber klau oder kopiere auf gar keinen Fall die Copy! Erstens, weil man es einfach nicht macht und es peinlich ist, wenn es auffällt, und zweitens, weil es ohnehin nicht funktioniert, etwas 1 : 1 zu kopieren. Swipe Files dienen der Inspiration und dem cleveren Adaptieren von Ideen – nicht der Abkürzung.

7.4.3 Nimm dir Zeit, viel Zeit

Deadlines, Disziplin und Zeitdruck sorgen dafür, dass du deinen Output maximieren kannst. Bei Big Ideas ist aber genau das Gegenteil hilfreich: Nimm das Tempo raus. Hab deine Informationen zusammen und nimm dir dann bewusst viel Zeit, damit zu spielen und die Dinge anders zu betrachten. Manchmal kommt dir die zündende Idee sofort. Manchmal braucht es Wochen. Und manchmal kommt sie auch gar nicht. Selbst das ist okay. Du darfst nur nicht aufhören, auf dem Weg weiter Copy zu produzieren und an der Idee zu arbeiten.

7.4.4 ChatGPT kann dir helfen ... dich aber auch vom Weg abbringen

ChatGPT, Perplexity oder jede andere KI können dir in Sekundenschnelle Hunderte Ideen generieren. Und das ist gleichzeitig das Problem.

Zu viel Input kann deine Kreativität komplett killen. Zu viele Meinungen, Tools, Informationen und Ideen können dich gedanklich lähmen und dafür sorgen, dass du das altbekannte »Brett vorm Kopf« bekommst. Daher achte immer darauf, was und wie viel du dir zu Gemüte führst.

Als Analogie für diese Problematik habe ich ein Beispiel aus unserem Agenturalltag: die Auswahl des richtigen Projektmanagementtools. Damals haben wir mit Asana gestartet, dann kam irgendwann Monday, dann Notion, dann ClickUp – alles tolle Tools, jedes verspricht wieder besser zu sein als das andere. Das hat jedoch dazu geführt, dass ich schlussendlich keins davon genutzt habe, weil es schlicht zu überfordernd war und mich langsamer statt schneller machte. Also habe ich mich auf nur ein Tool fokussiert: Notion. Und dabei bleib ich jetzt auch.

Was will ich damit sagen? Nutz bitte nur ein einziges Tool für die Ideengenerierung. Behandle es als deinen Sparringspartner. Und auch dann frag bitte nur ganz spezifische Dinge nach und lass dir begrenzte Inhalte ausspucken. Gib genug Kontext und nimm den Output der KI auch nicht zu ernst. Zu viele Informationen oder Ideen werden dir nicht helfen, sondern hinderlich sein. ChatGPT ist super, um Masse zu produzieren. Um auf die *eine* Idee zu kommen, die dein ganzes Business und deine Position im Markt definieren soll, ist sie nicht geeignet.

7.4.5 Inspiration sammeln

Da es so wichtig ist, viel Inspiration beim Kreieren einer großen, einzigartigen Idee zu bekommen, habe ich für dich drei Beispiele für herausragende Big Ideas, die noch dazu auf einem »negativen USP« basieren. Beginnen wir erneut mit Avis in Abbildung 7.3.

Abbildung 7.3 Erneut ein Beispiel der Avis-Werbekampagne aus dem Jahr 1962

Ich muss nicht mehr wiederholen, weshalb dieser USP, diese Big Idea und diese Kampagne so unfassbar genial ist, oder? Gut, dann direkt ein weiteres Beispiel von Burger King (siehe Abbildung 7.4).

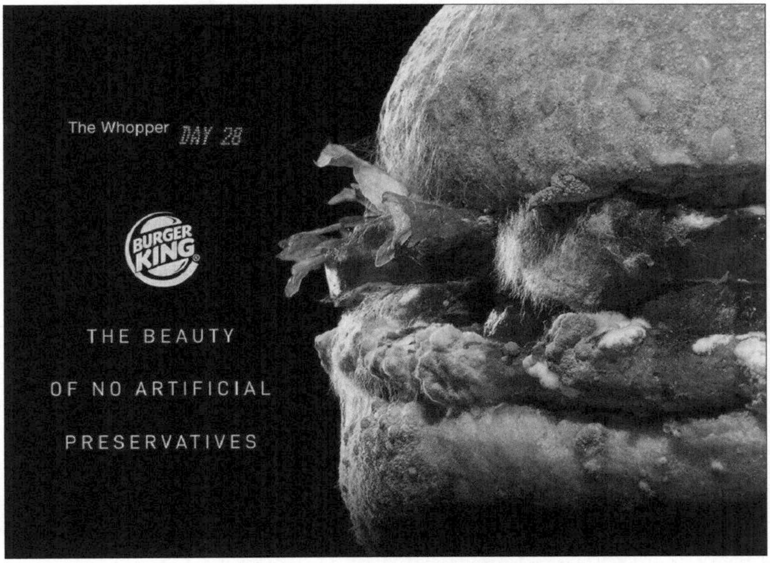

Abbildung 7.4 Burger-King-Kampagne gegen McDonald's

»Die Schönheit fehlender künstlicher Konservierungsstoffe« – die Ausgangssituation: Stell dir vor, du bist Kunde von McDonald's und hast dir nach einer Partynacht ein paar Cheeseburger gegönnt. Und wie es nun mal so ist: Dir ist aus Versehen ein Burger unter das Bett gefallen. Klar, kennen wir alle – klassischer Dienstagabend.

Nach 2 Monaten findest du diesen Burger unter dem Bett wieder – und der Burger sieht noch genau so aus, wie am ersten Tag des Kaufs. Also isst du ihn und dann ... ahh, Spaß. Kurz hatte ich dich, oder? Nein, natürlich isst du ihn nicht. Du würdest es wie jeder vernünftige Mensch aus dem 21. Jahrhundert machen und es auf Social Media posten, richtig? Genau davon gibt es unzählige Geschichten. Burger mit künstlichen Konservierungsstoffen voll gepumpt, sodass sie überhaupt nicht schimmeln.

Und das hat schließlich Burger King zu dieser Kampagne veranlasst. Mutig, gut, anders, auffallend. Und es hat zu mehr als 8,6 Milliarden Impressionen geführt – zumindest kursiert diese Zahl im Internet.

Das letzte Beispiel eines gesamten Unternehmens, das quasi nur auf einer Big Idea aufgebaut ist. »Murder Your Thirst« von Liquid Death (siehe Abbildung 7.5).

Abbildung 7.5 Werbung von Liquid Death

Was denkst du, ist in dieser Dose für ein Getränk? Na klar, hast du direkt auf einen Blick erkannt, du bist ja auch schlau: Wasser.

Okay, wenn du nicht genau hingesehen hast und die Marke auch nicht kennst, dann hättest du vermutlich nicht auf Wasser, sondern auf Bier getippt, oder? Vielleicht noch auf einen Energydrink. Und genau das ist das Geniale an diesem Marketingstunt: Das gesamte Unternehmen ist eine einzige clevere Vermarktung und hat es so geschafft, über 1,4 Milliarden US$ wert zu sein. Noch mal: Es ist *nur* Wasser.

7.5 Die häufigsten Fehler bei der Konzeption

Eine erfolgreiche Werbekampagne zu konzipieren, sollte in der Idee und der Struktur simpel sein – in der Ausführung ist sie jedoch sehr komplex. Es gibt unzählige Stellschrauben (sowohl inhaltlicher, psychologischer als auch technischer Natur), die ineinandergreifen müssen, damit das Gesamtkonstrukt funktioniert. Nur ein kaputtes Zahnrädchen kann den Unterschied zwischen 0 und 1 deiner Kampagne ausmachen.

Daher sollten wir erst mal über die häufigsten Fehler sprechen, die du auf keinen Fall begehen solltest, wenn du dich an die Konzeption deiner Werbekampagne setzt. Und da wir uns hier mit dem Inhalt und den Werbetexten beschäftigen, erspar ich dir mal alle technischen Fehler, die man begehen kann. (Das wäre eh unfassbar langweilig und zermürbend.)

7.5.1 Von dir auf andere schließen

»Unsere Kunden möchten ihre Rechnung noch per Post bekommen.«, »Das funktioniert bei uns nicht.«, »Das haben wir schon ausprobiert, da hat aber niemand gekauft.« ...

Sätze, die im Marketing- und Agenturalltag Standard sind. Gefährlich werden diese Denkweisen erst, wenn man sich so neuen Innovationen, Experimenten oder Projekten komplett verschließt.

Stell dir mal vor, alle hätten es wie Uli Hoeneß gemacht, und niemand hätte das Internet jemals genutzt. Oder Steve Jobs hätte sich gedacht:

> *»Ach, so klein kriegen wir einen Computer eh nie ...«*

Wie sähe unsere Welt dann heute aus?

Was ich damit sagen möchte: Nur, weil du selbst denkst, dass *»man das halt nicht so macht«* oder dass das *»eh nicht funktioniert«*, heißt das nicht, dass diese Annahme stimmt.

Ich selbst habe das auch schon häufiger erlebt. Ich musste beispielsweise meine Denkweise über Printwerbung revidieren, als ich bei einem Kunden gemerkt habe, dass wir unterstützend zum E-Mail-Marketing noch 147.000 € zusätzlichen Umsatz in einer Sommeraktion allein mit Postwurfsendungen gemacht haben.

Oder dass sich die Conversion Rate drastisch erhöht, wenn man als Bonus auf ein Hochpreisprodukt noch einen kleinen, fast unscheinbar wirkenden Onlinekurs packt, der aber ein sofortiges Ergebnis innerhalb von 7 Tagen verspricht (während das Hauptprodukt eine 12-monatige Begleitung ist).

Damals dachte ich, es wäre nur ein Tropfen auf den heißen Stein. Heute weiß ich: Menschen wünschen sich teilweise Dinge, auf die du nicht mal als erfahrenster Marketer kommst.

Daher ist es so wichtig, deine Zielgruppe zu fragen, ihre Wünsche und ihre Sprache herauszufinden ... und dich selbst mit deiner Erwartungshaltung und Meinung komplett zurückzunehmen.

Simple Mantras, die du dir als Copywriter gebetsmühlenartig selbst vorplappern solltest

- Nur, weil du von etwas überzeugt bist, heißt das nicht, dass andere Menschen es ebenso überzeugend finden.
- Nur, weil es bei einem anderen Kunden in der Vergangenheit funktioniert hat, bedeutet das nicht, dass es jetzt auch bei diesem neuen Kunden funktioniert.
- Und nur, weil für dich Zusammenhänge logisch erscheinen, heißt das nicht, dass deine Leserschaft diese Zusammenhänge ebenfalls sehen und erkennen kann.

Glaub mir, ich habe schon die (in meinen Augen) schönsten Texte und die kreativste, beste Copy verfasst, die ich mir selbst vorstellen konnte – und sie hat so was von abgestunken gegen die »einfache«, direkte Variante.

Und dennoch rate ich dir, auf dein Bauchgefühl zu hören. Wenn du Werbetexte verfasst, bist du *immer* die erste Instanz, die entscheiden muss, ob etwas funktionieren kann ... oder nicht. Versuch dich der Botschaft daher aus verschiedenen Perspektiven zu nähern. Danach kannst du sie anderen Menschen zum Gegenlesen geben, damit dir offensichtliche Sichtweisen offenbart werden, die du eventuell unbewusst ignoriert hast.

Und dann? Gibt es nur eine Lösung: Testen. Und über diese aussagekräftigen (!) Tests herausfinden, ob dem wirklich so ist. (Aussagekräftig bedeutet, dass der Test eine annähernd statistische Signifikanz aufweisen muss, sonst stocherst du nur im Dunkeln.)

7.5.2 Research ignorieren

Stell dir vor, du kennst den genauen Wortlaut, die Ängste, Wünsche und Bedürfnisse deiner Zielgruppe – aber dein Boss oder dein Kunde ist der Meinung, dass seine Formulierung der Big Idea viel, viel, viel besser klingt. Glaub mir, das wird passieren. Und du musst dann die unangenehme Aufgabe übernehmen, immer wieder auf den Research zu verweisen.

Denn logisch, die Kunden drücken sich bestimmt nicht eloquent oder fachlich korrekt aus. Aber genau deshalb machst du ja deinen Research, um herauszufinden, was deine Kunden wollen. Wenn du jetzt diese Erkenntnisse ignorierst – sei es bewusst oder unbewusst –, nimmst du dir jedes Mal enormes Potenzial aus der Kampagne.

7.5.3 Keine Schlüsse aus vorangegangenen Kampagnen ziehen

Auch gerne im Alltag jedes Unternehmens gesehen: astronomische Ziele auszuloben. Think big – einfach manifestieren. Lieber ein großes Ziel zu 80 % erreichen als ein kleines zu 100 %, du weißt schon.

Ja, auch ich bin ein Freund davon, lieber höher als zu niedrig anzusetzen. Meist ist viel mehr möglich, als man zu Beginn denkt. Und wenn du größere Ziele hast, arbeitest du automatisch anders an diesen Zielen. Ziele müssen ambitioniert sein, sicher.

Jetzt kommt das große Aber: Wenn du in der Kampagne letztes Jahr nur 43 Verkäufe hattest und jetzt einfach 1.000 als Ziel auslobst, dann ist das nicht »think big«, sondern einfach realitätsfern. Daher ist es so wichtig, die richtigen Schlüsse aus den vorherigen Kampagnen zu ziehen:

- Was waren die genauen KPIs (Key Performance Indicators)?
- Was lief sehr gut, was überhaupt nicht?
- Können wir das Ergebnis zuverlässig replizieren? Und wie können wir es steigern?

Egal, welche Kampagnen vorher rausgingen, schau sie dir genau an, analysiere sie und versuch daraus zu lernen. Es gibt immer Gründe dafür, weshalb etwas gut funktioniert und anderes überhaupt nicht. Sie sind nicht immer offensichtlich. Daher such sie, finde sie und mach sie besser. Zieh die richtigen Schlüsse.

7.5.4 Davon ausgehen, dass alles sofort perfekt klappen muss

Eine Werbekampagne wird auf dem Reißbrett entworfen, ja. Aber egal, wie gut du bist, egal, wie viele erfolgreiche Kampagnen du schon durchgeführt hast, egal, wie viele Dutzende Instanzen die Kampagne final für gut befunden und abgesegnet haben – es ist und bleibt immer ein »Wild Guess«, ob es auch dieses Mal funktioniert.

Deine erste Aufgabe ist es, die Chancen zu erhöhen, dass es überhaupt klappen kann. Und danach ist deine einzige weitere Aufgabe, die Kampagne zu optimieren und den Status quo immer wieder anzufechten, und zwar nur an einer Stellschraube nach der anderen.

Wie sagte mein früherer Chef Stefan Frädrich immer so schön?

> *»Dem Gehenden schiebt sich der Weg unter die Füße.«*

7.5.5 Keine Vogelperspektive einnehmen

Das habe ich hier schon häufiger erwähnt, aber es ist so immens wichtig, dass dieser Punkt einen eigenen Abschnitt verdient: Wenn du eine aufwendige Kampagne konzipierst, wirst du eintauchen, tief eintauchen. Du wirst dich stundenlang im Research verlieren, erste Ideen generieren, die Struktur der Kampagne planen, wirst versuchen dich in den Köpfen deiner Zielgruppe einzunisten, lose Puzzleteile an den richtigen Platz bringen, dir die Zähne ausbeißen und schließlich nach dem Gold schürfen, das die Seele der Kampagne ausmachen soll. Viel auf einmal.

Was dann zwangsläufig passiert: Du verlierst den Blick für das große Ganze. Du hältst dich zu lange an kleinen Vorteilen oder Sätzen auf, die für das Gesamtkonzept irrelevant sind. Daher musst du immer wieder, fast methodisch, alles zur Seite legen und am Ende jedes Tages oder am Ende jeder Schreibsession von oben auf dein Problem, ergo die Copy, blicken.

Deine Herausforderung ist, dabei einen kühlen, klaren Kopf im überwältigenden Chaos zu bewahren. Was ist wichtig, was nicht? Welche Information muss ich an dieser Stelle geben, welche muss ich weglassen? Wann ist der richtige Zeitpunkt, zum nächsten Schritt überzugehen? Wen möchte ich hier abholen – und wen explizit nicht?

Die Fähigkeit, dich und deine Gedanken immer wieder zurückzunehmen und die Vogelperspektive einnehmen zu können, macht den riesigen Unterschied zwischen einem Junior Texter und einem Weltklasse-Copywriter und Marketingstrategen aus.

Eine kleine Übung, die dir vielleicht dabei helfen kann, wenn du den Wald vor lauter winziger Ästchen nicht mehr sehen kannst:

Übung: Nimm die Vogelperspektive ein

Schreib für jeden einzelnen Schritt in deiner Werbekampagne nur maximal einen Satz auf einem Zettel auf, noch besser nur ein Wort:

- Das Benefit-driven Ad: »Der größte Vorteil deines Angebots.«
- Die Landingpage: »Greift das Ad direkt auf und verstärkt das Verlangen, das Problem zu lösen.«
- Das Angebot: »Weshalb ist das Angebot so gut und besser als andere? Weshalb müssen deine Interessenten handeln?«
- Die Dankeseite nach Kauf: »Erläutert die nächsten Schritte, damit dein Kunde loslegen kann und sein Ziel erreicht.«
- Die erste Mail: »Was muss er als Erstes tun?«

Nimm diesen Zettel dann mit raus, schalt dein Handy auf Flugmodus und geh in die Natur. Ja, da raus. Nun geh schon, vertrau mir! Gewinn Abstand zum Problem. Und geh einfach nur diese Schritte durch: Ergibt jeder Schritt Sinn? Wo könnten Fragen auftauchen? Welche Informationen könnten dem Leser fehlen, um eine vollumfängliche und bedenkenlose Entscheidung zu treffen?

Und solltest du keine Zeit für einen ausgedehnten Spaziergang haben oder gerade einfach keinen Zugang zur Natur, dann mach's wie immer und bitte eine themenfremde Person, deine Copy gegenzulesen.

Bei der Konzeption von Werbekampagnen kann schnell sehr viel schiefgehen. Das Schlimmste, das passieren kann, ist, einen wichtigen Aspekt komplett zu übersehen und somit der gesamten Kampagne die Chance zu nehmen, zu funktionieren.

Daher kann ich es nicht oft genug sagen: Die Vogelperspektive ist das A und O. Und die Fähigkeit, verschiedene Perspektiven einnehmen zu können und etwaige Fragen oder Unklarheiten beim Leser schon vorwegzunehmen. Nun wollen wir aber nicht nur über Fehler sprechen, sondern uns lieber aufs Positive fokussieren – auf die perfekte Konzeption einer Werbeanzeige.

7.6 Die optimale Konzeption einer Werbekampagne

Fassen wir uns hier kurz, denn du hast die einzelnen Disziplinen ja schon in den vorigen Abschnitten kennengelernt – wir bereiten dein perfektes Dokument für deinen Research vor, dein Marketing-Cockpit, und gehen dafür jede Säule einer erfolgreichen Werbekampagne einzeln durch. Bereit?

Wenn sich eine Sterneköchin auf den Tag in ihrem Restaurant und das Zubereiten von köstlichen, exquisiten Gerichten vorbereitet, dann rührt sie nichts an, bevor sie nicht *das* erledigt hat: ihr Mise en Place. Das Mise en Place ist der vorbereitete Arbeitsplatz – die Gewürze, die Messer, die Zutaten, die saubere Arbeitsfläche – alles hat seinen perfekten Platz und liegt griffbereit vor. Und genauso handhaben wir es auch im Copywriting. Wir setzen uns nicht hin und schreiben einfach wild drauflos oder suchen unsere Zutaten auf dem Weg zusammen. Das wäre nicht nur ineffektiv, sondern einfach unprofessionell. Wenn du ganz oben mitspielen möchtest – auf Sternekoch-Niveau –, dann musst du die entscheidenden Säulen deiner Werbekampagne, dein Mise en Place, immer perfekt vorbereitet vorliegen haben. Dazu habe ich dir hier 13 Kriterien zusammengestellt, die in deiner »Küche« auf gar keinen Fall fehlen dürfen und ohne die du auch gar nicht erst anfangen solltest, das Wasser aufzusetzen.

7.6.1 Die grundlegende Idee

Starten wir mit dem, ohne das alles nichts wäre: der Idee. Mit der grundlegenden Idee ist nicht die Big Idea gemeint. Hier sind wir viel pragmatischer. Es geht vielmehr um den Auslöser, die initiale Idee und den Grund der Kampagne.

Weshalb musst du hier überhaupt aktiv werden? Warum willst du die Kampagne machen? Was ist neu daran, welche Sichtweise oder welches Angebot möchtest du deinen Kunden machen?

Willst du beispielsweise ein neues Produkt einführen? Oder geht es dir mit der Kampagne nur um Branding und Kundenbindung? Hat das Unternehmen Kritik abbekommen und möchte jetzt sein Image aufpolieren? Oder hast du einen unglaublichen Steal, eine einzigartige Aktion, die deine Kunden jetzt wahrnehmen sollen?

Du siehst: Fragen über Fragen. Noch bevor du dir darüber Gedanken machst, in welchen paradiesischen Hafen du mit deinem Boot schippern willst, ist die erste Frage: *Warum willst du überhaupt mit dem Boot verreisen?*

7.6.2 Das große Ziel

Was ist das größte Vertriebsziel der Kampagne? Ganz wichtig: Es muss für alle Beteiligten vollkommen klar sein, welches Vertriebsziel verfolgt wird, weil sonst nur Chaos und Störfaktoren der Kampagne schaden werden.

Ein Beispiel, um den Unterschied zu verdeutlichen:

Version 1

Unser Ziel ist, möglichst viele Gespräche mit unseren Vertrieblern zu vereinbaren, um unser Quartalsziel von 300.000 € Neukundenumsatz zu erreichen.

Und nun eine zweite Variante. Merkst du, was anders ist?

Version 2

Unser Ziel ist, mit Produkt A möglichst schnell unser Quartalsziel von 300.000 € Neukundenumsatz zu erreichen.

Scheinbar das gleiche Ziel, oder? Am Ende sollen da 300.000 € an Neukundengeschäft geschrieben stehen. Aber der Weg dorthin, das größte Vertriebsziel, ist ein ganz anderes:

In Version 1 ist unser primäres Ziel, so viele Gespräche wie möglich zu vereinbaren – wie der Umsatz dann durch die Vertriebler zustande kommt, ist zunächst egal.

Bei Version 2 möchten wir möglichst schnell mit Produkt A dieses Ziel erreichen – ob über Vertriebler oder nicht, sei erst mal dahingestellt.

Daraus ergeben sich zwei völlig unterschiedliche Herangehensweisen unserer gesamten Kampagne: Bei Version 1 legen wir unseren kompletten Fokus nur auf die Vereinbarung von Verkaufsgesprächen, bei Version 2 würden wir einen viel direkteren Ansatz verfolgen und die Interessenten direkt vom Kauf überzeugen wollen. Die Informationen, die ein potenzieller Kunde dementsprechend vorher in der Kampagne erhält, sind dann völlig unterschiedliche. Die Frage, die sich stellt, ist dann: *»Verkaufen wir das Gespräch – oder das Produkt?«*

7.6.3 Die Zielgruppe/die Persona

Zur Zielgruppe muss ich nichts mehr sagen, oder? Ängste, Träume, Bedürfnisse, aktuelle Herausforderungen, Motive – alles, was dazugehört, deine wahre Zielgruppe besser zu verstehen. Nutz dafür deine Zielgruppenrecherche und leg dafür ein eigenes Dokument mit den wesentlichen Aussagen und Inhalten an.

7.6.4 Das Angebot

Das haben wir ja auch schon ausführlich besprochen: Welches konkrete Angebot soll in der Kampagne vermarktet werden? Und an welchen Stellen musst du als Copywriter noch mal den Finger in die Wunde legen oder nachbessern, um das Angebot auch wirklich bestmöglich vermarkten zu können? Hier darfst du nicht lockerlassen, bis du ein Angebot hast, das sich gut verkaufen lässt. Prüfe dafür alle 8 Kriterien eines guten Angebots.

7.6.5 Das Versprechen

Hier kann ich mich ebenfalls kurzfassen: Was ist das große Versprechen deiner Kampagne, die Transformation für den Kunden, welches Motiv und welches Bedürfnis sprichst du an – und welches ganz konkrete Problem löst du?

Zur Erinnerung ein schnelles Beispiel

Ein Stanley Cup beispielsweise verkauft nicht nur ein warmes Getränk, sondern vor allem Status und Anerkennung.

7.6.6 Der USP

Leg dich auf deinen einen klaren USP fest und bleib während der Kampagne konsequent dabei. Solltest du irgendwann später auf dem Weg merken, dass es doch noch stärkere USPs geben sollte, die die Zielgruppe besser annimmt, dann kannst du deine Kampagne immer noch neu strukturieren und einen neuen Ansatz wählen. Aber nutz immer nur eine Idee, einen großen USP pro Kampagne.

7.6.7 Die Story

Finde die eine gute Story, die dein Angebot am besten beschreibt und die Transformation deines Kunden bildlich aufzeigt.

Starke Geschichten und starke Bilder bleiben im Kopf. Welche Geschichte möchtest du deinen Lesern erzählen? Welche Emotionen sollen sie empfinden, wenn sie dein Unternehmen, dein Angebot sehen? Um gute Storys zu entwickeln, schau mal in Abschnitt 6.7, »Storytelling – Geschichten, die im Kopf bleiben und zum Handeln auffordern«, und später in Abschnitt 10.4, »Story«, vorbei.

7.6.8 Der Kanal

Auch ein wichtiger Aspekt deiner Vorbereitung: Über welche Kanäle soll deine Kampagne laufen? Wie wird dort kommuniziert, welche Besonderheiten bringt der jeweilige Kanal mit sich?

Mein Tipp

Wenn du noch keine Erfahrung oder nicht die personellen Ressourcen zum Bespielen von mehreren Kanälen hast, konzentriere dich zunächst immer nur auf einen Kanal und werde richtig gut auf diesem. Lieber einen Kanal gemeistert, als fünf Kanäle schlecht bespielt. Auch hier gilt: Fokus und Klarheit bringen den Erfolg. Danach gibt es auch mithilfe von KI gute Möglichkeiten, deine Inhalte für verschiedene Plattformen aufzubereiten und automatisch hochzuladen.

7.6.9 Die Konkurrenz

Zur vollständigen Recherche gehört selbstverständlich auch die Konkurrenzanalyse:

- Was bietet der Wettbewerb an – und zu welchem Preis?
- Welche Besonderheiten gibt es im Markt – was sind generelle »Gepflogenheiten« und was ist der Common Sense im Markt?
- Wie kommunizieren die Branchenführer – und wie kann ich mich mit meiner Kommunikation davon abheben oder einen anderen Teil des Marktes bedienen?

Leg dir eine Tabelle an, in der du die wichtigsten Kriterien und Merkmale deines Wettbewerbs und die klaren, prägnanten Unterschiede zu deinem Unternehmen notierst. Ich empfehle dir, mindestens die Aspekte aus Tabelle 7.2 zu vergleichen.

Kriterium	Erklärung
Angebot	Welche Teile des Angebots unterscheiden sich? Was bietet die Konkurrenz mehr, was weniger?
Preis	Ganz entscheidend. Wie kannst du dich aus dem Preiskampf durch Qualität, Positionierung oder Marketing heraushalten? Und falls nicht, wie kannst du den Preiskampf gewinnen?
Sichtbarkeit	Wie sichtbar ist deine Konkurrenz im Markt? Welche Zielgruppen bedient sie? Und wo liegt noch Potenzial für mehr Sichtbarkeit?
Kommunikation	Wie kommuniziert deine Konkurrenz? Nutzen sie alle die gleiche Sprache und ähnliche Formulierungen? Wie kannst du dich in deiner Kommunikation abheben und einzigartig machen?
Unternehmensgröße	Wie groß ist die Konkurrenz? Unternehmensgröße kann von Vorteil sein – aber auch Agilität und Schnelligkeit kosten.
Kundenstamm	Welche Kunden hat deine Konkurrenz? Wie kannst du diese Kunden geschickt von deiner Lösung überzeugen?
Position am Markt	Wer ist Branchenführer? Welche Positionen am Markt sind bereits besetzt – und in welche Segmente des Marktes kannst du noch vorstoßen?
Budget	Wie viel Budget steht der Konkurrenz zur Verfügung? Kannst du in Sachen Werbebudget mithalten? Oder musst du dir andere Möglichkeiten einfallen lassen?

Tabelle 7.2 Kriterien, anhand derer du deine Konkurrenz analysieren solltest

Wie tief du in die Konkurrenzanalyse einsteigst, hängt auch stark von der Markt- und Unternehmensgröße ab. Häufig reicht es, ein sehr gutes Verständnis für die Konkurrenzsituation zu entwickeln, um schnell zu erkennen, in welchen Punkten man sich abheben kann. Je größer das Unternehmen und je umkämpfter der Markt, desto ausführlicher fällt diese Analyse natürlich aus, da schon Nuancen wie eine Preisanpassung um 20 Cent einen enormen Unterschied in der Vermarktung ausmachen können.

7.6.10 Der Preis

Der Preis ist wie oben beschrieben eigentlich ein Teil des Angebots. Und dennoch möchte ich ihn in der Konzeption noch einmal separat herausnehmen, denn Preistests und verschiedene Angebote für verschiedene Kampagnen und/oder Zielgruppen ergeben sehr viel Sinn und sind auch unabhängig vom initialen Angebot zu sehen.

Nehmen wir mal als Beispiel das Ticketing für ein Event: Selbstverständlich solltest du je nach Sitzplatzkategorie eine feste Preisstruktur haben, z. B.: 49 € für Kategorie 3 (Oberrang), 79 € für Kategorie 2 (Unterrang) und 119 € für Kategorie 1 (Innenraum). Dann kannst du auch noch, um die Marge zu erhöhen, einen streng begrenzten VIP-Bereich anbieten, der sogar schon 349 € inklusive Essen, Getränken und Meet & Greet enthält. So weit, so gut. Das wäre dein normales Angebot.

ABER: Um den Verkauf anzukurbeln, kannst du noch weiter am Preis schrauben, indem du verschieden Preisphasen mit Rabatten anbietest. Klassisch werden hier oft die Super-Early-Bird-, Early-Bird- oder auch Letzte-Plätze-Phasen genutzt. Jede Phase hat ein begrenztes Kontingent. Wenn du also in der Super-Early-Bird-Phase zuschlägst, dann erhältst du dein Ticket für unglaubliche 50 % Rabatt – egal, welcher Kategorie. Gilt aber nur für die ersten 200 Plätze. Du verstehst das Spiel.

Preispsychologie ist eine superspannende Disziplin für sich, sodass ich am liebsten noch viel tiefer darin eintauchen würde, aber … huch, schon so spät?! Wir müssen schnell weitermachen!

7.6.11 Die Sicherheit/die Garantie

Ein unfassbar starker Conversion-Booster ist, wenn du eine Garantie oder Sicherheit in deine Kampagne einbaust. Menschen entscheiden sich leichter, wenn sie die Option besitzen, im Zweifel von dieser Entscheidung wieder zurücktreten zu können, oder wenn du ein Ergebnis oder eine Leistung garantieren kannst. Je mehr Klarheit und Sicherheit, desto höher fällt die Abschlussrate aus.

14 Tage Rücktrittsrecht sind ja ohnehin gesetzlich vorgeschrieben. Wieso dann nicht einfach auf 60, 90 oder noch mehr Tage verlängern? Jetzt denkst du vielleicht: »Das kann ich doch nicht machen, so kann ich mit dem Umsatz doch gar nicht planen!« Doch, kannst du: Denn die Stornoquote ist bei solchen langen Garantien weit niedriger als du denkst. Aber die Abschlussquote durch die Garantie weit höher. Du musst nur beides einkalkulieren und deinen Cashflow selbstverständlich planen. Aber glaub mir, mit einer Garantie in deinem Angebot und deiner Marketingkampagne kommst du weit besser weg als ohne.

Es muss aber nicht nur eine Erstattung der Kosten sein, du kannst beispielsweise auch eine Servicegarantie geben: Du begleitest und unterstützt den Kunden so lange, bis er alles verstanden und sein gewünschtes Ergebnis erhalten hat. Oder du gibst eine Bestpreisgarantie, sollte die Konkurrenz billiger sein. Werd einfach kreativ!

7.6.12 Das Werbebudget

Der Aufbau der Kampagne, die Varianz an Tests und schlussendlich auch das Ziel der Kampagne stehen und fallen natürlich mit dem Werbebudget. Um überhaupt signifikante Ergebnisse zu erzielen, sollten einer Onlinewerbekampagne schon mindestens 5.000 € an Werbebudget zur Verfügung stehen. Je höher das Werbebudget, desto mehr Zielgruppensegmente, Copy-Angles und Creatives kannst du gegeneinander testen und so auch schneller eine Tendenz erkennen.

Ganz wichtig: Du testest als Erstes immer nur Botschaften, erst danach Formate! Find so schnell wie möglich heraus, auf welche Botschaft deine Zielgruppe am besten reagiert. Und dann versuchst du, diese Botschaft durch verschiedene Formate (Creatives, statische Bilder, Videos etc.) zu validieren.

Solltest du schnell einen klaren Gewinner identifizieren und sollte sich dieser über die weiteren Formate bestätigen, heißt es: Double Down auf diese Botschaft. Jetzt entwickelst du nur noch so viele kreative Varianten derselben Botschaft, wie irgend möglich.

7.6.13 Die Szenarien

Das Ziel deiner Kampagne solltest du ja schon zu Beginn klarhaben, aber du solltest auch auf mögliche andere Szenarien vorbereitet sein.

Eine Zielerreichung sollte in Unterziele unterteilt sein, beispielsweise ein Minimalziel von 60 % Zielerreichung, das realistisch gewünschte Ergebnis von 100 % und ein übertroffenes Ziel von 120 %. Darüber hinaus sollte einer Kampagne die Zeit und der Raum gegeben werden, zunächst anzulaufen. Du solltest die Ergebnisse nicht frühzeitig überinterpretieren, also auch nicht zu schnell Änderungen vornehmen, bevor sich nicht eine klare Tendenz abzeichnet.

Nur weil du nicht direkt deine Zahlen erreichst, bedeutet das nicht, dass eine Kampagne nicht erfolgreich ist. Und umgekehrt heißt das ebenfalls nicht, dass die Kampagne das gewünschte Ergebnis erzielt, nur weil die KPIs stimmen. Die Betrachtungsweise sollte holistischer sein.

Okay, das habe ich jetzt sehr verwirrend und kryptisch ausgedrückt. Lass mich klarer werden: Wenn du Werbung schaltest, sind natürlich der ROI (Return on Investment) oder der ROAS (Return on Ad Spend) entscheidend – aber vergiss bitte nicht, dass Werbung immer auch einen Branding-Faktor hat und du ebenfalls enorm viel über deine Zielgruppe und das Nutzer- bzw. Käuferverhalten erfahren wirst.

Das bedeutet, selbst wenn der ROI nicht sofort stimmt, kann die Kampagne auch auf anderem Wege für Sales sorgen oder der ausschlaggebende Punkt sein, dass sich nun Interessenten aus einer alten Kampagne wieder melden.

Und wenn du umgekehrt einen unglaublich guten Leadpreis erzielst und all deine prognostizierten Quoten übertriffst, kann es dennoch sein, dass du die falschen Menschen mit deinen Werbemaßnahmen anziehst – und ein paar Wochen oder Monate später die Sales einbrechen, weil du vorher die falschen Leute eingekauft hast.

Was ich nur sagen möchte: Sei auf alles vorbereitet. Und reagiere dadurch schneller, sollte etwas mal nicht wie erwünscht laufen. Daher solltest du schon vorab unterschiedliche Szenarien durchspielen und berücksichtigen. Eine Kampagne muss in sich geschlossen und ebenso im gesamten Unternehmenskontext funktionieren.

7.6.14 Ein Beispiel für die Konzeption deiner Kampagne

Jetzt kennst du die wichtigsten Kriterien einer erfolgreichen Werbekampagne. Denk an die 40/40/20-Regel: Sollte deine Kampagne nicht funktionieren, setz zunächst an der Zielgruppe oder dem Angebot an. Danach solltest du deine Werbebotschaft prüfen – passt diese zum Angebot und zur Zielgruppe? Erst, wenn du diese Möglichkeiten abgeklappert hast, kümmerst du dich um andere Aspekte wie die Story oder den Vergleich zur Konkurrenz.

Ich seh's schon wieder an deinem Blick: Es ist Zeit für ein konkretes Beispiel, oder? Bekommst du. Aber nur kurz angerissen – dein Dokument sollte nach deiner Recherche natürlich viel umfangreicher sein.

Nehmen wir mal die Konzeption einer Kampagne für einen ... ach, komm, wie wär's mit einem Copywriting-Kurs? Aber einen seriösen, wie der in Tabelle 7.3.

Konzept	Beispielformulierung
die Idee	ein Copywriting-Coaching, das Textern dabei hilft, sich nebenberuflich selbstständig zu machen
das große Ziel	10 Verkäufe nach Beratungsgespräch – mindestens 25 Beratungsgespräche vereinbaren
der Kundenavatar	▪ textaffine Menschen aus dem entfernten Marketingbereich, die mit ihrem Verdienst nicht zufrieden sind ▪ Angst, für das Alter nicht genug zurücklegen zu können ▪ Menschen, die sich bei der Arbeit übersehen fühlen und endlich für ihre Leistung wahrgenommen werden möchten ▪ die Suche nach einer neuen Herausforderung und einer gewissen Bestimmung im Leben – nicht mehr passiv am Leben teilnehmen, sondern aktiv handeln ▪ Neugier und Freude daran, eine neue Fähigkeit zu lernen und auszutesten, ob die Selbstständigkeit etwas für einen ist ▪ usw.
das Angebot	▪ 10 Wochen Coaching (online und 1:1-Calls) ▪ Begleitung auch über die 10 Wochen hinaus ▪ in Raten zahlbar ▪ mehrere Boni ▪ usw.
das Versprechen	»In nur 10 Wochen Copywriting lernen – und nebenberuflich monatlich 1.000 € dazuverdienen«
der USP	10 Jahre Erfahrung in nur 10 Wochen erhalten
die Story	Beispiel: Heldenreise anhand der Kursleiterin. Wie hat sich ihr eigenes Leben nach dem Start der Copywriting-Selbstständigkeit zum Positiven verändert?
das Werbemittel	ein Webinar
der Kanal	Hauptkanal: Meta Ads (Facebook und Instagram), plus Social Selling Posts auf LinkedIn
die Konkurrenz	weitere Onlineausbildungen von anderen Copywritern

Tabelle 7.3 Ein kurzes Beispiel für die Konzeption einer Werbekampagne anhand eines Copywriting-Kurses

Konzept	Beispielformulierung
der Preis	3.299 € netto. auch in 3, 6 und 12 Raten zahlbar
die Garantie	Ich begleite dich nach den 10 Wochen das gesamte Jahr, bis du deinen ersten Kunden gewonnen hast – falls nicht, erhältst du dein Geld komplett zurückerstattet.
das Werbebudget	zum Start mindestens 8.000 € bis maximal 12.000 €
die Szenarien	■ Erstes Ziel: mindestens 500 Kontakte einsammeln (Leadpreis höchstens 15 €) ■ Zweites Ziel: Break-even (ca. 10.000 €) ■ Drittes Ziel: Umsatzziel #1 erreichen – 33.000 € ■ Viertes Ziel: übertroffenes Umsatzziel #2 erreichen – 50.000 € ■ Worst-Case-Szenario: Kein Kauf nach Webinar – was ist der Fall-Back-Plan? ■ Best-Case-Szenario: ROI von über 5 erreicht und so profitablen Vertriebskanal gefunden ■ Nächste Schritte: Was biete ich den Nichtkäufern an? Was kommt danach?

Tabelle 7.3 Ein kurzes Beispiel für die Konzeption einer Werbekampagne anhand eines Copywriting-Kurses (Forts.)

So, jetzt hast du wirklich alle relevanten Informationen zusammengefasst. Daraus kannst du jetzt die erste Botschaft deiner Werbekampagne schnüren.

Das Ergebnis: Die Botschaft der Kampagne in kurzen Sätzen zusammengefasst

»Werde zur wertvollsten Person im Raum: In nur 10 Wochen verstehen, wie Menschen Kaufentscheidungen treffen – und dir nebenberuflich von zu Hause aus monatlich 1.000 € mit Werbetexten dazuverdienen.«

Ist jetzt noch nicht das Allerkreativste, die Botschaft kann man ganz bestimmt noch feinschleifen und nach und nach besser machen. Doch sie ist klar, präzise und spricht die tiefsten Bedürfnisse der Zielgruppe an.

Der Claim »Werde zur wertvollsten Person im Raum« ist übrigens auch von Joanna Wiebe und gefällt mir sehr gut. Aber er entfaltet natürlich auch erst über die Kampagne hinweg so richtig seine Power und baut dadurch noch mehr Verlangen auf.

7.7 Auf einen Blick

Du hast nun dein Mise en Place zusammen: deine Recherche fein säuberlich zusammengefasst in deinem Marketing-Cockpit, deine Zielgruppe genau analysiert und dein Angebot perfekt geschnürt. Mit diesen Dokumenten und der KI auf Kurzwahl bist du nun bestens gerüstet für den Aufbau deiner einzelnen Copy-Elemente, mit denen wir uns im kommenden Buchteil befassen. Darüber hinaus kennst du dein großes Ziel der Kampagne, hast die Konkurrenz durchleuchtet und hast deine Big Idea, deine Benefits und erste Storys gefunden sowie verschiedene Szenarien gedanklich durchgespielt.

Kurz, du hast die Vorbereitung, Recherche und Konzeption abgeschlossen und so schon die halbe Miete für den Erfolg deiner Kampagne im Sack. Bringen wir nun diese Erkenntnisse in die richtige Reihenfolge.

Teil III

Der Aufbau von überzeugendem Marketing

Kapitel 8

Bewährte Formeln und Konzepte für jeden Werbetext

Bevor wir mit dem Aufbau der einzelnen Conversion-Elemente beginnen, musst du verstehen, wie Werbetexte im Allgemeinen strukturiert sind. Dazu gehen wir die grundlegenden Konzepte und Formeln von Werbetexten und Marketing gemeinsam durch.

1: Was wäre, wenn du die EINE Formel kennen würdest, durch die du alles an jeden verkaufen könntest?

2: Glaubst du nicht, dass das möglich ist? Diese Formel gibt es – und sie funktioniert seit über 120 Jahren in jeder Branche der Welt.

3: Wie würde es sich für dich anfühlen, dir nie wieder darüber Gedanken zu machen, wie du deine Copy aufbauen solltest – weil du immer den perfekten Fahrplan hast?

4: Klingt gut? Dann lies dieses Kapitel aufmerksam durch und erfahre mehr über die universellen Konzepte, die dein Marketing erst richtig erfolgreich machen.

Falls du jetzt denkst: »Was ist denn mit *ihm* jetzt plötzlich los?«, dann zurecht. Was habe ich hier gemacht? Ich habe den Einstieg bereits nach der *AIDA-Formel* verfasst.

8.1 Die AIDA-Formel

Jetzt sag mir nicht, du hast noch nie von der AIDA-Formel gehört? Im Marketing ist sie ungefähr so wichtig, wie der Topspin beim Tennis. Das Akronym AIDA steht für: Attention, Interest, Desire und Action.

Und falls du sie schon kennst, kannst du diesen Part getrost überspringen. Der Vollständigkeit halber muss ich sie dennoch erklären – nur für den Fall …

8.1.1 Attention – Aufmerksamkeit

Am Anfang jeder Marketingbotschaft gibt es nur ein einziges Ziel: die Aufmerksamkeit des Lesers einzufangen. Denn wenn niemand an deinem Werbetext hängen bleibt, dann wird ihn ja auch niemand lesen. Du erinnerst dich an Ogilvys Satz?

> *»[...] it will pass like a ship in the night.«*

Attenzione erreichst du mit guten Headlines und Hooks. Dazu wirst du einige Beispiele und Formeln in Kapitel 10, »So geht Copy!«, erhalten, aber wir können hier schon mal einen kleinen Blick riskieren:

Beispiele, um die Aufmerksamkeit einzufangen

- »Wie wär's: Als Geschäftsführer jede Woche 20 Stunden mehr Zeit?«
- »Wie würde es sich anfühlen, körperlich 10 Jahre jünger zu sein?«
- »Der Grund Nummer 1, weshalb du trotz Diäten nicht abnimmst:«

Wie du die Aufmerksamkeit genau einfängst, das ist die entscheidende Frage. Du kannst schreien, toben, provozieren, zum Denken anregen, zum Lachen bringen, subtil kommunizieren, große Versprechen machen, kurios sein, schrill, drüber oder auch ganz leise, seriös – oder unseriös. Welchen Weg du wählst, hängt stark vom Markt, dem Unternehmen und deiner Zielgruppe ab. Aber ich möchte dir trotzdem einen Rat und meine Einschätzung mitgeben: Bitte sei eben *nicht* unseriös und versuch nicht um jeden Preis, nur die Aufmerksamkeit einzufangen. Es muss schon einen sinnhaften Kontext geben. Ich habe schon Hunderte Werbeanzeigen gesehen, in denen für die Aufmerksamkeit irgendetwas zerstört oder verbrannt wurde – auch, wenn es nur Papiergeld war.

Du kennst diese *Pattern Interrupts*. Sie sind eine Technik, um den Autopiloten des Gehirns und Denkmuster zu durchbrechen, indem man versucht, die Routine mit einem unerwarteten Ereignis zu stören. Pattern Interrupts sind super – du solltest sie für die Aufmerksamkeit im Marketing auch gezielt einsetzen.

Aber Geld verbrennen? Ich für meinen Teil finde das einfach nur geschmacklos. Aufmerksamkeit? Ja, schon. Aber würde ich bei so jemandem kaufen? Never. Abgesehen davon ist es auch einfach ausgelutscht und unkreativ.

Viele verwechseln Marketing mit »lauter schreien«, mehr auf die Kacke hauen, mit Superlativen um sich werfen. Erst vor Kurzem habe ich eine Werbeanzeige gesehen, in der ein 25-Jähriger behauptet, seine Agentur sei eine der führenden Marketingagenturen Deutschlands – mit acht Mitarbeitern. Aha. Ist man dann nicht schon europaweit unter den Top 1 %? Wie bescheiden er doch ist.

Du merkst, Aufmerksamkeit ist wichtig, aber du schadest dir und deiner Marketingkampagne, wenn du sie um jeden Preis erhaschen willst. Aufmerksamkeit ohne Substanz bleibt halt nur Aufmerksamkeit und liefert keine Ergebnisse. Du kannst aber auf vielen anderen, geschmackvolleren Wegen die Aufmerksamkeit einfangen. Dazu kommen wir ebenfalls noch.

8.1.2 Interest – Interesse

Sobald du die Aufmerksamkeit eingefangen hast und die Augen auf deine Werbebotschaft gerichtet sind, musst du ein echtes Interesse bei deinem Leser erwecken. Denk an die große Frage, die sich jeder Leser unbewusst oder bewusst stellt: »*Was hab ich davon? What's in it for me?*«

Wie kannst du das Interesse an deinem Werbetext verstärken? Antwort: Indem du ihm schnell genau das gibst, was er hören will: »*Was hab ich davon?*« Und zwar mit dem großen Versprechen deines Angebots.

So weckst du Interesse

- »Klingt unrealistisch? Das habe ich auch erst gedacht ... aber als ich diesen einfachen Tipp konsequent durchgesetzt habe, konnte ich kaum glauben, wie viel Zeit ich früher einfach so verschwendet habe! Und nein, ich rede hier nicht von irgendwelchen Produktivitätstools – sondern von einem simplen Zeitmanagement-Trick.«
- »Das ist für dich nicht möglich, denkst du? Doch ist es – erst letzte Woche hat mir meine Kundin Lia ein Bild von ihrer Smartwatch geschickt ... und ihr Fitnessalter war 32 statt 42 Jahre! Und das innerhalb von nur 6 Monaten mit einer simplen Fitnessroutine, die nicht länger als 20 Minuten pro Einheit dauert.«
- »Der Grund, weshalb deine Fettpolster trotz Sport und Kaloriendefizit bleiben: Stress. Doch wie sollst du deinen Stress reduzieren? Du hast schließlich einfach viel zu tun ...«

Ist das Interesse einmal geweckt und das Versprechen packt den Leser, dann gibt es jetzt in der Regel zwei Szenarien:

1. Er ist am Haken und will mehr erfahren.
2. Er ist skeptisch und glaubt dir nicht, dass du dieses Versprechen einhalten kannst.

So oder so, jetzt gilt es im nächsten Schritt, die Skepsis loszuwerden oder das Interesse zu verstärken – und das tiefe, sehnlichste Verlangen im Leser nach der Lösung zu entfachen.

8.1.3 Desire – Verlangen

Was bringt deinen Leser dazu, etwas wirklich zu wollen? Also so unbedingt und brennend, dass er gar nicht anders kann, als es einfach haben zu *müssen*? Ich sag's dir: Du musst das Bild im Kopf deines Lesers ausmalen, in dem er sich selbst mit dem Produkt sieht – und wie viel besser sein Leben damit ist.

Präziser formuliert musst du ihm seine Transformation anschaulich zeigen. Wie sieht sein Leben danach aus? Wie viel besser wird er sich fühlen? Hier spielst du die gesamte Klaviatur an Benefits, komponiert zu einer Sinfonie, die ein paradiesisches Gefühl erzeugt. Entfache ein brennendes Verlangen nach deinem Angebot:

Das Verlangen nach der Lösung

- »Womit würdest du 20 Stunden pro Woche mehr Zeit verbringen? Mit Freunden? Sport? Familienausflügen? Oder einfach damit, mal endlich runterzukommen und zu entspannen?«
- »Wie würde es sich anfühlen, endlich wieder die Treppe hochzulaufen, ohne aus der Puste zu sein? Einfach loslaufen zu können und Kilometer um Kilometer abzureißen? Und morgens energetisch aufzustehen, weil du dich einfach wieder fantastisch fit wie vor 10 Jahren fühlst?«
- »Mit besserem Schlaf und 5-minütigen Achtsamkeitsübungen kannst du deinen Stress um bis zu 80 % reduzieren – dadurch fühlst du dich nicht nur endlich wieder frei und leicht, auch das Fett schmilzt wieder.«

Lass deinem baldigen Kunden so richtig das Wasser im Munde zusammenlaufen. In diesem Part wird die eigentliche Kaufentscheidung getroffen. Beide vorherigen – die Aufmerksamkeit und das Interesse – waren ausschließlich dazu da, deinen Leser an diesen Punkt zu führen, an dem er jetzt selbst davon überzeugt ist, dass er dein Angebot unbedingt haben muss. Sehr gut. Jetzt fehlt nur noch ein Schritt, ein letztes Puzzleteil, das deinen Leser vom Erreichen seines sehnlichsten Traums trennt: die finale Handlung.

8.1.4 Action – Handlung

Viele unterschätzen den letzten Part der AIDA-Formel, die Action. Klar, jeder weiß, dass nun die Handlungsaufforderung kommt. Doch meist wird diese nur durch einen simplen Call to Action wie »Jetzt kaufen« oder »Hier klicken« ausgeführt. Dabei ist dieser Schritt essenziell für den Erfolg der AIDA-Formel, deines Marketings und deiner Werbetexte – hier liegt noch viel, viel mehr Potenzial als nur ein kleiner Button und ein 08/15-Text. Lass mich dir dafür wieder drei Beispiele geben:

Jetzt zur Handlung auffordern

- »Du möchtest erfahren, mit welcher simplen, uralten Technik es möglich ist, deinen Prioritäten Termine zu geben – statt deinen Terminen Priorität? Dann klick jetzt hier und sicher dir den kostenlosen Leitfaden – für mehr Zeit für die wirklich wichtigen Dinge im Leben.«
- »Du willst dich auch jung, frisch, vital und einfach wohl in deiner Haut fühlen? Dann meld dich jetzt zu unserem kostenlosen Probetraining an – schlag dem Zahn der Zeit ein Schnippchen!«
- »Du möchtest deinen Schlaf verbessern und dein Stresslevel erheblich senken? Nicht nur gegen deine Fettpölsterchen – sondern für dein allgemeines Wohlbefinden und ein leichteres Gefühl? Dann lad dir jetzt die App herunter und teste sie 1 Monat völlig kostenlos – und wenn sich dein Sleep-Score in den 30 Tagen verbessert, erhältst du sogar noch einen weiteren Monat von uns als Belohnung geschenkt!«

Die meisten verwechseln die Handlungsaufforderung mit unangenehmem Drücken oder sogar dem Manipulieren des Lesers, weshalb sie sich häufig zieren, diese Aufforderung so direkt zu kommunizieren. Dabei ist es einfach nur der unausweichliche Schritt, den der potenzielle Kunde gehen muss, um sich seinem Traumszenario zu nähern. Lässt man diesen Schritt weg, weiß der Kunde nicht, was zu tun ist, und springt eher ab, obwohl er eigentlich kaufen möchte!

Stell dir nur mal vor, du verkaufst Schmuck. Eine potenzielle Kundin spart schon seit Jahren auf diese eine Kette von Cartier, das schönste Schmuckstück, das sie jemals gesehen hat. Schon ewig träumt sie genau von dieser Kette. Nun hat sie endlich das Geld zusammengespart, um sie sich zu leisten. Passenderweise hast du gerade ein Angebot – 15 % Ermäßigung auf Ketten von Cartier. Aber du informierst deine Kunden nicht über alle Kanäle und sagst auch nicht, wie sie diesen Rabatt erhalten, weil du sie nicht nerven möchtest. Dann würde diese Kundin einen Haufen Geld woanders ausgeben – und sogar mehr zahlen.

Ich möchte nur sagen: Wenn du etwas Besonderes anzubieten hast, dann solltest du es deinen Lesern auch mitteilen und sie auffordern, zu handeln. Das sind alles erwachsene Menschen, sie können dann selbst entscheiden, ob sie das Angebot wahrnehmen möchten, oder nicht.

Damit möchte ich ekliges Marketing und Zuspammen gar nicht relativieren. Du musst das natürlich geschmackvoll machen. Aber gerade in Deutschland regen sich die Menschen immer furchtbar schnell auf, sobald man online ein Angebot macht. Das sind aber auch die gleichen Menschen, die sich bei Metro einen Jahresvorrat Kinderriegel mit einem ausgeschnittenen Coupon sichern, weil sie sparen können.

Es ist etwas paradox. Aber so ist das halt, es ist nichts Verwerfliches daran, ein Angebot zu machen und zur Handlung aufzufordern, solange man nicht die Ebene des guten Geschmacks verlässt.

Wie du gute Calls to Action und solche Sektionen formulierst, das besprechen wir ebenfalls in Kapitel 10, »So geht Copy!«, noch genauer. Du kennst nun also die wichtigste Formel im Marketing – lass uns auf dieser Basis noch zwei weitere Formeln besprechen.

8.2 Die PAS(O)-Formel

Die *PAS*- oder auch *PASO-Formel* basiert – wie die meisten Marketingformeln – im Prinzip auf der AIDA-Formel. PAS steht für Problem, Agitate, Solution. Hinzu kommt der Outcome, wenn man möchte.

8.2.1 Problem

Zunächst musst du das spezifische Problem der Zielgruppe ansprechen. Ich weiß, ich wiederhole mich in diesem Buch, aber sei dabei bitte so präzise wie möglich.

Sprich das Problem deines Lesers direkt an

- »Du setzt bereits 6 KI-Tools in deinem Alltag ein ... aber fühlst dich dadurch irgendwie langsamer statt schneller?«
- »Seit Jahren versuchst du diese letzten 4 Kilo abzunehmen – aber du bleibst immer beim gleichen Gewicht, egal, was du tust?«
- »Du hast mit plötzlichen Schweißausbrüchen in Meetings mit dem Vorstand zu kämpfen?«

Je genauer du das Problem benennen kannst, desto aufmerksamer ist dein Leser und umso gesehener fühlt er sich.

8.2.2 Agitate

Mit Agitate kommt die Besonderheit der Formel: Du musst dieses Problem verstärken, deinen Leser noch weiter aufwühlen, um eine noch stärkere emotionale Reaktion zu erhalten. Was bedeutet es für ihn, wenn dieses Problem nicht gelöst wird?

Den Finger in die Wunde legen

- »Jeden Tag siehst du ein neues Video, wie andere scheinbar spielend leicht viel schneller in ihrer Arbeit werden – und du bist komplett überfordert, weil es bei dir einfach nicht so klappt.«

- »Crash-Diäten, Cardio ohne Ende, viermal die Woche ins Fitnessstudio – du fühlst dich nur noch schwach und kaputt. Doch die Anzeige auf der Waage bleibt gleich.«
- »Es ist nicht nur unangenehm und du schämst dich, viel schlimmer: Du vermeidest die Situationen, damit es erst gar nicht erst so weit kommt ...«

Du sollst natürlich nicht übertreiben, geschweige denn beleidigend werden. Es geht darum, die Konsequenzen des Problems und des Nichthandelns noch direkter anzusprechen. Das kann auch ganz soft oder indirekt sein. Aber es reicht halt nicht, einfach nur das Problem zu nennen – dein Leser soll sich selbst in der Situation sehen und die Konsequenzen spüren. Ob er dann bereit ist, dieses Problem zu lösen, ist schließlich seine eigene Entscheidung.

8.2.3 Solution

Jetzt musst du dem Leser deine Lösung präsentieren – wie lässt du dieses große, dringende Problem mit Leichtigkeit verschwinden? Was muss dein Leser genau tun, um den Zustand, den du in der Agitation veranschaulicht hast, um jeden Preis zu vermeiden?

Löse das Problem

- »Da geht es dir wie vielen momentan ... Aber hier ist die Lösung: Komm in unseren KI-Crashkurs und wir zeigen dir in nur 60 Minuten die wichtigsten KI-Tools, die du im Alltag brauchst und wie du sie einsetzt.«
- »Dann liegt es wahrscheinlich nicht an dir, sondern daran, dass du ein entscheidendes Puzzleteil übersiehst! Komm in unsere kostenlose Ernährungs- und Trainingsanalyse und wir zeigen dir, wie du endlich die lästigen Kilos loswirst – ganz ohne Crash-Diäten oder stundenlanges Cardio.«
- »Mit unserem 48-Stunden Anti-Stress-Deodorant kommst du gelassen durch jedes Meeting. Egal, was auf dich zukommt.«

Wenn der Leser weiß, wie sein Problem gelöst werden kann, dann solltest du in guter alter Copywriter-Manier wie immer zur Handlung auffordern. Das können eine kostenlose Anmeldung, ein Download, das Eintragen auf eine Warteliste oder das Buchen eines Gesprächs oder auch ein direkter Kauf sein. Solltest du aber noch einen Schritt weitergehen wollen, weil deine angebotene Lösung nur eine Teillösung war, dann kannst du der PAS-Formel zum Schluss noch ein kurzes O anhängen: den Outcome.

8.2.4 Outcome

Der Outcome ist das zusätzliche O der PAS-Formel – diesen Part kannst du, musst du aber nicht hinzufügen. Es eignet sich aber besonders gut, wenn du beispielsweise eine Mail-Serie hast oder ein kleines Problem vollständig löst. Benenne dazu zum Schluss das große Endergebnis für den Kunden nach der Lösung.

Was ist das Endergebnis für deinen Leser?

- »Damit du dich endlich wieder deiner Zeit voraus fühlst – anstatt ihr hinterherzurennen.«
- »Damit du gesund, glücklich und befreit deinem Sport nachgehen kannst – völlig ohne den Druck, mehr machen zu müssen.«
- »Nie wieder Gedanken darüber machen, ob du zu viel schwitzt – sondern dich voll und ganz auf deine Performance konzentrieren.«

Dein Leser hat also ein vollständiges Ergebnis mit deiner Lösung erhalten – kommuniziere dieses daher auch. Aber was kommt nach dem Endergebnis? Denn schließlich wartet ja schon das nächste Problem direkt um die Ecke, wenn du eines gelöst hast. Ich habe es ja schon mal erwähnt: herausragendes Copywriting antizipiert immer schon den nächsten Schritt, das nächste Problem deines Lesers. Wenn du immer schon gedanklich einen Schritt weiter bist, ist der jetzige Schritt viel klarer – sowohl für dich als Verfasser der Werbetexte als auch für den Kunden.

8.3 Die 4P-Formel

Die *4P-Formel* ist eine meiner Lieblingsformeln, da sie so schön einfach und anschaulich ist – und so gut funktioniert. Wann immer dir mal die Ideen ausgehen oder die Struktur fehlt, wenn du schnell einen Werbetext schreiben möchtest, dann nutz gerne die 4P-Formel. Auch sie basiert auf dem Konzept der AIDA-Formel mit einer leichten Abweichung.

Die 4P-Formel hilft dir dabei, einen strukturierten und überzeugenden Text zu schreiben, der die Leser von Anfang an abholt, ihnen eine Lösung präsentiert, diese glaubhaft untermauert und schließlich zu einer klaren Handlungsaufforderung führt. Daher unterteilen wir die Copy in 4 Teile – die »4 Ps«:

- Picture (Bild)
- Promise (Versprechen)
- Proof (Beweis)
- Push (Handlung)

(Manche nennen sie auch Problem, Promise, Proof, Proposal ... ist aber Jacke wie Hose.) Nehmen wir einfach E-Mail-Marketing als Beispiel für die Anwendung der 4P.

8.3.1 Picture – das Bild

Zunächst gilt es, ein Bild im Kopf deiner Leser zu erzeugen. Dazu musst du einen Traumzustand oder ein Horrorszenario ausmalen. Hier ist wichtig, die vorher gesammelten Wünsche oder Schmerzpunkte der Zielgruppe perfekt zu adressieren (aus deinem Research aus Kapitel 7, »Konzeption und Recherche«).

Je besser du das Problem oder den Wunsch beschreibst, desto erfolgreicher die Mail. Ich habe dir mal jeweils ein Beispiel für einen Traumzustand und ein Horrorszenario mitgebracht. Wie bereits in Kapitel 6, »Die Grundprinzipien erfolgreicher Copy«, angekündigt, nutze ich dafür wieder mein geliebtes Rombeispiel als Traum:

Beispiel für einen Traumzustand

»Du sitzt in der angenehmen Sonne Roms.

Es ist 10:20 Uhr, dein Espresso vor dir bereits ausgetrunken.

Du siehst den Kellner mit deinem zweiten Espresso im Anmarsch, während du entspannt auf den »Versenden«-Button drückst und zufrieden den Laptop zuklappst.

In der letzten halben Stunde hast du eine Verkaufsmail an deine Kontakte geschrieben und kannst nun den Rest des Tages auf deinem Handy live mitverfolgen, wie die Verkäufe hereinkommen.

›Ping‹ – da ist schon der erste.

Du setzt die Sonnenbrille auf, nippst an deinem Espresso und lässt den Blick über die Piazza Navona streifen. Das Leben ist gut. Sehr gut.«

Hach, da läuft mir jetzt schon wieder das Wasser im Mund zusammen, wenn ich an Rom, den Espresso, die Sonne und das fantastische Essen denke.

Und nun ein Beispiel für den Schmerz, den die Zielgruppe um jeden Preis vermeiden will:

Beispiel für ein Horrorszenario

»WAS? Schon wieder nicht zugestellt?!?

Das KANN doch gar nicht sein, ich habe doch alles richtig gemacht? Warte – wieso ist die denn auch nur an 467 Kontakte rausgegangen, in der Gesamtliste sind doch über 3.250 Adressen?

Und statt Anfragen sind jetzt 6 Beschwerden eingegangen, toll. Wann soll ich die denn noch beantworten ...?

...

Kennst du das? Nervt dich dein E-Mail-Marketing-Tool auch zu Tode und sorgt es für mehr Probleme als Lösungen?«

In diesem Fall kann ein ähnliches Szenario mit gleichem Thema dennoch zum Problem werden, wenn die Technik einfach nicht mitspielt. Es gibt auch ein paar Produkte und Leistungen, die lassen sich fast ausschließlich über Horrorszenarien verkaufen, beispielsweise Alarmanlagen, Prävention in Gesundheitsfragen, Versicherungen etc.

8.3.2 Promise – das Versprechen

Im zweiten Teil geht es darum, den Lesern ein großes Versprechen zu machen und die Lösung zu präsentieren. Das heißt, du zeigst ihnen, was sie mit dem Produkt oder der Dienstleistung alles erreichen können, und weckst nicht nur das Verlangen, sondern verstärkst es.

Dazu überführst du die Features deines Angebots in Benefits, formulierst ein schmackhaftes Versprechen und zeigst den Lesern, wie sich ihr Leben dadurch verbessern wird. Konkret gehst du also auf die Transformation ein, die sie nach dem Produkt oder der Dienstleistung durchlaufen haben werden, und welchen exzellenten Mehrwert sie erhalten.

Beispiel, wie es nach dem Traumzustand weitergehen könnte

»Klingt zu schön, um wahr zu sein? Das kann ich verstehen.

Aber was wäre, wenn ich dir sage, dass du …

… mit nur 30 Minuten Schreiben pro Tag …

… mehr Umsatz und mehr Follow-up-Geschäft …

… und das zeit- und ortsunabhängig von überall aus …

… machen kannst – und das nur mit den richtigen Mails zum richtigen Zeitpunkt? Kein undurchsichtiges Marketingblabla, keine Raketenwissenschaft, sondern nachvollziehbar und für dich anwendbar.

Klingt das gut? Na klar klingt das gut!

Daher mein Versprechen: Dieses E-Mail-Marketing-System lässt sich in nur 2–3 Wochen ebenfalls in deinem Unternehmen etablieren. Nur 30 Minuten pro Tag – für mehr Sales, Zeit und Gelassenheit in deinem Unternehmen.«

Ein schönes Versprechen, das die Zielgruppe sicherlich anspricht. Aber wer das Maul aufreißt, der muss seine Aussagen auch beweisen können.

8.3.3 Proof – der Beweis

Jetzt musst du beweisen, dass du das große Versprechen und die Vorteile für die Kunden auch einhalten kannst.

Die Elemente für mehr Glaubwürdigkeit:

- Testimonials von echten Kunden
- Erfahrung
- Zertifikate und Auszeichnungen
- Bücher, Artikel oder Vorträge
- nachweisbare Ergebnisse
- Garantien
- große Zahlen (Follower, Kunden, Verkäufe, Nutzer etc.)

Aber übertreib es nicht. Zu unrealistische Zahlen oder zu viele Kundenstimmen auf einmal wirken eher abschreckend als unterstützend. Nimm maximal zwei bis drei der aussagekräftigsten Kundenstimmen und verweise subtil auf weitere Erfahrungen oder Beweise auf der nächsten Seite.

Beispiel für den Beweis

»Denn das ist nicht nur für Marketinggurus oder Privatiers möglich ... sondern auch für dich und dein Unternehmen!

Glaubst du nicht? Dann lies mal, wie Rudolpho von ABC GmbH darüber denkt:

→ ›TESTIMONIAL A ...‹

Oder auch Cinderella, Head of Marketing bei XYZ GmbH:

→ ›TESTIMONIAL B ...‹

Okay, ich weiß, was du jetzt denkst: ›Das sind bestimmt Ausnahmen, glückliche Einzelfälle ... bei mir funktioniert das nicht so einfach ...‹

Aber was, wenn ich dir sage, dass über 200+ Unternehmer die gleiche Erfahrung gemacht haben? Hier findest du mehr als 30 Kundenstimmen aus den letzten 7 Jahren: ...«

Ein ausgewogener Beweis, durch den deine Leser selbst einordnen können, ob sie dir und deinen Aussagen Glauben schenken wollen. Dann verweist du noch lässig in wenigen Worten auf weitere Kundenstimmen und deine Erfahrung.

Hast du deine Expertise und dein Versprechen ausreichend bewiesen, folgt wie immer der letzte wichtige Schritt: pushen, pushen, pushen.

8.3.4 Push – die Handlung

It's call to action time: Für eine erhöhte – oder überhaupt für eine – Conversion benötigst du eine klare und bestimmte Handlungsaufforderung. Die Leser werden dazu gebracht, in Aktion zu treten und sich für das Produkt oder die Dienstleistung zu entscheiden.

Ich wiederhole mich: Was vielleicht banal klingt, ist tatsächlich einer der größten Fehler, den viele Unternehmen begehen. Sie vernachlässigen diese Handlungsaufforderung. Dabei ist nicht nur ein einzelner Button gemeint, sondern eine gesamte Sektion, die darauf ausgerichtet ist, den potenziellen Kunden zu zeigen, wo es lang geht und wo sie buchen können.

Beispiel für die Handlungsaufforderung

»Du möchtest selbst diese Erfahrung machen? Unabhängig, einfach und automatisiert per Mail neue Verkäufe oder Anfragen erhalten?

Dann klick ganz einfach auf den Button unten, trag deinen Namen und deine E-Mail-Adresse ein und sicher dir das »OnE-Mail-Marketing-System« komplett gratis:

Jetzt hier klicken und System gratis sichern →

Ich freu mich auf dich!

Herzlichst

Dein Name«

Ist die 4P-Formel so weit klar? Sehr gut! Wie gesagt war das natürlich ein stark vereinfachtes Beispiel. Aber ich hoffe, die einzelnen Elemente sind so deutlich geworden.

8.4 Weitere wichtige Formeln

Kein Copywriting-Buch ohne AIDA, PAS oder die 4P – das sind wirklich die grundlegenden und wichtigsten Formeln, die du für dein Marketing kennen musst. Und im Marketing ist es so unfassbar wichtig, diese Basics immer richtig zu machen. Viel zu häufig vergisst man, sie einzuhalten oder vernachlässigt wesentliche Elemente. Dabei musst du dich eigentlich immer nur fragen: Habe ich die Aufmerksamkeit eingefangen? Wecke ich Interesse? Erzeugt meine Copy ein Verlangen nach dem Angebot? Und wissen meine Leser, was als Nächstes zu tun ist, um das Angebot wahrzunehmen?

Es gibt noch unzählige weitere Formeln und Frameworks, mit deren Hilfe du deine Copy verfassen kannst. Aber wenn du diese wesentlichen verinnerlicht hast, verstehst du auch alle weiteren Formeln viel besser.

Ich möchte dir dennoch noch zwei andere Formeln als Inspiration mitgeben, weitere kannst du dir auch einfach ergoogeln und nach und nach ausprobieren. Viel Spaß damit!

8.4.1 4Cs – Clear, Concise, Compelling, Credible

Du merkst es bereits: schon wieder 4 Schritte. Woher das nur kommt? Die *4C-Methode* ist eher für die Klartextredner und -denker unter uns. Auf den Punkt, schnell, konkret und klar:

- **Clear (klar)**

  Deine Botschaft muss klar, präzise und sofort verständlich sein.

  - Schlecht: »Unsere mobile Software maximiert deinen Schlafprozess und sorgt so für mehr Entspannung in deiner Alltagsroutine.«
  - Besser: »Mit unserer App schläfst du schneller ein und wachst erholter auf.«

  Das verstehen nun wirklich alle.

- **Concise (knapp)**

  Halt dich in deinen Aussagen kurz, sag nur, was auch zu sagen ist. Das bleibt besser im Kopf und ist wertschätzend der Zeit des Lesers gegenüber.

  - Schlecht: »Unsere innovative Schlaf-App bietet dir eine Vielzahl großartiger Funktionen, die dir langfristig helfen können, deine Schlafqualität signifikant zu verbessern.«
  - Besser: »Sofort besser schlafen – schon ab heute Nacht.«

  Direkt, knapp, auf den Punkt. Weiter geht's.

- **Compelling (fesselnd und überzeugend)**

  Pack den Leser, zeig ihm, weshalb dein Angebot für ihn so unfassbar spannend und unwiderstehlich ist. Lass ihn nicht wegklicken!

  - Schlecht: »Unsere App hat viele Funktionen: von einer Herzfrequenz-Messung über Schlafstadien bis hin zu Aktivitäts- und Erholungsphasen und sogar eine Uhr ist enthalten, wenn du möchtest, dann kann sie auch noch sinnliche Meditationsmelodien spielen … ach ja, wir haben auch eine Schlafhistorie für … brrrr … zzzZZZ … brrr.«

  Hey! Aufwachen! Die *App* soll beim Schlafen helfen – nicht deine Copy!

  - Besser: »In nur 15 Minuten einschlafen – mit dieser kurzen Routine.«

  Mach ein großes, konkretes Versprechen. Und langweile deine Leser nicht mit irgendwelchen irrelevanten Informationen.

- **Credible (glaubwürdig)**

  Na klar, jetzt musst du zeigen, dass es auch funktioniert.

  - Schlecht: »Vertrau uns – wir sind die #1 Schlaf-App Europas.«
  - Besser: »Über 12.000 Menschen schlafen nachweislich besser – 97 % empfehlen unsere App ihren Freunden weiter.«

Ja, wenn so viele Menschen das sagen, dann wird's wohl stimmen. Das war jetzt die 4C-Methode im Schnelldurchlauf, behalten wir das Tempo für die nächste Formel bei.

8.4.2 3-1-3 – Problem, Solution, Market

Jetzt zeige ich dir mal eine Formel, die nicht direkt etwas mit dem Aufbau der Copy zu tun hat, sondern mehr für Klarheit in der Botschaft sorgt: die *3-1-3-Methode*. 3–1–3 bezieht sich auf die maximale Länge – das Problem in 3 Sätzen beschreiben, die Lösung in nur einem Satz und in nur 3 Wörtern die Zielgruppe präzise zusammenfassen:

- **Problem**

  Beschreib das emotionale Problem deiner Zielgruppe so präzise, dass sie sich in maximal 3 Sätzen wiedererkennt.

  Beispiel: Viele Gründer haben eine geniale Business-Idee, aber schlicht nicht das Kapital, um es auch umzusetzen oder zu vergrößern. Das führt zu Frustration und Hilflosigkeit bei Entrepreneuren.

- **Solution**

  Deine Lösung in nur einem Satz.

  Beispiel: Wir entwickeln mit dir gemeinsam deinen erfolgreichen Investoren-Pitch.

- **Market**

  Du weißt Bescheid: 3 Wörter (oder Eigenschaften), die die Zielgruppe am besten beschreiben.

  Beispiel: gestresste Start-up-Gründer unter 35 Jahre

Mit dieser Formel zwingst du dich, sehr präzise den Grundstein für deine Copy zu legen. Und sie ist mal was anderes, als immer nur einem Ansatz in 4 Schritten und ähnlich zu AIDA zu folgen, oder? Erfrischend.

8.4.3 ChatGPT-Trick für Copywriting-Formeln

Kommen wir zu einem kleinen Trick, den dir ChatGPT auch häufiger selbst anbietet, wenn du mit Copywriting-Formeln arbeitest:

Du kannst dir von ChatGPT die Formeln als Templates vorformulieren oder sogar als Tabelle ausspucken lassen. Diese Templates kannst du dann wiederum mit deinen eigenen Beispielen füllen, sie nutzen – und dann wieder ChatGPT zum Lernen geben.

Darüber hinaus kannst du die KI natürlich auch nach weiteren Formeln und Templates fragen, die diesen ähnlich sind. Es gibt unzählige. Wichtig ist nur, dass du verstehst, weshalb einige Werbetexte besser funktionieren als andere.

8.4.4 Meine eigene Formel – die LUKI-Formel

Ja, ich habe eine eigene Formel entwickelt. Was wäre ich denn auch für ein Lehrer, wenn ich die nicht hätte? Bisher habe ich sie wie einen Schatz gehütet, aber dir, und NUR dir, verrate ich sie:

- **Lust machen**

  Fang die Aufmerksamkeit ein und entfach die Lust auf mehr.
- **Unwiderstehlicher Mehrwert**

  Zu dem großen Versprechen, das du hier machst, kann deine Zielgruppe einfach nicht nein sagen.
- **Klares Angebot**

  Jetzt folgt dein unmissverständliches Angebot, das sich kaum ausschlagen lässt.
- **Indoktrinieren!**

  Schließlich forderst du so manipulativ wie nur irgend möglich zur Handlung auf.

Okay, du hast mich erwischt: Es ist die AIDA-Formel, nur mit meinem Spitznamen als Akronym. Einen Versuch war's wert, dass sich diese Formel durchsetzt und mich unsterblich macht. Im nächsten Buch vielleicht.

Aber du siehst: Die AIDA-Formel ist so universell und elastisch, dass sie die Basis für fast jede Marketingformel bietet. Und ich wollte kurz testen, ob du noch wach bist und aufmerksam mitliest – das nächste Kapitel wird nämlich GEWALTIG!

8.5 Auf einen Blick

Du kennst nun die Formel aller Formeln im Marketing, die Grundlage jeder Marketingkampagne der Welt: die AIDA-Formel und ihre Abwandlungen wie die PASO- oder die 4P-Formel. Du hast erfahren, weshalb du die Basics immer richtig machen solltest und dass du andere Formeln ausprobieren kannst, wenn du die grundlegenden Klassiker verinnerlicht hast.

Jetzt, da du weißt, wie der Hase läuft, kommen wir zum größten Kapitel dieses Buches, einem richtigen Batzen an konkreten Vorlagen für deine Copy: dem inhaltlichen Bauplan für alle einzelnen Conversion-Elemente innerhalb eines Funnels. Nimm dir Zeit dafür – jetzt wird's intensiv.

Kapitel 9

Der inhaltliche Bauplan der wichtigsten Conversion-Elemente – vom ersten Klick bis zum glücklichen Testimonial

Du willst ganz genau wissen, wie du Landingpages, Ads, Mails, Webinare etc. aufbauen musst, damit sie möglichst viele Menschen erreichen, zum Lesen animieren und überzeugen? Dann bist du hier richtig: Ich gebe dir für jedes Conversion-Element eine ganz genaue Bauanleitung, 1:1-Templates, die in den letzten Jahren am besten funktioniert haben. Von dort aus kannst du dann selbst testen und neue Ideen entwickeln.

Jetzt sind wir endlich da angekommen, weshalb du dieses Buch gekauft hast, richtig? (Oder hast du schon direkt hierhergeblättert? Sei ehrlich!)

Jetzt gibt's Templates, klare Anleitungen, Hands-on. Du kannst diese Vorlagen gerne 1 : 1 so übernehmen. Oder lad sie in ChatGPT und lass die KI die Arbeit erledigen. Wenn du deinen Research richtig gemacht und schon deine *Big Idea* gefunden hast, dann geht es jetzt um die richtige Reihenfolge, den Aufbau deiner Argumentation und die wichtigsten Elemente, die du auf keinen Fall vergessen darfst, wenn du die Copy für einen kompletten Funnel schreibst.

Wir gehen den gesamten Prozess aus Kundensicht Schritt für Schritt vom ersten Touchpoint bis zum Verkauf durch. Ich werde dir später jedoch raten, beim Schreiben eine andere Reihenfolge zu nutzen, die für dich bei der Erstellung der Werbetexte wesentlich logischer und einfacher ist, aber dazu später mehr.

Erneut ein kleiner Disclaimer: In diesem Kapitel geht es wirklich rein um den Aufbau und die Struktur deiner Copy. Ich werde dir wie bei LEGO einfach die einzelnen Klötze zeigen und wie du sie aufeinanderstapeln solltest. That's it. Ums Schreiben geht es dann im nächsten Teil des Buches.

Weshalb ist es mir so wichtig, das noch mal zu wiederholen? Weil du als Copywriter die Struktur vorgeben musst! Kein Marketing Manager, kein Designer und kein Media Buyer sollte dafür verantwortlich sein: *Du* bist für den Aufbau der Kampagne und die Argumentation verantwortlich – nicht nur für die Worte. Dein Job besteht aus Recherche, der Konzeption und Strukturierung der Kampagne und schließlich der textlichen Umsetzung.

Und ich habe noch eine Bitte an dich, die eigentlich zu viel verlangt ist – wir kennen uns ja noch nicht lang: Ich bitte dich, mir zu vertrauen (... sagte er, nahm deine Hand und blickte dir herzlich, aber bestimmt in die Augen).

Aus folgendem Grund: Diese Vorlagen nutze ich selbst. Exakt so. Nicht aus Lust und Laune, sondern weil ich sie getestet habe und weil sie funktionieren.

Es gibt immer spezielle Fälle, in denen Abweichungen davon sinnvoll und nötig sind. Aber im Kern hast du mit diesen Vorlagen alles abgedeckt, was du für eine erfolgreiche Kampagne benötigst.

Wieso jetzt die Bitte ums Vertrauen? Weil ich dir einfach aus Zeit- und Seitenanzahlgründen nicht bei jeder einzelnen Sektion erklären kann, weshalb sie jetzt genau an die Stelle gehört und nicht woandershin. Dieses Kapitel hat ohnehin schon über 100 Seiten, damit ich dir so viel wie möglich zeigen kann.

Wenn du Formeln aus dem vorigen Kapitel in Kombination mit diesen Templates richtig verinnerlichst, sie zu deiner DNA werden lässt, dann kannst du quasi jedes Werbemittel aufbauen und gestalten. Doch diese Basics musst du dafür zunächst stoisch üben und verfeinern.

Und danach gilt dann wie immer: Mach dein eigenes Ding draus, probiere dich aus! Beginnen wir mit der Basis deines gesamten Onlinemarketings: der Website.

9.1 Die Website (simples Beispiel)

Wenn du mit deinem Unternehmen auch nur halbwegs ernst genommen werden möchtest, brauchst du natürlich eine aussagekräftige Website. Sie ist deine Visitenkarte, das Aushängeschild deines Unternehmens.

Um es direkt zu sagen: Deine Website ist nicht dein größtes Conversion-Vehikel, auch wenn das viele denken. Nein, das sind deine Landingpages.

Natürlich muss deine Website auch conversion-optimiert sein für all diejenigen, die dich suchen und dort auf dich und dein Unternehmen stoßen. Klar, das wäre sonst verschenktes Potenzial. Aber in erster Linie verfolgen wir nur ein riesiges Ziel mit deiner Website: Vertrauen in deine Marke aufzubauen.

Betrachte es wie folgt: Dein Produkt oder deine Dienstleistung ist das Auto, das du verkaufen möchtest. Deine Ads, Landingpages und Mails sind dein Verkaufsgespräch. Und deine Website ist die Umgebung, das Autohaus, in dem das Auto steht und das Verkaufsgespräch geführt wird.

Kannst du ein Auto auch auf einem Parkplatz verkaufen? Wenn du ein guter Verkäufer bist und das Angebot stimmt, klar. Nur kannst du höhere Preise durchsetzen und dir dein Verkaufsgespräch erleichtern, wenn du es in einem hochwertigen, vertrauenswürdigen Autohaus mit vielen Mitarbeitern und weiteren Luxuswagen durchführst.

Lass uns hier gemeinsam die wichtigsten Hauptseiten einer Website und ihren genauen Aufbau durchgehen. Je nach Branche und Leistung kann dieser Aufbau natürlich variieren – die Website einer Personenmarke ist anders als die eines SaaS-Unternehmens, logisch. Also, was sagst du? Lass uns dein Autohaus bauen!

9.1.1 Home

Hereinspaziert, die Home-Seite ist quasi wie das Gesicht deines (eures) Unternehmens, der erste Eindruck, der nicht revidiert werden kann. Natürlich sollte daher auch sehr viel Hirnschmalz in die *Hero Section*, also die allererste Sektion fließen, die deine Leser sehen, noch bevor sie weiter runterscrollen, wie auch in die gesamte *Home-Seite*. Hier müssen alle relevanten Elemente für deine Interessenten enthalten sein (siehe Tabelle 9.1).

Aufbau	Erklärung
Hero Section mit CTA	Was erhält der Leser bei deinem/eurem Unternehmen? Was ist der größte Nutzen für ihn? Und der CTA gehört immer *above the fold*, also ein CTA, ohne zu scrollen.
Kundenlogos	Schaffen direkt Vertrauen und zeigen, dass du/ihr nicht erst seit 5 Minuten im Markt seid.
deine/eure Kernleistungen	Danach folgen in einer kurzen Übersicht eure Kernleistungen – ohne zu tief reinzugehen.
Wer ihr seid und weshalb ihr tut, was ihr tut?	eure Werte, Mission oder Vision kurz zusammengefasst – damit sich der Leser mit euch und euren Werten identifizieren kann
erste Testimonials oder Case Studies	Hier platzierst du die ersten Kundenstimmen.

Tabelle 9.1 Exemplarischer Aufbau einer Home-Seite

Aufbau	Erklärung
ein CTA auf euer Kernprodukt oder auf einen Sales Call	euer wichtigstes Produkt als eigene Section
weitere Eintragungsmöglichkeit (Leadmagnet, Newsletter etc.)	danach kostenlose Angebote, den Lead bei euch abzugeben
Abbinder	finaler CTA und wie bei jeder Website der Abbinder mit Impressum und Datenschutz sowie Kontaktdaten und den Unterseiten

Tabelle 9.1 Exemplarischer Aufbau einer Home-Seite (Forts.)

Auf der Home-Seite muss im Prinzip schon alles klar werden: Was hat dein Leser von deinem Unternehmen, wie hilft es ihm, wer bist du, welche Ergebnisse kannst du versprechen und wie erhält er diese Ergebnisse konkret? Viele Unternehmen haben tatsächlich auch nur einen *One-Pager*, also nur eine Landingpage als Website, die dafür etwas länger ist, deren Fokus aber nur auf dieser einen Seite liegt. Das bietet sich auch an, wenn du tatsächlich nur ein einziges Angebot hast und dieses fokussiert vermarkten möchtest. Wenn du mehr anzubieten, ein größeres Team und auch noch andere Ressourcen hast, dann würde ich keinen One-Pager empfehlen. Denn es gibt bei dir viel zu entdecken, du hast viel vorzuweisen – lass deine Kunden ruhig tiefer in deine Welt eintauchen. Je mehr sie von dir konsumieren, desto mehr Vertrauen schafft das.

Behalte dennoch den Fokus auf jeder Seite und denk immer in Conversion! Jede einzelne Seite hat einen bestimmten Zweck. Das wirst du noch besser verstehen, wenn wir jetzt über die »Über uns«-Seite sprechen.

9.1.2 Über uns

Zwei große Punkte sind besonders wichtig, die du auf der »Über uns«-Seite richtig machen musst:

1. Es heißt zwar »Über mich/uns« – aber es geht auch hier nicht um dich, sondern um den Leser und potenziellen Kunden!
2. Wie bereits im *Differentiation Pitch* erwähnt: Menschen kaufen nicht mehr nur Lösungen – sie kaufen, *wie* du bist. Deine Persönlichkeit und die deines Unternehmens müssen herauskommen.

Du hebst dich allein dadurch von allen anderen Anbietern ab, wenn du deinen potenziellen Kunden zu Beginn der Seite in den Fokus rückst, anstatt direkt nur über dich und dein Unternehmen zu sprechen. Die Elemente in Tabelle 9.2 gehören zu einer verkaufsfördernden »Über-uns«-Seite dazu.

Aufbau	Erklärung
Value Proposition Hero Section	Was ist das Wertversprechen, das du deinen Kunden gibst? Ähnlich wie in der Hero Section der Home-Seite – nur aus einem anderen Blickwinkel formuliert. Eine Beispielformel dafür: »Wir helfen [Tätigkeit/Outcome] – mit dem Unterschied, dass [Unterscheidungsmerkmal].« Beispiel: »Wir helfen Unternehmern, sich aus dem Tagesgeschäft zurückzuziehen – in nur 3 Wochen und ohne schlaflose Nächte.«
Subheadline	Gibt der Value Proposition Kontext. Wie oder wodurch kannst du dieses Ziel für deine Kunden erreichen?
Kundenlogos	Schaffen auch hier wie immer Vertrauen.
Übergang von du zu ich	Nachdem du deinen Kunden gezeigt hast, wie du ihnen weiterhilfst, darfst du auch über dich und dein Unternehmen sprechen. Aber immer noch mit dem Fokus darauf, was die Leser davon haben.
deine/eure Historie, Kurzvita – Differentiation Pitch	Erst jetzt folgt eine kurze (!) Zusammenfassung, woher euer Unternehmen kommt und was euch so anders gegenüber euren Wettbewerbern macht.
die Vision und Mission	Menschen folgen gerne Menschen, die einen klaren Plan haben und eine klare Richtung vorgeben. Wo wollt ihr mit eurem Unternehmen in den nächsten Jahren noch hin? Was ist eure große Vision, euer Unternehmenszweck – und weshalb sollte sich der Kunde diesem Weg anschließen?
CTA	Jetzt folgt gerne ein sinnvoller CTA auf ein Kennenlerngespräch oder das Kernangebot.
die Unternehmenswerte	Welche Core Values habt ihr im Unternehmen? Wie kann der Kunde sich mit euch identifizieren?
gegebenenfalls das Team vorstellen	gerne hier das Team vorstellen oder auf einer gesonderten Seite

Tabelle 9.2 Exemplarischer Aufbau einer »Über uns«-Seite

Aufbau	Erklärung
weiterer Proof (Gütesiegel, Auszeichnungen, Kundenlogos)	Was habt ihr noch für Proof-Elemente, die ihr einsetzen könnt?
Abbinder	wie immer ein finaler CTA, am besten auf das Kernangebot oder Gespräch

Tabelle 9.2 Exemplarischer Aufbau einer »Über uns«-Seite (Forts.)

Jetzt wissen deine Interessenten, für was dein Unternehmen steht und weshalb sie hier gut aufgehoben sind. Haben sie jetzt Vertrauen in dich, schauen sie sich deine Angebote und Leistungen ganz genau an.

9.1.3 Leistungen

Die nächstwichtige Seite ist die mit deinen Leistungen. Was bietest du an – und wie hilft das deinen Lesern? Der Aufbau der Leistungen-Seite hängt natürlich sehr stark von deinem Angebot ab: Bietest du eine Software an, hast du verschiedene Produktpaletten, ist es eine Beratung oder ein Onlinekurs, geht alles nur über Kontakt oder können die Kunden direkt kaufen? Das alles beeinflusst den Inhalt dieser Seite stark. Ich empfehle dir, wenn du mehrere Leistungen fokussiert anbieten möchtest, immer in Landingpages zu denken. Betrachte die Leistungen-Seite quasi als Übersicht dieser Landingpages, also von Seiten, die für sich allein stehen und auf die direkt aus Werbemitteln wie Ads verwiesen werden kann. (Zu Sales und Landingpages kommen wir in Abschnitt 9.4.)

Sprechen wir hier zunächst über die wichtigsten Elemente, die in einer guten Leistungen-Seite und Übersicht enthalten sein sollten. Welche das sind, erfährst du in Tabelle 9.3.

Aufbau	Erklärung
Hero Section	Auch hier steht der größte Nutzen für die Leser im Vordergrund. Was erhalten deine Leser hier?
Kundenlogos	Bauen wieder Vertrauen auf.
eine Einleitung in die Angebote	Es folgt eine kurze Übersicht über die Angebote und hier erläuterst du vor allem, für wen sie geeignet sind.

Tabelle 9.3 Exemplarischer Aufbau einer Leistungen-Seite

Aufbau	Erklärung
die wichtigsten Angebote	Hier kannst du einzelne Beschreibungen und die Benefits je Angebot in eine einzelne Kachel oder Section auf der Seite einbauen.
Case Studies	Du hast konkrete Kundenergebnisse, die du präsentieren kannst? Dann ist hier der richtige Ort dafür. Ganz wichtig: Mach die Transformation des Kunden in deinen Case Studies deutlich.
ein CTA auf ein Beratungsgespräch	Jetzt auf eine kostenlose Beratung verweisen, falls dein Leser nicht genau weiß, welches Angebot das richtige für ihn sein könnte.
Testimonials und Proof	Erneut stärkst du mit Kundenstimmen oder weiteren Proof-Elementen wie Auszeichnungen & Co. das Vertrauen in die Angebote und Leistungen.
Abbinder	Wie immer schließt du mit einem finalen CTA, am besten auf das Kernangebot oder Gespräch.

Tabelle 9.3 Exemplarischer Aufbau einer Leistungen-Seite (Forts.)

Wie gesagt können deine Leser von hier aus dann auf die jeweilige Landingpage zum Angebot, Shop oder Produkt weitergeleitet werden. Oder deine Leistungen lassen sich schon auf dieser Seite direkt zusammenfassen und erläutern – dann benötigst du natürlich keine weitere Ebene mehr. Je direkter zur Handlung geleitet wird, desto besser.

9.1.4 Referenzen

Deine Interessenten möchten sehen, dass du auch wirklich kannst, was du behauptest. Klar. Du weißt ja, nichts gibt mehr Sicherheit als *Social Proof* für die Ergebnisse, die du lieferst. Kundenstimmen bzw. Testimonials über dein Unternehmen und die Zusammenarbeit mit dir sind dafür natürlich enorm hilfreich. Echte Case Studies sind aber noch besser.

In den Case Studies sollte es in erster Linie um die Ergebnisse gehen, die du für deine Kunden oder gemeinsam mit ihnen erreicht hast. Dafür eignet sich besonders gut, einen Vorher-Nachher-Vergleich heranzuziehen. Das zeigt deinen Interessenten anschaulich, ob sie sich gerade in der gleichen Ist-Situation befinden und wie du ihr Problem für andere Menschen konkret gelöst hast, damit sie sich selbst in der Soll-Situation vorstellen können.

Die entscheidenden beiden Fragen, die deine Case Studies beantworten sollten:

1. Was war die Ausgangssituation vor der Zusammenarbeit oder vor Erwerb des Produkts?
2. Wie hat sich das Leben des Kunden nach Zusammenarbeit oder nach Erwerb zum Positiven verändert?

Am Ende bleibt es natürlich eine individuelle Entscheidung, welche Informationen über die genaue Zusammenarbeit oder Leistung du auch im Marketing teilen möchtest.

9.1.5 Kontakt

Recht simpel: Auch wenn es etwas oldschool ist und tatsächlich sehr selten über diese Seite ein Kontakt hergestellt wird, brauchst du dennoch eine Kontakt-Seite mit Ansprechpartner, E-Mail-Adresse, Telefonnummer, Adresse und genauer Anfahrt sowie ein Kontaktformular.

Ach ja, Datenschutz und Impressum benötigst du selbstverständlich auch. Aber da brauchst du keine ausgefallene Copy, sondern einfach Standardtexte – es gibt mittlerweile viele Anbieter, die diese Texte für dich erstellen. Um aber auf Nummer sicher zu gehen, solltest du dir dazu am besten juristische Beratung suchen.

9.1.6 Weitere Unterseiten

Weitere Unterseiten, die du gerne noch hinzufügen kannst, die aber zu Beginn kein Muss sind:

- **Ressourcen**: Du hast kostenfreie PDFs, Onlinekurse, Checklisten, Bücher, Reports oder Ähnliches, die sich deine Leser anschauen können? Dann erstell hierfür eine eigene Ressourcen-Seite, auf der sich deine Interessenten umschauen können. Das erhöht sehr das Vertrauen in deine Marke und macht den Eintritt in dein Universum einfacher.
- **Karriere**: Du hast offene Stellen, die du gerne besetzen würdest? Dann solltest du eine Karriere-Seite aufbauen, die die größten Vorteile für künftige Mitarbeiter herausstellt, in deinem Unternehmen zu arbeiten. Denk dran, auch hier gilt schon lange, dass du dich den besten Bewerbern als herausragender Arbeitgeber verkaufen musst. Was haben Bewerber davon, bei *dir* zu arbeiten?
- **Blog/Magazin**: Du veröffentlichst regelmäßig Content? Egal, ob Newsletter, YouTube-Videos oder sonst wo? Dann ist es sinnvoll, diesen Content auch in einen Blogartikel zu verwandeln, damit du auf deiner Website ein Magazin aufbauen kannst. Das ist nicht nur gut für Google (bisher), sondern baut ebenfalls mehr Vertrauen in deine Marke auf.

- **Weitere Medien**: Du warst im Fernsehen, in einem Podcast oder wurdest in einem Zeitungsartikel erwähnt? Dann lohnt sich eine Unterseite für die Medien, in denen du oder dein Unternehmen positiv erwähnt wurde.
- **Team vorstellen**: Sollte eigentlich bei »Über uns« dazugehören: Stell gerne dein gesamtes Team vor (es sei denn, du hast über 1.000 Mitarbeiter, das ist zu viel). Dadurch baust du nicht nur mehr Vertrauen bei deinen Interessenten auf und sie können sich mit deinem Team identifizieren – es ist vor allem wertschätzend gegenüber allen Mitarbeitern.
- **Ein Login-Bereich für eine eigene Akademie**: Du hast einen eigenen Member-Bereich oder eine Onlineakademie für deine Kunden? Dann sollte sich dieser ebenfalls auf deiner Seite wiederfinden.
- **Eine eigene Seite für Newsletter-Eintragungen**: Viele Unternehmen haben irgendwo auf ihrer Seite Newsletter-Opt-ins platziert, die aber nie genutzt werden. Weshalb? Weil sie untergehen und der Nutzen des Newsletters nicht klar genug ist. Und nein: *»Sie möchten immer auf dem neuesten Stand bleiben?«*, ist leider kein Nutzen.

  Gib deinen Lesern einen echten Anreiz, sich bei dir einzutragen – entweder einen kostenlosen Leadmagneten oder ein besonderes Willkommensgeschenk im Newsletter, das sie nach Eintragung erhalten. Und du solltest auch immer den großen Nutzen des Newsletters hervorheben und was deine Leser dort genau für einen Mehrwert erhalten und in welcher Frequenz.
- **Pricing**: Wenn du eine Software oder Ähnliches anbietest, dann kommst du um eine Pricing-Seite nicht herum. Hier ist selbstredend die Preispsychologie ganz besonders entscheidend. Dazu hatten wir ja bereits einen kleinen Exkurs in Abschnitt 4.3.6.

Selbstverständlich kannst du je nach Branche, Produkt oder Unternehmenskonstrukt noch viele weitere Seiten und Ebenen in deine Website einbauen und hinzufügen. Doch versuch erst die Basisseiten zu optimieren und die wichtigsten Elemente auf ihnen abzubilden.

9.1.7 Kleiner Exkurs: SEO vs. GEO

Ganz viele denken beim Begriff »Copywriting« fast schon synonym an SEO-Texter. Falls du SEO nicht kennst, damit ist *Search Engine Optimization* gemeint, also Texte, die von Suchmaschinen wie Google & Co. besser gefunden werden – und so weiter oben ranken. Dass dieser Vergleich hinkt, weißt du spätestens seit Beginn des Buches. Wir als Copywriter sind dafür verantwortlich, eine Handlung herbeizuführen und Menschen durch den Verkaufsprozess und die einzelnen Klicks zu führen – nicht, um besser auf Google gefunden zu werden.

Dennoch kann ein sehr guter Copywriter natürlich auch mit der richtigen Keyword-Recherche SEO-Texte verfassen. Denn wenn du die Skills für Verkaufstexte hast, dann kannst du auch alle anderen Texte schreiben und beide Disziplinen miteinander verknüpfen.

Doch es gibt ein neues Kind in der Klasse, dass SEO den Rang ablaufen möchte: GEO. *Generative Engine Optimization* (GEO) oder auch *Large Language Model Optimization* (LLMO) ist das neue Spielbrett, auf dem wir unsere Scrabble-Wörter legen – in der Hoffnung, schneller und häufiger gefunden zu werden.

Weg von SEO ... hin zu GEO?

Ist das der große Paradigmenwechsel? Ist SEO jetzt überflüssig und muss man sich nur noch mit GEO beschäftigen? Wie immer gibt es jetzt zwei Lager an Experten, die unterschiedliche Meinungen vertreten:

- Die KI-Jünger behaupten, dass in Zukunft Suchanfragen nur noch über ChatGPT laufen werden.
- SEO-Fanatiker behaupten selbstverständlich das Gegenteil. Google bleibt. KI wirkt unterstützend dazu.

Fakt ist: Noch hat das Suchvolumen bei Google 373-mal mehr Suchanfragen als ChatGPT. Bei allen anderen Suchmaschinen ist das Volumen übrigens ebenfalls höher. Fakt ist aber auch, dass der Traffic nach der KI-Integrierung von *AI Overviews* in die Google-Suche bei vielen Unternehmen eingebrochen ist und SEO-Agenturen damit zu kämpfen haben. Und dennoch glaube auch ich meiner bescheidenen Meinung nach nicht, dass Google & Co. als Suchmaschinen in den nächsten Jahren komplett ersetzt werden.

Das ist ungefähr so, wie uns in einer herrlich utopischen Zukunft um 2010 herum prophezeit wurde, Tablets und Kindle würden auf lange Sicht alle Bücher ersetzen. Stattdessen lesen auch 15 Jahre später »nur« ca. 25 % aller Leser lieber ein E-Book, die meisten immer noch gedruckte Bücher.

Dinge können koexistieren, auch wenn sie weiterentwickelt wurden. Und ich glaube, es wird hier ähnlich sein. GEO wird sich seinen Teil vom Markt holen, aber es wird vielmehr in den Gesamtprozess des Onlinekaufs integriert, anstatt SEO komplett zu ersetzen. Aber in dem Bereich bin ich kein Experte. Ist nur meine persönliche Einschätzung.

So oder so: Deine Copy muss herausstechen, einzigartig sein und überzeugen – mit und ohne Keywords!

9.2 Ads

Fangen wir ganz vorn an. Was ist der erste Kontaktpunkt eines völlig unaufmerksamen Menschen? Genau, das Ad. (Ja, es heißt korrekt *das* Ad, obwohl jeder *die* Ad sagt, ich finde auch, es klingt weird. Aber gut, das hier ist ein Buch. Wollen wir mal korrekt sein. Im echten Leben werde ich weiterhin »die Ad« sagen.)

Da ich mit dir den Aufbau eines Funnels von Anfang bis Ende durchgehen möchte, starten wir auch bei den Ads. Aber ich würde dir empfehlen, die Ads immer erst ganz zum Schluss zu verfassen. Denn wenn du den Rest deines Funnels und deiner Argumentation ausgearbeitet hast, kannst du viel besser neue Hooks und Einstiege in Ads testen. Es ist ähnlich wie bei Headlines – die meiste Zeit sollte in den Einstieg und die Aufmerksamkeit investiert werden. Denn wenn das nicht sitzt, macht keiner den nächsten Schritt – und niemand liest deine Copy.

Ähnlich wie bei der gesamten Copy bzw. dem gesamten Funnel verkaufst du auch *innerhalb* eines Ads immer die nächste kleine Mini-Interaktion. In folgender Reihenfolge werden Ads gescannt:

1. Menschen stoppen mit ihrem Daumen (*Thumb-Stopper*) wegen des Bildes oder des Videos. Der visuelle Anker muss aus der Masse herausstechen.
2. Danach wandert der Blick zur Headline.
3. Dann wird der Name des Unternehmens oder der Person gelesen.
4. Daraufhin folgt der erste Part der *Body Copy*, die ersten 2–5 Zeilen der Ad Copy.
5. Und wenn du es bis hierhin geschafft hast, den Leser zu hooken, klickt er auf »Mehr anzeigen« und liest deine Body Copy weiter.
6. Danach verkauft wie immer jeder Satz den nächsten bis zum finalen Klick auf das Ad und somit auf die Landingpage – dein erstes großes Ziel, das du erreichen willst.

Der Aufbau bezieht sich hier auf Meta, also auf Facebook Ads und Instagram Ads, weil diese nach meiner Erfahrung (neben LinkedIn) immer noch am besten funktionieren.

9.2.1 Wo kommen Ads zum Einsatz?

Überall, wirklich überall. Du kannst deinen Kopf kaum noch drehen, ohne irgendeine Werbebotschaft zu sehen. Auch wenn dir viele weismachen möchten, wie übertrieben krass und spezifisch sich die unterschiedlichen Kanäle unterscheiden – der Aufbau von Ads und ihre Psychologie sind immer gleich. Es gibt natürlich technische und algorithmische Unterschiede, aber das soll dich als Copywriter zu Beginn nicht interessieren, dafür kannst du dir den Rat von Social Media oder Online Marketing Managern einholen und dort nach und nach tiefer eintauchen.

Beherrschst du *einen* Kanal, kannst du als Copywriter tendenziell *alle* beherrschen. Nur Ton, Frequenz und Versprechen ändern sich.

Beispiel: Instagram vs. LinkedIn

Wirklich ganz simpel: Instagram ist mehr ein Lifestyle- und B2C-Kanal. Daher ist es hier auch sinnvoll, mehr Lifestyleprodukte zu verkaufen.

LinkedIn soll mehr »Business« sein, obwohl ich das schwer anzweifle, bei dem, was da gepostet wird. (Side note: Der Algorithmus von LinkedIn soll wohl wieder Beiträge supporten, die inhaltlich relevant sind und nicht nur wie ein StudiVZ-Statusupdate daherkommen – god bless!)

Hier macht es also weniger Sinn, Lifestyleprodukte anzubieten, die nicht mit dem Arbeitskontext zu tun haben, sondern am besten nur B2B-Angebote.

Lass dich bei deiner Copy nicht von unterschiedlichen Kanälen irritieren. Es kommt nicht von ungefähr, dass die Copywriting-Prinzipien von vor über 60 Jahren heutzutage immer noch angewandt werden. Der Kanal ist völlig egal. Es sind die Struktur und die Worte, die entscheiden.

9.2.2 Die 7 verschiedenen Leadtypen

Mit unseren Ads versuchen wir ja, neue Kontakte einzusammeln, sogenannte *Leads*. Dafür müssen wir Menschen auf unterschiedliche Weise abholen, um sie so zum Klick auf das Ad und schließlich zur Eintragung bei uns zu bewegen. Laut *The Agora*, einer sehr großen Herausgeber-Firmengruppe, die unglaublich auf Copy spezialisiert ist, gibt es sieben große Leadtypen, die am häufigsten geklickt werden und auf die Menschen am stärksten reagieren und mit ihnen interagieren.

Die 7 Leadtypen kurz erklärt

- **Die Big-Promise-Leads**

  Das große, fette Versprechen deines Angebots, ergo deiner Ads. Welche Leads ziehst du mit dem großen Versprechen an?
- **Die Invitation-Leads**

  Eine klassische Einladung – perfekt geeignet für Events, Webinare oder Launches.
- **Die Prediction-Leads**

  Du hast eine Ahnung, wie sich der Markt in Zukunft verändern wird? Dann triff eine Vorhersage in deinen Ads und bereite deine Leads auf diese Veränderung vor.

- **Die Problem-Solution-Leads**
  Der absolute Klassiker: Was ist das dringlichste Problem deiner Zielgruppe und wie kannst du es schnell, einfach oder günstig mit deinem Angebot für sie lösen?
- **Die Secret-Leads**
  Mach ein Mysterium um deine Lösung – welches große Geheimnis lüftest du für deine Interessenten? Das kann entweder dein Angebot, exklusives Wissen oder auch ein Launch sein.
- **Die Story-Leads**
  Du weißt ja: Wir Menschen lieben Geschichten! Erzähl deinen Leads lagerfeuerreife Storys und sie kleben an deinen Zeilen ...
- **Die System-Leads**
  Du hast ein System, das zuverlässig für deine Kunden Ergebnisse erzielt? Dann zeig deinen Interessenten dieses System, das auch für sie funktionieren kann!

Mit diesen Typen hast du schon sieben sehr gut funktionierende Ansätze, durch die du deine Ad Copy angehen kannst. Pro Typ fallen dir bestimmt einige Hooks ein, oder? Falls noch nicht – kein Problem, du erhältst in Kapitel 10, »So geht Copy!«, noch einiges an Inspiration.

Lass mich dir aber zunächst noch die 4 Arten der Ad Copy zeigen, die meiner Erfahrung nach immer am besten auf dem deutschen Markt funktioniert haben – und die supereinfach zu verstehen und nachzubauen sind.

9.2.3 Die 4 bewährten Arten der Ad Copy und Hooks

Ich habe hier noch für dich 4 Arten von Hooks und Ad Copy, die über die Jahre immer gut funktioniert haben und die du immer einbauen und gegen andere Ads testen solltest.

Die Zielgruppe zusammenrufen

Du hast du bestimmt schon Ads gesehen, die die Zielgruppe zusammenrufen. Das Prinzip ist megasimpel und fast schon peinlich leicht. Sag einfach im ersten Satz, an wen sich diese Werbeanzeige richtet!

Du kennst bestimmt diese ausgelutschte Formulierung:

- »Mechatroniker aus Castrop-Rauxel und Umgebung aufgepasst!«
- »An alle Copywriter«
- »Wenn du im Pflegedienst arbeitest, musst du das hier lesen: ...«

Das ist häufig die Go-to-Werbebotschaft jedes Unternehmens, das die ersten Werbeanzeigen schaltet. Und da ist auch erst mal nichts verkehrt dran, denn es funktioniert bis zu einem gewissen Grad und ist ein guter Anfang, um die ersten Erfahrungen zu sammeln. Die Zielgruppe direkt anzusprechen funktioniert einfach. Das ist so. Aber es geht besser.

Was sagst du zu dieser Variante?

- »Wenn du als Patchwork-Familienvater keine Zeit für Sport findest, ist das kein Wunder – hier sind die 3 häufigsten Gründe dafür: ...«

Ist eleganter. Verständnisvoller. Und weniger plump. Mir persönlich gefällt diese Art, die Zielgruppe zusammenzurufen, besser, weil sie die angesprochene Zielgruppe fast nebenbei erwähnt, während der Fokus auf dem Pain Point liegt und der Hook gleichzeitig eine Lösung des Problems ankündigt.

Direkt und klar

Ein direkter und klarer Einstieg in deine Werbeanzeige ist etwas mutiger, aber viele Menschen lieben Klartext und vertrauen wiederum Menschen, die eine gewisse Autorität ausstrahlen. (Du erinnerst dich, Autorität ist eins der Prinzipien von Cialdini aus Abschnitt 4.2.)

Wenn du direkt, klar und mit felsenfester Haltung durch das Ad führst, wirst du natürlich Menschen aussortieren – aber das ist ja der Sinn! Du willst ja nur die ansprechen, die dir auch vertrauen und schließlich bei dir kaufen.

Daher funktioniert der klare und direkte Realtalk-Einstieg seit Jahren auch immer noch so gut.

Beispieleinstiege für den Realtalk

- »Direkte Frage an dich: ...«
- »Die Wahrheit, die dir keiner erzählt: ...«
- »Klartext: ...«
- »Kurz und knapp: ...«
- »Hör auf, folgenden Fehler zu begehen: ...«

Ich möchte dennoch der Vollständigkeit halber erneut drauf hinweisen: Bitte nutz den Realtalk-Einstieg wie immer mit gutem Geschmack. Auf keinen Fall solltest du dich im Ton vergreifen oder komplett arrogant werden, nur weil du auf einem anderen Wissensstand als deine Leser bist. Führe bestimmt, klar, aber freundlich durch die Werbeanzeige. Und die Leser werden es dir mit ihrem Vertrauen danken.

Benefits und Mythen

Ein Ad-Einstieg mit Benefits oder Mythen schlägt in den meisten Fällen tatsächlich alle anderen noch so kreativen, dringlichen oder cleveren Ads.

Machen wir's kurz: Starte diese Werbeanzeige sinngemäß mit dem Satz »Du erhältst diese X Benefits, wenn du hier handelst: ...« und liste dann deine 3–7 größten Benefits auf, danach setzt du einen knappen CTA. Gleiches gilt für Mythen oder Probleme: »Du löst folgende X Probleme, wenn du hier handelst: ...« Egal, welche Branche, egal, welches Angebot. Probier's einfach mal aus. Ich finde es selbst nicht den schönsten Hook, aber diese Ansprache in der Werbeanzeige hat über Jahre in vielen Tests immer wieder am besten funktioniert.

Beispieleinstiege für Benefits oder Mythen

- »Diese 4 Vorteile erhalten Sie, wenn Sie am neuen Workshop teilnehmen«
- »Diese 7 Mythen über Ernährung halten dich vielleicht davon ab, endlich dein Bauchfett loszuwerden«
- »Diese 5 Probleme werden nach der Nutzung der neuen App für dich gelöst sein«

Die Vorteile oder Mythen, die danach folgen, müssen natürlich superspezifisch die Probleme und Bedürfnisse der Zielgruppe adressieren, sonst funktioniert es nicht. Und sie müssen als *Fascinations* formuliert sein – also neugierig und Lust auf mehr machen.

Der größte Fehler

Magst du es, wenn dein Partner dich drauf hinweist, dass du schon wieder die große Pfanne in das falsche Regal geräumt hast? Oder wenn du einen dicken Fehler auf der Arbeit machst und du vor versammelter Mannschaft einen drüberbekommst? Nee, natürlich nicht. Das mag niemand.

Wir leben halt in Deutschland, dem Land, in dem eigene Fehler ungefähr so gerne zugegeben werden wie Pizza Hawaii zu lieben. Hauptsache keine Fehler machen, Hauptsache nicht aus der Reihe tanzen.

Man würde eigentlich denken, dass du den Menschen ziemlich auf den Schlips trittst, wenn du ihnen direkt auf den Kopf zusagst, dass sie einen gravierenden Fehler begehen. Und bei manchen ist das auch so.

Aber da in Deutschland ja niemand gerne was falsch macht, funktionieren Ads ziemlich gut, in denen du die Fehler deiner Zielgruppe direkt ansprichst. Weil sie dann klammheimlich diesen Fehler korrigieren können, ohne es jemandem zu sagen, um dann am Stammtisch so zu tun, als hätte man es schon immer so gemacht.

Beispiele für Fehler-Hooks

- »Wenn du als Agentur nicht mindestens 30–40 % Profitmarge hast, begehst du vermutlich diesen entscheidenden Fehler«
- »Der EINE Fehler, den sowohl Männer als auch Frauen bei der Fettverbrennung gemein haben«
- »Gib bitte nicht mehr diese entlarvende Antwort im Bewerbungsgespräch, wenn du den Job auch wirklich haben möchtest ...«

Natürlich darfst du nicht zu krass werden. Der Ton macht wie immer die Musik. Geh gerne provokativ in die Werbeanzeige rein – aber behebe diesen Fehler mit bester Intention für deinen Leser.

Ein netter Twist, in dem du eine freche Ansprache direkt wieder relativieren kannst, ist, die Provokation direkt anzusprechen:

Beispiel für das Einfangen eines provokanten Hooks

»Wenn du mit deinem Arbeitgeber nicht zufrieden bist, dann ist das deine eigene Schuld!

Provokante Aussage, ich weiß.

Aber ich möchte wirklich, dass du nicht mehr unglücklich auf der Arbeit bist und dir über Folgendes Gedanken machst: ...«

Du springst deinem Leser quasi mit beiden Beinen auf die Füße und empörst ihn ein wenig, nur, um schnell die Kurve zu nehmen und danach verständnisvoll und nett zu werden, da du ja im besten Interesse deines Lesers handeln möchtest.

Klar, es gibt noch viele weitere Hook-Arten und Angles für Ads. Besprechen wir ja noch im nächsten Kapitel. Aber diese solltest du in deinem Werkzeuggürtel schnell griffbereit haben.

9.2.4 Copy auf Creatives

Ganz wichtig und nicht zu vergessen: die Copy auf den *Creatives* (den visuellen und textlichen Inhalten einer Werbeanzeige, beispielsweise Grafiken, Bilder oder Videos). Sie gehört ebenfalls zu deinen Aufgaben als Copywriter, überlass das nicht einfach den Designern oder Media Buyern.

Das Creative ist wie gesagt der erste visuelle Kontakt. Sorg dafür, dass entweder die Copy schon in dieser einen Headline (mit maximal noch einer Subline) den Hauptnutzen für deinen Leser klarmacht oder mach mit der Headline neugierig, damit sie im Zusammenspiel mit dem Beginn der Body Copy harmoniert. Im besten Fall machst du natürlich beides: klarer Nutzen plus Neugier.

Lass mich dir in Abbildung 9.1 zuerst ein sehr schlechtes Beispiel zeigen – ausgerechnet von denen, die es eigentlich besser wissen müssten. (Ich hoffe, Mark Zuckerberg liest diese Zeilen nicht und verklagt mich, falls doch: Sorry!)

Das ist der mit Abstand größte Fehler, den ich immer wieder bei Creative-Copy sehe: Es wird angenommen, dass der Leser Vorkenntnisse hat und direkt weiß, worum es geht. Aber ganz ehrlich, weißt du, wo deine Zielgruppe deine Ads sieht? In der Bahn oder auf dem Klo – zwischen Millionen witziger Dackelvideos! Da kann man nicht erwarten, dass irgendwer ohne Kontext kognitiv einordnen kann, worum es hier geht.

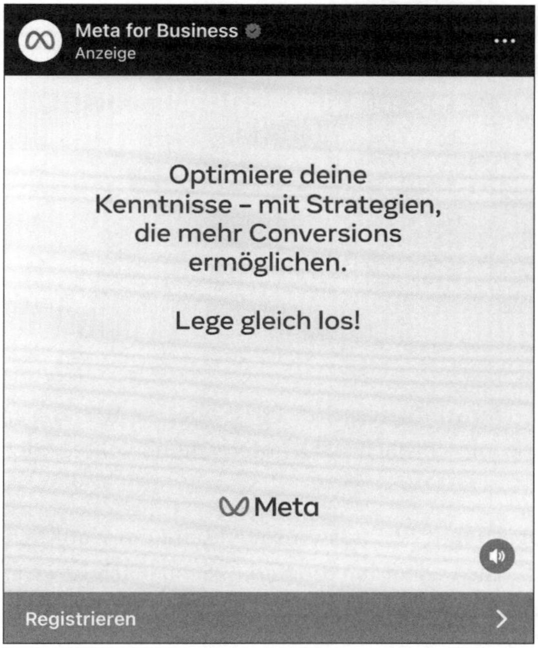

Abbildung 9.1 Schlechtes Beispiel für Copy auf den Creatives

Welche Kenntnisse soll ich optimieren? Von welchen Strategien wird hier gesprochen? Strategien, die mehr Conversions ermöglichen, optimieren meine Kenntnisse? What, was soll das bedeuten? Warum soll ich eigentlich loslegen? Und wie? Kann mir vielleicht mal irgendwer sagen, worum es hier überhaupt geht? Abgesehen davon ist diese Ad Copy auch völlig umständlich formuliert und besteht quasi aus einer Nullaussage.

Und selbstverständlich will ich hier nicht nur draufhauen, sondern dir in Abbildung 9.2 auch ein Beispiel für eine unmissverständliche und klare Creative Copy zeigen.

Abbildung 9.2 Gutes Beispiel für Copy auf den Creatives von Disney+

Ja, das ist nicht besonders kreativ oder weltbewegend. Es ist aber zu 100 % klar und ich weiß sofort auf einen Blick, ob ich mich dafür interessieren sollte, oder nicht. Keine Missverständnisse.

Auch wenn beides aufeinander abgestimmt ist, müssen sowohl die Copy auf den Creatives als auch die Body Copy für sich allein funktionieren. Schließlich ist es ja sehr wahrscheinlich, dass du unzählige verschiedene Kombinationen gegeneinander testest.

9.2.5 Der Aufbau eines perfekten Ads

Wenn du einmal verinnerlicht hast, wie ein Ad aufgebaut ist, weshalb die Argumentation funktioniert und was die entscheidenden Sätze sind – dann kannst du wie gesagt im Prinzip jede Art von Ad schreiben. Und du darfst sehr gerne kreativ werden!

Wichtig ist nur, dass eben diese entscheidenden Elemente aus Tabelle 9.4 vorhanden sind und du nicht irgendeinen Punkt auslässt. Dort findest du einen wirklich sehr guten Aufbau, der zu Beginn immer deine erste Grundlage für das Formulieren deiner Ads sein kann.

Aufbau	Erklärung
Hook	2–5 Zeilen (je nach Werbeanzeigenformat); einige Hook-Varianten hast du ja schon kennengelernt, mehr dazu in Kapitel 10, »So geht Copy!«.
Bribe Attention	Geht sowohl hier als auch nach der Pain/Gain Section: Wenn dein Leser schon auf »Mehr erfahren« geklickt hat, solltest du ihn quasi »bestechen«, noch mehr Zeit zu investieren und weiterzulesen. So wird die Wahrscheinlichkeit extrem erhöht, dass er die gesamte Body Copy der Werbeanzeige liest. Mit welchen Formulierungen das geht, erfährst du in Kapitel 10, »So geht Copy!«.
Pain/Gain	Wie immer: Was ist der größte Schmerzpunkt oder der sehnlichste Traumzustand deiner Zielgruppe?
Story/Proof	Kurzer Story-Part – entweder über dich und dein Unternehmen oder einen Kunden, der das Problem schon gelöst bzw. seinen Traumzustand schon erreicht hat. So leitest du zur Lösung und deinem Angebot über.
Solution	Hier stellst du die große Lösung vor: dein Angebot. Dieser Part kann gerne auch vor dem Proof oder nach der Differentiation kommen. Das hängt ganz davon ab, wie du es formulieren möchtest.
Differentiation	Was macht dich, dein Unternehmen, dein System, dein Angebot, deine Art und Weise so anders? Hier solltest du in nur maximal 1–2 Sätzen deinen Differentiation Pitch platzieren.
CTA	Jetzt rufst du zur Handlung auf mit dem einzigen Ziel: Klick auf die Landingpage.

Tabelle 9.4 Exemplarischer Aufbau einer Ad Copy

Auch hier gilt wie immer: Es gibt unzählige Variationen von Ads. Probier dich aus. Starte mal mit der Story. Nimm mal die Differentiation als Aufhänger. Teste mindestens 5, lieber 10 Hooks gegeneinander. Konzentrier dich auf die größten Schmerzpunkte deiner Zielgruppe – und zeig ihnen dein großes Versprechen.

Lass uns als Beispiel mal eine Meditations-App nehmen. Da ich jetzt kein passendes externes Beispiel gefunden habe, formuliere ich einfach selbst eines in Tabelle 9.5.

Aufbau	Beispiel
Hook	Du hast schon vor dem Mittagessen stechende Kopfschmerzen?
Bribe Attention	Dann kann ich dir eins verraten: Es liegt nicht am Wetter oder der Lautstärke – und nein, Ibuprofen ist auch keine Lösung.
Pain/Gain	Dein Problem ist zu viel Stress und kognitive Überlastung. Du fühlst dich immer häufiger ■ kraftlos ■ unkonzentriert ■ überfordert ■ gereizt ... und es ist kein Ende in Sicht?
Story	Dann geht es dir genauso wie mir. Ich hatte wochenlang Kopfschmerzen, konnte kaum schlafen und habe mich permanent gestresst gefühlt. Die wenige freie Zeit konnte ich dann auch überhaupt nicht genießen – entweder habe ich auf dem Sofa abgehangen oder wollte schnellstmöglich schlafen. Auch bei Gesprächen mit meinen Freunden und der Familie konnte ich nicht mehr richtig zuhören und folgen.
Solution	Doch dann hab ich die Meditations-App gefunden und getestet – und was soll ich sagen? Es ist ein Unterschied wie Tag und Nacht! Ich bin wieder aufmerksam, erholt, kann gut schlafen und das Wichtigste: Die Kopfschmerzen sind auch endlich weg!
Differentiation	Was bei der App anders ist: ■ nur 5 Minuten nötig, um deinen Geist sofort zu beruhigen und Stress merklich zu senken ■ Einschlafhilfen mit besonderen Abend-Meditationen ■ keine Esoterik, sondern wissenschaftlich fundierte und genau auf deinen Alltag abgestimmte Übungen ■ Alphawellen-Musik zur Unterstützung auch bei der Arbeit ■ Achtsamkeitsübungen, die sofort helfen und wirken
CTA	Du willst deinem Kopf auch eine Chance geben, sich wieder zu erholen? Dann teste jetzt die App für einen Monat völlig kostenfrei – klick einfach hier und probiere die erste 5-Minuten-Meditation sofort aus!

Tabelle 9.5 Beispiel für eine Ad Copy

Wenn all diese Elemente drin sind, dann machst du eigentlich nichts falsch. Dann kommt es natürlich nur noch auf die Formulierung, das Versprechen und die Hooks an.

Du kannst aber auch einzelne Elemente tauschen oder auslassen. Wenn du beispielsweise noch völlig unbekannt in deinem Markt bist, solltest du dich schon früher in dem Ad kurz vorstellen.

So oder so, nutz diesen Aufbau oder die Formeln aus dem vorigen Kapitel (*PAS(O)*, *4P* etc.) – und du hast schon mehr Struktur als die meisten in ihren Ads. Den Rest machen Testen, neue Inspirationen und Erfahrung aus, um immer besser zu werden.

9.2.6 Wie soll ich meine Social-Media-Posts aufbauen?

Wenn du eine Conversion mit einem Post erzielen willst, dann baust du deine Social-Media-Posts genauso auf wie Ads! Ansonsten gibt es hier keinen Königsweg, kein Richtig oder Falsch. Manche Posts kommen schon mit einem Satz aus, wenn das Reel, Carousel oder der Beitrag aussagekräftig genug sind. Andere dienen als reines Statement und funktionieren sehr gut – ohne klaren CTA, sondern nur, um eine Haltung zu einem Thema oder eine Entwicklung im Markt zu kommentieren und einzuordnen.

Wenn du jedoch gute Social-Media-Posts verfassen möchtest, dann empfehle ich dir, auf folgende Elemente zu achten:

- Der Hook – what else?
- ganz kurze (!) Einordnung des Themas oder Vorstellung von dir bzw. deines Unternehmens
- die relevante Story
- Der Outcome – was hat sich geändert, was hast du gelernt … und was kann dein Leser lernen?

Etwas, das sehr lange funktioniert hat, von dem ich aber dennoch abraten würde, sind Social-Media-Beiträge, die *nur* auf die Aufmerksamkeit ausgerichtet sind.

Posts, die in etwa mit solchen Hooks beginnen (kennst du bestimmt):

Beispiel für einen reinen Aufmerksamkeits-Hook

»Wie mein Hamster an einer Überdosis Pringles starb – und was ich daraus für mein Business gelernt habe.«

Ja, ich gucke dich an, LinkedIn. Hör auf damit! Klar ist das so absurd, dass das irgendwie auch catcht. Aber dennoch sollte man von dieser Art von Clickbait Hooks absehen, wenn man halbwegs seriös sein möchte und die langfristige Kundenbindung im Sinn hat. Und falls du dich doch nicht zurückhalten kannst, dann mach es bitte wirklich clever, nur mit einem echten Mehrwert für den Leser und setz es bitte nur sehr, sehr selten ein.

So, jetzt aber genug zu Ads und Social-Media-Beiträgen. Ich hoffe, der Aufbau ist dir klar geworden? Ja? Sehr gut.

Mein Tipp

Schau dir mit deinem jetzigen Wissen mal alle Ads an, die dich selbst catchen:

- Welche Hooks verwenden sie?
- Wie sind sie aufgebaut?
- Was würdest du anders machen?

Das Schöne an Ads: Du erhältst tagtäglich so viele davon, dass dir die Inspiration nie ausgeht. Und wenn einige Ads sehr lange mit dem gleichen Hook und dem gleichen Aufbau laufen, dann kannst du wahrscheinlich davon ausgehen, dass sie halbwegs gut funktionieren.

Und wenn du schon sehr gut im Texten der Ads bist, dann kannst du diese Fähigkeit nun auch auf Videoskripte übertragen.

9.3 Videoskripte

Da wir uns auf die Conversion fokussieren möchten, gehen wir kurz die zwei wichtigsten Videoformate für den Verkaufsprozess durch. Alle anderen sind nice to have – aber den wahren Sale machen eigentlich nur Video-Ads, Video-Sales-Letter und Webinare. (Den Webinaren widmen wir uns noch ausführlich in Abschnitt 9.7.)

9.3.1 Video-Ads

Eigentlich ist es ganz bequem, denn du kannst Video-Ads im Prinzip genauso aufbauen, wie die Copy deiner Ads. Die Formeln und Strukturen funktionieren auch für das Video. Wenn du also die Formeln PAS(O), 4P, AIDA usw. beherrschst, kannst du jedes Video-Ad nach diesem Prinzip aufbauen. Entscheidend sind wie immer die Hooks sowie die Pain Points und deine Benefits bzw. dein *USP*.

Ich habe für dich als Beispielskript für ein Video-Ad den Aufbau aus Tabelle 9.6 als Vorlage.

Aufbau	Erklärung
Hook	Wie immer braucht es einen starken Hook, um die Aufmerksamkeit einzufangen.
Versprechen + Benefit	Direkt am Anfang kommt das größte Versprechen des Video-Ads – was hat der Zuschauer davon, sich das Video bis zum Ende anzuschauen?
der Pitch auf die Landingpage	Relativ schnell schon lenkt der Pitch darauf, weiterzuklicken und welchen Mehrwert der Zuschauer auf der nächsten Seite erhält.
kurze Vorstellung und Trust	Jetzt erst stellst du dich/das Unternehmen vor und beweist, weshalb du überhaupt über das Thema sprechen kannst.
Differentiation	Was machst du oder dein Unternehmen entscheidend anders als alle anderen?
die nächsten Schritte	So geht es jetzt für den Zuschauer weiter – wie soll er genau handeln?
CTA	Wie immer forderst du zum Schluss zur Handlung auf.

Tabelle 9.6 Exemplarischer Aufbau eines Video-Ads

Du kannst die kurze Vorstellung auch direkt nach dem Hook platzieren. Aber ansonsten sollte der Aufbau so bleiben. Und ganz wichtig: Du musst es innerhalb von nur wenigen Sekunden schaffen, deine Botschaft und die größten Benefits in diesem Rahmen zu transportieren.

Wenn dein Video-Ad funktioniert, kommen wir zum nächsten Video im Verkaufsprozess: dem *VSL*.

9.3.2 VSLs (Video Sales Letter)

Einen Video-Sales-Letter kannst du dir ein bisschen wie ein vorgeskriptetes, kürzeres und aufgenommenes Webinar vorstellen. Es kann mittlerweile aber auch einfach eine Kurzpräsentation inklusive Pitch sein. Früher waren viele VSLs im Prinzip reine Präsentationen nur mit Copy, die dann vorgelesen wurde, ganz ohne Person vor der Kamera – nur Text, leicht konsumierbar vorgetragen. Und das hat früher unfassbar gut funktioniert. Einige solcher VSLs sieht man teilweise heute noch.

Da mit dieser Methode jedoch sehr viele Scam-Produkte verkauft wurden (weil sich ja niemand zeigen musste und generell diese Art des Marketings etwas shady war), vertrauen viele Menschen nicht mehr dieser Präsentationsweise von Video Sales

Lettern. Es *kann* immer noch funktionieren, aber nur auf einem sehr hohen Niveau und mit viel Erfahrung.

Zeitgemäßer ist die Kombination aus Video und Präsentation. Stell es dir wie gesagt wie ein kürzeres Webinar vor, das vorproduziert ist und das du nur einmal erstellen musst. Die Länge deines VSLs sollte im Idealfall 30–40 Minuten sein, es kann aber auch viel kürzer sein, wenn du es prägnant und überzeugend einsetzt.

Da wir in Abschnitt 9.7 noch ausführlich zu den Webinar-Skripten kommen, möchte ich hier gar nicht zu sehr ins inhaltliche Detail gehen. Von der Struktur her ähneln sich beide Aufbauten.

VSLs eignen sich auch hervorragend für die Danke-Seite nach der Squeeze bzw. Opt-in-Page (dazu mehr im folgenden Abschnitt 9.4). Dort kannst du entweder ein kurzes Video direkt mit Pitch auf dein Angebot oder einen Call platzieren oder ein Upsell- bzw. Cross-Sell-Angebot verkaufen.

Oder du nutzt den VSL direkt als Leadmagneten, für den sich deine Interessenten eintragen müssen, um den Content zu erhalten. Funktioniert momentan aber nicht mehr so gut wie früher – aktuell sind VSLs ohne vorherigen Opt-in wieder in Mode. So oder so erhältst du den Aufbau später. Ich wollte die VSLs an dieser Stelle nur schon erwähnen, da sie mehr im Frontend genutzt werden.

So weit, so gut, gehen wir nun zum nächsten Conversion-Element nach den Ads und Videos über: den unterschiedlichen Landingpages.

9.4 Landingpages

Kommen wir jetzt zum Herzstück einer jeden Kampagne: der *Landingpage* oder besser gesagt den unterschiedlichen Seiten, durch die sich dein Interessent im Optimalfall durchklicken sollte.

Landingpage ist der Oberbegriff für all diese Arten von Seiten. Viele benutzen ihn häufig als Synonym für die *Opt-in-* oder auch *Squeeze Page*. Aber tatsächlich bedeutet Landingpage im Prinzip nur Landeseite, auf die man nach dem Klick auf ein Werbemittel gelangt.

Im Wesentlichen benötigen wir für erfolgreiches Onlinemarketing und auch für unsere Copy nur drei Arten von Landingpages:

1. die Squeeze Page oder auch Opt-in-Page
2. die *Thank you* oder *Upsell Page*
3. die *Sales Page*

Es gibt noch andere Varianten von Landingpages, aber mit diesen drei Arten können wir eigentlich so ziemlich jedes Produkt und jede Dienstleistung im Internet verkaufen, von 1 € bis zu 100.000 €. Wie du diese Seiten aufbauen solltest und wie sie zusammenhängen, das gehen wir hier gemeinsam in den folgenden Abschnitten durch.

Ein kleiner Disclaimer vorab: Es wird jetzt viel. Daher werde ich dir ganz einfach Aufbau und Struktur jeder einzelnen Seite mitgeben. Ich erkläre dazu ganz kurz, was welche Section für einen Nutzen in der Gesamt-Copy hat.

Aber ich werde dir hier diesmal kein konkretes Beispiel einer Sales Page etc. mitgeben, weil sonst 20 Buchseiten nur mit einer einzigen Landingpage gefüllt wären.

Du erhältst stattdessen in Kapitel 10, »So geht Copy!«, genaue Formulierungen und Beispiele für einzelne Elemente auf einer Landingpage, damit du dich besser an den einzelnen Abschnitten orientieren kannst, mehr Variation hast und nicht komplett von einem einzigen Beispiel erschlagen wirst. In diesem Part ist wirklich erst mal nur wichtig, den Aufbau der Argumentation zu verinnerlichen. Also lass es uns angehen – bereit?

9.4.1 Die Squeeze Page (Opt-in-Page)

Die Squeeze Page ist eine kurze Seite, auf der völlig kalte Interessenten ihre Kontaktdaten im Austausch für einen kostenlosen Mehrwert eintragen sollen. Es gibt Squeeze Pages, die tatsächlich nur 1–2 Sections haben und trotz der Kürze sehr gut funktionieren. Aber ich zeige dir in Tabelle 9.7 einen Aufbau, der in unserer Agentur konstant eine Conversion von über 25 % erzielt – teils sogar bis zu 50 %, je nach Thema, Big Idea und Branche.

Dieser Aufbau gilt sowohl für E-Books und Checklisten als auch für Webinare und Onlineevents etc. – ein wahrer Alleskönner, dieser Squeeze-Page-Aufbau.

Aufbau	Erklärung
Hero Section mit großem Versprechen + Opt-in-Formular above the fold (kein Pop-up)	Ganz wichtig: Die Headline in der Hero Section MUSS mit dem Ad matchen. Das bedeutet, es muss auf den ersten Blick klar sein, dass der Leser nach dem Klick auch auf der richtigen Seite gelandet ist.
Trust-Elemente wie Logos von Kunden etc.	Wie immer sollen die Logos Vertrauen aufbauen.

Tabelle 9.7 Exemplarischer Aufbau einer Squeeze Page

Aufbau	Erklärung
spitze Zielgruppenansprache mit den 3 größten Schmerzpunkten oder Wünschen	Was sind die größten Schmerzpunkte, Blockaden und Hindernisse, vor denen deine Zielgruppe aktuell steht? Weshalb sind sie auf dieser Seite und welche Probleme möchten sie dringend (!) lösen?
ein gut formulierter Einleitungstext, der den aktuellen Zustand noch detaillierter beschreibt	Hier kannst du etwas kreativer werden und deinen Leser mit einem emotionalen Text abholen.
die 5 größten Inhalte und Benefits aus dem Leadmagneten, Webinar, Kurs etc.	Jetzt benennst du die 5 größten Vorteile, die dein Leser hat, oder die 5 größten Fragen, die ihm beantwortet werden, oder die 5 größten Probleme, die gelöst werden. Mach sie präsent – der Leser muss wissen, was für ihn drinsteckt.
die konkreten 3 Schritte zur Anmeldung	Wichtig: Auch, wenn es offensichtlich erscheint – der Leser muss ganz genau wissen, wie er seinen Zugang erhält. Die konkreten Schritte: 1. kostenlos eintragen 2. Zugangsdaten bestätigen 3. Was du erhältst – und wie.
die Vorstellung des Experten oder Unternehmens	Hier stellst du dich, dein Unternehmen oder deine Kunden vor – weshalb ist der Leser bei diesem Anbieter an der richtigen Adresse?
Trust-Elemente wie Logos oder Testimonials etc.	Wenn vorhanden, baust du Testimonials ein und verstärkst mit weiteren Trust-Elementen das Vertrauen ins Unternehmen oder die Person.
ein finaler CTA mit Opt-in-Formular (kein Pop-up)	Wie immer folgt ein finaler CTA zum Schluss – den größten Nutzen für den Leser setzt du in die Headline.

Tabelle 9.7 Exemplarischer Aufbau einer Squeeze Page (Forts.)

Wie gesagt besprechen wir die genauen Formulierungen der einzelnen Sektionen in Kapitel 10, »So geht Copy!«.

Wenn deine Squeeze Page gut funktioniert, dann hast du jetzt deinen Lead erfolgreich eingesammelt. Glückwunsch, erste Etappe gemeistert. Aber das bedeutet noch lange nicht, dass dieser Lead auch zu deinem treuen Leser oder noch besser zum Kunden wird. Dafür ist die Danke- und Upsell-Seite ganz entscheidend.

9.4.2 Danke- und Upsell Page

Nach dem Opt-in muss immer eine Danke-Seite folgen, die bestätigt, dass die Eintragung geklappt hat. Aber diese Seite sollte nicht nur einfach sagen: »Danke, wir melden uns mal irgendwann …«, sondern du solltest hier bereits den nächsten Schritt in der Customer Journey gehen (siehe Tabelle 9.8)! Wenn dein Ziel war, mit deinem Leadmagneten neue Kunden zu gewinnen, dann solltest du hier direkt auf ein Gespräch verweisen – inklusive Video.

Du hast schon direkt ein Produkt, das du als Upsell anbieten kannst? Dann ist hier auch der richtige Zeitpunkt dafür, es zu platzieren. Denn schließlich hat dein Interessent schon einmal Ja zu dir gesagt – die Wahrscheinlichkeit, hier direkt den nächsten Schritt zu gehen, ist an diesem Punkt höher als später.

Sektion	Erklärung
Aufmerksamkeitsstopper	Warte – ein Schritt noch! Dank + Sicherheit, dass der Leadmagnet gleich ausgeliefert wird. Formulierung: »Ein letzter Schritt fehlt noch … dein E-Book ist in wenigen Minuten in deinem Postfach.«
Headline	Den nächsten Schritt verkaufen. Entweder ein Video anschauen, eine Umfrage oder ein Upsell-Produkt.
Subline	Was genau du hier auf der Seite erhältst.
Video + CTA	Hierfür kannst du einen kurzen Video Sales Letter nutzen.
Trust-Elemente wie Logos oder Testimonials etc.	Vertrauen und Sicherheit sind auf dieser Seite ganz entscheidend. Bau daher viele Proof-Elemente ein.
die Vorteile und Transformation des Calls oder Produkts	Bei Call: Immer den Nutzen des Gesprächs verkaufen – nicht nur den deines Angebots! Bei Produkt: Den Mehrwert des Angebots hervorheben. Du solltest hier immer einen besonderen Deal anbieten, wenn sich deine Zielgruppe direkt entscheidet.

Tabelle 9.8 Exemplarischer Aufbau einer Danke- und Upsell-Page

Sektion	Erklärung
3 gute Gründe, weshalb sich dein neuer Lead JETZT entscheiden sollte	Eine leichte Dringlichkeit einbringen. Zeig deinem neuen Kontakt, weshalb es sich lohnt, bei dir den nächsten Schritt zu gehen. Beispiele: ▪ Erfahrung + Schnelligkeit ▪ ehrliche Beratung ▪ Nutzen + besonderes Angebot
weitere Trust-Elemente wie Logos oder Testimonials etc.	Hier fügst du noch mehr Vertrauen hinzu.
kurze Vorstellung des Teams	Schafft NOCH mehr Vertrauen und eine direkte Verbindung zum Unternehmen.
ein finaler CTA auf den Call oder das Produkt	Wie immer fügst du zum Schluss einer Seite das Hauptversprechen und den finalen CTA ein.

Tabelle 9.8 Exemplarischer Aufbau einer Danke- und Upsell-Page (Forts.)

Selbstverständlich hängt auch hier die Ausführung stark vom Ziel und dem Angebot ab. Es gibt VSLs auf der Danke-Seite, die nur 4–5 Minuten lang sind, manche dagegen über 40 Minuten, je nach Produkt, Preis und Verkaufsstrategie. Bei einer Upsell-Seite nach einem kostenlosen Onlineevent oder Webinar beispielsweise bietet es sich an, ein zusätzliches Low-Price-Produkt für maximal 19 € zu verkaufen, das unterstützend zum Event genutzt werden kann. So refinanzierst du das Werbebudget zu gewissen Teilen und Käufer dieses Produkts sind ebenfalls bereiter, später in ein großes Produkt zu investieren.

Was auch super funktioniert, ist, direkt auf der Danke-Seite auf eine Warteliste für ein kohortenbasiertes Produkt zu verweisen, das auf dem Leadmagneten aufbaut – aber noch nicht gelauncht wurde. So hast du direkt eine Interessentenliste für ein Angebot, das du erst in Zukunft wieder veröffentlichst.

Die möglichen Strategien und Varianten sind unerschöpflich. Was aber bei allen gleich bleibt: Du solltest diese Seite unbedingt als Verkaufsseite nutzen! Alles andere ist verschwendetes Potenzial.

9.4.3 Die Sales Page

Uff …, jetzt wird es *noch* intensiver. Die Sales Page ist die Kür deiner Kampagne, der Ort, an dem die finale Kaufentscheidung getroffen wird. Ganz wichtig: Der Deal wird hier *nicht* abgeschlossen, das passiert auf dem Bestellformular oder am Telefon. Aber die Entscheidung, das Angebot bei dir und deinem Unternehmen wahrzunehmen, die fällt auf der Sales Page.

Daher ist diese Seite auch so entscheidend und muss als eigenständiges, digitales und lineares Verkaufsgespräch fungieren – und gleichzeitig in die Gesamtkampagne passen. Und ebenfalls ganz wichtig: Du musst auf ihr ein besonderes Angebot präsentieren, das nur für kurze Zeit und sonst nicht erhältlich ist.

Okay, der Aufbau, den ich dir in Tabelle 9.9 zeige, wird jetzt länger, weil Sales Pages länger sind. Ich habe sogar schon welche geschrieben, die über 30 DIN-A4-Seiten lang waren. Richtig starker Tobak. Am Ende entscheidest natürlich du, wie lang deine Seite werden soll. Aber es darf auf der Sales Page keine Frage für deinen Kunden in spe offenbleiben. Und glaub mir, es gibt hier kein »zu lang« – nur zu irrelevant oder langweilig.

Bei jeder Sektion sage ich dir ebenfalls kurz, ob sie fest an einem Ort bleiben muss oder flexibel einsetzbar ist. Gehen wir's an!

Aufbau	Inhalt
Hook – Attention – Headline (fest)	■ überraschend und aufmerksamkeitserregend ■ Beinhaltet die Big Idea. ■ Benefit-driven ■ Die 4Us: Useful, Urgent, Unique, Ultra-specific (mehr dazu in Kapitel 10, »So geht Copy!«)
Subheadline (fest)	■ auflösen der Headline ■ CTA above the line
Opening (fest)	■ Storyansatz ■ Fakten ■ Der Einstieg greift die Idee der Headline auf. ■ Leser im Mittelpunkt ■ den Loop aufmachen
Benefit (variabel)	■ Was ist für den Leser drin? ■ Features in Benefits überführen ■ stärksten Benefit auswählen ■ anreißen, um neugieriger zu machen – nicht schon die komplette Lösung liefern

Tabelle 9.9 Exemplarischer Aufbau einer Sales Page

Aufbau	Inhalt
Pain (variabel)	■ Durch welchen Schmerz ist der Kunde gegangen? ■ Was hat er bisher versucht? ■ Wieso hat es bisher nicht funktioniert?
Bribe Attention (fest)	■ hier den Schmerz noch mal verstärken ■ Kosten des Nichthandelns nennen
Experte (variabel)	■ kurze Vorstellung des Experten/Unternehmens mit persönlicher Story ■ Persönliche Story – Fragen dazu: Weshalb tust du, was du tust? Was treibt dich an? Wem möchtest du helfen? Was macht dich einzigartig? Wenn du eine Sache in der Welt ändern könntest, was wäre das? Warum hast du das Produkt ins Leben gerufen?
Proof (variabel)	■ Logos der Unternehmen ■ Siegel oder Auszeichnungen? ■ Autorität: Bilder auf Bühne etc? ■ Testimonials: Mit Bildern? Sind sie spezifisch? Mit Zahlen? Beschreiben sie die Transformation? Name und Titel dabei? Fass die Kernaussage in der Headline zusammen. ■ Noch besser – Case Studies: Kundengeschichten als Proof? Persönliche Erfolge als Proof? ■ Große Zahlen und Produkt-Reviews ■ Wissenschaftliche Studien? Echte Testergebnisse? ■ Die Wahrheit aufdecken: allgemein angenommenen falschen Irrglauben entkräften
Einwandbehandlung (variabel)	Kundenavatar durcharbeiten: ■ Welche Einwände/Hindernisse kann der Kunde haben, dem nicht zu glauben? ■ vorher die 3–5 wichtigsten Einwände auflisten – dann entkräften
kleine Zusammenfassung (fest)	■ bisherigen stärksten emotionalen Trigger und Kaufargumente kurz zusammenfassen

Tabelle 9.9 Exemplarischer Aufbau einer Sales Page (Forts.)

Aufbau	Inhalt
Die Lösung: das Produkt (fest)	■ Produkt als Lösung vorstellen ■ Demonstriere das Produkt – zeig, wie es funktioniert ■ Der Vorher-Nachher-Vergleich ■ Problem wird gelöst – veranschaulichen durch: Prozess/Framework, Max. 5 Phasen/Schritte, so simpel wie möglich, In welchem Zeitraum? ■ USP – Was macht dein Produkt einzigartig? ■ Wie funktioniert es? ■ Wie löst es das Problem konkret?
die Transformation (variabel)	■ Gegenüberstellung: ohne Lösung vs. mit Lösung Beispiele: ■ Zeitersparnis ■ Kostenreduktion ■ Arbeitsschritte ■ Probleme ■ Beispiele ■ Ergebnis
Testimonials (fest)	■ kurze Kundenstimmen als Proof einfügen, bevor du das besondere Angebot präsentierst
das Angebot (fest)	Preis: ■ Wurde geankert? ■ Rabatt? ■ Günstiger im Vergleich zu anderen Angeboten? ■ Ratenzahlung? ■ Verschiedene Preise? Lieferung: ■ Wann erhält der Kunde das Produkt? ■ Wie erhält er es? ■ Lebenslanger Zugriff? Zeit/Dringlichkeit: ■ Wann verstreicht das Angebot? ■ Wie viele Plätze/Exemplare? ■ Was, wenn du *jetzt* nicht handelst?

Tabelle 9.9 Exemplarischer Aufbau einer Sales Page (Forts.)

Aufbau	Inhalt
Testimonials (fest)	■ sofort das Angebot wieder mit Kundenstimmen untermauern, um erste Zweifel direkt wieder zu entkräften
der Wert + Bonus (variabel)	■ geringen Preis des Produkts gegen hohen Wert stellen ■ Boni hinzufügen: Jeder Bonus muss einen hohen eigenen Wert haben und sie sollten den Wert des Kernprodukts sinnhaft steigern. ■ Beispiele: Bonus für schnelles Ergebnis, bessere Nutzung oder Pflege, Individual-Betreuung, Premiumoptionen usw.
die Garantie (variabel)	■ Ist die Garantie lang genug? ■ Ist sie glaubwürdig? ■ Nimmt sie jegliches Risiko? ■ Vereinfacht sie dramatisch den Kauf? ■ Welche Garantien haben andere Vergleichsangebote?
erneute Kurzzusammenfassung (variabel)	■ alles auf den Punkt ■ die besten Argumente erneut präsentieren
CTA (fest)	■ Einfach zu klicken? ■ Dringlich? ■ An sinnvollen Stellen? ■ Sticky? Above the line?
Extrabonus? (variabel)	■ Sollte es noch ein ganz besonderes Extra geben, dann füg es kurz vor Schluss ein.
die persönliche Nachricht (variabel)	■ die Big Idea noch mal aufgreifen ■ persönliche, einfühlsame Worte finden, die sanft überzeugen ■ dem Leser erneut das Wichtigste ins Gedächtnis rufen ■ mit Unterschrift ■ mit Bild

Tabelle 9.9 Exemplarischer Aufbau einer Sales Page (Forts.)

Aufbau	Inhalt
FAQ (fest)	■ wiederkehrende Fragen: – Wie läuft das mit der Garantie? – Funktioniert das wirklich? – An wen wende ich mich, wenn ich Fragen habe? – Kann ich auch in Raten zahlen? – Ist es das Richtige für mich? – Wann sehe ich Ergebnisse? ■ Bei einem Onlineprodukt: Wann erhalte ich Zugriff? Ist ein Onlinekurs das Richtige für mich? ■ Bei einem Offlineprodukt: Wie erhalte ich es? Wie nutze ich es richtig? ■ Bei einem Event: Wann? Wo? Anreise? Übernachtung? Zweites Ticket günstiger?
letzter Schubser (fest)	■ Dringlichkeit herausstellen ■ Exklusivität ■ Was verpasst der Leser, wenn er *jetzt* nicht kauft?

Tabelle 9.9 Exemplarischer Aufbau einer Sales Page (Forts.)

Ich habe ja gesagt, ist viel. Eine Sales Page kann je nach Angebot sehr, sehr lang werden. Aber der Aufwand lohnt sich, wenn du einmal eine perfekte Sales Page geschrieben und aufgebaut hast.

Wenn du eine funktionierende, gut strukturierte Sales Page hast, kann sie als 24/7-Onlineverkäufer für dein Unternehmen fungieren.

Der Unterschied der Sales Page bei verschiedenen Produkten

Selbstverständlich gibt es Unterschiede bei verschiedenen Sales Pages. Eine Eventseite ist anders als eine Onlinekurs-Seite. Eine Dienstleistung ist anders als ein physisches Produkt. Hochpreisig braucht mehr Überzeugungsarbeit als niedrigpreisig.

Dennoch ist in diesem Aufbau so ziemlich alles enthalten, an das du bei deiner Konzeption und deinem Aufbau der Sales Page denken solltest. In Kapitel 10, »So geht Copy!«, werden wir einzelne Elemente und ihre Formulierungen genauer betrachten, damit du dir deine eigene Sales Page zusammenbauen und erschreiben kannst, z. B. für Headlines, Story-Einstiege oder auch FAQs.

Deine Aufgabe ist jedoch, diese einzelnen Elemente zu einer in sich schlüssigen und leicht lesbaren Form miteinander zu verbinden.

9.5 Das Bestellformular und die Auslieferung des Produkts

Die meisten Unternehmen stecken ihre gesamte Energie ins Marketing und optimieren sich auf der Sales Page oder bei Ads zu Tode – und vergessen dabei, dass die Arbeit dort nicht aufhört. Denn sowohl das Bestellformular als auch die Auslieferung des Produkts sind ganz entscheidend für den Erfolg der gesamten Kampagne. Hier kann man so viel falsch machen, dass die Conversion drastisch einbrechen könnte.

Lass mich ein Beispiel finden, das im Kopf bleibt, damit du in Zukunft immer dran denkst ... mmh ... gib mir 'ne Sekunde ... okay, wie wär's damit?

Stell dir vor, du würdest in einem 5-Sterne-Restaurant mit Top-Bewertungen essen gehen – du freust dich riesig, hast lange auf den Abend hingefiebert und hast auch richtig Hunger. Deine Wahl fiel auf das Entrecôte. Das Wasser läuft dir schon im Mund zusammen, aber das Essen kommt und kommt nicht. 30 Minuten. 60 Minuten. Nach mehrmaligem Nachfragen kommt es erst nach 2,5 Stunden. Die Rechnung? Falsch berechnet und viel zu hoch, du musst sie noch mal korrigieren lassen und diskutierst mit dem Kellner. Egal, wie toll das Essen war – würdest du noch mal in das Restaurant gehen? Wohl kaum.

Anschaulich genug? Ich denke auch. Egal, wie toll dein Marketing und dein Produkt ist – wenn du bei der Transaktion und der Auslieferung verkackst ... ja, dann hast du leider auch beim Kunden verkackt. Um den Sack zuzumachen, musst du ebenfalls ganz genau dein Bestellformular und deine erste Willkommensmail betrachten und sie conversion-technisch optimieren.

9.5.1 Das Bestellformular

Der finale Schritt, der letzte Handschlag. Die Wurst, die über den Tresen wandert. Das Katsching der Kasse. Beim Bestellformular gibt es nur ein einziges Leitmotiv, das über allem steht: SICHERHEIT!

Jetzt darf hier (eigentlich) nichts mehr schiefgehen, es ist der letzte Schritt im gesamten (Frontend-)Verkaufsprozess – dein potenzieller Kunde ist so nah dran, er kann seine rosige Zukunft nach Kauf deines Produkts schon riechen.

Hier gilt es, keine Experimente zu wagen, sondern mit maximaler Klarheit und weiterem Vertrauensaufbau deinem Interessenten zu zeigen, dass er es hier mit einem seriösen, erfahrenen – schlicht dem *richtigen* Anbieter zu tun hat. Tabelle 9.10 zeigt den Aufbau des Formulars.

Aufbau	Erklärung
Banner mit Copy und Trust	Oft unterschätzt: Das Banner ist der erste visuelle Anker im Check-out-Prozess und sollte eine kurze Copy und einen Trust beinhalten. (Beispiel: »Unkompliziert und sicher deinen Kauf mit nur 2 Klicks bestätigen. Sichere Transaktion und Lieferung aus Deutschland.«)
Headline mit Produktnamen und Unternehmen	Es muss auf den allerersten Blick klar werden, dass dieses Bestellformular zur vorherigen Sales Page passt. Die Headline ist kein Ort für clevere oder kreative Experimente.
Subtitle mit dem größten Benefit bzw. der großen Transformation	Hier stellst du erneut den Hauptnutzen und die versprochene Transformation heraus.
einen kurzen (!) Einleitungstext zur Zusammenfassung	Gratuliere kurz in zwei Sätzen quasi schon vorab zur Entscheidung des Interessenten und leite elegant die Benefits ein.
die Main-Benefits (maximal 5!)	gerne mit Emojis und als Auflistung
wenn vorhanden, die Verknappung noch mal präsent darstellen	Die Dringlichkeit ist der Conversion-Booster schlechthin im Check-out-Prozess.
der finale CTA	Hier forderst du ganz klar und präzise zum Kauf auf.
Testimonials, Trust-Elemente und bisherige Bestellungen	Kundenstimmen einfügen. Trust-Elemente wie SSL-Secured, Gütesiegel etc. hinzufügen. Nutz ebenfalls Pop-ups mit Bestellungen von anderen Kunden als Vertrauenselement.
wenn sinnvoll, Order-Bumps (zusätzliche Bestellung) dem Angebot hinzufügen	Hiermit steigerst du den Warenkorbwert erheblich – aber nur, wenn ein zusätzliches Angebot mit dem Hauptangebot zusammenpasst (Beispiel: Buch + Hörbuch als Order-Bump oder Onlinekurs + zusätzlicher Mini-Kurs, der inhaltlich darauf aufbaut).
Ratenzahlung anbieten, wenn sinnvoll (und vorher auch kommuniziert)	Die Ratenzahlung ist ebenfalls ein unglaublicher Conversion-Booster. Wer in 3, 6 oder sogar 12 Raten bezahlen kann, ist wesentlich gewillter, sofort zu handeln. **Hinweis**: Die Einmalzahlung sollte aber IMMER günstiger sein und gegenüber der Ratenzahlung belohnt werden, da du damit deinen Cashflow erhöhst.

Tabelle 9.10 Der Aufbau eines Bestellformulars

Aufbau	Erklärung
mehrere Zahlungsmethoden anbieten, um Abbruch zu vermeiden	PayPal, ApplePay, Kreditkarte, Rechnung, Klarna etc. – je mehr Bezahlmöglichkeiten zur Verfügung stehen, desto geringer die Hürde für den Kunden. Auch das belegen mehrere Studien.

Tabelle 9.10 Der Aufbau eines Bestellformulars (Forts.)

Bis zur finalen Transaktion muss die Nutzenkommunikation einwandfrei sein und die Entscheidung des Käufers permanent bestätigt und verstärkt werden. Achte also unbedingt darauf, die wichtigsten Benefits immer wieder zu wiederholen und gleichzeitig die letzten Bedenken vorm Kauf zu nehmen.

Einer der größten Conversion-Killer ist, wenn es einen visuellen oder kommunikativen Bruch im Check-out-Prozess gibt und dieser nicht zum vorherigen Bild des Unternehmens passt. Zum Glück wirst du diesen Fehler ab jetzt niemals begehen. Oder? ODER?

9.5.2 Die Auslieferung – die Willkommensmail

Bei der Auslieferung trennt sich mal wieder die berühmte Spreu vom Weizen: Die Willkommensmail deines Produkts kann ein echter Gamechanger für das Kundenerlebnis und das Customer Retention Management sein. Nur durch diese Mail kannst du den durchschnittlichen Umsatz pro Kunde erheblich steigern.

Wie? Indem du einfach anders und netter bist und deinem Kunden etwas on top schenkst, mit dem er nicht gerechnet hat! Was ist z. B. ein gutes Add-on zum erworbenen Produkt, das du vorher nicht kommuniziert hast und dennoch kostenlos draufpacken kannst? Zum Beispiel eine individuelle 1:1-Session mit dir on top zu einem Onlinekurs, eine kostenlose Grillzange zum Grillkurs dazu, ein Überraschungspaket per Post zusätzlich zum Kauf – hier kannst du gerne kreativ werden. Es muss nur einen wirklichen Mehrwert für den Kunden haben und zum Produkt oder der Dienstleistung passen.

Ob du es glaubst oder nicht: Ein fantastisches Onboarding kann bis zu 40 % im Upsell ausmachen. Es ist der *wichtigste* Schritt im Kundenprozess und bei der Kundenzufriedenheit. Deshalb solltest du hier eine klare Richtung vorgeben und auch schon die nächsten Schritte ankündigen. Tabelle 9.11 zeigt den Aufbau einer Willkommensmail.

Unterschätz diese Mail bitte nicht. Überleg dir ganz genau, wie du das Kundenerlebnis hier bei Weitem übertreffen kannst, um direkt positiv im Kopf zu bleiben.

Aufbau	Erklärung
Betreff	Sei ausgefallen – kein 08/15 »Herzlich willkommen.« Beispiel: »Ich glaub's nicht: [Vorname] ist jetzt auch dabei«
Begrüßung und Beglückwünschen	Schön, dass du hier bist – das war die absolut richtige Entscheidung.
Dein Kunde soll sich besonders fühlen!	Was kannst du tun, damit sich dein Kunde nicht wie einer unter Tausenden fühlt? Wie kannst du ihm persönlich eine Freude machen?
Wie es jetzt weitergeht ...	So nutzt du das Produkt optimal – das sind die nächsten Schritte. Und keine Sorge: Wir lassen dich nie damit allein und sind jederzeit an deiner Seite.
der unerwartete Bonus	»Eine letzte Überraschung haben wir noch:« Das ist dein unerwartetes Geschenk, das deinen Kunden begeistern wird.
nette Verabschiedung und Aussicht auf mehr	Ankündigen, dass du dich wieder meldest und du deinem Kunden Schritt für Schritt hilfst und ihn im gesamten Prozess niemals alleine lassen wirst.

Tabelle 9.11 Der Aufbau einer Willkommensmail

Du willst ein Beispiel, was möglich ist? Klaro. Es gibt eine wirklich superbekannte Bestellbestätigungsmail von CD Baby aus dem Jahr 1998. Zur Einordnung: CD Baby war bzw. ist ein US-amerikanischer Onlinehändler für Musik-CDs unabhängiger Musiker ohne Plattenvertrag.

Heute ist CD Baby der größte Onlineanbieter von Independent Music und das Zuhause von 650.000 Musikern und 9 Millionen Tracks. CD Baby stellt auf über 100 digitalen Plattformen Musik zur Verfügung. Das Unternehmen ist Partner von Spotify, Apple Music, Amazon Music, YouTube, Deezer ... und, und, und. Laut dem Gründer Derek Sivers ist der immense Erfolg von CD Baby unter anderem einer ganz bestimmten E-Mail zu verdanken.

Wenn jemand damals eine CD bestellt hatte, erhielt er diese ungewöhnliche Bestätigungsmail, die du in Abbildung 9.3 siehst, innerhalb weniger Sekunden in sein Postfach (zuerst das Original und im Anschluss von mir frei aus dem Englischen übersetzt).

Thanks for your order with CD Baby!

Your CD has been gently taken from our CD Baby shelves with sterilized contamination-free gloves and placed onto a satin pillow. A team of 50 employees inspected your CD and polished it to make sure it was in the best possible condition before mailing. Our world-renowned packing specialist lit a local artisan candle and a hush fell over the crowd as he put your CD into the finest gold-lined box that money can buy. We all had a wonderful celebration afterwards and the whole party marched down the street to the post office where the entire town of Portland waved "Bon Voyage!" to your package, on its way to you, in our private CD Baby jet on this day.

We hope you had a wonderful time shopping at CD Baby. In commemoration, we have placed your picture on our wall as "Customer of the Year." We're all exhausted but can't wait for you to come back to CDBABY.COM!!

Thank you, thank you, thank you!

Sigh...

We miss you already. We'll be right here at store.cdbaby.com patiently awaiting your return.

Was the product you received defective or damaged? Check out our Return Policy.

All your friends at CD Baby
Sell your music on CD Baby and in stores worldwide

Abbildung 9.3 Die Willkommensmail von CD Baby aus dem Jahr 1998

Beispiel: CD Babys Willkommensmail aus dem Jahr 1998

Betreff: Danke für deine Bestellung bei CD Baby!

Deine CD wurde vorsichtig mit sterilisierten, kontaminationsfreien Handschuhen aus unseren CD-Baby-Regalen genommen und auf ein Satin-Kissen gelegt.

Ein Team von 50 Mitarbeitern hat deine CD überprüft und poliert, um sicherzustellen, dass sie sich vor dem Versand im bestmöglichen Zustand befindet.

Unser weltbekannter Verpackungsspezialist zündete eine Kerze an und die Menge wurde still, als er deine CD in die feinste, mit Gold ausgekleidete Schachtel legte, die man für Geld nur kaufen kann.

Danach hatten wir alle eine riesige Party und marschierten die Straße hinunter zur Post, wo die ganze Stadt Portland an diesem Tag unserem privaten CD-Baby-Jet mit deinem Paket an Bord zuwinkte und »Bon Voyage!« rief.

Ich hoffe, du hattest eine wundervolle Zeit beim Shoppen bei CD Baby.

Dein Bild steht als »Kunde des Jahres« an unserer Wand. Wir sind alle erschöpft, können es aber kaum erwarten, dass du zu CDBABY.COM zurückkehrst!!

Danke, danke, danke!

All deine Freunde bei CD Baby

Siehst du? Wenn du die Norm verlässt und dich auch mal etwas traust, bleibst du deinen Kunden positiv im Kopf. Was die Wahrscheinlichkeit eines weiteren Kaufs oder die Verlängerung der Dienstleistung natürlich erheblich erhöht.

Und da wir hier schon so schön von Mails sprechen, lass uns doch direkt mit einer meiner Lieblingsdisziplinen im Copywriting weitermachen: dem *E-Mail-Marketing*.

9.6 E-Mail-Marketing

Okay, okay, okay ... allein mit dem Thema E-Mail-Marketing könnte ich dieses gesamte Buch füllen. Denn egal, wie viele *Shiny Objects* auch auftauchen oder wie sehr dir alle fancy jungen Onlinemarketer weismachen wollen, dass E-Mail-Marketing tot sei und alles nur noch über Skool oder Reels läuft ... dem ist nicht so. E-Mail-Marketing bringt Umsatz. Punkt. Keine Diskussion hier.

In den nächsten 10 Jahren (gerade in Deutschland) wird immer noch für die meisten Unternehmen der Umsatz am Telefon oder per Mail gemacht. Oder hast du schon mal eine wichtige Rechnung über deinen TikTok-Chat erhalten? Ich denke nicht.

Mails sind einfach verbindlicher, exklusiver und ein wichtiger Bestandteil des Verkaufsprozesses. Daher wird dieser Abschnitt lang – aber er ist umso wichtiger. Ich möchte, dass du einen kleinen Crush aufs E-Mail-Marketing bekommst. Denn es gibt wirklich nichts Befreienderes als eine eigene E-Mail-Liste, die du selbst bespielen kannst, und echte Fans deiner Marke, die regelmäßig über diese Liste bei dir kaufen – und das völlig unabhängig von Meta, Google oder anderen Werbeplattformen, die dir sonst immer mal wieder Schwierigkeiten bereiten können.

Starten wir am besten direkt mit drei kurzen Negativbeispielen, damit du verstehst, weshalb hier bei den meisten Unternehmen so unfassbar viel Potenzial (ergo Umsatz) liegen gelassen wird. Beginnen wir zunächst mit einer weniger gut gelungenen Verkaufsmail in Abbildung 9.4.

Beispiel: Sehr schlechte Sales Mail

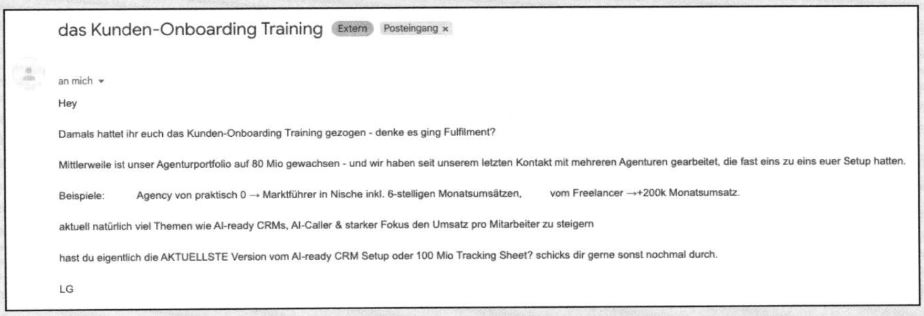
das Kunden-Onboarding Training Extern Posteingang ×

an mich

Hey

Damals hattet ihr euch das Kunden-Onboarding Training gezogen - denke es ging Fulfilment?

Mittlerweile ist unser Agenturportfolio auf 80 Mio gewachsen - und wir haben seit unserem letzten Kontakt mit mehreren Agenturen gearbeitet, die fast eins zu eins euer Setup hatten.

Beispiele: Agency von praktisch 0 → Marktführer in Nische inkl. 6-stelligen Monatsumsätzen, vom Freelancer →+200k Monatsumsatz.

aktuell natürlich viel Themen wie AI-ready CRMs, AI-Caller & starker Fokus den Umsatz pro Mitarbeiter zu steigern

hast du eigentlich die AKTUELLSTE Version vom AI-ready CRM Setup oder 100 Mio Tracking Sheet? schicks dir gerne sonst nochmal durch.

LG

Abbildung 9.4 Sehr schlechter Annäherungsversuch per Mail

Da ist ja wirklich alles schiefgelaufen:

1. Wir waren schon Kunde bei diesem Unternehmen und haben dort einen fünfstelligen Betrag gezahlt. Da sollte man davon ausgehen, dass wir immerhin in einer Käufer-Kontaktliste sind. Scheinbar ist dem aber nicht so. (Deshalb ist Segmentierung auch so wichtig, aber dazu später mehr.)
2. Die Art und Weise mit den Rechtschreibfehlern soll suggerieren, dass der Geschäftsführer die Nachricht »mal eben« so ins Handy getippt hat und nur für mich. (Und, dass die Nachricht nicht KI-verfasst ist.) Mein Problem damit: Es ist so billig und extra auf schludrig gemacht, dass es eher wenig wertschätzend und auf Augenhöhe wirkt.
3. Ich habe noch nicht mal einen Plan, worum es hier geht? Hier wird nur mit Buzzwords um sich geworfen, ohne dass ich verstehe, was er eigentlich von mir will. Und random irgendwelche Agenturen reinzuschmeißen, die random irgendwelche Umsätze generieren – was soll ich mit der Info anfangen?

Ganz ehrlich: Ein nettes, dennoch vollautomatisiertes »*Hey, wie geht's – wollte mal fragen, ob wir dich irgendwie unterstützen können und ob wir noch mehr Geld an dir verdienen können als ohnehin schon.*« wäre ehrlicher gewesen und hätte 100-mal besser funktioniert als *das* da.

Okay, so viel zu einem schlechten Beispiel aus der eh schon ominösen Marketing- und Agenturszene – lass uns lieber mal riesengroße Unternehmen auseinandernehmen. Das macht noch viel mehr Spaß!

Abbildung 9.5 zeigt ein weiteres besonders unnützes Exemplar von Mail in freier Wildbahn.

Schlechtes E-Mail-Marketing-Beispiel: Autohaus

Sehr geehrter Herr Greitemann,

wir möchten uns bei Ihnen sehr herzlich für Ihr Vertrauen in unser Autohaus und die Marke bedanken.
Sie haben sich für ein Fahrzeug der Spitzenklasse entschieden, dass in Punkto Design, Technik und Umweltfreundlichkeit neue Maßstäbe setzt.

Selbstverständlich werden wir Sie auch nach Ihrem Kauf weiter perfekt betreuen und Sie in allen automobilen Fragen gerne beraten und unterstützen.

Sie erhalten in unseren Autohäusern alles aus einer Hand.

Vergleichen Sie auch unsere günstigen Versicherungstarife. Gerne unterbreiten wir Ihnen ein tolles Angebot.

Freuen Sie sich bereits heute auf Ihr neues Auto.

Anbei erhalten Sie noch Ihre Auftragsbestätigung.

Unsere Mitarbeiter im Service sowie Ihr Verkaufsberater stehen Ihnen jederzeit sehr gerne zur Verfügung.

Mit freundlichen Grüßen

Abbildung 9.5 Autohaus-Mail nach Bestellung eines Neuwagens

Bei dieser Mail kommt nur eine Botschaft an: »Du bist einer von vielen.« Unpersönlich, unehrlich, unfassbar schlecht. Noch nicht mal mein Automodell wurde erwähnt. Vielleicht hätte ich mir ja das Angebot für eine Versicherung angehört – so aber nicht. Und was sollen bitte automobile Fragen sein?

Klar, diese Mails jucken einen eigentlich nicht. Man schaut kurz drauf, nickt sie ab, schmunzelt vielleicht und öffnet sie nie wieder. Aber genau das möchten wir ja vermeiden. *Dass* diese Mails rausgeschickt werden, ist zunächst der richtige Gedanke. Nur ist die Umsetzung so miserabel, dass sie mehr schaden als helfen.

Nee, nee, nee, das wollen wir mal schön besser machen. Daher sprechen wir zunächst über die absoluten Basics im E-Mail-Marketing. Danach erhältst du von mir konkrete Vorlagen für einige der konstant besten Mails – diesmal schon direkt mit Beispiel zum Verständnis.

9.6.1 Einmaleins des E-Mail-Marketings

Bevor wir in die einzelnen Templates für verschiedene Mail-Typen eintauchen, möchte ich dir noch die wichtigsten Spielregeln im E-Mail-Marketing zeigen.

Format

Für eine bessere Lesbarkeit sorgst du mit einem aufgeräumten Format:

- Setz den Text linksbündig.
- Vermeide Textwüsten, sondern bau lieber viele Absätze ein.
- Mach den Text gerne auch schmaler, das fördert die Lesbarkeit auf mobilen Geräten ebenfalls.
- Und bitte mute deinen Lesern keine bunten Experimente zu, sondern bleib einfach bei schwarzem Text auf weißem Hintergrund.

Das hat mehrere gute Gründe: Mails sollen aussehen wie Mails – nicht wie Plakatwerbung. Je bunter sie sind, desto mehr weiß der Kunde sofort, dass es Werbung ist und interessiert sich nicht mehr für den Inhalt. (Und die Größe der Mail und somit der Spamscore erhöhen sich bei zu vielen Bildern und HTML-Code.) Die Conversion ist ebenfalls höher, wenn die Mails aussehen, als wären sie von einer echten Person verfasst worden.

Anbieter von E-Mail-Marketing-Software, die das über alle Branchen hinweg und in riesiger Masse getestet haben, werden mir da zustimmen.

Segmentieren

Woher kommen deine Kunden? Was haben sie vorher für Informationen erhalten? Und welche dürfen sie auf gar keinen Fall bekommen?

Zu erfolgreichem E-Mail-Marketing gehört auch eine sinnvolle Segmentierung der Kontakte. Denn nur, wenn du weißt, woher deine Käufer kommen, kannst du auch Rückschlüsse darüber ziehen, wie sie sich in Zukunft verhalten könnten. Hier kurz eine Auflistung der wirklich elementaren Segmente – mehr und besser geht immer, zu viele schaffen aber auch Verwirrung statt Klarheit. Aber diese 5 Segmente *musst* du haben:

1. Käufer vs. Nichtkäufer (Du erinnerst dich an die miese Mail in Abbildung 9.4?)
2. aktive vs. inaktive Kontakte (länger als 90 Tage keine Mail mehr geöffnet = inaktiv)
3. im Onboarding nach Leadmagnet-Download vs. normaler Newsletter
4. warme vs. kalte Kontakte (hohe Öffnungs- und Klickraten = warm)
5. Segmentierung nach Interesse und Thema (Für welchen Funnel, welches Produkt oder welchen Leadmagneten hat sich der Leser eingetragen?)

Wie gesagt ist das superoberflächlich. Aber diese Unterscheidungen musst du definitiv treffen, sonst lässt du Potenzial liegen – oder bist nur mit Beschwerden von Lesern beschäftigt.

Versandzeitpunkt

Witzigerweise ist das häufig eine der ersten Fragen, die ich von Kunden erhalte:

> *Wann sollen wir denn launchen? Wann ist die beste Zeit, um eine Mail zu verschicken, damit auch wirklich viele sie lesen?*

Ich gebe dir hier die gleiche ernüchternde Antwort, die ich all meinen Kunden gebe: Es gibt keinen perfekten Zeitpunkt. Das kommt drauf an.

Die einzige Regel, die du für eine hohe Öffnungs- und Klickrate in Mails wissen musst, kennst du bereits: Relevanz, Konstanz und Mehrwert. Dann ist die Uhrzeit ehrlicherweise völlig egal.

Wenn du ein Format wie »Tipps zum Wochenende«, »Zum Wochenstart« oder »Tägliche Inspiration« etabliert hast, dann sollten diese Formate auch immer zum selben Zeitpunkt rausgehen.

Ich weiß, das war jetzt nicht die Antwort, die du hören wolltest, richtig? Okay, okay, pauschal kann ich dir folgende Einschätzungen guten Gewissens geben:

- Sonntag ist meist der beste Tag für Webinare und Verknappung.
- Morgens früh zu launchen ist besser als zu anderen Zeitpunkten.
- Content zu versenden ist am besten zwischen 16–18 Uhr unter der Woche.

Alles andere hängt davon ab, wie du deine Leserschaft »erzogen« hast.

Das PS

Zeit ist knapp heutzutage und wird immer knapper. Viele Menschen öffnen daher eine Mail und scrollen sie zum ersten Scannen einfach durch bis zum Ende. Daher ist eine der Grundregeln im E-Mail-Marketing, bei längeren Mails immer ein Post Scriptum einzufügen, um dort die Kernaussage inklusive Call to Action in maximal zwei bis drei Sätzen auf den Punkt zu bringen.

So, das war's zu den wichtigsten Basics. Machen wir mit den Templates weiter: Du erhältst insgesamt neun Mail-Vorlagen von mir, die du so für dich vom Aufbau kopieren kannst. Ich habe dir zwei Newsletter-Varianten und eine Launch-Serie zusammengestellt. Damit hast du die wichtigsten Mails im Detail erklärt – natürlich gibt es noch unzählige Mail-Varianten mehr. Ein paar weitere nenne ich dir nach diesen Templates auch noch.

Ich habe dir pro Mail-Vorlage ein Beispiel mitgebracht, das ich selbst verfasst habe, weil ich nur so auch bestätigen kann, dass diese Mails sehr erfolgreich waren. Ich habe aber natürlich die Unternehmen unkenntlich gemacht, für die ich diese Mails geschrieben habe. Und nicht wundern: Wie du weißt, muss die Copy immer dem Leser schmecken! Daher haben die Mails auch unterschiedliche Tonalitäten und Härtegrade. Sie müssen nicht deinen Geschmack treffen, aber ich kann dir versichern, dass sie funktionieren.

9.6.2 Newsletter (klassisch)

Der Newsletter ist das Blut in den Adern deines E-Mail-Marketings. Wieso? Weil ein guter, spannender, abwechslungsreicher und relevanter Newsletter dafür sorgt, dass deine Leser deine Mails immer wieder öffnen und sich mit dir und deinem Unternehmen identifizieren und verbinden können.

Das hilft dabei, dass Sales Mails und Kampagnen ebenfalls mehr geöffnet werden und du durch Relevanz und Mehrwert (siehe Kapitel 6, »Die Grundprinzipien erfolgreicher Copy«) deine Leser an dein Unternehmen bindest. So wirst du zur einzigen Anlaufstelle für deine Kunden – und kannst dich signifikant von der Konkurrenz abheben.

Eine Regel gilt bei jeder Mail und besonders beim Newsletter: unvergleichlichen Mehrwert liefern! Lass uns dazu hier in Tabelle 9.12 den Aufbau eines klassischen Newsletters durchgehen.

Was beim Newsletter so herrlich erfrischend ist: Du kannst dich im Prinzip komplett austoben. Teste kreative Ideen, teile deine Meinung zu einem bestimmten Thema, versuch deinen Leser zu unterhalten und zu informieren. Versuch aber immer nur *einen* klaren Mehrwert mitzugeben, *eine* Idee oder *einen* Tipp.

Aufbau	Erklärung	Beispiele
Hook	■ Problem der Zielgruppe ansprechen ■ direkte Ansprache der Zielgruppe ■ Storyeinstieg ■ rhetorische Frage	■ »Fühlst du dich in letzter Zeit in deinem Beruf etwas ausgelaugt …?« ■ »Als Mutter hast du jeden Tag mehr als alle Hände voll zu tun …« ■ »Gestern auf meinem immer gleichen Weg zur Arbeit ist mir plötzlich etwas Merkwürdiges aufgefallen …« ■ »Hand aufs Herz: Wer würde nicht gerne gesunde, strahlende Haut haben?«
ein aktueller Bezug zum Thema	ein aktueller Bezug, der die Dringlichkeit des Themas untermauert etwas, das die Leser wahrscheinlich noch nicht wissen	»Dabei fiel mir auf, dass …« ■ »Laut einer Studie von …« ■ »Wusstest du, dass …?«
Überleitung zur Lösung	Wie haben du, dein Unternehmen und andere Menschen dieses Problem bereits gelöst?	■ »Dann bist du damit nicht allein – über 500 unserer Kunden standen vor derselben Herausforderung, bis wir ihnen XY gezeigt haben!« ■ »Auch ich habe lange so gedacht … bis ich auf die Lösung gestoßen bin!«
der Tipp	■ Die Moral von der Geschicht' ist der nützliche Tipp, mit dem dein Leser aus der Mail gehen soll. ■ Persönlichkeit ist wichtig! Gib bitte keinen 08/15-Tipp.	»Wenn du nur einen Gedanken aus dieser Mail mitnehmen sollst, dann folgenden: …«
netter Abschluss (auch mit CTA)	immer eine nette Verabschiedung	»Ich würde mich freuen, wenn es auch dir hilft! Probier es aus. Herzliche Grüße [Dein Name]«

Tabelle 9.12 Exemplarischer Aufbau eines klassischen Newsletters

Aufbau	Erklärung	Beispiele
das PS	■ Füg (fast) immer ein PS ein – bei längeren Mails scrollen die Leser gern bis zum Ende. ■ Dort sollte sich die wichtigste Aussage oder der CTA noch mal in 2–3 Sätzen wiederfinden. ■ Du kannst dort auch etwas aus der Mail mit einem Witz aufgreifen oder besser erklären.	■ »PS: Du hast auch das Problem mit [XY]? Dann versuch es mit dem Tipp und berichte mir, wie es funktioniert hat!« ■ »PS: Wenn auch du [XY] erreichen möchtest, dann klick jetzt hier und erfahre mehr über [Produkt]: Hier klicken →«

Tabelle 9.12 Exemplarischer Aufbau eines klassischen Newsletters (Forts.)

Ich habe dir dafür mal ein Beispiel aus unserem eigenen Newsletter mitgebracht, der sehr gut ankam – weil ehrlich aus dem Leben erzählt und mit einer simplen Botschaft zum Schluss.

Ein eigener Newsletter als Beispiel

Betreff: 23.12. im Sauerland ...

Am 23. Dezember treffe ich mich immer mit meinen alten Freunden in der Heimat.

Gleiche Runde. Gleiche Kneipe im Sauerland.

Vor ein paar Jahren hab ich in die WhatsApp-Gruppe geschrieben:

»Bin heute etwas später, ich muss noch eine Mail schreiben und versenden.«

Ich konnte das schelmische Lachen durch den Bildschirm schallen hören:

- »Ohoooh, Großminister Lukas muss noch eine Mail verschicken.«
- »Hä, das ist doch nur 'ne Mail, wozu brauchst du so lange?«
- »Danke für die wichtige Info.«

Um konzentriert und ruhig zu bleiben, habe ich tief durchgeatmet und innerlich zu mir gesagt:

»Okay ... that's enough for now.«

Als ich dann fertig und endlich in der Kneipe angekommen war, wurde ich natürlich dementsprechend begrüßt:

»Na Meister, hast du deine wichtige Mail fertig, oder musst du gleich noch die Nacht durcharbeiten?«

Da hab ich (natürlich das einzige Mal in dem Jahr) meine Coolness verloren und direkt patzig gekontert:

»Das war nicht nur eben 'ne Mail, das war eine Verkaufsmail, die an über 400.000 Kontakte rausging, du Vogel!«

»400.000? Lüg doch nicht so frech. Alle, die du kennst, sitzen hier ...«

...

Jetzt fragst du berechtigterweise: »Wo ist die Pointe?«

Und wieso kann ich mich auch Jahre später noch an diese langweilige Story erinnern?

Aus einem prägnanten Grund:

Weil diese EINE dusselige Mail zu einer unverbindlichen Bewerbung auf eine Ausbildung den Abend vor Weihnachten (und den Morgen am Heiligabend) über 200 Bewerbungen eingespielt hat.

Und diese haben nachweislich zu mehreren hunderttausend Euro Dealvolumen im Januar geführt.

Die genaue Zahl weiß ich leider nicht mehr. Aber es war für das Unternehmen die erfolgreichste Mail des Jahres. Und das am 23.12. ...

(Am liebsten hätte ich es ihnen bei WhatsApp unter die Nase gerieben, aber ich hatte glücklicherweise meine Coolness wiedergefunden.)

Die Moral von der Geschicht' und mein letzter Gedanke für dieses Jahr:

Auch, wenn du denkst, es liest jetzt eh niemand mehr ...

... und es würde ohnehin keiner mehr kaufen, geschweige denn deine Mail öffnen ...

... schick diese EINE Mail einfach noch raus.

Mach es nett.

Wie immer mit Mehrwert.

Und wertschätzend.

Du weißt nie, was aus einer einzigen Mail noch im neuen Jahr für dich entstehen kann.

Liebe Grüße

Lukas

PS: Ich habe wirklich sehr liebe und tolle Freunde, für die ich sehr dankbar bin. Wir machen uns nur gerne übereinander lustig und pflegen einen rauen Ton.

Nicht, dass hier ein falscher Eindruck entstanden ist ... kann halt nicht jeder 400.000 Freunde haben, so wie ich.

Neidisches Pack.

Kann sein, dass der Stil nicht jedem gefällt. Aber lass dir diese Mail mal von einer KI schreiben – geht nämlich nicht. Das ist meine persönliche Erfahrung in meinen Worten und Gedanken dazu ausgedrückt. Damit können sich Leser identifizieren – oder eben nicht. Dafür geht so eine Mail nicht in der Masse unter, weil sie eben nicht generisch, sondern persönlich ist.

Übrigens, wenn du mehr von solchen spannenden Newslettern lesen möchtest, mit aktuellen Tipps und neuesten Erkenntnissen, die außerdem noch *genau* so klingen, wie der charmante Autor dieses Buches, dann kannst du gern auch **unseren Newsletter von der onely digital GmbH abonnieren:** *www.onely.de/newsletter*

Ich würd mich freuen, dir persönlich zu schreiben! So, weiter jetzt.

9.6.3 Newsletter (Island and Bridges)

Die Newsletter-Variante Island and Bridges liefert kleine, unabhängige »Informationsinseln«, die wir mit kurzen Überleitungen als »Brücken« zu verbinden versuchen. Wichtig beim Island-and-Bridges-Newsletter: Ich persönlich empfehle ihn nicht, da er der *Rule of One* (siehe Abschnitt 6.1) widerspricht. Dennoch gefällt diese Art von Newsletter vielen Unternehmen – und vielleicht ja auch dir. Trotz der vielen unterschiedlichen Themen innerhalb der Mail solltest du dennoch immer die sinnvolle Verknüpfung untereinander gewährleisten und gleichzeitig dein großes Ziel vor Augen haben. Der Aufbau ist hier sehr variabel, aber in Tabelle 9.13 findest du einen groben Rahmen und ein paar Anregungen für Themenblöcke. Auch hier gilt natürlich (ich wiederhole mich ein allerletztes Mal): Stets unverwechselbaren Mehrwert liefern!

Aufbau	Erklärung	Beispiele
Einstieg	■ eine kurze persönliche Einleitung in die Mail ■ kurzer Ausblick auf die Inhalte	»Im heutigen Newsletter sprechen wir wie immer über ...«
Themenblöcke	Gute Themen: ■ Buchtipp ■ persönliches Learning der Woche ■ »Fuck-up« der Woche ■ Kundenstimme ■ Call oder Demo bewerben ■ Tipp/Video der Woche ■ usw.	Versuch deine Themen immer in einen Bezug zu deinen Lesern, deinem Unternehmen oder deinen Angeboten zu setzen.
netter Abschluss (auch mit CTA)	immer eine nette Verabschiedung	»Ich hoffe, du konntest viel aus dem heutigen Newsletter mitnehmen! Beste Grüße [Dein Name]«
das PS	Hier folgt kein PS, es sei denn, du möchtest noch mal gesondert auf etwas hinweisen.	»PS: Wenn auch du [XY] erreichen möchtest, dann klick jetzt hier und erfahre mehr über [Produkt]: Hier klicken ...«

Tabelle 9.13 Exemplarischer Aufbau eines Island-and-Bridges-Newsletters

Hier benötigst du, denke ich, kein Beispiel – schreib einfach verschiedene Sektionen und gib immer pro Sektion einen sinnvollen Absprung in deinen Content oder zum Call mit dir. Wie gesagt empfehle ich diese Art des Newsletters nicht, aber viele Unternehmen wünschen ihn sich, daher wollte ich ihn für dich der Vollständigkeit halber mit aufnehmen.

9.6.4 Pre-Launch-Mail

Bevor du eine große Launch-Kampagne für dein Produkt oder deine Dienstleistung planst, solltest du deine Leser vorab heiß auf das Thema und die kommenden Mails machen. Dafür eignet sich eine Pre-Launch-Mail hervorragend!

Hinweis

Häufig sind solche Pre-Launch-Mails recht kurz (wie in Tabelle 9.14 gezeigt) und sollen nur neugierig auf den Launch machen. Du kannst es aber auch genau andersherum ausprobieren: in der Pre-Launch-Mail ausführlich alles beschreiben und nur am Tag des Launches eine knappere Mail verfassen. Auch das funktioniert sehr gut.

Aufbau	Erklärung	Beispiele
Hook	■ Es kommt etwas Neues/ Besonderes. ■ Sei gespannt!	■ »Du erfährst es hier und heute noch vor Veröffentlichung: …« ■ »Morgen lüften wir unser gut gehütetes Geheimnis!«
Ankündigung	■ eine thematische Einordnung und Ankündigung des Produkts ■ Wann, wo und wie erhalten sie die Infos? ■ Vorteil für diejenigen, die zuerst zuschlagen	■ »In den letzten Monaten haben wir an unserem neuen Produkt gearbeitet.« ■ »Morgen um genau 9 Uhr veröffentlichen wir unser neues Produkt – stell dir unbedingt den Wecker!« ■ »Denn die ersten 100 Käufer erhalten das Produkt zum Early-Bird-Preis mit 50 % Ermäßigung.«
Open Loop als Abschluss	Wie immer folgt eine nette Verabschiedung – aber du hinterlässt deinen Leser mit einem Informationsdefizit.	»Ich bin gespannt, was du morgen sagen wirst … Vorfreudige Grüße [Dein Name]«

Tabelle 9.14 Exemplarischer Aufbau einer Pre-Launch-Mail

Aufbau	Erklärung	Beispiele
das PS	Kleiner Hack für höhere Öffnungsrate: Kündige den Betreff der Launch-Mail an.	»PS: Achte morgen früh um 8 Uhr auf dein Postfach und öffne die Mail mit dem Betreff: XY …«

Tabelle 9.14 Exemplarischer Aufbau einer Pre-Launch-Mail (Forts.)

Mit einer Pre-Launch-Mail schaffst du maximale Aufmerksamkeit für deine Launch-Mail. Und wenn du es geschickt anstellst, dann fällt hier bei einigen schon die Kaufentscheidung. Dazu habe ich dir extra ein sehr ausführliches Beispiel ausgesucht, damit du verstehst, weshalb sich Leser schon hier entscheiden können.

Beispiel für eine Pre-Launch-Mail

Betreff: Nur für Geschäftsführer & Unternehmer

Lieber Otto,

kleines Quiz für alle Geschäftsführer und Unternehmer:

Was glauben Sie, wie viel Prozent aller Geschäftsführer fürchten das Ende ihrer Firma in den nächsten 3–5 Jahren?

Um die Antwort schon vorwegzunehmen: Die Zahl ist höher, als Sie denken. Aber später mehr dazu.

Woran liegt das?

Der KI-Wandel ist unaufhaltsam. Das wissen wir alle.

Und mit ihm gehen ganz neue Herausforderungen einher:

- Märkte ändern sich mit einem Fingerschnipp.
- Start-ups erobern die Welt – und ziehen an den Branchenführern vorbei.
- Die Wirtschaft verändert sich rasant.
- Eine wesentlich höhere Vergleichbarkeit übt Druck auf die Unternehmen aus.
- und, und, und …

Die Herausforderungen, vor denen Sie stehen, sind so groß und vielleicht sogar so bedrohlich wie nie.

Und damit nicht genug: Der Wandel wird exponentiell steigen. Immer schneller werden.

Was heißt das für Sie?

Sie müssen sich dem KI-Wandel anpassen. Denn er stellt für Sie keine Bedrohung dar – sondern eine nie dagewesene Chance!

Nicht nur dieser digitale Wandel, sondern auch Ihr Unternehmen kann exponentiell wachsen. Auch Sie können beliebig skalierbare Produkte bzw. Geschäftsmodelle auf den Markt bringen. Auch Sie können wesentlich leichter viel mehr Kunden erreichen und für Ihre Produkte begeistern.

Nun gibt es für Sie wahrscheinlich nur ein Problem:

Wie sollen Sie den KI-Wandel in Ihrem Unternehmen durchsetzen?

- Ohne Zeit, Geld und Energie in die falschen Projekte zu stecken.
- So, dass Ihre Mitarbeiter bereit sind für Veränderung – und sie sogar begrüßen.
- Und vor allem nachhaltig. Damit sie immer auf dem neuesten Stand bleiben und gemeinsam mit der KI wachsen.

Sind wir ganz ehrlich: Das ist eine Mammut-Aufgabe. Die einem als Geschäftsführer und Unternehmer Angst machen kann.

Doch was wäre, wenn man Ihnen einen perfekten KI-Umsetzungsplan an die Hand geben würde? Mit dessen Hilfe Sie den digitalen Wandel in Ihrem Unternehmen zeiteffizient, nachhaltig und ohne unnötige Fehlinvestitionen umsetzen würden?

Diesen Plan haben wir. Wir präsentieren Ihnen voller Stolz: Die KI-Days!

Unter Hochdruck haben wir in den letzten Monaten mit den besten KI-Experten Deutschlands und aus dem Silicon Valley zusammengearbeitet, um Ihnen auch das absolut beste Training für eine umsetzbare KI-Strategie in Ihrem Unternehmen bieten zu können.

Nun ist es endlich so weit: Morgen, Freitag, den 29.06. um 9 Uhr launchen wir ganz offiziell die KI-Days!

6 Tage, in zwei Blöcken, in denen wir gemeinsam den persönlichen KI-Umsetzungsplan für Ihr Unternehmen erarbeiten.

Die KI-Days bringen Ihnen alles bei, was Sie rund um eine nachhaltige wie kosten- und zeiteffiziente Umsetzung in Ihrem Unternehmen brauchen. Ein gesamter Plan, der auch Ihre Mitarbeiter abholen wird.

Aber Sie müssen morgen schnell sein – für dieses exklusive KI-Training gibt es nur 50 Plätze.

Wir haben uns bewusst gegen eine größere Teilnehmerzahl entschieden, um den höchstmöglichen Qualitätsnutzen für Sie zu wahren.

Was Sie auf den KI-Days erhalten:

- Wir erarbeiten gemeinsam Ihren persönlichen KI-Plan für Ihr Unternehmen, basierend auf unseren eigenen Strategien, die unser Unternehmen so erfolgreich gemacht haben.
- 12 KI-Experten teilen ihr gesamtes Wissen und geben Ihnen konkrete Handlungsanweisungen zur optimalen Umsetzung.
- 6 Tage in zwei Blöcken das wirklich beste Know-how zum digitalen KI-Wandel.
- Ein hochexklusiver Teilnehmerkreis von nur 50 Geschäftsführern, Unternehmern & Top-Entscheidern, in dem Sie wertvolle Geschäftskontakte knüpfen werden.
- 2 intensive Kamingespräche mit den Experten.
- Eine umfassende Online-Akademie mit den wichtigsten Inhalten der 6 Tage – hochwertig aufgenommen, redaktionell aufbereitet und Ihnen lebenslang zur Verfügung gestellt. So können auch Ihre Mitarbeiter von dem Wissen profitieren!
- Und jetzt kommt's: Die ersten 10 Teilnehmer der KI-Days erhalten außerdem einen Frühbucher-Rabatt von unglaublichen 3.000 Euro!

Seien Sie schnell: Denn morgen um 9 Uhr starten wir den Verkauf. Die 50 Plätze werden voraussichtlich sehr schnell ausgebucht sein.

Möchten Sie erfahren, was mit der künstlichen Intelligenz für Ihr Unternehmen alles möglich ist? Dann schauen Sie sich unbedingt dieses Video an:

<< Jetzt hier Video anschauen! >>

Sie haben großes Interesse und wollen bevorzugt bei der Buchung behandelt werden?

Dann tragen Sie sich bereits heute in die Warteliste auf der Webseite ein. Soweit es uns möglich ist, werden wir Käufer, die sich zuvor auf der Warteliste eingetragen haben, morgen bei Launch und gegebener Überbuchung bevorzugt behandeln.

<< CTA: Hier geht's zur Warteliste! >>

Ach ja … um das Quiz vom Beginn der Mail aufzulösen:

Laut dem Magazin »Wirtschaftswoche« fürchten 43 Prozent aller Geschäftsführer das Ende ihres Geschäftsmodells in den nächsten 3–5 Jahren. 75 Prozent sehen künstliche Intelligenz als Bedrohung für das eigene Geschäft. Und 42 Prozent wissen nicht, wie ihre Branche in nur 3 Jahren aussehen wird.

Und? Wie sieht das bei Ihnen aus?

Mit freundlichen Grüßen aus Köln

Uli Müller

PS: Die KI-Days sind ein exklusives wie intensives Training für Geschäftsführer, Unternehmer & Top-Entscheider. Deshalb haben wir eine limitierte Teilnehmerzahl von nur 50 Personen. Seien Sie morgen also schnell, wenn Sie am KI-Seminar teilnehmen wollen. Und tragen Sie sich am besten JETZT HIER in die Warteliste ein! Viel Erfolg, wir freuen uns auf Sie!

Diese Mail hat bei Unternehmern und Entscheidern unglaublich gut funktioniert. Eine ruhige, seriöse Ansprache, aber gleichzeitig wurde auch die Dringlichkeit des Themas nachdrücklich herausgestellt. Und das Quiz in der Mail hat dafür gesorgt, dass sich viele die Mail bis zum Ende durchgelesen, dann geklickt und auch angemeldet haben.

9.6.5 Launch-Mail

Die Launch-Mail ist der große Startschuss deiner Kampagne – und so solltest du sie auch behandeln. Hierin darfst du gerne deine Begeisterung über dein eigenes Angebot, Produkt etc. zeigen und voller Freude die Veröffentlichung verkünden!

Diese Mail setzt den Rahmen für die gesamte Kampagne. Betrachte sie als eigene Landingpage – nur halt als Mail. Alle relevanten Informationen sollten hier gegeben sein (siehe dazu Tabelle 9.15). Wenn deine Pre-Launch-Mail sehr ausführlich war, halte die Launch-Mail kürzer. Wenn deine Pre-Launch-Mail kurz war, solltest du hier kein Detail auslassen.

Aufbau	Erklärung	Beispiele
Hook	■ Problem der Zielgruppe ansprechen ■ direkte Ansprache der Zielgruppe ■ Storyeinstieg ■ rhetorische Frage	■ »Kurze Frage: …« ■ »Wenn ich dir versprechen würde, dass X möglich ist … was würdest du sagen?« ■ »Stell dir Folgendes vor: …«
Open Loop	Bau einen Open Loop (Informationsdefizit) ein.	»… aber dazu später mehr.«
Grund des Launches	■ Weshalb hast du dieses Angebot überhaupt erstellt? ■ Weshalb benötigt deine Zielgruppe diese Lösung?	»Wir haben erkannt, dass viele unserer Kunden zwar A schon umsetzen … aber B noch nicht gelöst ist.«
Inhalt	Bevor du zu genau über das Angebot sprichst, solltest du lieber den Inhalt und den Nutzen in den Vordergrund stellen.	■ »Daher haben wir uns in den vergangenen Monaten mit folgenden Themen intensiv beschäftigt: …« ■ »Das ist das Ergebnis unserer Arbeit: …«
Benefits	■ Nenn die größten Vorteile deines Angebots. ■ Verfasse sie als Fascinations: Benefits, die die Neugier wecken und Lust auf mehr machen	■ »So profitierst du von dem neuen [Produkt]: …« ■ »Das ändert sich in deinem Alltag ab sofort mit [Produkt]: …«
das Angebot	■ Was ist der besondere Deal? ■ An diesen Deal musst du dich selbstverständlich halten.	■ »Nur jetzt zum Einstiegspreis« ■ »Nur 30 Plätze« ■ »Nur diese Woche mit exklusivem Bonus«
netter Abschluss (auch mit CTA)	immer eine nette Verabschiedung	»Ich würde mich sehr freuen, wenn du auch dabei bist. Bis dahin [Dein Name]«
das PS	■ Füg hier immer ein PS ein, denn bei längeren Mails scrollen die Leser gern bis zum Ende. ■ Dort sollte sich die wichtigste Aussage oder der CTA noch mal in 2–3 Sätzen wiederfinden.	■ »PS: Du hast auch das Problem mit [XY]? Dann sichere dir jetzt deinen Platz!« ■ »PS: Wenn auch du [XY] erreichen möchtest, dann klick jetzt hier und erfahre mehr über [Produkt]: Hier klicken …«

Tabelle 9.15 Exemplarischer Aufbau einer Launch-Mail

Ich wiederhole es noch mal, weil es so wichtig ist: Die Launch-Mail ist quasi wie eine eigene Verkaufsseite – hier müssen wirklich alle relevanten Informationen enthalten sein und es darf keine Frage für den Leser offenbleiben. Daher ist diese Mail in der Regel auch die ausführlichste innerhalb einer Kampagne.

Beispiel für eine Launch-Mail

Betreff: Deine Bewerbung zum Bootcamp:

Hallo Peter,

kleines Gedankenspiel:

Stell dir vor, du möchtest unbedingt ein Instrument spielen. Sagen wir Klavier.

Und stell dir vor, du hättest da einen Freund, der quasi in Perfektion Klavier spielt und der dir garantiert, dich so lange zu begleiten und dir zu helfen, bis du genauso perfekt spielst.

Würdest du sein Angebot annehmen? Wahrscheinlich schon, oder?

Sagen wir, du möchtest kein Klavier lernen, sondern mit deinem Business erfolgreich werden. Nicht nur ein bisschen – sondern so RICHTIG erfolgreich. Und wir würden dich garantiert so lange begleiten, bis du den Grundstein für deinen Erfolg gelegt hast.

Wäre das was? Wahrscheinlich schon, oder?

Denn genau das haben wir mit dir vor. Und wir garantieren es dir! Aber dazu kommen wir gleich noch ...

Wenn du mich schon etwas kennst, dann wirst du bereits gehört haben, was das Fundament des Erfolgs (egal, welcher Branche) ist: Positionierung.

Bist du perfekt positioniert und besetzt deine eigene Nische, bist du unersetzlich und die Kunden kommen ganz von allein zu dir. Noch besser: Du musst dich auch auf keinen Preiskampf mit Konkurrenten einlassen, weil es schlichtweg keine Wettbewerber für dich gibt!

Das gilt nicht nur für dein eigenes Business oder deine Selbstständigkeit, das gilt in jedem Arbeitskontext. Bist du unersetzlich und perfekt positioniert, stehen dir alle Möglichkeiten offen und du kannst dir aussuchen, mit wem du arbeiten möchtest und mit wem nicht. Und die Preise legst auch allein du fest.

Doch wie findest du deine perfekte Positionierung? Gibt es eine systematische Vorgehensweise, um sie zu definieren?

Ja, die gibt es! Und vielleicht hast du auch schon von ihr gehört ...

Ich habe 7 elementare Bereiche herausgearbeitet, die dich zu deiner perfekten Positionierung in deiner Nische führen:

1. Motivation
2. Persönlichkeit
3. Kompetenz
4. Business
5. Positionierung

6. Promotion
7. Performance

Wenn du alle 7 Bereiche beherrschst, bist du nicht nur optimal positioniert – nein, du hast auch ohne Zweifel den Grundstein für deinen jahrelangen Erfolg gelegt.

Und jetzt kommen wir zu unserem Versprechen, unserer Garantie:

Wir begleiten dich so lange, bis du deine perfekte Positionierung herausgearbeitet hast und diesen Grundstein für deinen nachhaltigen und jahrelangen Erfolg gelegt hast. Bis du alle Bereiche beherrschst. Versprochen.

Wo?

Im Positionierungs-Bootcamp!

<< BILD >>

Das Positionierungs-Bootcamp ist ein nie dagewesenes Coaching-Konzept, das dir den merkbaren Vorher-Nachher-Effekt garantiert. Du wirst an keiner Stelle alleingelassen, bis du deine perfekte Positionierung hast und zu 100 % damit zufrieden bist. Es ist also nicht nur ein Bootcamp – es ist ein Versprechen!

Was du im Positionierungs-Bootcamp erhältst:

- Den umfangreichen 15-stündigen Videokurs mit mir, Saskia, in dem ich die 7 Schritte bis in die Tiefe mit dir durchdringe.
- Regelmäßige Q&A-Sessions mit unserer Positionierungsexpertin Tina, in der sie dir alle Fragen rund um deine Positionierung oder die einzelnen Schritte beantwortet.
- Dein ganz persönliches Coaching: Wenn du das Gefühl hast, an einer Stelle nicht weiterzukommen oder das Bedürfnis hast, ein Gespräch über deine Positionierung zu führen, dann kannst du ganz einfach in einem Eins-zu-eins-Gespräch mit einem unserer Business Coaches dir all deine Fragen beantworten lassen.
- Wenn du den Videokurs durchgearbeitet hast, geht es für dich zu einem Live-Workshop nach Köln. Dort werden wir mit dir und wenigen anderen Teilnehmern noch gezielter deine Positionierung feintunen – bis du das Optimum herausgekitzelt hast!
- Darüber hinaus erhältst du ein hochwertiges und umfangreiches Workbook mit 168 Seiten, das dein Lernen und deine Positionierung perfekt dokumentiert.
- Last but not least: Du erhältst den Zugang zu einer exklusiven Facebook-Gruppe, in der du dich mit deinen Gleichgesinnten austauschen kannst und auch ihnen, wann immer du willst, deine Fragen stellen kannst.

Jetzt kommt's:

Zum Start des Positionierungs-Bootcamps kannst du dir das gesamte Programm zum einmaligen Einführungspreis sichern! Dieses Angebot gibt es nur jetzt und es gilt nur exklusiv für die ersten Teilnehmer. Denn bei uns gilt: Wer zuerst kommt, mahlt zuerst …

Du kannst dir sicherlich vorstellen, ein solch umfassendes Coaching-Programm ist sehr aufwendig und erfordert viel Zeit. Deshalb können wir (vorerst) leider nur eine begrenzte Zahl an Bootcamp-Teilnehmern aufnehmen, um unsere Garantie gewährleisten zu können.

Daher muss man sich für das Positionierungs-Bootcamp bewerben. Aber keine Sorge, du kannst hier die Bewerbungsunterlagen ganz unverbindlich anfordern:

<< CTA: Kostenlose Bewerbungsunterlagen anfordern >>

Die Bewerbungsphase für dieses einmalige Bootcamp gilt nur bis zum 31. Januar.

Wenn du also von uns so lange gecoacht werden möchtest, bis du deine perfekte Positionierung gefunden hast, deinen Markt eroberst und die Kunden von allein zu dir kommen, dann fordere unbedingt jetzt deine Bewerbungsunterlagen für das Positionierungs-Bootcamp an:

<< CTA: Kostenlose Bewerbungsunterlagen anfordern → >>

Ich freue mich wahnsinnig auf dieses geniale und neue Coaching-Konzept! Und ich hoffe, wir dürfen dich auf deinem Weg zum Erfolg begleiten. :)

Gut positionierte Grüße

Deine Saskia

8. PS: Fordere am besten noch heute unverbindlich deine Bewerbungsunterlagen für das Positionierungs-Bootcamp an, um dir deinen einmaligen Einführungspreis zu sichern. Die Teilnehmerzahl ist sehr begrenzt und die Bewerbungsphase endet am 31. Januar.

91 Bewerbungen allein am ersten Tag, nur durch diese Mail. Meine Theorie: Die Big Idea war entscheidend. Das Angebot, jemanden so lange zu begleiten, bis er sein Ergebnis hat, ist einfach besonders und anders. Und mit dem anschaulichen Klavierbeispiel versteht es jeder sofort.

Und was man bei einer Launch-Mail (und der gesamten Kampagne) nie vergessen darf: Diese Mail legt ebenfalls den Grundstein für den Erfolg der gesamten restlichen Kampagne. Denn hier sind viele Leser schon hooked – trauen sich aber noch nicht, sich zu entscheiden, oder warten schlicht noch ab.

9.6.6 Benefit-Mail

Die Benefit-Mail soll all diejenigen abholen, die am Vortag die Launch-Mail entweder verpasst haben oder sich nicht von dem Hook angesprochen gefühlt haben.

Wir wählen einfach einen alternativen Einstieg und wiederholen die wichtigsten Vorteile für den Kunden – kurz und knapp. Wir möchten hier nicht viel Zeit verschwenden, weil wir schon in der Launch-Mail alles ausführlich erklärt haben. Nutz dafür den Aufbau aus Tabelle 9.16.

Aufbau	Erklärung	Beispiele
Hook	■ kurzes Intro ■ Traumzustand ausmalen oder Problem aufdecken	■ passenden Aufhänger finden ■ »Wünschst du dir auch …?«

Tabelle 9.16 Exemplarischer Aufbau einer Benefit-Mail

Aufbau	Erklärung	Beispiele
die größten Benefits	■ Nenn erneut die größten Vorteile deines Angebots. ■ Verfasse sie als Fascinations: Benefits, die die Neugier wecken und Lust auf mehr machen	■ »Erhalte die 4P-Formel, mit der du mühelos perfekte Verkaufsmails schreibst.« ■ »Wie du mit nur einmalig 4 Stunden Zeitinvestition ab sofort 25 Stunden freie Zeit pro Woche gewinnst.«
Proof	■ Bring einen kurzen Beleg, dass andere es schon mit deinem Produkt oder deiner Dienstleistung geschafft haben. ■ Sei in dieser Mail nicht so ausführlich, sondern handle die Proofs in 1–2 Sätzen ab.	■ Testimonials ■ Erfahrung: »Seit über 25 Jahren berate ich …« ■ Unternehmen: »Dies habe ich bereits bei folgenden Unternehmen umgesetzt: …« ■ Große Zahlen: »Über 300 Kunden vertrauen uns allein in diesem Jahr.«
das Angebot	Verweise erneut kurz aufs Angebot und nenn die Dringlichkeit.	»Wenn du auch noch dabei sein möchtest, dann buch am besten jetzt dein Ticket, bevor alle Plätze belegt sind.«
netter Abschluss (auch mit CTA)	immer eine nette Verabschiedung	»Ich würde mich freuen, wenn es auch dir hilft! Sei dabei. Herzliche Grüße [Dein Name]«
das PS	■ Füg (fast) immer ein PS ein, denn bei längeren Mails scrollen die Leser gern bis zum Ende. ■ Dort sollte sich wie immer die wichtigste Aussage oder der CTA noch mal in 2–3 Sätzen wiederfinden.	■ »PS: Du hast auch das Problem mit [XY]? Dann sichere dir jetzt deinen Platz!« ■ »PS: Wenn auch du [XY] erreichen möchtest, dann klick jetzt hier und erfahre mehr über [Produkt]: Hier klicken …«

Tabelle 9.16 Exemplarischer Aufbau einer Benefit-Mail (Forts.)

Die Benefit-Mail ist natürlich ein Klassiker und sollte immer einen Tag nach dem Launch die wichtigsten Vorteile neu verpackt wiederholen. Nur so brennen sie sich auch beim Leser ein.

Beispiel für eine Benefit-Mail

Betreff: [Fast ausgebucht] Das erwartet Sie in »25 Stunden neue Zeit«:

Liebe Birgit,

die Hälfte des Jahres ist um. Der Sommer und die Ferien sind endlich da.

Halbzeit also.

Zeit, kurz innezuhalten und sich darüber Gedanken zu machen, wie das erste Halbjahr gelaufen ist:

Haben Sie in diesem Jahr neue Prioritäten gesetzt, Ihre Zeit neu gestaltet und arbeiten Sie intensiv an Ihrer persönlichen Zukunft und der Ihres Unternehmens?

Dann kann ich Ihnen dazu nur meinen herzlichsten Glückwunsch aussprechen!

Sollten Sie jedoch noch nicht mit Ihrem bisherigen Zeitmanagement und Ihrem Leitbild in diesem Jahr zufrieden sein …

… und sich mehr neue Zeit für die wichtigen Dinge im Leben wünschen …

… dann empfehle ich Ihnen unser tiefgehendes Online-Seminar »25 Stunden neue Zeit pro Woche«:

<< Button: Jetzt hier einen der letzten Plätze sichern → >>

Achtung: Das Online-Seminar ist fast ausgebucht! Es gibt nur noch wenige freie Plätze für »25 Stunden neue Zeit pro Woche«.

Hier erneut Ihre Vorteile auf einen Blick:

- Investieren Sie nur 4 Stunden Ihrer Zeit, um direkt in der folgenden Woche 25 Stunden neue Zeit zu gewinnen
- Das Seminar findet online per Zoom statt – so können Sie maximal flexibel teilnehmen
- Interaktives und intensives Seminar mit begrenzter Teilnehmerzahl – persönliche Interaktion mit jedem Teilnehmer
- Inklusive 155-seitigem Workbook mit Übungen und Leitfäden für Sie zum Nachschlagen
- Einen genauen 25h-Zeitplaner für Ihr Leben – direkt am Tag danach umsetzbar
- Exklusive Community an Unternehmern, Geschäftsführern und Führungskräften

Sollten Sie im Alltagsstress gefangen sein und sich 25 Stunden neue Zeit pro Woche für die wirklich wichtigen Dinge im Leben wünschen …

… dann ist dieses Seminar genau für Sie gedacht!

<< Button: Jetzt Ihren exklusiven Platz buchen → >>

(Falls Sie noch unschlüssig sein sollten, ob das Seminar wirklich etwas für Sie ist, dann schauen Sie sich gerne auf der nächsten Seite einige unserer Teilnehmerstimmen an.)

Ich und das gesamte Team freuen uns auf Sie – bis Samstag!

Beste Grüße

Ihre Sandhya

Der Hauptbenefit ist natürlich die gewonnene Zeit – das Endergebnis, das sich jeder Unternehmer wünscht. Da muss man gar nicht mehr viel drumherum schwafeln. Die anderen Benefits sind nur Garnitur und sollen noch mehr von der Buchung überzeugen.

9.6.7 Story-Mail

Eine sehr gute Story verkauft besser als jedes noch so gute Argument. Weshalb? Weil sie uns nicht nur rational, sondern vor allem emotional überzeugen kann. Sie bleibt im Kopf und ich kann mich als Leser direkt in das gewünschte Endergebnis einfühlen. Das kann die Erfolgsgeschichte eines Kunden sein, ein eigenes Erlebnis von dir oder einfach eine perfekt passende Geschichte, die deinen Standpunkt untermauert.

Storytelling ist eine der besten Geheimwaffen im Marketing. Nur fällt es den meisten schwer, gute Storys zu verfassen oder sie sinnvoll mit dem Angebot zu verknüpfen. Für eine herausragende Story benötigt es daher viel Research (siehe Kapitel 7). Wie du eine Story-Mail sinnvoll und effektiv aufbauen kannst, zeigt dir Tabelle 9.17.

Aufbau	Erklärung	Beispiele
Hook	▪ ein starkes, spezifisches, emotionales Bild ▪ gutes Storytelling ▪ kurze, prägnante Sätze	▪ »Es ist 3:42 Uhr nachts. Ich starre wie immer an die Decke meines Schlafzimmers.« ▪ »Ich sitze auf der Piazza Navona, mitten in Rom. 32 Grad. Der Kellner bringt ein eiskaltes Peroni. PING! Ich schaue auf mein Handy. Wieder ein Verkauf. Und noch einer ...« (Du kennst dieses Beispiel schon.)
die Transformation	▪ Wie hat sich das Leben des Protagonisten transformiert? ▪ Wie transformiert sich auch das Leben des Lesers? ▪ Wie wird das Leben leichter, besser, erfolgreicher, schöner?	▪ »Als ich einmal begriffen habe, dass es gar nicht schwer sein muss, [XY] zu erreichen ... hat sich für mich wirklich alles verändert. Seitdem fällt mir vieles leichter: A, B, C.« ▪ »Und wenn auch du an diesem Punkt bist, dann kann ich dir sagen: So kann das auch bei dir aussehen.«

Tabelle 9.17 Exemplarischer Aufbau einer Story-Mail

Aufbau	Erklärung	Beispiele
der Beweis	■ große Zahlen, Erfolgsstorys, Erfahrung, Testimonials etc. ■ Beweise, dass es funktioniert	■ Testimonials ■ Erfahrung: »Seit über 20 Jahren berate ich ...« ■ Unternehmen: »Dies habe ich bereits bei folgenden Unternehmen umgesetzt: ...« ■ Große Zahlen: »Über 300 Kunden vertrauen uns allein in diesem Jahr.«
der Weg zum Ziel	Zeig den genauen Weg auf, wie es auch für den Leser funktioniert.	»Wenn auch du [XY] in diesem Jahr erreichen möchtest, dann kannst du dich jetzt hier mit nur einem Klick bewerben. Wir kontaktieren dich innerhalb von 24 Stunden und besprechen das weitere Vorgehen persönlich mit dir.«
netter Abschluss (auch mit CTA)	immer eine nette Verabschiedung	
das PS	wie immer das PS	

Tabelle 9.17 Exemplarischer Aufbau einer Story-Mail (Forts.)

Hier versuchst du den Leser wirklich bei seinen tiefsten Motiven zu packen: Weshalb sollte sich jemand für das Angebot entscheiden? Was ist das stärkste Motiv? Wie soll sich der Leser nach dem Erwerb fühlen – in welcher Transformation soll er sich wiedererkennen?

Dafür habe ich ein sehr plakatives Beispiel mitgebracht. Bedenke, diese Mail hat so gut funktioniert, weil sie die größten Motive der Zielgruppe angesprochen hat: Status und Reichtum.

Beispiel für eine Story-Mail

Betreff: Ferrari? Karibikurlaub? Oder lieber Ferienhaus?

Hallo Cassandra.

Ein knallroter Ferrari.

Für viele Menschen ist dieses Auto der Inbegriff von Wohlstand und Luxus.

So auch für Leo.

Leo ist Autohändler in den Niederlanden. Er ist gut in seinem Job, ein guter Verkäufer mit soliden Abschlusszahlen. Doch das reicht ihm noch nicht. Denn in Leos Kopf hat sich ein konkretes Bild manifestiert: ein roter Ferrari.

Der Wagen ist sein großer Traum. Doch er sieht sofort – selbst mit seinen sehr guten Abschlussquoten reicht es noch lange nicht für ein derart teures Auto.

Also beschließt er, etwas zu ändern ...

Vor ziemlich genau 23 Jahren besucht Leo das erste Mal ein Seminar von mir zum Thema Verkauf. Damals eines meiner ersten Seminare in den Niederlanden. Es ist nur eines von vielen, die er bei mir besucht.

Auch er nimmt an »Ihr Weg zum Best-Seller« mit Carsten und mir teil. Ich frage ihn, wie viel er im letzten Jahr verdient hat.

Er sagt: »2 Millionen.«

Lassen Sie sich das auf der Zunge zergehen. 2 Mio. Euro jährlich. Unglaublich.

»Und? Was fährst du für ein Auto, Leo?«

– »Einen roten Ferrari.«

Sie fragen sich jetzt sicherlich: »Wieso besucht Leo überhaupt noch ein Verkaufsseminar? Er verdient doch schon längst genug und ist bereits ein sehr guter Verkäufer ...«

Ich frage ihn:

»Leo, sag mir, was ist deine allerwichtigste Eigenschaft?«

– »Lernen.«

»Und deine zweitwichtigste?«

– »Verkaufen.«

Sie sehen: Dieser ganz normale Autohändler aus den Niederlanden ist so erfolgreich geworden, weil er lernte zu verkaufen. Und damit nie aufgehört hat – nicht mal dann, als er sich seinen Traum schon längst erfüllt hatte.

Leo ist der mit Abstand erfolgreichste Autohändler in seinem Land geworden.

Neben ihm werden Sie noch weitere tolle Beispiele von erfolgreichen Absolventen in »Ihr Weg zum Best-Seller« kennenlernen:

Andreas, der in seinem Unternehmen die höchsten Preise von allen realisiert. Shirin, die 4 Jahre in Folge die beste Verkäuferin ihrer Firma ist. Und, und, und ...

Das alles ist kein Zufall!

Sie alle folgten dem Rat und System von Carsten und mir. Sie lernten von uns, wie man richtig verkauft.

Ich möchte Sie an dieser Stelle fragen: Was ist Ihr persönlicher roter Ferrari? Welcher Traum ist so groß, so unvorstellbar, so weit weg ... dass Sie nicht glauben, ihn jemals zu erreichen?

Ist es ein Urlaub in der Karibik? Ein eigenes kleines Boot? Das Ferienhaus am Strand?

Was auch immer es für Sie sein mag, der Weg dahin ist immer der gleiche: Lernen Sie meisterhaft zu verkaufen. Werden Sie zum Best-Seller.

Ich möchte Sie an dieser Stelle herzlich einladen. Denn ich mache erstmals dieses einzigartige System von Carsten und mir öffentlich.

Gemeinsam mit Carsten habe ich ein geniales Coaching geschaffen, das Sie lehren wird, meisterhaft zu verkaufen!

Ihr Weg zum Best-Seller – Lernen Sie die #1 Fähigkeit, die JEDER finanziell freie Mensch beherrscht!

Erfahren Sie jetzt hier, wie Sie sich bald auch Ihren Traum erfüllen können – Ihren ganz eigenen roten Ferrari …

<< Button: Starten Sie jetzt Ihren Weg zum Best-Seller → >>

Herzliche Grüße

Markus D.

PS: Weil Leo gelernt hat zu verkaufen, konnte er sich seinen Traum erfüllen und über 2 Mio. jährlich verdienen. Er folgte ganz genau dem System und den Techniken, die Carsten und ich Ihnen im umfassenden Online-Coaching mitgeben!

Wenn auch Sie solche Resultate erzielen möchten – dann sichern Sie sich jetzt das Online-Coaching inklusive 3 wertvoller Boni zum unschlagbaren Preis:

<< CTA: Jetzt hier Ihren Zugang sichern! >>

PPS: Achtung! Das Online-Coaching ist nur für sehr kurze Zeit verfügbar – danach wird es nicht mehr möglich sein, daran überhaupt noch teilzunehmen.

Carsten und ich möchten in dem Online-Coaching Menschen haben, die bereit sind für ihren Erfolg und die Leitfäden auch umsetzen … daher ist es auch nur für solche, die es ernst meinen und verstehen, wie erfolgreich man durch dieses Coaching wird.

Ja, sehr verkäuferisch und statusgetrieben. Aber es handelte sich ja auch um einen Verkaufskurs, der explizit Verkäufer anspricht – da ist Verkaufen ein Muss. Sonst macht man sich selbst schon unglaubwürdig.

Das Interessante: Du merkst, weshalb die Story zieht? Es ist eine wahre Geschichte und sie schafft es, mit nur einem Bild den Erfolg des Seminars bzw. des Kurses einzufangen und im Kopf der Zielgruppe zu verankern.

9.6.8 FAQ-Mail

Die FAQ-Mail ist elementar für den Erfolg deiner Verknappung und somit für den Höhepunkt deiner E-Mail-Kampagne. Hier entkräftest du systematisch die wichtigsten Bedenken und Einwände der Leser, ohne zu sehr aufs Gas zu drücken. Erst, wenn keine Frage mehr für deinen Interessenten offen ist, kann er sich voll und ganz von deiner Lösung überzeugen. Die konkreten Einwände und den Aufbau siehst du in Tabelle 9.18. Hier fällt also gedanklich quasi der letzte Dominostein, bis du in der Verknappung dann schließlich den Abschluss machst.

Aufbau	Erklärung	Beispiel
Einleitung + direkt CTA	■ kurze Einleitung, dass in dieser Mail die häufigsten Fragen von Kunden beantwortet werden ■ kurzer CTA above the fold auf die Sales Page	»In den letzten Tagen haben wir einige Fragen zu [Produkt] erhalten. Und falls auch dir eine von den Fragen im Kopf herumschwirrt, möchten wir sie gerne hier in dieser Mail beantworten: …«
die 5 häufigsten Fragen (bzw. Einwände)	Was IMMER ein Einwand ist: ■ »Zu teuer …« ■ »Habe keine Zeit …« ■ »Weshalb genau JETZT?« ■ »Was ist, wenn es bei mir nicht funktioniert?« ■ »Wie unterscheidet es sich von der Konkurrenz?«	Formuliere immer positiv, entkräfte die Einwände und nimm die Angst vor einer Fehlentscheidung. Hier gibt es klassische Beispiele, mehr dazu in Kapitel 10, »So geht Copy!«.
Pitch (ohne den Preis zu nennen)	■ ein kurzer Pitch auf das Produkt ■ (Wenn passend, kannst du auch innerhalb der Antworten pitchen.)	»Wenn auch du XY erreichen möchtest und deine Frage beantwortet wurde … dann kannst du jetzt hier mit nur einem Klick …«
netter Abschluss (auch mit CTA)	immer eine nette Verabschiedung	»Ich hoffe, deine Fragen wurden beantwortet – und du kannst die bestmögliche Entscheidung für dich treffen! Liebe Grüße [NAME]«
das PS	Auch hier Go-to-PS: »Du hast noch weitere Fragen?«	»PS: Du hast noch eine andere Frage? Dann schreib mir einfach hier direkt auf diese Mail zurück! Ich beantworte sie dir innerhalb der nächsten 24 Stunden!«

Tabelle 9.18 Exemplarischer Aufbau einer FAQ-Mail

Du wirst mit dieser Mail den wenigsten Umsatz in der gesamten Kampagne machen. Das ist aber gar nicht schlimm – schließlich geht es hier nur um die Vorbereitung auf die Verknappung. Dort holst du nämlich noch richtig viel Umsatz raus.

Beispiel einer FAQ-Mail

Betreff: Haben Sie noch Fragen zum Lehrgang? Hier sind die Antworten:

Hallo Herr Schmitz,

Sie fragen sich noch, ob der Zertifikatslehrgang zum AI Expert wirklich das Richtige für Sie ist?

Sie haben noch offene Fragen zum Lehrgang? Dann haben wir hier einige der häufigsten Fragen und Antworten für Sie zusammengefasst:

1. **Wie lange dauert der Lehrgang?**

   Insgesamt umfasst der Lehrgang zum AI Expert 70 Lehrgangsstunden mit anschließendem Test (ca. 1 Stunde). Die Unterrichtszeiten variieren je nach Standort und ob der Lehrgang online stattfindet.

2. **Wo kann ich den Zertifikatslehrgang machen?**

   Diesen Lehrgang bieten wir an vielen Standorten in ganz Deutschland an. Sowohl als Blended-Learning-Modell als auch online. Wählen Sie ganz einfach Ihren präferierten Standort im Formular aus und prüfen Sie den nächstmöglichen Starttermin.

3. **Kann ich den Lehrgang auch online absolvieren?**

   Ja, das ist möglich. Je nach Standort werden die Lehrgänge aktuell entweder als Blended-Learning-Modell oder auch rein als Onlineveranstaltungen durchgeführt. Suchen Sie einfach den nächsten Standort aus, wählen Sie einen Starttermin und prüfen Sie die Verfügbarkeit.

4. **Wann erhalte ich mein Zertifikat?**

   Nach dem erfolgreichen Absolvieren des Tests erhalten Sie umgehend Ihr Zertifikat.

5. **Was brauche ich zur Anmeldung?**

   Für den Lehrgang zum AI Expert brauchen Sie keinerlei Vorerfahrung oder andere akademische Leistungsnachweise vorzulegen. Der Lehrgang ist extra so konzipiert, dass Sie keine Programmiersprache oder Ähnliches beherrschen müssen. Sie sollten lediglich Interesse an der Thematik haben.

   Um sich anzumelden, müssen Sie einfach Ihren präferierten Standort sowie Starttermin, Ihre persönlichen Daten und im Anschluss Ihre Zahlungsweise angeben.

6. **Wie viel kostet der Zertifikatslehrgang zum AI Expert?**

   Je nach Standort und Starttermin weicht die Investition leicht ab. Wählen Sie daher am besten einfach im Anmeldeformular auf dieser Seite Ihren Standort und Starttermin aus und Sie können anschließend sehen, wie viel Sie in den Zertifikatslehrgang investieren.

7. **Wann kann ich den Lehrgang starten?**

   Die meisten unserer Zertifikatslehrgänge bieten einen sehr zeitnahen Starttermin an. Gehen Sie einfach in das Anmeldeformular, wählen Sie Ihren Standort aus und prüfen Sie die nächstmöglichen Starttermine.

Wir hoffen, wir konnten Ihnen somit alle offenen Fragen beantworten. Sie sehen: Mit dem Zertifikatslehrgang zum AI Expert treffen Sie die richtige Entscheidung für Ihre berufliche Zukunft und die Ihres Unternehmens.

Informieren Sie sich jetzt hier weiter über den Zertifikatslehrgang und prüfen Sie direkt die Verfügbarkeit der Weiterbildung:

<< Button: Hier Verfügbarkeit prüfen → >>

Beste Grüße

Ihr Rumen K.

PS: Sollte einer Ihrer Fragen nicht geklärt worden sein, dann kontaktieren Sie uns gerne per Mail oder Telefon. Wir werden Ihre Fragen dort umgehend beantworten: Hier klicken.

Zugegeben, das ist ein eher trockenes Beispiel. Das war aber auch für ein sehr alteingesessenes Unternehmen mit deutschlandweiten Standorten.

Zwischen dieser FAQ-Mail und der ersten Verknappungsmail könntest du wahlweise auch noch eine Testimonial-Mail einfügen mit den aussagekräftigsten Kundenstimmen inklusive Pitch und leichter Verknappung. Aber dazu muss ich hier, denke ich, kein Beispiel geben – wähl einfach die besten Kundenstimmen inklusive Namen, Bild, Position und Unternehmen für die Mail.

9.6.9 Verknappungsmail #1

Ja, I know … es ist den meisten unangenehm, einen gewissen Druck auf die Leser auszuüben und zum Kauf zu »drängen«. Sieh es aber bitte mal aus folgender Perspektive: Wenn jemand kein Interesse an deinem Angebot hat, kauft diese Person ohnehin nicht. Wieso auch?

Aber in unserer schnelllebigen Welt gehen Mails, Angebote etc. oftmals unter. Und manche Menschen würden gerne von deinem Angebot profitieren, warten aber schlicht noch ab und denken: »Ach ja, kann ich ja auch noch morgen machen …« Das ist aber der springende Punkt: Ein Angebot muss auch ein Ende haben. Und so oder so: Verknappung funktioniert. Rabatte funktionieren. Du musst es nicht machen, das ist allein deine Entscheidung, aber es funktioniert halt. Was soll ich tun …?

Wir nehmen hier als Beispiel meine Mail *»X gute Gründe«* und ihren konkreten Aufbau in Tabelle 9.19, der sich seit Jahren sehr gut bewährt hat.

Aufbau	Erklärung	Beispiele
Einstieg	Hier gibt es klassische Go-to-Betreffzeilen, die du nutzen kannst.	▪ »X gute Gründe, weshalb du dich vor 22 Uhr entscheiden solltest« ▪ »X gute Gründe, jetzt zu handeln«

Tabelle 9.19 Exemplarischer Aufbau einer ersten Verknappungsmail

Aufbau	Erklärung	Beispiele
Verkaufsbanner	■ kurz das Angebot zu Beginn der Mail zusammengefasst ■ keine Zeit verlieren	In einem Satz erwähnst du prägnant das Angebot inklusive Rabatt und Zeitrahmen.
jetzt erst Hook	■ kurz fassen ■ X gute Gründe	■ »Kurz und knapp: 7 gute Gründe, dich heute zu entscheiden: ...«
Benefits und Fakten	■ Bring die wichtigsten Benefits + Fakten auf den Punkt. ■ Fokus wieder auf die Transformation	■ »Du wirst ab sofort X ...« ■ »Du erhältst Y ...« ■ »Nur noch heute kannst du ...«
und weitere gute Gründe	Verweis auf die Landingpage und CTA	»... und weitere gute Gründe findest du hier: ...«
Verknappung	letzter Push, noch vor Ablauf der Uhr zu handeln	»Heute Abend ist es vorbei – entscheide dich also noch jetzt.«
netter Abschluss (auch mit CTA)	wie immer eine nette Verabschiedung	
das PS	■ kein PS ■ Die Mail muss sehr kurz sein.	

Tabelle 9.19 Exemplarischer Aufbau einer ersten Verknappungsmail (Forts.)

Hier musst du nicht viel drum herumreden, sondern kannst schnell und direkt zur Sache kommen.

Beispiel für eine erste Verknappungsmail

Betreff: 11 gute Gründe, weshalb du vor 11:59 Uhr handeln solltest:

** Nur noch wenige Stunden 60 % sparen: Sichere dir nur noch jetzt den einzigartigen Online-Kurs mit Dr. Nikola Kaiser – Angebot ab 11:59 Uhr nicht mehr verfügbar! **

Hallo Julia,

wir fassen uns sehr kurz.

11 gute Gründe, weshalb du dich JETZT für den Online-Kurs »Erfolgreiches Denken« entscheiden solltest:

- Du wirst eine andere Persönlichkeit, die glücklicher und erfolgreicher denkt und sich auch so verhält.
- Du wirst deine mentalen Denkmuster, die dich bisher begleitet und aufgehalten haben, aufbrechen und nachhaltig verändern.
- Du wirst in Zukunft weniger Angst & Stress empfinden.
- Du erhältst konkrete Übungen, durch die du das negative Gedankenkarussell stoppst – und Schritt für Schritt in einen Zustand der Gelassenheit und des Glücks kommst.
- Das Wissen & die Strategien der größten Denker der Geschichte, kurzweilig, anwendbar und auf den Punkt gebracht
- Exklusive Community mit Teilnehmer:innen, die auf der gleichen Reise sind, wie du es bist
- Bonus #1: Exklusive Q&A-Fragerunde mit Dr. Nikola Kaiser freigeschaltet
- Bonus #2: Zugriff auf weitere Videos & Aufzeichnungen von Events
- Heute kannst du sparen! Deine Ersparnis: 300,– €!
- Heute ist der LETZTE Tag, dem Online-Kurs zu diesem Angebot beizutreten – danach wird er wieder 60 % teurer sein!
- Und noch viele weitere gute Gründe findest du hier ... (KLICK!)

In weniger als 5 Stunden ist es vorbei.

Entscheide dich also jetzt – und lass diese Chance nicht an dir vorüberziehen. Du würdest es vielleicht später bereuen ...

<< Button: Ja, ich möchte meine Chance nutzen und starten! >>

Von Herzen beste Grüße

Dein Team von Dr. Kaiser

Kurz und schmerzlos wird direkt auf den Punkt gebracht, weshalb es sich für deinen Leser lohnt, das Angebot noch schnell zu erwerben.

9.6.10 Verknappungsmail #2

Kurz vor Ende des Angebots solltest du noch ein letztes Mal höflich darauf hinweisen, dass es ausläuft. Hier musst du keine Überzeugungsarbeit mehr leisten, sondern einfach nur erwähnen, dass es die *wirklich* letzte Chance ist. Glaub mir, das ist kein Trick, sondern bei großen Listen kommen immer auch noch Tage danach Nachrichten, ob das Angebot noch verfügbar ist.

Die Erfahrung zeigt: Allein diese Mail kann ¼ und teilweise sogar noch mehr des Gesamtumsatzes der Kampagne einspielen. Daher solltest du sie unbedingt nutzen – gerne mit dem Aufbau aus Tabelle 9.20.

Aufbau	Erklärung	Beispiel
Verkaufsbanner	■ kurz das Angebot zu Beginn der Mail zusammengefasst ■ keine Zeit verlieren	In einem Satz erwähnst du prägnant das Angebot inklusive Rabatt und Zeitrahmen.
Hook	■ freundlich erinnern und für die Mail fast »entschuldigen« ■ Hinweis, dass es die letzte Mail ist	■ »Ich weiß, ich nerve dich vielleicht …« ■ »Solltest du kein Interesse haben, kannst du diese Mail getrost ignorieren.«
kurzer Hinweis	für alle, die bis zum Schluss gewartet haben	»Falls du aber noch bis jetzt gewartet hast – dann möchte ich dich ein allerletztes Mal darauf hinweisen, dass …«
kurze Dringlichkeit	Mach darauf aufmerksam, dass das Angebot in wenigen Stunden ausläuft.	»Nur noch 3 Stunden – ab morgen nicht mehr verfügbar.«
Final Call und nette Verabschiedung	■ letzter Aufruf, sich das Angebot zu sichern ■ wie immer kurz und nett verabschieden	»Wenn du dich jetzt nicht entscheidest, kannst du in Zukunft natürlich trotzdem gerne teilnehmen – aber dann zum regulären Preis und ohne die 30 % Ersparnis.«
kein PS	Hier fügst du kein PS ein, da die Mail sehr kurz ist.	

Tabelle 9.20 Exemplarischer Aufbau einer zweiten Verknappungsmail

Ein wirklich allerletzter Hinweis, höflich aber bestimmt, ohne erneute Benefits oder Erklärungen – diese Mail funktioniert ohnehin nur bei Menschen, die vorab schon die Mails mitgelesen haben.

Beispiel für eine letzte Verknappungsmail

Betreff: [Noch 57 Minuten] Letzte Chance, Dirk …

** Nur noch weniger als 1 Stunde 60 % sparen: Sichere dir nur noch jetzt den einzigartigen Online-Kurs mit Dr. Nikola Kaiser – Angebot in 1 Stunde nicht mehr verfügbar! **

Hey Dirk,

bevor wir dich mit dieser Mail nerven, lass uns kurz erklären …

Das ist wirklich unser allerletzter Aufruf, dir den einzigartigen Online-Kurs »Erfolgreiches Denken« mit Dr. Nikola Kaiser zu sichern. (Großes Ehrenwort!)

> Du kennst das Angebot und falls es nicht interessant für dich ist, dann kannst du diese Mail getrost ignorieren.
>
> ABER wir schreiben dir erneut, weil wir es aus Erfahrung kennen:
>
> Wir wissen, dass wir nach 11:59 Uhr und auch morgen viele Nachrichten erhalten werden, ob man dem Online-Kurs noch beitreten kann.
>
> Ja, das kannst du – aber dann wieder zum vollen Preis von 499 Euro …
>
> … deshalb schreiben wir ein allerletztes Mal, um dem vorzubeugen:
>
> Wenn du jetzt nicht deine Chance nutzt und dich in diesen letzten 57 Minuten entscheidest, wird der Online-Kurs nicht mehr mit 60 % Rabatt zu erwerben sein – und du wirst auch nicht insgesamt 300 Euro sparen …
>
> Antworte deshalb lieber:
>
> << Button: Ja, ich will meine letzte Chance nutzen >>
>
> Wir wünschen dir die beste Entscheidung!
>
> Herzliche Grüße
>
> Dein Team & Dr. Nikola Kaiser

Ob du mir glaubst, oder nicht: Schick diese Mail (gerne auch in anderen Worten) bitte unbedingt am Ende deines Launches oder deiner Kampagne raus. Du wirst selbst sehen, wie viele danach noch kaufen werden.

Puh. Das war jetzt viel auf einen Schlag, ich weiß. Aber wann immer du eine bestimmte Verkaufsmail schreiben willst oder du einen Launch planst, kannst du dich an diesen 9 Vorlagen hervorragend bedienen.

Okay, jetzt hat jemand gekauft oder sich bei dir eingetragen … Jetzt sollte dein Leser oder Käufer natürlich wissen, wie er das Produkt erhält oder was als Nächstes zu tun ist.

9.6.11 Onboarding-Serien

Du hast neue Kontakte oder Käufer eingesammelt? Juhu! Das ist ja fantastisch, gratuliere – dann hat sich dieses Buch bisher schon ausgezahlt, würdest du sagen? Das freut mich sehr. Dann bewertest du es bestimmt auch positiv, oder? (Okay, bisschen cheeky von mir – aber ich würde mich natürlich sehr freuen!)

Bis hierhin so weit, so gut. Aber deine neuen Leads oder Käufer wissen ja jetzt noch überhaupt nicht, was für sie zu tun ist … Was ist der nächste Schritt hin zu ihrer Lösung? Genau dafür gibt es die Onboarding-Mail-Serien, sowohl für neue Leads als auch für Käufer eines Produkts.

Onboarding neue Leads

Wenn du neue Leads einsammelst, dann gibt es eigentlich nur eine Regel: Führe diese Leads so schnell wie möglich in einen Call oder zum Kauf!

Denn je mehr Zeit vergeht, desto unwahrscheinlicher wird die Handlung. Oder sie haben genug Zeit, sich anderweitig umzuschauen. Ich habe es schon einmal erwähnt: Die ersten 72 Stunden sind entscheidend. Aber du kannst ja jetzt auch nicht 10 Verkaufsmails in 3 Tagen verschicken. Machen manche, aber ich würde davon abraten, wenn du deine Leads nicht direkt wieder vergraulen möchtest.

Je nach Unternehmen und Branche musst du die Leads seriös, elegant und vorsichtig zur nächsten Handlung geleiten. Daher habe ich dir in Tabelle 9.21 eine exemplarische Mail-Serie für das Onboarding neuer Leads zusammengestellt, die sehr gut funktioniert – aber natürlich der jeweiligen Situation angepasst werden muss. Du weißt ja, es gibt kein *one size fits all*. Du bist für die Maßanfertigung zuständig.

Hinweis

Ich hoffe, du hast jetzt durch die anderen Vorlagen schon ein genaues Gespür dafür bekommen, wie du Mails strukturieren solltest. Ich möchte dir ab hier nun Beispiel-Mail-Serien für unterschiedliche Zwecke zeigen – denn bei Mail-Serien ist die Reihenfolge und Frequenz entscheidend. (Wenn ich dir zu jeder einzelnen Mail den genauen Aufbau geben würde, müsste ich den Buchumfang hier verdoppeln. Vielleicht schreib ich mal irgendwann ein Buch nur über E-Mail-Marketing ... aber eins nach dem anderen.)

Mail	Erklärung
Mail #1: Willkommensmail [direkt nach Opt-in]	Auslieferung des Inhalts, für den sich die Person eingetragen hat, inklusive direkter Einladung, den nächsten Schritt zu gehen
Mail #2: Und? Schon reingeschaut? [24 Stunden nach Opt-in]	Die meisten tragen sich ein und haben in dem Moment gar keine Zeit, sich den Inhalt anzuschauen. Weise sie in dieser Mail darauf hin, den Content zu konsumieren und erneut den nächsten Schritt zu gehen.
Mail #3: Vorstellung deines Unternehmens [48 Stunden nach Opt-in]	Zunächst steht der Mehrwert für den Leser im Vordergrund – jetzt schaffst du etwas mehr Vertrauen. Stell dein Unternehmen und bisherige Kundenstimmen vor.

Tabelle 9.21 Exemplarische Mail-Sequenz für das Onboarding neuer Leads

Mail	Erklärung
Mail #4: Content #1 [ca. 72 Stunden]	nur Content, maximal ein softer Pitch
Mail #5: Content #2 [4–6 Tage danach]	nur Content, maximal ein softer Pitch
Mail #6: Content #3 + Pitch auf Call oder Produkt [8–10 Tage danach]	nur Content, abschließend mit guter Begründung und klarem Pitch, jetzt zu handeln
Mail #7: Kleine Verknappung [1 Tag nach Mail #6]	Hier folgt eine letzte kurze, aber klare Einladung, den nächsten Schritt zu gehen. Danach überführst du den Kontakt einfach in den normalen Newsletter.

Tabelle 9.21 Exemplarische Mail-Sequenz für das Onboarding neuer Leads (Forts.)

Wenn du beispielsweise einen PDF-Leadmagneten als Opt-in hast, empfehle ich noch eine leicht andere Vorgehensweise – dazu später mehr in Abschnitt 9.8.

Du musst aber keine Mail-Serie mit über 30 Mails einplanen, so wie es früher viele gedacht und gemacht haben. Das einzig Wichtige ist der nächste Schritt, den du verkaufen möchtest. Der sollte in den ersten 72 Stunden nach Opt-in forciert werden. Danach bist du erst mal dran, Vertrauen aufzubauen und Content zu liefern.

Onboarding Kunden

In der Onlinewelt und in den meisten Unternehmen heißt es immer: *»Wir brauchen neue Leads! Wir brauchen Neukunden! Die Verkäufe sind eingebrochen!«* Dabei weiß jeder clevere Unternehmer, dass der größte Umsatz in den Menschen steckt, die bereits gekauft haben – dem Bestandskundengeschäft.

Das *Customer Retention Management* (zu Deutsch Kundenbindungsmanagement) sollte in jedem Unternehmen eine zentrale Marketing-, Produkt- und Vertriebsdisziplin sein. Denn für Bestandskunden benötigt es keine erneuten hohen Akquisekosten, meist weniger Servicekosten und es ist leichter, sie erneut zufriedenzustellen. Jedes Unternehmen sollte sich daher fragen:

> *»Was können wir tun, um unsere Kunden glücklicher zu machen – und sie so langfristig an uns zu binden?«*

Wie bereits in der Willkommensmail in Abschnitt 9.5.2 gezeigt, ist der erste Schritt hin zu glücklichen Kunden der erste Kontaktpunkt nach Kauf des Produkts. Den Fehler, den leider die meisten Unternehmen begehen: Nach dem Kauf kommt eine

Bestätigungsmail ... und danach: Nüscht. Nada. Niente. Hauptsache, Deal eingetütet, und fertig.

Dabei ist das ungefähr so schlau, wie nach einem fantastischen ersten Date, bei dem es total gefunkt hat und beide euphorisiert sind, zu sagen:

> *»Ein schönes Leben noch, vielleicht sieht man sich ja mal irgendwann irgendwo wieder! Ach so, ... hast du mal die Nummer von deiner hübschen Freundin?«*

Red flag! Sei nicht so ein Mensch, sei besser. Wer seinen Kunden ein echtes Erlebnis nach dem Kauf bietet, wer sie nicht alleinlässt und ihnen hilft, ihre Probleme weiterhin zu lösen, bleibt nicht nur im Kopf und erhöht massiv die Chancen auf einen weiteren Kauf, sondern wird vermutlich auch eine positive Bewertung oder sogar eine Weiterempfehlung erhalten! Und genau *das* unterschätzen die meisten Unternehmen beim Onlinemarketing. Weiterempfehlungen und Mundpropaganda sind nämlich nach wie vor ein unfassbar großer Faktor fürs Marketing.

Daher steckt so viel Potenzial in den Onboarding-Mails für Erstkäufer (und bei Erwerb jedes weiteren Produkts, sollte natürlich ebenfalls ein positives Erlebnis geschaffen werden). Eine exemplarische Onboarding-Serie für Käufer findest du daher in Tabelle 9.22.

Mail	Erklärung
Mail #1: Willkommensmail	Den Aufbau einer Willkommensmail haben wir ja schon in Abschnitt 9.5.2 besprochen.
Mail #2: So nutzt du das Produkt optimal.	In dieser Mail gibst du eine genaue Schritt-für-Schritt-Anleitung, wie dein Kunde mit dem Produkt oder der Dienstleistung an sein Ziel kommt.
Mail #3: Feedback und Bewertung	Wie hat dir das bisher gefallen? Was können wir besser machen und wie können wir dich noch besser unterstützen?
Mail #4: aufrichtiger Support zur besseren Nutzung	Wie kann der Customer Support noch besser bei der Nutzung unterstützen? Gibt es noch offene Fragen?
Mail #5: Ausblick und weitere Unterstützung anbieten	Was kommt nach dem Produkt? Wie kann dein Kunde weitermachen? Wobei kannst du ihm noch helfen?

Tabelle 9.22 Exemplarische Mail-Sequenz für das Onboarding neuer Kunden

Die Onboarding-Serie hängt natürlich unfassbar stark vom Produkt und der Leistung ab. Bist du beispielsweise eine Agentur, kannst du mit dieser Onboarding-Serie deinen Kunden Schritt für Schritt durch die nötigen Infos führen, die du von ihm benötigst.

Hast du hingegen ein sehr pflegebedürftiges Produkt, beispielsweise eine teure Siebträgermaschine, dann sollte dein Kunde selbstverständlich alles darüber wissen, um keine teuren Fehler bei der Nutzung zu machen und sie für längere Haltbarkeit bestmöglich zu pflegen.

Dein Kunde hat ein Fitnessstudio-Abo bei dir gebucht? Dann macht es natürlich total Sinn, ihn zu motivieren und über die ersten Wochen mit einfachen Tipps zu versorgen, damit er schnell Resultate erzielt.

9.6.12 Einladungsmails

Du möchtest ein Webinar, ein Event oder einen besonderen Launch veranstalten? Dann musst du deine Kontakte auch dazu einladen. Sonst sitzt du da mit Partyhütchen am Geburtstagstisch und niemand ist gekommen. So wie ich an meinem 7. Geburtstag, als meine Mutter vergessen hat, die Einladungen zur Post zu bringen. Kleiner Spaß, meine Mum hat immer die allerbesten und kreativsten Einladungen der Welt verschickt! Mich mochte halt einfach keiner. Doppelter Spaß. Ich hatte eine sehr schöne Kindheit und viele tolle Freunde. WIRKLICH JETZT!

Genug davon: In Tabelle 9.23 findest du eine Einladungsserie für Webinare oder Events.

Mail	Erklärung
Mail #1: Ankündigung und erste Einladung	ähnlich wie eine Launch-Mail aufbauen – mit Einladung zum kostenlosen Webinar oder Event
Mail #2: »Das erwartet dich …«	Hier bereitest du die wichtigsten Inhalte des Webinars spannend als Fascinations auf und versuchst die Leser über den Content zum Webinar zu bringen.
Mail #3: »Was du verpasst, wenn du nicht teilnimmst …«	Fear of missing out erzeugen: Was verpasst der Leser, wenn er nicht teilnimmt? Weshalb wird sich in seinem Leben dann auch nichts ändern?
Mail #4: »Letzte Infos für morgen« (inklusive Sprachnachricht oder Video)	Ab hier wird es den Reminder-Mails ähnlich (besprechen wir im nächsten Abschnitt). Nimm eine kurze Sprachnachricht oder eine Videobotschaft 1 Tag vor dem Webinar oder Event auf und lade in der Mail erneut ein.

Tabelle 9.23 Exemplarische Mail-Sequenz für die Einladung zu einem Event oder Webinar

Mail	Erklärung
Mail #5: »Heute ist es so weit, der große Tag.« (2–4 Stunden vorm Termin)	Diese Nachricht ist identisch mit den Reminder-Mails. Ab jetzt lädst du nicht mehr ein und fragst auch nicht nach einem Optin-in, sondern schickst direkt den Link zum Webinar.
Mail #6: »In 1 Stunde geht's los.«	erneute kurze Erinnerung mit dem Link, dabei in Stichpunkten die Agenda (maximal 3–5 Punkte) des Webinars auflisten
Mail #7: »Jetzt live!«	10–15 Minuten vor Beginn des Webinars versenden mit direktem Link, jetzt teilzunehmen

Tabelle 9.23 Exemplarische Mail-Sequenz für die Einladung zu einem Event oder Webinar (Forts.)

Wenn sich deine Leser angemeldet haben, dann sollten sie auch an den Termin erinnert werden, weil sie ihn sonst vergessen werden. Und weil die Erscheinerquote (Show-up-Rate) für uns gleichbedeutend mit mehr Umsatz ist.

9.6.13 Reminder-Mails

Wichtig für Webinare, vereinbarte Gespräche oder Termine und Events sind Reminder-Mails. Du musst deine Anmelder und Teilnehmer systematisch an den gemeinsamen Termin erinnern (siehe Tabelle 9.24). Der Grund ist einfach: Die Verbindlichkeit nimmt zunehmend ab. Durch die Flut an Infos und die voranschreitende Anonymität haben wir gelernt, dass es wenig bis gar keine Konsequenzen gibt, wenn wir Termine einfach nicht wahrnehmen. Daher müssen wir die Dringlichkeit und den Nutzen der Termine selbst mehr in die Hand nehmen.

Mail	Erklärung
Mail #1: Direkt nach Anmeldung – »Danke! Das erwartet dich ...«	Eine herzliche Begrüßung und die Gratulation zur Anmeldung. Bestärk deinen Leser darin, dass er die richtige Entscheidung getroffen hat. Verweise außerdem darauf, sich den Termin fest im Kalender zu blocken (erhöht die Erscheinerquote) und nenn außerdem die wichtigsten Infos und Rahmenbedingungen zum Termin.
Mail #2: »Deine Unterlagen als PDF zum Download.«	Zur guten Vorbereitung kannst du ein Workbook zum Event oder Webinar erstellen und es deinen Anmeldern vorab zukommen lassen. Das ist ein guter Grund, erneut an den Termin zu erinnern, und erhöht gleichzeitig die Erscheinerquote.

Tabelle 9.24 Exemplarische Mail-Sequenz für die Erinnerung an den Termin

Mail	Erklärung
Mail #3: »Unser Termin übermorgen – so bereitest du dich optimal vor.«	Erklär hier noch mal die wichtigsten To-dos vor und während des Webinars oder Events: Handy auf lautlos, in einen ruhigen Raum ohne Störung gehen, am Laptop statt am Handy teilnehmen, einen bequemen Platz suchen und ein Getränk parat stellen. Sollte es interessante Inhalte zur Vorbereitung geben, dann liste sie hier ebenfalls auf.
Mail #4: kurze Videobotschaft und letzte Details (perfekt um 18 Uhr am Vortag)	Nimm eine kurze Sprachnachricht oder eine Videobotschaft 1 Tag vor dem Webinar oder Event auf.
Mail #5: »Heute ist es so weit, der große Tag.« (2–4 Stunden vorm Termin)	Diese Nachricht ist identisch mit der Einladungsmail #5 aus Tabelle 9.23. Du schickst direkt den Link zum Webinar.
Mail #6: »In 1 Stunde geht's los.«	Erneute kurze Erinnerung mit dem Link. Liste in Stichpunkten die Agenda (maximal 3–5 Punkte) des Webinars auf.
Mail #7: »Jetzt live!«	10–15 Minuten vor Beginn des Webinars versenden mit direktem Link, jetzt teilzunehmen
(Optional) **Mail #8**: »Das Event/Webinar ist schon gestartet – wo bist du?«	Für alle, die angemeldet sind, sich aber noch nicht eingeloggt haben. Ergibt nur Sinn, wenn das Event oder Webinar länger als 60 Minuten dauert.

Tabelle 9.24 Exemplarische Mail-Sequenz für die Erinnerung an den Termin (Forts.)

Vielleicht kommt dir das jetzt viel vor an Mails. Versteh ich voll. Aber diese Reihenfolge haben wir durchgetestet – es ist nach wie vor die beste, um möglichst viele Teilnehmer und eine höhere Show-up-Rate zu haben. Am Ende musst du natürlich selbst entscheiden, ob und wie du diese Serie in deiner Branche und bei deiner Leserschaft nutzen möchtest.

Wenn du dein Event oder dein Webinar durchgeführt hast, möchtest du ja auch was danach verkaufen. Das hast du natürlich schon währenddessen gemacht (wie, das erfährst du nachher beim Webinarskript) – aber du solltest ganz gezielt mit einer Upsell-Mail-Serie nachfassen, um das Maximum an Abschlüssen aus deinen Leads herauszuholen, auch aus denen, die nicht am Livetermin teilgenommen haben. Wie du das genau machst und was die perfekte Dosis ist, um noch weitere Abschlüsse zu erreichen, ohne die Leute zu vergraulen, das besprechen wir jetzt.

9.6.14 Upsell-Mails

Im Prinzip kannst du bei Upsell-Mails eine ähnliche Reihenfolge wie bei den bisher ausführlich besprochenen Launch-Mails einhalten. Aber gerade nach einem ausführlichen Webinar sollte die Entscheidung deiner Interessenten schnell fallen. Daher bin ich ein großer Freund davon, das Angebot zeitlich sehr stark zu verknappen – 24 bis maximal 48 Stunden nach Webinar. Eine Beispiel-Mail-Serie dafür findest du in Tabelle 9.25. Wer sich in diesem Zeitraum nicht entschieden hat, erhält entweder ein Re-Offer – oder muss sich bis zum nächsten Mal gedulden.

Mail	Erklärung
Mail #1: danke + kurze Zusammenfassung + Pitch (15 Minuten nach Webinar)	Bedank dich für die Teilnahme und fass die wichtigsten Inhalte und Tipps ganz kurz in Stichpunkten zusammen. Danach pitchst du auf dein Angebot mit dem Hinweis, dass es morgen schon wieder ausläuft.
Mail #2: dein Bonus als Aufhänger + Pitch (je nachdem, um welche Uhrzeit das Webinar stattgefunden hat, entweder noch abends oder direkt am nächsten Morgen)	Du kannst im Webinar einen Bonus ankündigen, den deine Zuschauer nach dem Webinar erhalten. Das erhöht die Wahrscheinlichkeit, dass sie auch bis zum Ende dabeibleiben. Außerdem hast du dann eine gute Begründung, diese Mail mit dem Bonus zu schicken und gleichzeitig noch mal zu verknappen.
Mail #3: Verknappung #1 (3–4 Stunden vor Ende der Aktion)	Kennst du ja bereits.
Mail #4: Verknappung #2 (1 Stunde vor Ende der Aktion)	Kennst du ebenfalls.

Tabelle 9.25 Exemplarische Mail-Sequenz für die Verkaufsmails nach einem Webinar oder Event

Auch hier lässt sich je nach Launch natürlich noch mehr machen: Du könntest z. B. bei einer großen Aktion eine Sales-Phase von 7 Tagen offerieren und dann, wie vorhin in den Vorlagen beschrieben, eine richtige Launch-Serie inklusive Testimonial-, FAQ-, Story-Mail & Co. verfassen.

9.6.15 Re-Opener

Es gibt superviele Möglichkeiten, ein Re-Opening deines Angebots zu machen: Du kannst eine Aufzeichnung des Webinars etc. zur Verfügung stellen, du kannst einen weiteren 24-Stunden-Zeitraum öffnen oder du machst die Tore noch mal für die

Leute auf, die schon auf einer Warteliste standen. Eine kleine Beispielserie, wie du das machen kannst, findest du Tabelle 9.26.

So oder so: Re-Opener funktionieren. Punktuell. Ich würde sie dir aber nur empfehlen, wenn du das Marketing-Game schon sehr gut durchgespielt hast und dann auch nur, wenn du sie sehr sensibel und selten einsetzt.

Wer Re-Opener inflationär nutzt, kann sich damit selbst ins Bein schießen und einen Reputationsschaden davontragen, wenn die Tore jedes Mal offen bleiben – denn irgendwann merken es die Interessenten und sie bleiben aus, weil sie das Spiel nicht mitspielen wollen. Abgesehen davon willst du deine Leserschaft ja dazu erziehen, dass sie schnell handeln soll, eben *weil* du zu deinem Wort und deinen Aktionen stehst.

Mail	Erklärung
Mail #1: »Wir haben es uns überlegt … Aktion nur noch bis morgen verlängert.«	Kurz nach Beendigung der Aktion kannst du die Aktion noch mal für 24 Stunden verlängern.
Mail #2: »Die ersten Stimmen sind reingekommen – DAS sagen Kunden: …«	Teile die begeisterten Kundenstimmen und erste Nachrichten mit den Lesern.
Mail #3: Verknappung #1 – »Nur noch X Stunden, danach ist die Chance wirklich vorbei.«	Du kennst das Spiel: verknappen …
Mail #4: Verknappung #2 – »Jetzt ist aber wirklich Schluss.«	… uuund noch mal verknappen.

Tabelle 9.26 Exemplarische Mail-Sequenz für eine Re-Opener-Kampagne

Ja, ein Re-Opener kann sehr nervig für viele Leser sein. Und du wirst auch bestimmt einige Leser dadurch verlieren, das ist eine Abwägungssache. Aber ich würde es hier nicht erwähnen, wenn es nicht funktionieren würde. Vertrau mir: Darüber schließen noch mehr Kunden ab, als du gerade vielleicht denkst.

9.6.16 Downsell-Mails

Du hast bereits deinen Sale bzw. Upsell durchgeführt? Perfekt! Dann war es das jetzt, oder? Ich mein, du hast ja versucht alle abzuholen – und wer nicht gekauft hat, will halt nicht kaufen, richtig?

Falsch. Denn du hast da sehr wahrscheinlich eine ganze Gruppe an Menschen, die sehr gerne bei dir gekauft hätten, sich aber dein Angebot unter Umständen einfach noch nicht leisten konnten oder wollten. Ihr Problem, weshalb sie sich ja überhaupt mal bei dir angemeldet haben, besteht aber weiterhin. Und sie wollen es lösen, zumindest teilweise.

Daher ist es supersinnvoll, diesen Menschen jetzt ein wesentlich günstigeres Angebot zu machen. Sie haben dein Hauptangebot kennengelernt, kennen den Preis, haben sich gegen den Preis – nicht gegen den Inhalt entschieden. Wenn du ihnen jetzt ein wesentlich kostengünstigeres Angebot für ein kleineres Produkt machst, werden viele von diesen Menschen genau diesen Schritt auch gehen.

Glaub mir, im Downsell liegt noch unfassbar viel Umsatz, den du sonst einfach ignorieren würdest. Abgesehen davon: Wenn du mit einem Downsell-Produkt diese Käufer überzeugst, ihnen damit hilfst und sie sogar begeisterst, werden sie danach auch dein großes Angebot erwerben wollen. Eine Downsell-Kampagne ist also eine Win-win-Aktion.

Gehen wir mal gemeinsam die Mails in Tabelle 9.27 durch – du solltest nach deiner normalen Sales-Kampagne trotzdem noch ein paar Tage vergehen lassen, damit du deinen Lesern nicht zu sehr auf die Nerven gehst.

Mail	Erklärung
Mail #1: »Du hast dich nicht für [Produkt] entschieden – aber vielleicht ist das hier etwas für dich: …« (3–5 Tage nach der Sales-Kampagne)	Was ist ein günstigeres Produkt, das deinen Kunden ebenfalls weiterhilft? Welches Angebot macht für Interessenten Sinn, die nicht so viel Budget haben, aber dennoch starten wollen?
Mail #2: Benefit-Mail für den Downsell	Die größten Vorteile des günstigeren Produkts erneut nennen und weshalb es für deinen Leser der perfekte Einstieg ist.
Mail #3: Verknappung #1	Kennst du.
Mail #4: Verknappung #2	Kennst du.

Tabelle 9.27 Exemplarische Mail-Sequenz für eine Downsell-Kampagne

Du hast kein niedrigpreisiges Produkt, das du als sinnvollen Downsell anbieten kannst? Dann mach dir darüber mal Gedanken, wie eines aussehen könnte, denn hier liegt noch enorm viel Umsatzpotenzial – teilweise sogar bis zu 30 % des Umsatzes der Hauptkampagne on top nur durch einen passenden Downsell.

9.6.17 Weitere Mail-Typen

Junge, Junge, Junge ... Das mit den Mails hört hier auch nie auf, richtig? Richtig. Ich will dir damit einfach zeigen, wie viel Potenzial in deinem E-Mail-Marketing liegt. Wenn du für dein Unternehmen oder für Kunden erfolgreiche E-Mails schreibst, hast du als Copywriter alle Argumente auf deiner Seite. Denn wer rein über E-Mails den Umsatz massiv steigern kann – ohne Kosten in Werbebudget oder teure Kampagnen zu investieren –, wird für jedes Unternehmen unglaublich wertvoll. Und darum geht's ja hier in dem Buch: Du sollst die wertvollste Person deines Unternehmens werden!

Daher möchte ich dir noch ein paar weitere Mail-Typen mitgeben, die du gerne ausprobieren kannst und die deine Kunden und Leser flashen werden:

- **Die Segment-Mail**

  Frag deine potenziellen Kunden in der Onboarding-Serie (und darüber hinaus) regelmäßig, an welcher Art von Informationen sie interessiert sind. So kannst du sie in eine separate Liste aufnehmen und maßgeschneiderte Inhalte verfassen.

  Wann? direkt nach Opt-in, danach ca. 2–3-mal pro Jahr

- **Der Anheizer**

  Noch weit, bevor du etwas an deine Leser launchst oder verkaufen möchtest, solltest du vor der offiziellen Veröffentlichung eine Ankündigungsmail versenden, in der du die ersten Interessenten einsammelst und alle Leser heiß aufs neue Angebot machst.

  Wann? 1–4 Wochen vor Launch

- **Der Newsletter-Nutzen**

  Leg die Spielregeln deines Newsletters in der ersten Mail nach Eintragung fest: Was für einen Mehrwert liefert dein Newsletter? Was hat dein Leser davon, deine Mails zu öffnen und zu lesen? Was erreicht er mit deinen Inhalten?

  Wenn dein Leser von Anfang an weiß, was er erhält, ist er aufmerksamer und öffnet eher deine Mails.

  Wann? in der Onboarding-Serie, gerne als erste oder zweite Mail nach der Eintragung

- **Der kleine Schubser**

  Du hast inaktive Kontakte oder solche, die noch nie etwas bei dir gekauft haben? Dann nutz eine kleine Handlung, um sie aus der Reserve zu locken. Das kann ein Geschenk, spezifischer Inhalt oder auch eine direkte Frage sein.

  Wann? nach ca. 90 Tagen Inaktivität

- **Das »Unmögliche möglich machen«**

  Mach das, was unmöglich klingt, möglich. Verwende dafür Demonstrationen.

  Beispiel: »Wie du in nur 6 Monaten eine Liste von 10.000 begeisterten Lesern aufbaust … die auch bei dir kaufen!«

  Und dann präsentierst du natürlich die Lösung und Beispiele von Kunden, die das bereits geschafft haben.

  Wann? in einer Sales-Kampagne, gerne als zweite Sales-Mail nach der Launch-Mail

Das war jetzt quick and dirty. Aber ich habe noch ein paar Mails für dich im Gepäck. Ich hab's ja schon gesagt, im E-Mail-Marketing kann ich mich komplett verlieren. Es ist für mich auch einfach die geilste Disziplin im Onlinemarketing und beim Copywriting.

Aus einem simplen Grund: Du kannst neue Big Ideas, kreative Konzepte, komplett neue Angebote und verrückte Hooks jederzeit bei deiner Leserschaft testen – und das schnell, ohne viel Aufwand.

E-Mail-Marketing macht einfach Spaß. Und es gibt Hunderte Mail-Varianten, die alle schon funktioniert haben, du kommst aus dem Testen für die Länge deines gesamten Lebens nicht raus. Das sage ich tatsächlich nicht, um dir Angst zu machen – sondern im Gegenteil: um dir zu zeigen, wie viel Spaß und wie viele Freiheiten du hier hast. Tob dich einfach aus! Lern dazu. Mach's jeden Tag etwas besser. Stell deinen eigenen Status quo auf.

Zur Inspiration gebe ich dir in Tabelle 9.28 noch ein paar weitere Mails mit, die du mal ausprobieren kannst. Kennengelernt habe ich sie von Joanna Wiebe, einer der bekanntesten Copywriterinnen aus den USA. Aber ich geh nicht mehr so tief ins Detail, wir wollen ja mal vorankommen hier!

Mail-Typ	Kurzer Inhalt
Ego-Booster	DU als Leser bist hier ganz genau richtig, DU triffst tolle Entscheidungen, nur DU hast etwas verstanden, was andere Menschen noch nicht verstanden haben …
FOMO-Mail	Wenn du jetzt nicht auf diesen Trend mit aufspringst, verpasst du Spaß, Geld, Freude – einfach alles.
E-Mail vom CEO	Gesonderte Nachricht vom CEO als Absender. Erhöht die Aufmerksamkeit und Öffnungsrate punktuell.

Tabelle 9.28 Weitere Mail-Typen, die du ausprobieren solltest

Mail-Typ	Kurzer Inhalt
»Werde Teil von uns«	Viele Menschen sind gerne Teil einer Gruppe oder Bewegung. Nimm sie mit in deinen »Inner Circle«.
der Spezialfall	Es gibt immer Menschen, die behaupten: »Bei mir ist das aber ganz anders.« Entkräfte das in dieser Mail, indem du zeigst, weshalb es keine Spezialfälle gibt.
»Es ist nicht deine Schuld ...«	Nimm die Schuld von deinem Leser, die schwer auf seinen Schultern lastet. Zeig ihm den wahren, externalen Grund, weshalb er noch nicht da ist, wo er sein sollte.
Nichtkäufer-Mail	Richtet sich ausschließlich an Nichtkäufer und wie sie von deinen Inhalten dennoch profitieren können.
Käufer-Mail	Richtet sich nur an Käufer und behandelt sie bevorzugt, beispielsweise als erste Personen, die von einem neuen Angebot erfahren.

Tabelle 9.28 Weitere Mail-Typen, die du ausprobieren solltest (Forts.)

Enough, enough now. Lass uns jetzt noch über Betreffe sprechen, danach machen wir 'nen Deckel drauf.

9.6.18 Der Betreff

Der genauen Formulierung von conversion-starken Betreffen und Headlines widmen wir uns in Kapitel 10, »So geht Copy!«. Hier gebe ich dir aber schon den Aufbau und die Besonderheiten mit, auf die du bei Betreffen achten solltest, damit deine Mails auch wirklich im Postfach landen und geöffnet werden. Denn wie du weißt: Die geilste und beste Mail der Welt bringt dir nichts, wenn niemand sie sieht – oder öffnen will.

Betreffregeln

Es gibt ein paar Regeln, die du bei deinem Betreff beachten musst, um nicht im Spam zu landen. Wenn du diese aber umgehen möchtest, gibt es zwei Möglichkeiten:

1. Sorg dafür, dass dich deine Leser als Kontakt hinzufügen.
2. Mach richtig guten, relevanten Inhalt für deine Leser. Je häufiger und je mehr deiner Mails geöffnet werden, desto mehr kannst du mit deinem Betreff auch experimentieren.

Ein paar Grundregeln für Betreffe

- weniger als 50 Zeichen lang
- Spam-Wörter umgehen (besprechen wir gleich noch)
- Caps Lock vermeiden
- nicht zu viele Zeichen nutzen (auch keine übermäßige Nutzung von ?, ! und &)
- keine übermäßige Nutzung von Emojis (auch dazu gleich mehr)
- Pre-Header nutzen

Das sind erst mal wirklich nur die wichtigsten Regeln. Versuch sie einzuhalten und deine Mails werden weniger häufig im Spam landen.

Split-Testing

Mach immer, wirklich *immer* einen A/B-Test deiner Betreffe. Wie gesagt möchtest du natürlich, dass so viele Menschen wie möglich deine Mails öffnen und auch lesen. Wenn du aber immer nur einen Betreff wählst, kannst du schlecht Rückschlüsse darauf ziehen, weshalb ein Betreff gut funktioniert hat – und ein anderer weniger gut.

Daher musst du bestimmte Aspekte über einen längeren Zeitraum testen und auch nur eine Entscheidung treffen, wenn statistische Signifikanz gegeben ist.

In Tabelle 9.29 bekommst du eine Übersicht über die Elemente eines Betreffs, die du testen solltest.

Test	Erklärung
Länge des Betreffs	Nutz die 50 Zeichen voll aus und teste sie gegen kürzere Betreffe mit gleicher Aussage. Beispiel: *»Meld dich jetzt zum Infoabend nächsten Dienstag an«* vs. *»Infoabend am Dienstag«* Und schau, welche Variante deine Leser präferieren.
Name im Betreff	Wenn vorher nicht genutzt, wird sehr wahrscheinlich die Öffnungsrate höher sein, sobald du den Namen des Lesers im Betreff erwähnst. Aber der Effekt nutzt sich sehr schnell ab, wenn du es jedes Mal machst.

Tabelle 9.29 Liste für sinnvolle Betrefftests

Test	Erklärung
Benefits vs. Angst vs. Neugier	Natürlich in Kombination noch stärker. Aber teste diese drei emotionalen Trigger regelmäßig in deinen Betreffen gegeneinander.
ein Wort vs. einen Satz	Funktioniert bei vielen Lesern auch sehr gut, gerade, wenn es überraschend ist. Beispiel: »*Ich zeige dir mein System, Websiten zu erstellen*« vs. »*Website-System*« oder sogar nur »*System*« Probier's aus.
Aussage vs. Frage	Rhetorische Fragen sind ein wunderbares Mittel, deine Leser zum Öffnen zu bewegen. Beispiel: »*Mehr Zeit mit deinen Kindern*« vs. »*Wünschst du dir mehr Zeit mit deinen Kindern?*« Jedes Elternteil würde mit Ja antworten. Und ein inneres Ja ist auch ein Ja zum Öffnen der Mail.
Stilistik testen	frech vs. freundlich, direkt vs. mysteriös, offen vs. behutsam usw.
Emojis im Betreff (dazu gleich mehr)	Emojis können ein guter Verstärker sein – dazu aber im nächsten Abschnitt mehr.

Tabelle 9.29 Liste für sinnvolle Betrefftests (Forts.)

Beim Split-Testing sind dir selbstverständlich keine Grenzen gesetzt. Versuch dich iterativ immer weiter zu verbessern – behalte aber auch die Gesamtperformance im Blick. Viele achten nur noch auf ihre Betreffe oder Klicks und sind superstolz auf die verbesserten KPIs … aber wenn am Ende niemand bucht, bringt dir die tollste Öffnungsrate leider auch nichts. Deswegen sind Clickbait-Betreffe ja auch so ein großer Unsinn. Weil danach ohnehin niemand kauft.

Emojis im Betreff

Im E-Commerce oder in anderen Branchen schwören ja einige Copywriter auf Emojis als *den* Booster für die Öffnungsrate. Und da wird das sicherlich stimmen.

Ich kann das aus meiner Erfahrung aus verschiedenen Branchen – B2B wie B2C – aber überhaupt nicht bestätigen. Tatsächlich gewinnen bei mir häufig die identischen Betreffe – nur *ohne* Emoji.

Dennoch kannst du mit Emojis an gut gewählten Stellen natürlich die Aufmerksamkeit auf deinen Betreff lenken. Zum Beispiel bei der »Ich bin jetzt live«-Mail bei einem Webinar füge ich gerne den roten Punkt als Emoji hinzu als Imitation des Record-Buttons. Und weil rot halt einfach ins Auge springt.

Oder bei der letzten Verknappungsmail bietet sich ebenfalls an, eine Uhr oder einen Wecker als Emoji zu nutzen, um zu zeigen, dass die Zeit abläuft.

Ich kann dir nur raten, es selbst zu testen. Emojis sind selbstverständlich auch kontext- und branchenabhängig.

So landest du garantiert im Spam!

Nichts ist ärgerlicher, als eine geile Mail mit einem fantastischen Betreff und einer genialen Argumentation geschrieben zu haben ... und dann kommt diese Mail nie bei deinen E-Mail-Kontakten an. Und das nur, weil du einen kleinen Fehler begangen hast, durch den deine Mail im Spam-Ordner landet.

Es gibt ein paar Spielregeln im E-Mail-Marketing, die musst du einfach beachten, zumindest zu Beginn. Hier einige wenige davon:

- **Zu viele Bilder und Grafiken** in deinen Mails, ergo zu viel HTML-Code, signalisiert dem jeweiligen E-Mail-Provider, dass es sich um eine Werbemail von einem Unternehmen handelt.

  Ich weiß, ich wiederhole mich hier, aber die meisten Unternehmen wehren sich leider dagegen, weil sie ein hochwertiges Design haben und ihr Corporate Design (CD) auch gerne in den Mails durchziehen möchten. Daher erwähne ich es erneut – wenn ich dir nur einen Tipp aus den letzten 10 Jahren E-Mail-Marketing mitgeben kann, dann diesen:

  Deine Mails sollten aussehen wie Mails – also schwarze Schrift auf weißem Hintergrund. Sie sollen aussehen, als hätte dir eine Person persönlich geschrieben, nicht, als wäre ein ganzes Marketingteam daran zugange gewesen. Alle »normalen« Mails haben über alle Branchen hinweg auf Dauer besser performt als aufwendig designte Mails. (Das behaupte auch nicht nur ich, sondern jeder E-Mail-Provider bestätigt das.)
- Und natürlich muss jede Mail eine **Abmeldeoption** haben, die auch auffindbar ist. Bei fehlenden Informationen zum Unternehmen und dem Absender kann es ebenfalls zu Schwierigkeiten kommen.
- Darüber hinaus gibt es natürlich auch inhaltliche Dinge, die du umgehen solltest, wenn du nicht im Spam landen möchtest mit deinen Mails – wie übermäßig viele **verdächtige Links**, **riskante Themen** wie Trading, Medizin oder Kredite und auch **zu viel Werbung** ohne echten Inhalt.

Tipp: Spam-Begriffe, die du vermeiden solltest

Hier eine kleine Liste – vermeide bitte folgende Spam-Begriffe:

Millionen, Gratis, Geschenk, Gewinne, Zahlen mit 000, Garantiert, Geld verdienen, Jetzt kaufen, 100 % kostenlos, Reich werden, Wundermittel, Investieren, Abnehmen, Potenzmittel, Sparpreis, Jackpot, Bitcoin etc.

Die Liste ist noch viel umfangreicher, googel gerne einfach die häufigsten Spam-Wörter und versuch sie zu vermeiden.

Wenn deine Liste dir schon länger vertraut und du eine hohe Zustellbarkeit hast, wirst du sogar mit Spam-Wörtern oder Großschrift durchkommen. Übertreib's aber bitte nicht, sonst schadest du wieder deiner Reputation.

Pre-Header für dich nutzen

Gerade bei Gmail & Co. ist der Pre-Header der Mail ein exzellenter Conversion-Verstärker, den ebenfalls viele Unternehmen einfach nicht nutzen. Mit dem Pre-Header kannst du (ähnlich wie bei Headline und Subline) deinem Betreff noch einen weiteren Satz hinzufügen.

Die meisten ignorieren den Pre-Header jedoch. Und das sorgt dafür, dass einfach der Beginn der Mail als Text in den Pre-Header gezogen wird. Noch schlimmer: Viele haben oben in den Mails ein Banner eingefügt, aber nicht darauf geachtet, dieses auch zu benennen, oder dass nicht der Alt-Text des Bildes in den Pre-Header gezogen wird. Manche lassen den Pre-Header komplett leer. Das kann mal als Trick und Stilmittel auffallend sein – wenn der Betreff aber dann ebenfalls nicht richtig passt, schadet das deiner Öffnungsrate. Häufig sieht man daher als Leser in seinem E-Mail-Postfach dann ein unschönes Ergebnis wie in Abbildung 9.6.

Abbildung 9.6 Den Pre-Header nicht beachtet oder bewusst ausgelassen

Das ist zwar kein Drama. Aber es wirkt halt unprofessionell und schadet der Öffnungsrate, daher solltest du es tunlichst vermeiden. Und es geht viel besser – mit wenig Aufwand! Abbildung 9.7 zeigt, wie du es besser machst.

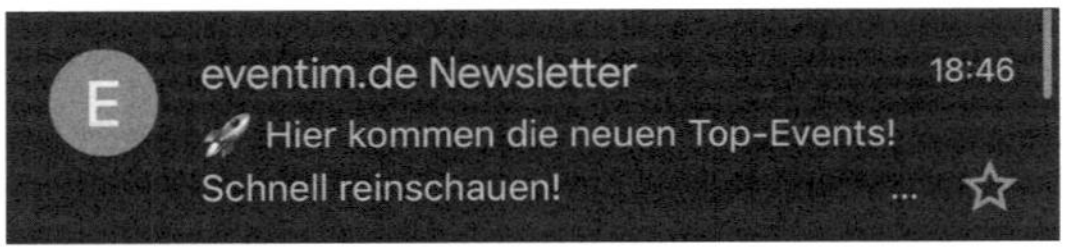

Abbildung 9.7 Der Pre-Header richtig eingesetzt

Viel aufgeräumter und klarer. Man könnte es hier copytechnisch deutlich besser machen, aber dennoch: Pre-Header mit CTA gut genutzt.

Auch mobil ist das natürlich ein besserer Blickfang, z. B. bei der Benachrichtigung auf dem Home-Screen. Durch Nutzung des Pre-Headers verleihst du deiner Mail eine viel stärkere Prägnanz und kannst deine Aussage untermauern und so neugieriger auf den Inhalt der Mail machen.

Meine Güte, das waren echt viele Mails und viel Input zum E-Mail-Marketing. Ich hoffe, es war ausreichend. Auch hier gilt wie immer: Schau dir Newsletter und Sales Mails an, die dir selbst gefallen – und versuch Muster zu erkennen.

Eigentlich sind wir jetzt schon die wichtigsten Elemente einer Werbekampagne durchgegangen. Aber jetzt kommt noch der spaßige Teil: komplexe Webinare verkaufspsychologisch aufzubauen!

9.7 Webinar-Skript

In diesen Abschnitt tauchen wir noch mal etwas tiefer und ausführlicher ein, denn Webinare sind nach wie vor einer der besten Wege (jetzt und auch noch in Zukunft), um nicht nur relativ günstig Leads einzukaufen – sondern diesen auch auf direktem Wege dein Angebot zu präsentieren und sie so innerhalb kürzester Zeit zu konvertieren.

Auch ein Webinar besteht im Kern aus Copy. (Wenn du wüsstest, wie viele der bekanntesten Unternehmer Skripte von Copywritern in Webinaren vorlesen, wärst du schockiert.) Noch besser als Vorlesen ist jedoch, ein Webinar verkaufspsychologisch aufzubauen und frei vorzutragen – das ist am authentischsten.

9.7.1 Wieso funktionieren Live-Webinare so gut?

Anfang der 2010er Jahre sind Webinare von Amerika nach Deutschland rübergeschwommen und haben sehr gut für sehr viele Menschen funktioniert. Sprich, es wurde eine Menge Geld verdient. Es war neu, unkonventionell und einfach sehr clever, seine Produkte so zu präsentieren und zu vertreiben.

Ab 2017 flaute der Hype langsam etwas ab. Webinare galten nicht mehr als der Way to go im Onlinemarketing. Wieso? Nun, fast alle Webinare waren aufgezeichnet und wurden automatisiert abgespielt. Das haben viele Menschen durchschaut. Seit 2020 geht der Trend aber wieder steil bergauf.

Weshalb? Die Erklärung liegt auf der Hand: Corona hat auch hier alles verändert. Menschen lernen wieder gerne online aus Webinaren und sind es gewohnt, vermehrt in Zoom-Calls oder Ähnlichem zu sitzen. Der kleine, aber feine Unterschied: Der Livecharme is back!

(Abgesehen davon kommt im Marketing immer eine Methode irgendwann aus der Mode ... und taucht später wieder als nützlicher Vertriebskanal auf. Das passiert immer wellenförmig. Aber das ist ein anderes Thema ...)

Live-Webinare oder -Workshops haben dabei gleich mehrere Vorteile:

- Du kannst direkt und frei zu deiner Zielgruppe sprechen und so z. B. auf Fragen reagieren.
- Du kannst mit Hunderten Menschen gleichzeitig interagieren – so bekommst du deine eigene »Onlinebühne« für deine Botschaften und Inhalte.
- Und du kannst das Live-Webinar nutzen, um dich zu vermarkten und dein Angebot auch sofort zum Kauf anbieten.

9.7.2 Für wen sind Live-Webinare geeignet? (Und für wen nicht!?)

Eines vorweg: Ein Live-Webinar zu veranstalten ist selbst für erfahrene Redner nicht einfach und sicher auch nicht für jeden was. Wenn du also selbst eins halten möchtest, dann verdient das jetzt schon den größten Respekt! Solltest du es aber, wovon ich jetzt ausgehe, für andere verfassen oder strukturieren wollen, benötigst du zwei Dinge:

1. Die Person, für die du das Webinar konzipierst, sollte die Fähigkeit und das Selbstvertrauen haben, vor der Kamera zu sprechen.
2. Du brauchst guten Content (Mehrwert), den deine Zielgruppe hören will.

Das soll dich jetzt allerdings nicht abschrecken. Es ist noch kein Meister vom Himmel gefallen – und man wird nur durch Übung besser. Das Gute an Webinaren: Sie lassen sich sehr gut einstudieren und iterativ verbessern.

Wenn du es raushast, dann gibt es kaum bessere und kostengünstigere Varianten, dein Angebot vor vielen Menschen gleichzeitig zu präsentieren.

Tipp: Für diese Branchen und Personen funktionieren Webinare sehr gut

- für Unternehmen mit erklärungsbedürftigen und/oder hochpreisigen Produkten
- für Agenturen, die ihr System vorstellen wollen
- für Selbstständige und Dienstleister, die ihre Expertise zeigen möchten
- für Konzerne, die für ihre Großkunden oder Mitarbeiter interne Webinare veranstalten
- für SaaS-Unternehmen, die ihre Software als Demo präsentieren wollen
- usw.

Letztens hat uns eine Interessentin gefragt:

> *»Klar funktionieren Webinare im B2C, das versteh ich ... aber im B2B bringt das doch nichts.«*

Weit gefehlt! Gerade im B2B erzielen Webinare herausragende Ergebnisse. Denn dort dauern Kaufentscheidungen meist länger und haben ein großes Volumen – und in Webinaren kann man sein Unternehmen und Produkt bestmöglich in Szene setzen und gleichzeitig die Interessenten direkt zu Kunden machen.

Und für wen lohnen sich Webinare meist nicht? Kurz und direkt: Für E-Commerce-Unternehmen eher nicht. Hier gibt es einfach effektivere Methoden, um die Produkte vorzustellen. Als Faustformel gilt, je einfacher dein Produkt zu verstehen ist und je günstiger du es anbietest, desto weniger lohnen sich Webinare. Oder anders formuliert:

Kleiner Preis + selbsterklärendes Produkt = du brauchst kein Webinar.*
(*Ausnahmen bestätigen wie immer die Regel.)

9.7.3 Was sind die wichtigsten Zahlen eines Webinars?

Gerade bei Webinaren gibt es viele kritische Conversion-Punkte, die über den Erfolg oder Misserfolg der Kampagne entscheiden. Die wichtigsten KPIs einer Webinar-Kampagne hab ich dir mal hier schnell zusammengefasst:

Die wichtigsten KPIs von Webinaren

- **Der Leadpreis pro Webinaranmeldung**

  Je nach Branche, ob B2B oder B2C, der Aktivität der Konkurrenz oder auch regionalen Faktoren ist das natürlich sehr unterschiedlich. Aber der Leadpreis sollte bei ca. 10 bis max. 50 € liegen. (Ich weiß, große Spanne, aber kommt halt wie gesagt drauf an.)

- **DOI-Rate**

  Dein Ziel sollte sein, eine Double-Opt-in-Rate von mindestens 70 % zu erreichen.

- **Show-up-Rate**

  Die Show-up-Rate hängt ebenfalls von der Branche, der Jahreszeit, dem Tag und der Tageszeit, dem Versprechen, der Aufwärmphase und dem Goodie ab, das du eventuell für die Teilnahme noch anbietest.

  Du solltest aber bei relativ warmen Leads eine Show-up-Rate von ca. 40 % erzielen – bei kalten Leads eher 30 %.

- **Pitch gesehen**

  Die Qualität, die Relevanz und die Kurzweiligkeit deines Contents bestimmt, ob sich deine Teilnehmer auch den Pitch anschauen werden. Im Idealfall sollten nur maximal 20 % aus dem Webinar rausgehen, sobald du pitchst.

- **Terminbuchungsrate bzw. Sales**
  Wenn du auf Call pitchst, OHNE den Preis deines Angebots zu nennen, solltest du auf eine Terminvereinbarungsquote von ca. 10–15 % kommen.
  Wenn du den Preis nennst – und ihn richtig gut verargumentiert hast – dann sollte deine Abschlussquote bei ca. 5–10 % liegen.
- **Abschlüsse**
  Du hast keinen Preis genannt? Dann solltest du in deinen Gesprächen trotzdem eine Abschlussquote von mindestens 40–50 % erzielen, eher höher. Sonst ist die Dringlichkeit des Nichthandelns im Webinar nicht gut genug herausgekommen.
- **Follow-up-Closes**
  Wenn du richtig gutes E-Mail-Marketing nach dem Webinar betreibst, kannst du hier im Follow-up sogar noch bis zu 50 % des Gesamtumsatzes rausholen. Sich hierauf zu konzentrieren ist also extrem wichtig.

Damit diese ganzen Quoten eingehalten werden können, müssen natürlich alle Stellschrauben perfekt ineinandergreifen und es benötigt sehr viel Übung. Wenn du oder dein Kunde noch ungeübt in Webinaren ist, wirst du diese Quoten zu Beginn noch nicht erzielen können. Aber du kannst dich sehr gut an diesen Zahlen als Benchmarks orientieren.

Jetzt ist natürlich die alles entscheidende Frage:

> *»Wie genau muss ich ein Webinar aufbauen, damit diese KPIs auch erreicht werden? Und auf welche Stellschrauben muss ich dabei achten?«*

Um dir diese Frage genau zu beantworten, habe ich dir die 10-Schritte-Formel für Webinare mitgebracht.

9.7.4 Die 10-Schritte-Formel für Webinare

Ich empfehle dir, Live-Webinare (und nicht aufgezeichnete) zu veranstalten. Aus einem simplen Grund: Die Conversion bei hochpreisigen Produkten ist höher. Wenn du niedrigpreisig verkaufst (unter 500 €, eher noch niedriger), kannst du auch automatisierte Evergreen-Webinare nutzen.

Du solltest dein Live-Webinar inhaltlich anhand einer 10-Schritte-Struktur konzipieren. Wenn du dein Webinar anhand dieser Struktur erstellst, bist du schon sehr gut unterwegs und hast einen klaren, verkaufsfördernden Aufbau. Aber ein Webinar hängt natürlich sehr stark vom Content und dem Angebot ab. Je nach Angebot variiert auch der Pitch am Ende des Webinars. Darüber hinaus sind ebenfalls der Titel und die Vorbereitung auf das Webinar entscheidend. (Zu Titeln und Headlines liest du mehr in Kapitel 10, »So geht Copy!«.)

Bevor du dein Webinar inhaltlich konzipierst, benötigst du natürlich ein paar Dinge vorab. Ich habe dir hier mal eine grobe Checkliste aufgeschrieben, damit du ungefähr weißt, was auf dich zukommt. (Selbstverständlich ist diese Liste nicht vollständig, zum einen würde das den Rahmen hier sprengen, zum anderen kommt es stark darauf an, was du vorhast.)

Die Checkliste vor dem Webinar

- Der Hauptnutzen des Webinars. Was möchte ich vermitteln? Was soll sich in den Leben meiner Zuschauer danach verbessert haben?
- Was ist mein größtes (Vertriebs-)Ziel mit dem Webinar?
- Wer sollte überhaupt in meinem Webinar sitzen? Zu wem möchte ich sprechen?
- Wie ist das Setting für mein Webinar? Wo und wie nehme ich es auf?
- Welches Produkt oder welche Dienstleistung könnte ich vorstellen?
- Wie viele Menschen möchte ich im Webinar haben?
- Habe ich schon die nötige Technik und Software, um Webinare zu veranstalten?
- Kann ich meinen Zuschauern einen kostenlosen Bonus on top anbieten (Workbook, Aufzeichnung etc.)?
- Was sind die größten (noch falschen) Glaubenssätze meiner Zielgruppe, die ich im Webinar verändern kann?
- Welche Probleme hat meine Zielgruppe und erzählt mir immer wieder davon?
- Wie können meine Interessenten mit mir in Kontakt treten oder auch direkt kaufen?
- Wann ist der beste Zeitpunkt, ein Webinar zu halten? Wann schauen die meisten zu?
- Wie schaffe ich es, dass die Menschen, die sich angemeldet haben, auch wirklich erscheinen?

1. »Entschuldigung, bin ich hier richtig?« – sei relevant ab der ersten Sekunde

Simpel, aber sehr wichtig: Zeig deinen Zuschauern, dass sie bei dir im Webinar richtig sind und dass es auch wirklich live stattfindet.

Wie? Indem du einen aktuellen Bezug herstellst: Sprich über das Wetter, aktuelle Ereignisse, nenn das Datum. So räumst du erste Zweifel direkt aus dem Weg. Und deine Zuschauer sind viel aufmerksamer, weil sie ein echtes »Seminargefühl« erhalten. Du nimmst ihnen so die Sorge, ihre Zeit zu verschwenden. Und nebenbei ist das einfach so in uns Menschen verankert: Wenn jemand live vor einem spricht, dann ist es unangenehmer, sich einfach zu verabschieden, auch wenn das Ganze nur digital stattfindet.

Neben dem aktuellen Bezug ist die zweite Zutat für einen starken Einstieg: Relevanz. (Das weißt du schon aus Abschnitt 6.5.)

Du musst deine Zuhörer genau da packen, wo sie gerade stehen. Dein Inhalt muss genau zu der aktuellen Situation oder Herausforderung deiner Zielgruppe passen.

Beispiele für Relevanz in Webinaren

- Zielgruppe: Unternehmer – Relevanz: Maßnahmen gegen sinkende Kaufbereitschaft
- Zielgruppe: Fitness – Relevanz: Neujahrsvorsätze im Januar, Strandfigur im April ...
- Zielgruppe: Marketing Manager – Relevanz: KI (Was sonst?)

Wie du die Relevanz herstellst, dazu gibt es einige Prinzipien. Du kannst beispielsweise mit einer Story beginnen – entweder eine recherchierte oder eine eigene. Oder du schnappst dir die Aufmerksamkeit mit einer paradoxen Aussage, etwas Provokantem. Auch ganz nett: Nimm eine Studie, einen unumstößlichen Fakt, der deine These untermauert. Es gibt Dutzende solcher cleveren und überraschenden Einstiege, da darfst du deiner Kreativität freien Lauf lassen. Was du hingegen nicht sein darfst ist langweilig.

Halte dir bei deinem Einstieg immer vor Augen: Deine Zuschauer stellen sich immer nur zwei Fragen zu Beginn eines Live-Webinars:

- *»Bin ich hier richtig?«*
- *»Was ist hier für mich drin?«*

Eine Beispielformulierung für den ersten Schritt

»Falls du dich fragst, ob dieses Webinar das Richtige für dich ist, lass mich dir folgende Fragen stellen: Hast du auch Probleme mit A, B und C? Hast du auch schon D versucht, um es zu lösen? Ja? Dann bist du hier genau richtig, ich verrate dir nämlich in den nächsten 90 Minuten genau, wie du dein Ziel ohne Wenn und Aber erreichst ...«

2. Das Programm für die Show – deine Agenda

Erinnert manche vielleicht an die Schulzeit, ist aber ein Muss: die Agenda.

Die Agenda ist ein Programmpunkt, den die meisten Referenten nicht nur falsch verstehen und einsetzen – sondern der die Zuschauenden auch noch aktiv zum Abschalten auffordert.

> *»An Punkt 3.2 erzähle ich Ihnen etwas über meinen beruflichen Werdegang, bevor wir in Punkt 3.3 meine Referenzen gemeinsam durchgehen ...« zzzZZZ. Gähn.*

Deine Agenda gibt deinen Zuschauern einen genauen Fahrplan für die nächsten 1–2 Stunden mit dir. Sie erfahren, worauf sie sich freuen können, und sie macht neugierig auf mehr. Es ist wichtig, deine Interessenten an die Hand zu nehmen und ihnen den genauen Weg zu zeigen.

Sorg dafür, dass du jeden Punkt so formulierst, dass deine Zuschauer unbedingt dabeibleiben wollen. Jeder Punkt ist ein kleines Geheimnis, ein Versprechen an die

Zuschauenden, eine interessante neue Information oder eine Geschichte. Ach ja, und mach deine Agenda bitte nicht zu lang. Es reichen maximal 5 Punkte.

Eine Beispielformulierung für den zweiten Schritt

»Damit du weißt, worauf du dich einlässt – du wirst am Ende wissen, wie du dein Endergebnis erreichst, durch folgende Schritte:

1. Weshalb bisher X bei dir noch nicht funktioniert hat – und weshalb du Y ausprobieren solltest.
2. das System hinter dem Endergebnis – und warum Schritt 4 den Unterschied zwischen Erfolg und Misserfolg ausmacht
3. echte Beweise dafür, dass das auch bei dir funktionieren wird
4. Am Ende zeige ich dir den genauen Schritt-für-Schritt-Plan, wie du das in nur 14 Tagen bei dir umsetzt.«

3. »Vertrau mir, ich weiß, wovon ich spreche ...«

Jetzt ist der richtige Zeitpunkt, dich, dein Unternehmen und deine Expertise vorzustellen – nicht früher:

- Weshalb tust du, was du tust? Was ist dein Antrieb?
- Wie lange machst du das schon?
- Wie viele Mitarbeiter hast du?
- Gibt es Bücher, Videos, Artikel von dir?
- Welche Kunden kannst du als Referenz anführen?

Deine Vorstellung sollte zwei Aufgaben erfüllen (die du schon kennst):

1. Autorität aufbauen – weshalb bist du die richtige Person, heute in deinem Webinar Wissen weiterzugeben?
2. Sympathie bei deiner Zielgruppe erzeugen – denn Menschen vertrauen Menschen, die ihnen ähnlich sind, die echt sind. Sei also offen und ganz einfach so, wie du bist. Wenn du dich verstellst, merken deine Zuschauer das ohnehin.

Und ganz ehrlich: Wenn irgendjemandem im Webinar deine Nase nicht passt, dann darf die Person auch gern wieder gehen. Daran kannst du eh nichts ändern. Ach, eins noch: Deine Vorstellung darf natürlich ebenfalls nicht langweilig oder zu lang sein – sondern kurz und unterhaltsam.

4. Der Content-Part – deine Aha-Momente

Kommen wir zum Content: Was möchtest du deinen potenziellen Kunden mitgeben? Was sollen sie lernen? Welche Glaubenssätze oder falschen Denkweisen möchtest du ändern?

Strukturiere deine Inhalte in maximal 3–5 Oberpunkte – mehr nicht. Hier hast du natürlich freie Hand. Doch klar ist, egal, worüber du sprichst, dein Content muss richtig, richtig gut sein. Wegen deines Contents/Themas sind die Menschen gekommen. Jetzt ist es an dir, mit Können und Wissen zu überzeugen und deine Zuschauer wirklich aus den Socken zu hauen. Die Inhalte, die du jetzt präsentierst, sorgen dafür, dass die Aufmerksamkeit hoch bleibt und dir wirklich zugehört wird. Doch worüber sprichst du?

Dein Thema kennst du natürlich am besten. Es gibt jedoch ein paar Leitmotive, die du kennen solltest. Kannst du diese sinnvoll bedienen, dann werden deine Teilnehmer dein Webinar lieben – garantiert.

Am besten gehst du so vor: Such dir für jeden deiner 3–5 Oberpunkte ein Ziel aus, das du mit dem Content erreichen möchtest. Frag dich dazu: Was möchtest du deinen potenziellen Kunden mitgeben? Was sollen sie lernen? Welche Glaubenssätze oder falschen Denkweisen möchtest du ändern?

Die besten Ziele für deine 3 bis 5 Content-Punkte:

- Öffne deinen Zuschauern die Augen, indem du den Status quo widerlegst.
- Teile die Lösung für ein kniffliges Problem.
- Vereinfache ein kompliziertes Thema in etwas Brauchbares.
- Sprich über etwas, das jeder denkt, aber niemand wirklich anspricht.
- Identifiziere Schlüsseltrends für dein Thema und leite daraus die Zukunft (deiner Branche) ab.
- Stell ein paar Insights vor, die sonst keiner hat, aber die alle brennend interessieren.

Hier noch 4 weitere kleine Tipps:

- Je mehr »Aha-Momente« dein Content auslöst, desto eher bleibt er im Kopf.
- Gib zu jedem Inhalt auch ein konkretes Praxisbeispiel. So kommen die Informationen besser an.
- Achte darauf, sowohl die Emotionen deiner Zuschauer anzusprechen, als auch das logische Denken.
- Verwende gegebenenfalls eigene Kundenstimmen von dir und flechte diese in den Content als Geschichten mit ein.

Wenn du deine Inhalte zusammengestellt hast, folgt der Schlüssel-Part: Die Transformation:

> *Was haben deine Zuschauer von deinem Content? Wie verbessert das Neugelernte konkret ihr Leben?*

5. So verbesserst du das Leben deines Publikums – die Transformation

Dein gesamtes Webinar, deine ganzen Inhalte haben nur einen einzigen Zweck: Sie sollen deinen Zuschauern die Transformation zeigen, die sie mit deiner Hilfe erreichen. Denn Menschen kaufen kein Produkt oder eine Dienstleistung – sie kaufen eine bessere Version ihrer selbst!

Wo stehen deine Interessenten gerade? Und wo möchten sie hin? Was ist ihr Traumzustand, den sie am Ende durch dich erreicht haben?

Ein paar Beispiele:

- Zeig Fallbeispiele von Menschen, die bereits mit dir oder deinem Unternehmen zusammengearbeitet haben und was diese durch die Hilfe erreichen konnten.
- Lass Kunden selbst zu Wort kommen und von ihrer eigenen Transformation erzählen. Das geht per Video oder auch live.
- Oder erkläre den genauen Ablauf einer Transformation. Dafür würde sich z. B. ebenfalls ein Schritte-Modell eignen.

Zuschauer müssen sehen, was passiert, wenn sie ein bestimmtes Problem hinter sich lassen würden. Die perfekte Transformation herauszufinden und sie auch klar zu kommunizieren, braucht viel Vorarbeit und Hirnschmalz. Aber vertrau mir: Die Arbeit lohnt sich!

Bevor du mit deinem Angebot beginnst, machst du einen kleinen Open Loop (Informationsdefizit) auf. Du sparst dir eine wertvolle Information auf und gibst diese erst im Anschluss, nachdem dein Angebot vorgestellt wurde, preis.

Beispielformulierung für die Transformation im fünften Schritt

»Nun weißt du, wie sich dein Leben ändern kann, wenn du einfach beginnst. Und du hast Jana, Jonathan, Hanna, Diego und Jessica kennengelernt, die es alle ebenfalls geschafft haben. Und am Ende verrate ich dir noch den einen simplen wie genialen Tipp, durch den du es sogar noch schneller schaffst, an dein Ziel zu kommen. Doch vorher möchte ich dich fragen: ...«

6. Der nächstlogische Schritt – dein Angebot

Du hast in deinem Webinar nun hoffentlich für viele Aha-Momente gesorgt, mit neuen Denkanstößen inspiriert und deinen Zuhörern das gegeben, weshalb sie überhaupt am Webinar teilgenommen haben.

Jetzt ist es Zeit, das Webinar langsam zu beenden. Aber natürlich nicht, bevor du deinem Publikum nicht das Angebot gemacht hast, noch tiefer einzusteigen und einen Schritt weiterzugehen. Jetzt kommst du zu deiner Dienstleistung, deinem Angebot, deinem nächsten Schritt in der Kundenreise.

In diesem Teil informierst du deine Zielgruppe darüber, welche weiteren, aber kostenpflichtigen Problemlösungen du anzubieten hast:

- **Das Problem**

  Viele Menschen fühlen sich unwohl, über ihr Angebot zu sprechen und es zu verkaufen. Und daher wirkt oft bereits der Übergang holprig.

  Dabei ist es natürlich völlig legitim, dein Produkt oder deine Dienstleistung anzusprechen. Stell es dir so vor: Das Webinar ist ein Geschenk an deine Interessenten. Du gibst ihnen den ersten Schritt zur Veränderung mit. Natürlich kannst du nicht in einem einzigen Webinar diese Veränderung herbeiführen. Also zeigst du ihnen, wie sie gemeinsam mit dir oder deinem Unternehmen die Transformation schaffen können und wie die nächsten Schritte aussehen. Nicht mehr und nicht weniger.

  Um es noch einfacher zu machen, kannst du dich eines ganz simplen Tricks bedienen: Frag deine Zuschauer einfach, ob du ihnen die Lösung und deine Hilfe vorstellen darfst. Vertrau mir: Alle werden »Ja« in den Chat schreiben. Denn jeder möchte mehr erfahren, der bis zu diesem Punkt aufmerksam zugehört hat.

- **Der Pitch**

  Wie sollst du jetzt dein Angebot verpacken? Wie baust du diese Produktpräsentation genau auf? Nennst du den Preis – ja oder nein?

  An dieser Stelle gibt es leider keine Universalantwort. Der Pitch ist stark von deinem Angebot abhängig.

  Ich habe in den letzten Jahren sehr viele Webinare betreut und sowohl Produkte als auch Dienstleistungen, Weiterbildungen, Bewerbungsprozesse bis hin zu Franchisesystemen über viele Branchen hinweg vermarktet, B2C wie B2B.

  Ich kann dir verraten, dass Value Stacking mit Streichpreisen und großen Rabatten sehr gut funktionieren. Aber das ist nicht jedermanns Stil und passt auch nicht zu jeder Branche. Auch der Pitch auf ein Beratungsgespräch funktioniert sehr gut – du musst nur den Wert des Gesprächs mitverkaufen, nicht nur den Wert deines Angebots. Was habe ich von einer Beratung bei dir als Teilnehmer des Webinars?

  Ein Testmonat für Software oder eine Dienstleistung lässt sich ebenfalls im Pitch gut verkaufen, wenn man es richtig verpackt und den Wert sehr hoch setzt.

  Und du weißt ja ebenfalls schon selbst durch dieses Buch, dass du sowohl eine zeitliche wie auch eine Stückzahl-Verknappung kommunizieren musst. Dein Angebot darf niemals unbegrenzt verfügbar sein – dein Teilnehmer muss sich jetzt entscheiden, sonst geht ihm etwas durch die Lappen.

  Du merkst: Der Pitch selbst ist stark von der präsentierenden Person, der Branche und dem Angebot abhängig. Du musst hier leider selbst prüfen, welcher Weg am besten zum Unternehmen, dem Angebot und der Zielgruppe passt.

7. Finaler Content und das i-Tüpfelchen

Wie bereits vorhin gesagt, solltest du an dieser Stelle einen letzten Hammer-Tipp, deinen letzten großen Aha-Moment, platzieren – der deine Interessenten mit einem Staunen zurücklässt und ihnen zum Schluss zeigt: Du bist der beste Experte für ihr Problem.

Es gibt aber noch andere Möglichkeiten: Du kannst beispielsweise ein kleines Bonusgeschenk on top zum Live-Webinar machen. Ein kostenloses E-Book, ein weiteres Add-on – Hauptsache etwas, das sehr gut zum Webinar und dem Versprechen passt.

Beispielformulierung für das i-Tüpfelchen

»Und da du bis hierhin dabeigeblieben bist, habe ich zum Abschluss wie versprochen noch ein kleines Geschenk für dich …«

8. Eine Antwort auf jede Frage?

In diesem Part kurz vor Schluss liegt viel Power: Mach eine Frage-Antwort-Runde. Wieso? Weil du so noch die Einwände, Bedenken und eben alle Fragen deiner Zielgruppe beantworten kannst. Das ist noch mal extra Mehrwert, wirkt sympathisch und hilft Menschen wirklich weiter. Und gut für dich ist es ebenfalls. Eine Win-win-Situation.

Clever ist auch, vorab schon die häufigsten Fragen zu deinem Angebot, Produkt oder deiner Dienstleistung selbst zu notieren und zu beantworten. Klassische Fragen sind immer:

- Was kostet es?
- Wie viel Zeit muss ich selbst aufwenden?
- Wie wird es geliefert? Wie ist der Ablauf?
- Habe ich immer einen Ansprechpartner?
- Gibt es eine Garantie? Was ist, wenn es nicht funktioniert?

Die Erfahrung hat gezeigt: Je länger und je mehr Fragen du beantwortest, desto höher ist die Conversion Rate. Diesen Part darfst du daher auf keinen Fall vernachlässigen – hier steckt noch viel drin.

9. Zusammenfassung und nächste Schritte

Jetzt wiederholst du noch mal die größten Benefits deines Produkts und den weiteren Prozess. Halte diesen Abschnitt ganz kurz und mach nicht zu viel Druck. Die Zuschauer sollen sich wohlfühlen und nur zusammenfassend hören, wie es für sie weitergeht.

Formulierung
»In den letzten 2 Stunden haben wir gemeinsam Folgendes besprochen: ...
Hier erneut deine wichtigsten Vorteile mit dem Angebot: ...
Bleibt nur noch eine letzte Frage: Bist du dabei?«

10. Verabschiedung

Bleibt nur noch eins übrig: Verabschiede dich höflich, bedanke dich für die Aufmerksamkeit. Wenn du noch einen obendrauf legen willst, dann gib noch einen kurzen Ausblick. Dein Publikum soll erkennen, dass für sie die Reise erst jetzt so richtig beginnt.

Wenn du willst, kannst du hier noch mal Testimonials deiner Kunden zeigen und die nächsten Schritte beschreiben. So was hilft deinen Zuschauern noch mal, sich selbst ein Bild von sich in der besseren Zukunft auszumalen.

Okay, das war jetzt sehr ausführlich – aber Webinare zu konzipieren und gewinnbringend durchzuführen, ist wirklich die große Kunst im Copywriting. Und selbstverständlich kann man bei Webinaren noch waaay deeper eintauchen. Der Großmeister der Webinare ist übrigens Jason Fladlien – er war unter anderem auch für den größten Buch-Launch aller Zeiten von Alex Hormozi verantwortlich und hat die größten Webinare der Welt für Tony Robbins & Co. konzipiert. Wenn du mehr nur über Webinare erfahren möchtest, dann empfehle ich dir seine Kurse und das Buch »One to many«.

Und wenn du es damit schaffst, ein profitables System aufzubauen, bist du wirklich in der Champions League der Copywriter angekommen.

Doch wer »Webinar« sagt, der muss auch »Leadmagnet« sagen! Daher machen wir damit weiter.

9.8 Leadmagneten

Ähnlich den Webinaren folgen wir in unseren Leadmagneten ebenfalls einer konkreten Struktur. Die Vorteile bei Leadmagneten wie E-Books, PDF-Leitfäden und Checklisten liegen auf der Hand: Sie sind einfacher zu erstellen und erzielen einen günstigeren Leadpreis. Das Problem bei den meisten Leadmagneten: Sie werden schlicht nicht gelesen. 80–90 % verschwinden im Nirwana des Computers oder Handys deiner Interessenten.

Das soll dir natürlich nicht passieren! Du möchtest ja, dass deine Texte gelesen werden und deine Leser vom Angebot überzeugen. Daher solltest du für einen soliden, guten Aufbau folgende Schritte beachten:

Der Aufbau eines conversion-starken Leadmagneten

1. ein sehr spezifischer Titel, der die Lösung als Versprechen enthält und neugierig macht
2. eine relevante, kurze Einleitung ins Thema, die deine Zielgruppe genau abholt
3. eine kurze Agenda der wichtigsten Inhalte
4. die Vorstellung deines Unternehmens oder deiner Person, um Sympathie und Autorität aufzubauen
5. 3–5 übergeordnete Kapitel des Inhalts (nicht mehr, es sei denn, es sind schnelle Tipps)
6. Jeder Teil sollte ein konkretes Aha-Erlebnis und eine neue Sichtweise auf das bekannte Problem bieten.
7. Eine sinnvolle Bridge – das Gelernte sollte angewandt werden … nur wie?
8. Die Lösung: der Pitch auf dein Produkt, die Dienstleistung, die du anbietest
9. ein klarer Call to Action, den nächsten Schritt zu gehen
10. abschließend deine Kontaktdaten und ein kurzer Abschnitt, wie es für deinen Leser jetzt weitergeht

Natürlich kann man wie immer je nach Leadmagnet mit den einzelnen Elementen spielen. Aber alle 10 Punkte *müssen* in deinem Leadmagneten enthalten sein, sonst verpufft er und das Problem deiner Zielgruppe wird nicht gelöst – noch schlimmer: niemand meldet sich bei dir.

Das Wichtigste: Dein Leser soll eine völlig neue Perspektive auf alte Überzeugungen, Glaubenssätze und Meinungen über sein spezifisches Problem erhalten. Erst dann ist er bereit, auch zu handeln und dir zu vertrauen.

Beispiel für den Inhalt eines Leadmagneten

Wenn du beispielsweise einen Leadmagneten über Finanzen, Sparen und sinnvolles Investieren erstellen möchtest, dann musst du die alten Glaubenssätze über Finanzen im Kopf deines Lesers drehen:

- »Weshalb du es schaffen kannst, monatlich 20 % deines Einkommens zu sparen – OHNE Einbußen deines Lebensstils in Kauf zu nehmen.«
- »Wie man sich ein Vermögen aufbauen kann, OHNE zu erben oder im Lotto zu gewinnen.«
- »Weshalb auch ein kleiner monatlicher Betrag – wenn man ihn früh und konsequent investiert – zu einem erheblichen Vermögen werden kann.« (Der menschliche Verstand kann Exponentialität ohnehin schwer begreifen.)

- »Warum allein das Einrichten eines Kontenmodells schon dafür sorgt, dass deine Ersparnisse jeden Monat mehr werden.«
- »Worin und wie viel du investieren solltest, um diversifiziert aufgestellt zu sein und dennoch eine überdurchschnittliche Rendite zu erzielen.«

It's all about the big SWITCH. You remember.

9.8.1 Follow-up nach dem Leadmagneten:

Wie eben erwähnt, die Erfahrung zeigt: Die meisten Leadmagneten werden nie gelesen. Fast immer verschwinden sie im Download-Ordner oder im Mail-Postfach. Wäre ja auch erst mal gar nicht so schlimm, dein erstes Ziel hast du ja erreicht: Du hast den Lead.

Aber du möchtest ja mit deinem Inhalt und deiner Copy den Leser davon überzeugen, den nächsten Schritt bei dir zu gehen. Wenn der Leadmagnet aber nie gelesen wird, wie kann sich dein Leser dann überzeugen lassen? Wie kriegst du ihn also dazu, deine Inhalte zu konsumieren, ohne ihm auf die Nerven zu gehen?

Dazu bedienen wir uns eines kleinen, aber effektiven Tricks: Teil die wichtigen Inhalte deines Leadmagneten in maximal 3–5 überzeugende Segmente auf – also die wesentlichen Aha-Erlebnisse und Glaubenssätze, die du in den Köpfen deiner Zielgruppe ändern möchtest. Und dann machst du daraus ganz einfach eine Mail-Serie mit diesen Inhalten – konsumierbar, spannend und leicht neu verpackt.

So »zwingst« du deine Interessenten, deine Inhalte auch wirklich zu konsumieren und sich mit dir zu beschäftigen. Und bitte bau in jede Mail einen Pitch ein, sich bei deinem Unternehmen zu melden oder das Angebot wahrzunehmen. Die ersten 72 Stunden nach Download des Leadmagneten sind entscheidend.

Und falls du jetzt denkst: *»Ja, aber dann wiederhole ich mich ja«*, schmeiß diesen Gedanken bitte raus aus deinem System. 90 % kennen deine Inhalte noch gar nicht! Und die restlichen 10 % sind dankbar, wenn ihnen die Tipps noch mal spannend aufbereitet geliefert werden. Denn schließlich haben sie sich ja deinen Leadmagneten heruntergeladen, um ein spezifisches Problem zu lösen. Nur scheitert es in den meisten Fällen an der Umsetzung. Biete ihnen mit deinen Mails und mit deinem Angebot nun die Hilfe, auch wirklich in die Umsetzung zu kommen.

9.8.2 Weitere Arten von Leadmagneten

Ich habe mich jetzt bewusst auf textbasierte Leadmagneten fokussiert. Da »Leadmagnet« ja eher ein Oberbegriff ist, gibt es natürlich noch viele weitere Arten:

- Gratisvideokurse
- Selbsttests
- Probeabonnements
- Probierpakete
- VSLs
- usw.

All das sind ebenfalls kostenlose Angebote, die Kontakte anziehen sollen. Aber wenn du richtig gute E-Books inhaltlich und verkaufspsychologisch konzipieren kannst, dann kannst du das ebenfalls für Videokurse oder Tests. Das Entscheidende ist wie immer die Transformation und der nächstlogische Schritt in deiner Verkaufsargumentation.

9.9 Advertorials

Advertorials sind das letzte Conversion-Element, das wir hier besprechen. Danach hast du aber auch wirklich genug an Templates, um so ziemlich jeden Conversion-Punkt im Internet zu bespielen.

Was sind Advertorials? Kurz, meine saloppe Definition: eine Werbeanzeige im Gewand eines Artikels. Also Werbung, die als ein Zeitungsartikel oder Blogbeitrag getarnt ist.

Der Fokus liegt also nicht rein auf der redaktionell aufbereiteten Informationsvermittlung, sondern selbstverständlich auf der Conversion. Und daher versuchen wir im gesamten Advertorial (ähnlich wie beim Webinar) die Glaubenssätze des Lesers zu verändern, nur halt in Artikelform.

Wie? Indem wir ihn mit cleveren Informationsdefiziten bei der Stange halten! Über den gesamten Text teasern wir immer wieder an, dass es eine Lösung gibt – aber verraten sie erst ganz zum Schluss, ähnlich wie bei einer spannenden Serie, in der der große Plot Twist erst am Ende der Staffel kommt.

Und dann, ganz am Ende des Advertorials, kommt dann unser Pitch inklusive Rabatt und CTA. Das war's. Eigentlich ganz leicht.

Mein bester Tipp zum Schluss

Du hättest dir dieses gesamte Kapitel eigentlich sparen können. Okay, nicht ganz. Aber es ist wirklich so unfassbar wichtig, das zu verstehen:

Jeder einzelne Text, jeder einzelne Schritt ist nur dafür da, den nächsten zu gehen. Über nichts weiter solltest du dir Gedanken machen. Hab das *eine* große Vertriebsziel zwar im Sinn, aber versuch dich beim Schreiben immer nur auf die nächste Conversion zu konzentrieren.

Schritt für Schritt durch den Funnel

1. Schritt: ins Auge stechen und die Ad Copy lesen
2. Schritt: Ad klicken und dann die Kontaktdaten abgeben
3. Schritt: dafür sorgen, dass die Mails gelesen werden
4. Schritt: Leadmagnet lesen oder Webinar anschauen und daraufhin Termin buchen
5. Schritt: Termin durchführen und schlussendlich zum Abschluss und Kauf leiten

Wenn du jedes Conversion-Element quasi wie ein eigene Landingpage betrachtest, fällt es dir viel leichter, den gesamten Funnel Schritt für Schritt durchzugehen und immer nur das nächstwichtige Ziel vor Augen zu haben.

Aber so einfach es sich anhört: in der Praxis ist es ja dann doch selten so leicht.

9.10 Auf einen Blick

Du hast jetzt jeden wichtigen Conversion-Punkt eines funktionierenden Funnels kennengelernt und konkrete Vorlagen für die einzelnen Elemente erhalten.

Wenn du alle Schritte befolgst, wirst du herausragende Marketingkampagnen planen und ausarbeiten können. Du kennst jetzt den Aufbau für folgende Elemente: die wesentlichen Unterseiten einer Homepage, die wichtigsten Landingpages im Onlinemarketing, wie du effektives E-Mail-Marketing strukturierst, die relevantesten Leadmagneten und Conversion-Hebel – und wie die einzelnen Bausteine ineinandergreifen, um unaufmerksame Menschen in langfristig glückliche Kunden zu verwandeln.

Was du dir aber immer vor Augen halten musst: Jeder noch so gut konzipierte Funnel steht und fällt mit der Message – und ob die Kommunikation an irgendeiner Stelle im Funnel bricht. Nimm also immer wieder die Vogelperspektive ein und geh jeden einzelnen Schritt systematisch durch, mit der Frage:

> *»Wenn ich noch nie etwas von dem Thema gelesen hätte – wüsste ich genau, was ich zu tun habe und was mein nächster Schritt ist, um meiner Lösung näherzukommen?«*

Die Grundlagen? Check. Die Formeln? Check. Den Aufbau? Auch. Dann haben wir's doch bis hierhin. Kommen wir zum letzten Teil: dem Schreiben deiner Copy. Na, juckt's schon in den Fingern?

Teil IV

Die entscheidenden Worte

Kapitel 10

So geht Copy!

Copywriting ist eine besondere Art und Weise der Kommunikation. Das ist dir bis hierhin bestimmt schon aufgefallen. Lass uns in diesem Kapitel gemeinsam mit ein paar Formeln und Prompts genaue Formulierungen erstellen, die dir als Inspiration und Vorlagen für deine einzelnen Copy-Elemente dienen können.

Fast alle guten Marketer, die ich so über die Jahre kennenlernen durfte, meinten immer, Copywriting könne man nicht gut anderen Menschen beibringen. Und auch ich war da immer ziemlich hin- und hergerissen.

Einerseits ist das Handwerk wirklich nicht schwer. Ich meine, du liest hier ein Buch und prinzipiell kannst du damit starten. Es ist also keine Raketenwissenschaft und erst recht kein lebenswichtiger Beruf, für den man jahrzehntelang studiert und praktiziert haben muss. Du kannst innerhalb kürzester Zeit sehr gut in dieser Fähigkeit werden.

Auf der anderen Seite habe ich schon viele an Copy scheitern sehen, obwohl sie das Handwerk eigentlich beherrschen. Wenn der Person von Anfang an Textgespür gefehlt hat, wenn sie sich nicht gut in andere hineinversetzen kann oder die Zusammenhänge nicht erkennt, dann ist das wirklich sehr schwer, das jemandem beizubringen.

Im Copywriting geht es halt um Nuancen. Es sind die Feinheiten, die einzelne Wortwahl, die richtigen Argumente zur richtigen Zeit, die tatsächlich einen riesigen Unterschied machen können. Und dann gibt es auch einfach Mails (die hast du schon kennengelernt im letzten Kapitel), da muss man einfach nur der Schablone folgen, ohne sich zu viele Gedanken zu machen.

In meinen Augen gibt es in Deutschland nur ganz, ganz wenige, die wirklich ein hohes Niveau im Copywriting erlangt haben. Die nicht nur stumpf irgendwelche Frameworks dreschen, sondern sich empathisch und vollkommen in die Zielgruppe einfühlen können und ganz genau wissen, wie sie was in welchem Ton zu kommunizieren haben, um den größtmöglichen Effekt zu erzielen – ohne mit dem Copy-

Hammer draufzuprügeln. Die wissen, wann sie einfühlsam sein müssen und wann direkt. Und die man auch gerne liest, weil sie immer wieder auf frische Ideen und Formulierungen kommen.

Sorry für das Schwelgen, aber mir ist einfach wichtig zu betonen, dass du auch meine Beispiele hier im Buch richtig einzuordnen weißt. Du sollst verstehen, weshalb eine Formulierung effektiver ist als eine andere, aber immer selbst einordnen, wann es angebracht ist, so eine Formulierung zu wählen. Denn jede Zielgruppe, jeder Markt und jedes Angebot unterscheidet sich. Du entscheidest, was richtig ist, kein anderer Mensch.

10.1 Einleitung: Die perfekte Wortwahl für jede Sektion

Die Worte, die Worte, die Worte. So schön – und doch so schwer zu finden. Jeder erwartet beim Schreiben irgendwelche Geistesblitze, den einen Gedanken, den noch nie jemand vorher so ausgedrückt hat, und hofft, sich dadurch ein Stück Ewigkeit zu sichern.

Die traurige Realität: Fast alles gab's schon. Jeder Gedanke schon gedacht, jeder Satz schon gesagt. Ist'n Downer, ich weiß.

Jetzt die gute Nachricht: Du kannst deinen eigenen Zugang zu diesen Gedanken und Sätzen finden und sie zu etwas Neuem kombinieren. (Puh, gerade noch mal die Kurve gekriegt, Stimmung wieder oben!)

Es ist logischerweise schwer, dir perfekte Formulierungen zu liefern, ohne deine Zielgruppe, dein Angebot, deine Nische, deine Brand Voice, deinen Stil ... ach, ohne überhaupt irgendwas von dir zu kennen, ist doch klar.

Aber »perfekt« sei mal dahingestellt – es ist immer nur perfekt, wenn es der Zielgruppe schmeckt. Aber ich gebe dir auf jeden Fall ein paar Frameworks inklusive Beispielformulierungen mit, damit du einen ersten Ansatz hast. Und dann testest du dich einfach selbst aus und sammelst fleißig weiter.

Für jede der folgenden Formulierungen und Formeln eignet sich selbstverständlich die KI hervorragend, dir Varianten und Ideen für die jeweiligen Sektionen vorzuformulieren. Du kannst dann jeweils deinen Favoriten herauspicken und diesen verbessern und in deine Copy einfließen lassen. Füttere deine eigenen CustomGPTs mit immer besseren Formulierungen und den besten Ideen, um noch spezifischere Ergebnisse zu erhalten. Ich gebe dir auch noch ein paar Prompts mit, die du sehr gut zur Generierung neuer Ideen und Formulierungen nutzen kannst.

10.2 Headlines und Betreffe

Die Headlines sind der Türöffner in unsere Argumentation. Sie sind der erste Eindruck, das erste Versprechen, der Augenaufschlag deiner Copy. Wie Ogilvy bereits sagte:

> *»The headline is the 'ticket on the meat.' Use it to flag down readers who are prospects for the kind of product you are advertising.«*[1]

10.2.1 Die 4 Us für bessere Headlines

Falls du dich bisher noch nie mit dem Formulieren von effektiven Headlines beschäftigt hast, sollten wir zunächst die absoluten Basics durchgehen: die *4 Us* für erfolgreiche Headlines. Sie gehören zum Einmaleins im Copywriting und werden dir vielleicht auch schon mal begegnet sein.

Die Basic-Variante: Die 4 Us stehen für ...

- Useful – nützlich
- Urgent – dringend, eilig
- Unique – einzigartig und überraschend
- Ultra-specific – sehr genau und spezifisch

Deine Headline oder dein Betreff müssen (!) mindestens eines dieser 4 Us enthalten, sonst sind sie höchstwahrscheinlich zu ineffektiv. Noch besser: Du schaffst es, mehrere Us in einer einzigen Headline zu kombinieren.

Gehen wir mal alle Varianten anhand von einfachen Beispielen durch.

Useful

Die Nützlichkeit ist für dich nichts Neues mehr: Die größte Frage des Lesers? Richtig, du erinnerst dich: »Was habe ich davon?« (»What's in it for me?«). Daher möchtest du den größten Nutzen für die Zielgruppe auch direkt in der Headline formulieren. Nimm dafür deine erarbeiteten Benefits und verpack sie in konkrete *Fascinations* (Vorteile, die neugierig machen).

Beispiele für nützliche Headlines

- »In nur einem Jahr zum Marathon-Absolventen«
- »Nie wieder Angst vor der nächsten Präsentation beim CEO«
- »Pickelfrei in nur 4 Stunden – mit dieser einzigartigen Methode«
- »Mit diesem einfachen Trick monatlich 200 € sparen«
- »Besser schlafen und energetischer fühlen – mit diesem Lebensmittel«

1 Quelle: *https://swipefile.com/david-ogilvy-quote-about-headlines*

Das sind natürlich nur fiktive Beispiele. Je größer der Wunsch und je besser das Versprechen, desto stärker ist die Headline. Aber wie immer gilt natürlich: Mach bitte keine falschen Versprechen. Kommuniziere nur das, was dein Produkt auch halten kann.

Urgent

Die Dringlichkeit kennst du ebenfalls: Ohne einen gewissen Push, ohne einen guten Grund zu handeln, lassen die meisten Menschen häufig Möglichkeiten vorbeiziehen. Menschen lieben Schnäppchen. Und gerade in Deutschland lieben wir es, einen konkreten Rahmen vorgegeben zu kriegen. Und, na klar: Es funktioniert einfach so unverschämt gut, eine Dringlichkeit in dein Angebot zu bringen. Diese Dringlichkeit kann entweder durch den zeitlichen Rahmen, die Kapazität, die Ressourcen oder das Angebot erzeugt werden. Das schaffst du durch Worte wie: *nur, noch, jetzt, letzte Chance, nicht verpassen, bevor es zu spät ist* etc. Entscheidend ist nur, dass es eine klare Grenze gibt, die kommuniziert wird. Und diese muss auch eingehalten werden.

Beispiele für dringliche Headlines

- »30 % Rabatt nur noch bis 30.11.« (klare Konditionen, klarer zeitlicher Rahmen)
- »Der Sommer ist fast da: Schon deinen Traumbody erreicht?« (Die Zeit läuft ab – wenn der Sommer da ist, ist es zu spät.)
- »Schütz dich jetzt vor Grippeviren, bevor der Herbst einbricht!« (ebenfalls zeitliche Dringlichkeit)
- »Nur noch 100 Plätze – jetzt Last-Minute-Ticket sichern« (Verknappung auf Kapazität und Zeit)
- »Die letzte Chance, bevor wir es für immer aus dem Sortiment nehmen.« (finales Angebot – die stärkste Verknappung)

Ein Tipp aus eigener Erfahrung: Viele Menschen bzw. Unternehmen fühlen sich schlecht, solche Ermäßigungen zu geben oder eine Dringlichkeit reinzubringen. Aber ganz ehrlich, in all den Jahren, die ich jetzt im Marketing arbeite:

1. Es gehört einfach zum Geschäft dazu, auch Ermäßigungen anzubieten.
2. Noch nie, wirklich noch *nie* hat sich jemand beschwert, dass es ein Angebot gibt oder dass dieses ausläuft.

Oder hast du schon mal einen Mantel im Winter-Sale gekauft und warst enttäuscht, dass er 40 % günstiger war? Nee, ich denke nicht.

Noch mal, Menschen – und gerade Deutsche – liiieben Schnäppchen.

Unique

Natürlich ist eine Methode, mit deiner Headline aus der grauen Masse herauszustechen … nun ja … halt einfach herauszustechen, indem du eine sehr einzigartige Headline verfasst, die so nicht häufig vorkommt. Einzigartigkeit entsteht, indem du Worte nutzt, die sonst selten genutzt werden, oder indem du mit einer Aussage oder der Darstellung des Textes auffällst. Es ist schwer, dir eine Patentformel für Außergewöhnlichkeit mitzugeben, daher habe ich dir hier ein paar Beispiele als Anregung zusammengestellt.

Beispiele für einzigartige Headlines:

- »Event (Berlin) + Community für dich + Texto« (irreführend, undurchschaubar, ohne Öffnung nicht verständlich)
- »Wie mir ein Huhn half, Millionär zu werden …« (paradox und überraschend)
- »M31n3 Ta5tatur sp1nnt, kann5t du m1r h3Lf3n?« (Reiner Eye-Catcher – die Kombination aus Buchstaben und Zahlen sticht sofort aus allen anderen Headlines heraus.)
- »299 + 12 Monate = 500k Umsatz« (scheinbar völlig unsinnige Gleichung)
- »Wie ich mich in die KI-Stimme verliebte …« (unerwartet, geheimnisvoll und etwas absonderlich)

Die Herausforderung bei solchen Headlines ist, an welcher Stelle du sie einsetzt und dass sie auch schnell aufgelöst werden, damit du deine Leser nicht verwirrt zurücklässt. Und auf Landingpages eignen sie sich auch nicht so gut, weil du hier ja relativ klar kommunizieren möchtest. In Mails und Ads sind sie daher meist besser aufgehoben.

Ultra-specific

Ultraspezifische Headlines mag ich sehr gerne. Sie sind so unfassbar scharf und klar formuliert, dass es kein Vertun gibt, was gemeint ist, und so präzise, dass der Leser denkt: »*Das* ist es, was ich brauche.«

Das erreichst du mit spezifischen Formulierungen, konkreten Zahlen, Beispielen oder Ergebnissen, die er erwarten darf.

Beispiele für ultraspezifische Headlines

- »Nur 3 Minuten Training täglich für dein Sixpack« (spezifische Zeitangabe)
- »Die 6 Schritte zur erfolgreichen Selbstständigkeit« (spezifische Handlungsabfolge)
- »Dir bleiben noch 28.975 Sekunden …« (ungewöhnlich spezifische Zeitangabe)
- »5 Tools, die dir in nur 1 Stunde bis zu 50 % Arbeitszeit sparen« (in jeder Anzahl konkret und messbar)
- »10 € investieren und bis zu 500 € gewinnen« (klare Investition und spezifisches Ergebnis)

Das habe ich ja schon häufiger in diesem Buch erwähnt: Je präziser du bist, desto besser. Wenn du sehr spezifisch bist, bist du automatisch glaubwürdiger.

Die Kombination der 4 Us

Ich wusste, dass du die Kombinationen sehen willst, weil ich es schon zu Beginn so großspurig angekündigt habe, richtig?

Na gut, dann will ich mal nicht so sein. Ich hätte es mir sehr einfach machen und es ignorieren können – die Kombination erfordert nämlich extrem viel Hirnschmalz und Rumprobieren. Aber du erwartest ja auch, dass ich draufhabe, was ich predige, also schön:

Kombination aus zwei Us

- »4+1+(2) Fehler, die dich 20 % deines Gehalts kosten – und wie du es besser machst!« (Unique + Useful)
- »Nur 5 Minuten täglich: So schläfst du besser ein« (Useful und Ultra-specific)
- »Heute umsetzen, schon morgen freuen: Mit diesem Trick bis zu 20 % mehr Conversion« (Useful und Urgent)

Du siehst, eine Kombi aus zwei Us ist schnell erledigt. Mit drei Us ist es schon deutlich anspruchsvoller:

Kombination aus drei Us

- »Der Sommer ist fast da: Jetzt in 12 Wochen deinen Traumbody erreichen« (Urgent und Useful und Ultra-specific)
- »Nur heute: In 5 Minuten deinen Stress um 80 % reduzieren« (Urgent und Useful und Ultra-specific)
- »Die AirPods Pro, die Gesprochenes direkt in deine Sprache übersetzen – in unter 2 Sekunden« (Unique und Useful und Ultra-specific)

Hier ist in den meisten Fällen Schluss. Drei Us unterzubringen – ohne die Headline bis ins Unendliche auszudehnen – ist wirklich schon eine hohe Kunst. Lass es mich trotzdem mal mit vier Us ausprobieren, vielleicht schaff ich's ja:

Kombination aus vier Us

- »Nur heute: Mit 12 Hüpfern pro Std. deinen Stress um 70 % reduzieren.«
- »Bis Sonntag nutzen für 25 % mehr Leads: Das einzigartige KI-CRM-Setup, das deine Kontakte automatisch konvertiert.«
- »Letzte Chance: 4 kg in 4 Wochen verlieren – mit der Pizza- und Pasta-Diät.«

Alle drin? Das darfst du gerne bewerten – ich habe auf jeden Fall mein Bestes gegeben. Gehen wir einen Schritt weiter und knöpfen uns weitere bewährte Headline-Arten vor.

10.2.2 7 bewährte Headline-Arten

Neben den 4 Us gibt es gefühlt unendlich viele Headline-Formeln. Sie alle haben aber mindestens ein U in der Headline inkludiert, sonst könnten sie gar nicht ihre Power entfalten. Ich habe hier noch 7 weitere Headline-Typen, die ebenfalls hervorragend funktionieren. Du wirst sehen, mindestens ein U ist auch hier immer enthalten.

1. Die Beweis-Headline

Wir sind eine skeptische Spezies. Gerade heutzutage, wo gefühlt jeder seinen Erfolg mit ein paar wenigen Mausklicks aus dem Keller seiner Eltern faken kann, sollte man genauer hinschauen und sich sicher sein, dass man auch den richtigen Anbieter nimmt. Eine schöne Methode, um unmittelbar Vertrauen aufzubauen, ist deshalb die Beweis-Headline. Du lieferst quasi direkt den Beweis dafür, dass deine Lösung funktioniert.

Beispiele für Beweis-Headlines

- »Zehntausend haben es bereits geschafft: 10 kg weniger in 5 Wochen!«
- »Studien beweisen: Mit dieser Methode werden 7 von 10 Probanden zum Nichtraucher«
- »Warum unsere Geldanlagestrategie in den letzten 12 Monaten den DAX um 30 % geschlagen hat«
- »Wenn ich dich nach diesem 10-Minuten-Video nicht überzeugt habe, erhältst du ein Geschenk von mir …«
- »TÜV-zertifiziert: Mit unserer Methode zu messbarem Erfolg«

Die soziale Bewährtheit und Autorität lassen grüßen: Wenn du beweisen kannst, dass deine Lösung oder Methode funktioniert, dann schrei es raus in die Welt. Deine Leser lassen sich gerne von Beweisen überzeugen.

2. Die Emotion-Headline

Du weißt ja, wir treffen Kaufentscheidungen emotional, nicht rational. Daher solltest du in Headlines auch Emotionen ansprechen. Geh dazu einfach mal die ganze Palette an Kaufmotiven aus Kapitel 4, »Die Grundlagen der Psychologie – verstehen, überzeugen, verkaufen«, durch und formuliere jeweils eine Headline passend zu deinem Angebot, das genau diese Kaufmotive triggern soll.

Beispiele für Emotion-Headlines

- »Wie du als Nichtraucher ein glücklicheres und erfüllteres Leben führst«
- »Holen Sie sich endlich das, was Sie verdienen – mit der XY-Aktien-Strategie!«
- »Mit unserer Datenbank findest auch du den Partner für ein glückliches Leben zu zweit«
- »Nie wieder unter dem emotionalen Druck deiner Eltern leiden«
- »Wie du deine Selbstzweifel loslässt – und dich endlich frei und selbstbewusst fühlst«

Pack deine Leser bei der Ehre. Vermittle ihnen ein Gefühl, besonders zu sein. Appelliere an ihre Nostalgie, an die schönen, die »besseren« Zeiten. Lass sie hoffen. Gib ihnen Geborgenheit. Zeig ihnen den Weg.

Du bist als Copywriter kein stumpfer Vermittler von Informationen. Du bist ein Bote der Emotion (fast wie Amor).

3. Die Angebot-Headline

Simpel, aber effektiv: Mach dein konkretes Angebot schon in der Headline.

Beispiel für die Angebot-Headline

- »Jetzt bestellen und 15 % Rabatt bekommen«
- »Jetzt mitmachen und exklusive Prämie sichern«
- »Sonderaktion: Kaufen Sie 3 zum Preis von 2«
- »Heute noch Aktion nutzen: Ab morgen 33 % teurer«
- »Nur noch heute bewerben und deine Chance sichern!«

Ist, denke ich, klar, oder? Da muss ich nicht mehr viel zu sagen, machen wir direkt weiter.

4. Die Paradox-Headline

Die Paradox-Headline ist ein bisschen tricky – sie funktioniert wirklich ausgezeichnet, aber du musst logischerweise zunächst das Argument finden, das paradox ist.

Betrachte dazu einfach dein Angebot, dein Ergebnis und alle Aspekte deiner Leistung mal aus unterschiedlichen Perspektiven: Was ist daran besonders? Was sogar überraschend? Wo unterscheidet es sich gegenüber der Konkurrenz? Welche allgemeinen Annahmen gibt es bei deiner Zielgruppe – und wie kannst du diese Annahmen aushebeln?

Beispiel für die Paradox-Headline

- »Essen Sie, was Sie wollen – und nehmen Sie trotzdem ab«
- »Nur 5 Minuten täglich ... und dadurch 10 Jahre länger leben?«
- »Mehr Erfolg an der Börse mit fallenden Aktienkursen«
- »So arbeiten Sie weniger und verdienen trotzdem mehr Geld«
- »Mehr Muskeln – mit weniger Training«

Und? Ist dir schon direkt etwas eingefallen, das du auf ähnlich paradoxe Weise bei deinem Angebot kommunizieren kannst?

5. Die Neugier-Headline

Ich habe ja schon erwähnt, dass Informationsdefizite bzw. Cliffhanger echte Geheimwaffen im Copywriting oder auch im Storytelling sind. Unser Gehirn ist so darauf trainiert, die losen Enden zusammenfügen zu wollen, dass wir häufig gar nicht anders können, als weiterzuklicken, nur um zu erfahren, was die Auflösung des Rätsels ist. Mit der Neugier der Menschen zu spielen ist daher ein unfassbar starkes Mittel, um in die Copy reinzuhooken.

Beispiele für die Neugier-Headline

- »Was Sie niemals an Bord eines Flugzeugs essen sollten«
- »Wie mir ein Taschendieb half, meine Rückenschmerzen zu heilen« (auch paradox)
- »Geben Sie Ihrem Hund NIEMALS diese 3 Lebensmittel zu essen«
- »Das Geheimnis der Pflanze, die Ihr Leben um 15 Jahre verlängern kann«
- »Als Toni morgens ihr Müsli aß, beging sie einen entscheidenden Fehler ...«

Die Neugier-Headline geht oft schon etwas in die Clickbait-Richtung von Headlines. Wie du ja weißt, bin ich kein Fan davon – aber sie funktionieren sehr gut, das lässt sich leider nicht abstreiten.

Nur musst du in der nachfolgenden Copy das Rätsel auch lösen. Du darfst unter keinen Umständen deinen Leser mit dem Informationsdefizit zurücklassen oder ihn so in die Copy reintricksen, weil du dir sonst langfristig eher schadest.

6. Die Vorteil-Headline

Auch ähnlich zum U für Useful ist die Vorteil-Headline – nur musst du wesentlich spezifischer den klaren Vorteil des Produkts, Angebots oder des Handelns kommunizieren.

Beispiele für die Vorteil-Headline

- »Die Methode, mit der Sie bei der nächsten Gehaltsverhandlung Ihren Boss überzeugen – garantiert«
- »Sparen Sie bis zu 25 % beim Rohstoffeinkauf«
- »Spült 150 Teller mehr als ein herkömmliches Spülmittel«
- »Nur einmal einrichten und für immer 12 Stunden Arbeit pro Woche sparen«
- »7 gesunde und proteinreiche Mahlzeiten für nur 46,12 € pro Woche«

Dazu muss ich dir nichts mehr erzählen. Du weißt mittlerweile, wie wichtig die Vorteilskommunikation im Copywriting ist.

7. Die Frage-Headline

Ah, die Frage-Headline, auch die ist eine meiner Lieblinge. Gerade die rhetorischen Fragen nutze ich sehr gerne, weil sie so effektiv sind und direkt eine Ja-Haltung beim Leser erzeugen.

Es gibt unterschiedliche Arten der Frage-Headline, beispielsweise herausfordernde Fragen, humorvolle Fragen, direkte Fragen, indirekte Fragen, die »Kennst du das auch«-Frage, öffnende Fragen ... und wie gesagt die rhetorische Frage. Fragen über Fragen halt. Such dir eine aus!

Beispiel für die Frage-Headline

- »Machst du auch einen dieser 7 Fehler bei Preisverhandlungen?«
- »Wollen Sie schon im nächsten Jahr Ihren wohlverdienten Ruhestand genießen?«
- »Kennen Sie die einzigartige Methode, mit der Sie in 5 Stunden zum Nichtraucher werden?«
- »Bist du am Dienstag um 18 Uhr dabei?«
- »Was ist dir ein glückliches Leben in Freiheit wert?«

Frage-Headlines sind deshalb so effektiv, weil sie direkt den Dialog mit dem Leser anstoßen. Du trittst unmittelbar in das Gespräch im Kopf deines Interessenten ein. Mein Tipp: Teste einfach auch andere Headlines wie die Benefit-Headline, Beweis-Headline etc. und formuliere sie als Frage.

Beispiel: *»Spare 20 % beim nächsten Einkauf«* zu *»Möchtest du 20 % beim nächsten Einkauf sparen?«*. Ist auf den ersten Blick kein großer Unterschied, kann aber einen riesigen in der Conversion ausmachen.

10.2.3 Titel und Headlines mit KI

Du suchst einen griffigen Webinar-Titel? Die Headline für die Landing Page deines nächsten Produkts? Einen überzeugenden Betreff?

Dann kannst du dir wie immer unser neues kleines Helferlein KI zunutze machen und dir ein paar knackige Ideen generieren lassen.

Ich habe dir dafür mal einen sehr ausführlichen Prompt mitgebracht, den du so kopieren kannst. Ich selbst habe ihn von Joanna Wiebe übernommen, ihn dem deutschen Gebrauch angepasst und damit weitergetestet. Wenn du damit regelmäßig arbeitest, wird er dir sehr geniale erste Ideen ausspucken, auf deren Basis du deine perfekte Headline oder deinen perfekten Titel finden wirst. Hier der Prompt zum Kopieren ausformuliert:

Prompt für bessere Titel- und Headline-Ideen

Ziel: Generiere 10 Titelideen und 10 Beispielbeschreibungen für [Produkt oder Event] mit Schwerpunkt auf [Thema].

Zielgruppe: [Beschreibung der Zielgruppe], z. B. Unternehmer, Manager, Fachleute und andere Personen, die sich für [Thema] interessieren.

Richtlinien für die Titel- und Headline-Generierung:

1. Einbeziehung von Schlüsselwörtern: Verwende die folgenden Keywords, um sich dem Schwerpunkt des Themas anzupassen – [Liste der Keywords].

2. Ansprache der Zielgruppe: Die Titel sollten die Probleme und Wünsche der Zielgruppe haargenau ansprechen, darunter [Liste der Probleme und Wünsche der Zielgruppe].

3. Vielfalt und Kreativität: Probiere verschiedene Formulierungen aus, darunter Anleitungen, Fragen, Herausforderungen und Versprechen von Veränderungen oder wichtigen Erkenntnissen.

4. Verwendung von Zahlen und aussagekräftigen Wörtern: Verwende Zahlen für listenbasierte Titel und aussagekräftige Wörter wie »Freischalten«, »Verändern« und »Meistern«, um Wirkung zu erzielen.

Richtlinien zur Erstellung von Beschreibungen:

1. Copywriting-Frameworks: Verwende für jede Beschreibung unterschiedliche Copywriting-Frameworks. Zu den empfohlenen Frameworks gehören [Liste der Copywriting-Frameworks] oder wähle auch andere, die für die Botschaft geeignet sind.

2. Beschreibe detailliert das Wertversprechen: Hebe die Vorteile des Angebots hervor, z. B. [Liste der Vorteile].

3. Begeistere und überzeuge: Jede Headline und Beschreibung soll ansprechend sein und den Lesern einen Ausblick darauf geben, was sie lernen/erhalten werden und wie sich dies auf ihren [Bereich der Auswirkung, z. B. Geschäft, Leben, persönliche Entwicklung] auswirken wird.

Ausführung:

Erstelle 10 Ideen für Titel unter Verwendung der bereitgestellten Richtlinien. Achte darauf, dass jeder Titel einzigartig ist und sich in Stil und Ansatz unterscheidet.

Erstelle 10 Beispielbeschreibungen für [Angebot oder Event] unter Verwendung der jeweils angegebenen Copywriting-Vorlagen. Achte darauf, dass jede Beschreibung die Ziele widerspiegelt und die Zielgruppe anspricht.

Ausgabeformat:

Stelle die Headlines, Titel und Beschreibungen in einer Liste zur Verfügung, um die Überprüfung und Auswahl zu erleichtern.

Ausführlicher Prompt, ich weiß. Aber er lässt keine Frage offen und generiert dir sehr spezifische Titelideen, wenn du ihn mit den Copywriting-Prinzipien aus diesem Buch, deinem detaillierten Research und deinen eigenen Erfahrungen speist.

10.3 Hooks

Hooks zu Beginn von Mails, Landingpages oder Ads sind nach der Headline entscheidend zum Weiterlesen der Copy. Da erzähl ich dir nichts Neues.

Und selbstredend ist die Palette an unterschiedlichen Varianten, in die Copy einzusteigen, quasi unerschöpflich. Du kannst direkt sein, du kannst einen kreativen Einstieg wählen, du kannst überraschen oder ganz einfach die Headline sofort auflösen – es ist vollkommen dir überlassen, für welchen Weg du dich entscheidest.

Ich möchte dir aber wie immer als Start und Inspiration ein paar gut funktionierende Hooks mitgeben, die ich in meiner Arbeit meist am häufigsten nutze. Und jeden einzelnen dieser Hooks kombiniere ich immer mit der Slippery Slide – damit die Leser gar nicht anders können als weiterzulesen.

Verschiedene Varianten der Slippery Slide

Die *Slippery Slide* – oder auch *Slippery Slope* – (kann man in etwa mit »schiefer, rutschiger Ebene« übersetzen) ist für mich nach all den Jahren immer noch der genialste und beste Tipp, Leser dazu zu bringen, deine Copy auch wirklich zu lesen. Wer Mails von mir liest, wird erkennen, dass so gut wie keine Mail ohne Slippery Slide geschrieben wurde.

Was ist die Slippery Slide? Ich habe den Tipp aus dem Buch »The Adweek Copywriting Handbook« von Joe Sugarman, einer Copywriting- und Direktmarketing-Legende aus den USA. Aber von ihm hast du ja schon in Kapitel 1, »Einführung ins Copywriting«, gehört. Du kennst ja bereits die Grundprinzipien des Copywritings: Jeder Satz ist dafür da, den nächsten zu verkaufen. Je länger dein Leser dranbleibt und deinen Text liest, desto größer wird die Wahrscheinlichkeit der nächsten Handlung. Und mit der Slippery Slide *kann* dein Leser gar nicht anders als weiterzulesen.

Okay, jetzt habe ich mich aber weit aus dem Fenster gelehnt. Lass mich dir die Slippery Slide anhand eines Beispiels vorführen:

Beispiel für die Slippery Slide

»Marco, du wirst es nicht glauben ...

... aber was mir gestern früh auf der Arbeit passiert ist, ist vermutlich das BESTE, das DIR passieren konnte.

Denn: Ich habe endlich das Go bekommen, es dir kostenlos zur Verfügung zu stellen.

Falls du dich jetzt fragst, was es ist ...

... stell es dir so vor: ...«

Was habe ich hier gemacht?

1. Ich habe den ersten Satz sehr kurz gehalten, lesbar mit nur einem Blick.
2. Ich habe den Leser direkt mit Namen und sehr persönlich angesprochen. (Natürlich ist der Name ein Platzhalter für den angegebenen Namen des Lesers, du musst schon Marco heißen, sonst bist du direkt raus.)
3. Ich habe den Satz unterbrochen, um ein Informationsdefizit zu erzeugen.
4. Ich habe die Auslassungspunkte verwendet, um zu zeigen, dass es weitergeht und noch weitere Informationen kommen.
5. Danach habe ich weiter kurze Sätze genutzt und nach jedem Satz einen Absatz gemacht, um den Text leicht konsumierbar zu machen.
6. Wenn die ersten fünf Sätze so »weggesnackt« wurden, gibt es einen erneuten Cliffhanger, der dann zur Lösung führt.

Natürlich labere ich zunächst etwas um den heißen Brei – ich könnte ja auch direkt mit dem kostenlosen Geschenk in die Mail starten. Aber folgende Informationen habe ich bereits gegeben, ohne viel Worte zu verlieren:

1. Der Leser weiß, dass in dieser Mail etwas auf ihn wartet.
2. Er weiß, dass es kostenlos ist und einen Nutzen für ihn hat.
3. Ich bin die Person, die es ihm zur Verfügung stellt – und baue Sympathie, Nähe und Vertrauen auf. (»Die da oben« haben mir endlich erlaubt, es an dich weiterzureichen.)
4. Kurze, knackige Sätze, um den Leser erst gar nicht zu langweilen, damit er am Ball bleibt.
5. Der Einstieg wird mit einem Informationsdefizit abgerundet.

Das Entscheidende: Der Leser *muss* jetzt einfach wissen, was es ist. Und er rutscht immer weiter meine gut geölte Copy-Rutsche runter. Und wenn er nicht gestorben ist, dann rutscht er noch heute.

Die kleine Abbildung 10.1 veranschaulicht die Slippery Slide und wie dein Leser immer weiter in die Copy hineingezogen wird.

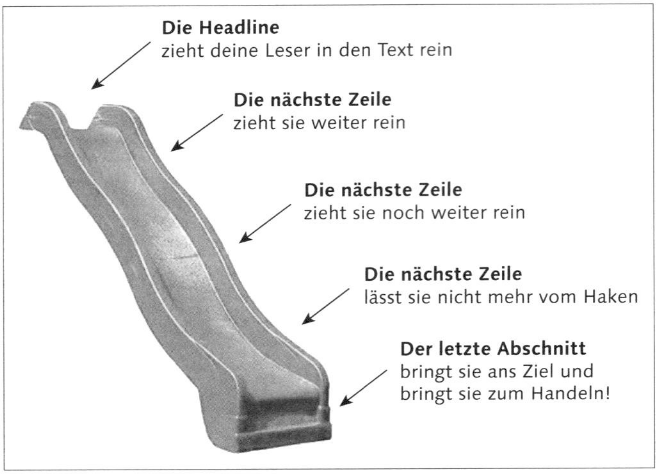

Abbildung 10.1 Die Slippery Slide/Slope nach Joe Sugarman

Okay, das Prinzip ist, denke ich, klargeworden. Lass uns doch mal die verschiedenen Hook-Varianten in Tabelle 10.1 durchgehen und sie hier und da mit der Slippery Slide kombinieren, denn nicht jede Variante muss so lang sein, wie eben gewählt. Du kannst deine Leser auch auf andere Weise schnell in die Copy hooken.

Die Variante	Beispiele
die rhetorische Frage	»Kennst du das, Kathrin?« »Wünschst du dir als Geschäftsführer mehr Netto vom Brutto, Max?« »Hast du auch ein Problem mit Menschen, die dir an der Kasse immer zu nah kommen, Tina?«
mit der Tür ins Haus fallen	»Direkte Frage: ...« »Kurz und knapp: ...« »Es ist wahr ...«
das Geheimnis	»Ich packe heute aus: ...« »DAS ist das Geheimnis der größten Athleten unserer Zeit: ...« »Pssst – nicht weitersagen: ...«

Tabelle 10.1 Hook-Varianten und Beispiele für verschiedene Einstiege in die Copy

Die Variante	Beispiele
das Paradoxon	»Die Ersten werden die Letzten sein« »Scheitern Sie sich erfolgreich!« »Wie du über dich hinauswächst – indem du am Boden bleibst.«
der Vergleich	»Was haben Sokrates, Albert Einstein und DU gemeinsam?« »Was SHK-Ausstellungsräume mit Apple Stores gemeinsam haben.« »Diese Entdeckung ist bedeutender als die Erfindung des Rades.«
die Konversation	»Kann ich dich mal was fragen, Andy …?« »Heute hatte ich keinen guten Tag, willst du wissen, wieso?« »Hast du auch ein Problem damit, im Dunkeln Auto zu fahren, Romy?«
Storyeinstieg	»Es war arschkalt, als er mit seinem Karton in den Händen ein letztes Mal das Büro verließ …« »Sie konnte ihren Augen nicht trauen, als sie ihre Haustür öffnete …« »Kennst du schon die rührende Geschichte von Hachiko?«
ausgefallene Einstiege	»Was ergeben Äpfel plus Birnen?« »Probleme. Probleme, Probleme, Probleme. Überall gibt es nur noch Probleme.« »Bau dir dein eigenes Rom.«

Tabelle 10.1 Hook-Varianten und Beispiele für verschiedene Einstiege in die Copy (Forts.)

Wie bereits gesagt, gibt es natürlich noch unzählige weitere Varianten. Lass dich gern von anderen Ads, Landingpages oder Mails inspirieren. Und wenn du mal keine Idee hast, dann nutz einfach wie immer zum Anstoßen des kreativen Prozesses die KI und frag sie nach ausgefallenen, interessanten und spannenden Hooks für deine Copy.

Dazu habe ich dir auch noch einen Prompt mitgebracht, den ich selbst mit ChatGPT durch Erfragen entwickelt habe und den du sehr gerne für neue Hook-Ideen nutzen kannst:

Prompt für mehr und bessere Hook-Ideen

Du bist ein erfahrener Copywriter. Erstelle [ANZAHL] verschiedene Hook-Ideen für eine [ART DER COPY], die [ZIEL] erreichen soll.

Infos zur Aufgabe:

- Zielgruppe: [BESCHREIBE DIE ZIELGRUPPE]
- Produkt/Dienstleistung: [BESCHREIBE DAS PRODUKT/DIE LÖSUNG]

- Hauptnutzen/Versprechen: [DER WICHTIGSTE BENEFIT]
- Tonalität/Stil: [HUMORVOLL, SERIÖS, PROVOKANT, ...]
- Medium: [SOCIAL-MEDIA-POST, SALES PAGE, ANZEIGE, ...]

Die Hooks sollen kurz, einprägsam und aufmerksamkeitsstark sein. Nutze verschiedene Ansätze wie:

- provokante Fragen
- überraschende Fakten/Statistiken
- mutige Aussagen
- Storyeinstiege
- schmerzpunktbetonte Trigger
- konkrete Transformationen/Vorteile

Liefere die Hooks in einer nummerierten Liste.

Probiere ihn gerne aus! Und wenn du dann deine Leser so richtig in deinen Text hineingezogen hast, möchtest du ihnen ja eine spannende und lehrreiche Geschichte erzählen, also machen wir gleich mit dem Storytelling weiter.

10.4 Story

Wir haben ja schon mehrfach darüber gesprochen, wie stark und nützlich Storytelling im Marketing ist. In Kapitel 6, »Die Grundprinzipien erfolgreicher Copy«, hast du bereits einige Grundlagen des Storytellings kennengelernt.

10.4.1 Was gute Geschichten ausmacht

Gute Geschichten haben in meinen Augen drei wesentliche Kernaspekte:

- Sie fesseln, das heißt, sie arbeiten mit Informationsdefiziten und Spannungsbogen.
- Sie schaffen Identifikation – die Story muss authentisch sein und der Leser muss sich im Hauptcharakter oder der Situation wiederfinden können.
- Sie haben eine klare, bedeutende Aussage und einen Aha-Moment.

Ach ja, noch ein weiterer wichtiger Punkt: Gute Geschichten brauchen Kontext. Hast du schon mal eine superwitzige Story in deinem Freundeskreis erzählt und alle haben sich vor Lachen weggeschmissen? Und dann erzählst du die gleiche Geschichte auf der Arbeit ... und es kam nur ein gequälter Schmunzler der Kollegen?

Das liegt daran, dass beide Gruppen unterschiedliche Backgroundinfos zu den Personen in der Geschichte haben. Wenn du eine Geschichte kalten Kontakten erzählst, musst du andere Informationen liefern als den Menschen, die dich schon lange verfolgen und dich bestens kennen.

10.4.2 Wie du gute Geschichten findest

Das Naheliegendste zuerst: Was ist dir in deinem Leben und Beruf passiert? Was gibt es für Geschichten des Unternehmens?

Danach frag gerne deine Kunden: Was ist ihnen widerfahren? Welche Erfolgserlebnisse haben sie im Alltag mit deinem Produkt? Du kannst auch einen Preis als Anreiz für die beste Story mit deinem Produkt anbieten. Anschließend solltest du noch externe, berühmte Beispiele aus deiner Branche im Internet oder in Büchern suchen.

Und ganz wichtig: Such Storys, die zu deiner Aussage passen und die deine Argumentation untermauern! Auch hierfür kannst du z. B. Perplexity hervorragend nutzen.

Beispiel-Prompt für Perplexity

Ich verkaufe [PRODUKT] an [ZIELGRUPPE].

Kannst du mir eine Sammlung an berühmten und wahren Geschichten zwischen [JAHRESZAHL] und heute aus der Branche zusammenstellen?

Bitte nur kurz in maximal 5 Sätzen pro Geschichte zusammenfassen, nennen, weshalb diese Storys so aussagekräftig und anschaulich sind, und nur die 10 bekanntesten Beispiele wählen.

Dadurch erhältst du superschnell eine Sammlung an berühmten Geschichten, die vielleicht passen könnten. Wähl einfach eine aus, die dir zusagt, und recherchiere mit Perplexity etwas weiter. Natürlich kannst du auch auf andere Branchen und Produkte switchen, die aber mit deinem Produkt oder deiner Branche vergleichbar sind.

10.4.3 Die 5 Sinne ansprechen

Auch das haben wir schon in Kapitel 6, »Die Grundprinzipien erfolgreicher Copy«, besprochen: Gute Storys sprechen alle Sinne an. Nur so kann sich der Geist des Lesers auch wirklich in die Situation hineinversetzen. Zur Erinnerung in Tabelle 10.2 erneut Beispielformulierungen zu jedem Sinn.

Sinn	Beispielformulierung
Sehen	So funkelnd, dass ich im ersten Moment kurz geblendet war.
Riechen	Als Erstes roch ich den süßen Duft von Glühwein und Zimt, als ich auf dem Weihnachtmarkt ankam.
Hören	Die Kinder hörten nicht auf, aus voller Kehle zu kreischen: »*MAAAMAA, MAAAMAA!*«
Tasten	Das Handy fühlte sich so leicht und sanft in meiner Hand an.
Schmecken	Ich musste mich fast übergeben, als ich einen großen, bitteren Schluck aus der Milch im Büro nahm.

Tabelle 10.2 Beispiele für die unterschiedliche Ansprache der Sinne

Auch hier gilt: mit Maß. Übertreib es nicht oder sprich nicht auf Teufel komm raus alle Sinne an, weil die Geschichte dann aufgeblasen und unauthentisch rüberkommen kann. Wenn du zu sehr ins Detail gehst und dabei die Hauptstory aus den Augen verlierst, springt dein Leser ab. Die Kunst ist, die Sinne beiläufig in der Geschichte unterzubringen, ohne den Storyfluss zu stören.

10.4.4 Beispiele für Storyeinstiege

Du hast hier schon ein paar Beispiele für Storyeinstiege im Buch erhalten. Ich möchte dir aber noch zwei weitere geben, die dir als Inspiration dienen sollen. Wichtig beim Einstieg in gute Storys ist, dass sie entweder so alltäglich sind, dass jeder sie kennt, oder so außergewöhnlich, dass sie einfach fesselnd sind.

Beispiel für einen alltäglichen Storyeinstieg

»Hey Maren,

8:55 Uhr. Du kommst ins Büro, leicht verschwitzt, weil du dich wieder beeilt hast.

Um 9 Uhr startet das erste Meeting.

Du hast zwar nach dem Aufstehen deinen Kalender gecheckt, aber ein schneller Kontrollblick lässt dich schlucken:

3 neue Meetings wurden dir einfach so von deinem Chef reingesetzt!

Dabei sollst du noch die Präsentation für den Kunden morgen vorbereiten, hast 18 dringliche Mails im Postfach und eigentlich noch eine ganze Kampagne mit deinem Team durchzugehen.

Du denkst dir: ›Wie soll ich DAS denn bitte alles heute unterbringen …?‹

Du kennst solche Tage.

Klar, kennen wir alle. Das sind die Tage, an denen man am liebsten direkt wieder umdrehen würde und schon morgens weiß, dass abends der Sport vor lauter Erschöpfung wieder ausfallen wird und dafür die Schokolade als Stressausgleich herhalten muss …

Aber das muss nicht sein, denn ich hab da eine Lösung für dich:

Bau dir dein eigenes KI-Double, dass dir die Arbeit abnimmt!«

Eine typische Bürosituation, wie sie jeder kennt. Garniert mit ein paar kleinen Details, wie wir sie auch alle kennen: Schwitzen, weil man ins Büro hetzen musste, der Chef als Arschloch, schon morgens keinen Bock mehr, wegen Stress den Sport kicken und dafür auf dem Sofa mit Schokolade chillen, um überhaupt irgendwie noch klarzukommen. Damit holst du so ziemlich jeden Menschen mit Vorgesetzten und Bürojob ab. Natürlich ist das nur sinnvoll, wenn das auch deine Zielgruppe ist.

So viel zum alltäglichen Storyeinstieg. Kommen wir jetzt zum außergewöhnlichen:

Beispiel für einen außergewöhnlichen Storyeinstieg

»Es ist der 24. November 1971.

Eine Boeing 727 fliegt von Portland nach Seattle.

Eigentlich ist alles wie immer.

Doch in diesem Flugzeug sitzt ein auffälliger Mann mit Sonnenbrille. Adrett gekleidet. Ruhig.

Sein Name: D. B. Cooper.

Als die Stewardess am ihm vorbeigeht, gibt er ihr ein dezentes Zeichen, zu ihm zu kommen. Er steckt ihr einen Zettel zu.

Die Stewardess denkt, er wolle ihr nur seine Nummer geben. Doch höflich sagt er: ›Ich glaube, sie sollten den Zettel lesen‹, und öffnete seine Tasche, die neben ihm lag.

Was danach folgte, ist in die Geschichtsbücher eingegangen:

D. B. Cooper – der Gentleman-Gangster, der im Alleingang ein Passagierflugzeug entführte, 200.000 US$ in bar kassierte und damit aus einem fliegenden Flugzeug sprang.

Und weder er noch die Beute wurden jemals gefunden …

Dieser einmalige Vorfall war dafür verantwortlich, dass wir nun einige der Sicherheitsstandards im Luftverkehr haben, die wir heute alle so zu schätzen wissen.

Und nicht nur wir als Fluggesellschaft profitieren davon – sondern auch DU:

Denn wir wurden letzte Woche zur sichersten Airline Europas gekürt!

Und wir möchten das gemeinsam mit dir feiern – indem du bis Montag 20 % auf die sichersten Flüge innerhalb Europas sparen kannst …«

Eine außergewöhnliche, wahre Geschichte. Na gut, mein Bogen zwischen einem der spektakulärsten Raubüberfälle der Geschichte der Luftfahrt und einem fiktiven

Reiseangebot war jetzt naheliegend, aber hey – du schaffst das auch mit jeglichem anderen Angebot, das entweder auf Abenteuer oder Sicherheit ausgelegt ist.

Ich hoffe, das hilft dir, bessere Storys zu verfassen. Und wenn du tiefer ins Thema eintauchen willst, empfehle ich dir wie gesagt das Buch »Building a StoryBrand« von Donald Miller – ein Must-read für Copywriter, die gerne mit Storytelling arbeiten. (Und das sollte eigentlich jeder sein. Mehr zu Donald Miller und dem Thema Storytelling findest du in Abschnitt 6.7.)

10.5 Pain

Wenn du die Probleme deiner Zielgruppe haargenau benennen und beschreiben kannst, denken deine Leser, dass du auch die Lösung für diese Probleme kennst. Doch wie formulierst du nun den Schmerz so, dass deine Leser sich fast schon ertappt fühlen?

Zu Beginn steht wie immer dein Research aus Kapitel 7. Und wenn die Antworten daraus noch nicht zufriedenstellend sind, kannst du hier wieder ChatGPT oder Perplexity zum Nachforschen nutzen. So bekommst du ein erstes sehr gutes Gespür dafür, in welche Richtung es geht.

Beispiel-Prompt für Schmerzpunkte (Pain Points)
Liste mir die 10 größten, dringlichsten und akutesten Schmerzpunkte und Probleme von [ZIELGRUPPE] auf, die sie momentan noch davon abhalten [WUNSCHSZENARIO] zu erreichen. Starte mit dem größten Schmerzpunkt zuerst. Sei sehr spezifisch in der Ausführung und erkläre auch jeweils die genauen Auswirkungen, die der jeweilige ungelöste Schmerzpunkt auf ihr alltägliches Leben hat.

Oder nutze diesen Beispiel-Prompt
Was könnte dazu führen, dass jemand Schwierigkeiten, Herausforderungen, Schmerzen und Probleme damit hat, das [PROBLEM/PAIN] zu lösen? Sei spezifisch, detailliert, nutze lebendige und farbenfrohe Sprache und gib 7–10 konkrete Beispiele.

Du kannst auch noch tiefer graben und die KI fragen, ob es sehr »ungewöhnliche« oder »weitere« Pain Points gibt, die noch spezifischer sind. So erhältst du eine genaue erste Vorstellung davon, welche Probleme deine Zielgruppe haben könnte. Nur sind diese Antworten meist sehr generisch und nicht aus dem wahren Leben. Um diese zu finden, kennst du ja bereits die Orte, an denen du echte Zielgruppenprobleme und -sprache findest, aus Kapitel 7, »Konzeption und Recherche«.

Mein Tipp für die Formulierung von Pain-Sections: Sei *unfassbar* spezifisch! Was ich damit sagen will: Benenne nicht nur das Problem, sondern drück es präzise und plastisch aus, indem du Details aussprichst, die nur jemand kennen kann, der exakt das Problem hat. Es platzt beispielsweise nicht nur ein Reifen deines Autos, sondern der hintere rechte Reifen. Es geht nicht nur um »etwas zugenommen«, sondern um 4 kg in den letzten 3 Monaten. Nutze dafür die Sprache deiner Kunden – die Voice of Customer (VoC).

Beispiele für Schmerzpunkte

- »Bekommst du auch Schmerzen im unteren Rückenbereich bei alltäglichen Haushaltsaufgaben wie Staubsaugen? Dann liegt das daran, dass du zu sehr verkrampfst – es geht auch viel einfacher!«
- »Du möchtest deinen Newsletter schreiben … aber brichst jedes Mal nach 3 Sätzen frustriert wieder ab?«
- »Du verzichtest auf ALLES: Kohlenhydrate, Alkohol, fettiges Essen, Süßigkeiten – und trotzdem bleibt die Waage seit 3 Monaten bei 78 kg stehen?«
- »Egal, ob du 6 Projekte in einer Woche auf der Arbeit schaffst und dass du überdurchschnittlich verdienst – es ist nie genug? Vielleicht musst du gar nicht mehr erreichen … sondern deine Leere anders füllen.«
- »Du bist sportlich, erfolgreich, humorvoll, hast volles Haar, ein Haus, stehst mitten im Leben – und bist trotzdem noch Single?«

Zugegeben: Das ist sehr direkt. Aber beim Schmerz gewinnst du keinen Blumentopf, wenn du deine Leser in Watte packst – ganz im Gegenteil. Du musst richtig mit dem Finger in die Wunde drücken, den echten Schmerz identifizieren und aussprechen.

Mich persönlich packt Werbung oft nicht mehr so sehr, da ich mir meist darüber im Klaren bin, was die jeweiligen Anbieter mit mir machen und vorhaben. Aber vor einiger Zeit hat mich eine Ansprache wirklich genau im richtigen Moment erwischt und mir mal wieder gezeigt, wie gut es funktioniert, wenn der Schmerz der Zielgruppe genau benannt wird.

Ein Beispiel, das auch mich gepackt hat

Ich hatte vor einiger Zeit in sehr stressigen Phasen immer wieder leichte Schlafprobleme.

Das führte dazu, dass ich wie auf die Sekunde genau jede Nacht um 4 Uhr wach geworden bin – egal, wann ich abends im Bett war. Dann war ich bis 6 oder 7 Uhr hellwach. Und dann kam die Müdigkeit wieder, ohne dass ich noch mal schlafen konnte.

Eines Morgens bin ich am Handy und sehe auf Instagram eine Werbeanzeige:

»Du bist Unternehmer und wachst immer um exakt 4:07 Uhr auf? Dann liegt das nicht an deiner Matratze – sondern an deinem Stress.«

Was denkst du, wie aufmerksam ich in diesem Moment war? Ich habe zwar nichts gekauft, geschweige denn ein Beratungsgespräch vereinbart – aber obwohl ich noch nie etwas von dem Anbieter gehört hatte, habe ich ohne zu zögern geglaubt, dass mir dieses Unternehmen bei meinem Problem helfen könnte. Einfach, weil sie meinen aktuell größten Schmerzpunkt so unglaublich präzise adressiert haben.

Das Zielgruppenverständnis und der Schmerzpunkt waren einfach on point, sodass sich direkt der Effekt eingestellt hat: »Das bin ja ICH, den die da meinen!«

Du siehst, bei der Formulierung der Pain Points ist es besonders wichtig, so spezifisch und präzise wie möglich zu sein. Nutz dafür die exakten Sätze deiner Zielgruppe, die sie in deinen Umfragen aus Kapitel 7, »Konzeption und Recherche«, selbst angegeben haben.

Und wenn du die Schmerzpunkte haargenau adressierst, musst du natürlich auch die dazugehörigen Lösungen präsentieren – also widmen wir uns jetzt den Benefits!

10.6 Benefits

Kommen wir nun zu den größten Benefits, den Vorteilen deines Angebots, und wie du sie genau formulierst. In Kapitel 7, »Konzeption und Recherche«, haben wir ja bereits vom »Benefit des Benefits« gesprochen, also dem zugrunde liegenden, tiefen und sehnlichsten Wunsch, dem wahren Vorteil des Vorteils für deine Zielgruppe.

Und in Kapitel 6, »Die Grundprinzipien erfolgreicher Copy«, haben wir uns damit befasst, dass du immer die Transformation mit deiner Copy verkaufst – das Traumszenario. Du erinnerst dich: Eine Frau kauft keinen Lippenstift, sie kauft Schönheit. Ein Mann kauft keinen Anzug. Er kauft Eleganz. Ein Läufer kauft keine auffälligen Laufschuhe, nur weil sie das Gelenk so gut schützen. Er kauft vor allem den Status, als Sportprofi wahrgenommen zu werden. You get it.

Wie bei der Pain-Section möchte ich dir hier auch einen kurzen, aber effektiven Prompt mitgeben, mit dem du die Vorteile des Angebots für deine Zielgruppe schnell auf einen Blick erhältst. Füg dazu dein gesamtes Angebot und deine Zielgruppenrecherche deinem Prompt hinzu und frag die KI konkret, wie deine Leistungen deiner Zielgruppe am besten weiterhelfen. Lass dir dann ein paar Beispielformulierungen für Benefits generieren und frag die KI, welche psychologischen Motive sie anspricht.

Beispiel-Prompt für bessere Benefits

Ich möchte mit deiner Hilfe starke Benefits und Fascinations für mein Angebot erstellen.

Mein Produkt/Angebot: [Angebot]

Zielgruppe: [Zielgruppe]

Wichtigstes Versprechen/Ergebnis: [Was soll der Kunde am Ende erreichen?]

Tonfall/Stil: [z. B. direkt und emotional, professionell und sachlich, humorvoll, etc.]

Bitte:

Erstelle 5–7 starke Benefits, die das Ergebnisgefühl und die Transformation betonen (nicht nur Funktionen).

Formuliere 5–10 »Fascinations« im Stil von klassischen Copywritern wie etwa Eugene Schwartz oder Gary Halbert:

- kurz, neugierig machend, geheimnisvoll
- fokussiert auf ein Versprechen, das zum Weiterlesen verführt
- ohne alles zu verraten

Erkläre mir kurz, welche psychologischen Trigger (z. B. Neugier, Status, Angst vor Verlust, Einfachheit etc.) du in den Texten nutzt.

Dadurch erhältst du vielleicht noch mal Sichtweisen auf die Vorteile, die du vorher noch nicht hattest. Ansonsten kannst du die größten Benefits deines Angebots ja ebenfalls deiner Recherche aus Kapitel 7 entnehmen und weißt bereits: Was ist der Vorteil hinter dem Vorteil? Und wenn du diesen gefunden hast, formulierst du ihn als Fascination (also spannend, um die Neugier zu wecken)!

Beispielformulierungen für Benefits

- »Wie du mit weniger Training schneller abnimmst – mit dieser simplen Routine«
- »Wenn dich dein Unterbewusstsein insgeheim sabotiert – dann probiere die 3S-Technik für sofortigen Fokus aus«
- »Der fast unbekannte Atem-Trick, mit dem du in 30 Sekunden Stress abbaust und deinen Puls senkst – ganz ohne Meditation«
- »Warum ein einziges Wort in der Headline über 60 % deiner Conversion entscheidet – und weshalb du es nicht nutzen darfst«
- »Die verrückte Gedächtnistechnik, mit der du dir doppelt so viel merken kannst«

Ich möchte dir auch für die Benefit-Section noch gerne ein Beispiel mitgeben, das mich besonders überzeugt hat und von dem ich meine, dass es wirklich sehr, sehr gut kommuniziert wird (siehe Abbildung 10.2).

Abbildung 10.2 Früh-Kölsch-Werbung aus dem Jahr 1995

Was für eine unglaublich starke Nutzenkommunikation. Der Benefit vom Benefit hat auch mich voll gepackt. Mit Früh hat man in Köln ein ganzes Brauhaus – inklusive der Geselligkeit, der guten Laune, aber ohne den Druck des Köbes – in seiner Hand! Für nur 1,20 € (ja, ich kenne einen einzigen Kiosk, da ist das noch so günstig). Und ich sehe mich selbst schon mit diesem Kölsch in der Hand durch Köln streifen. Huch, das ist ja gar kein Traum – das ist ja echt! Hach, ist das Leben nicht schön?

10.7 Testimonials

Zwei Aspekte von Testimonials sind besonders entscheidend:

1. Sie müssen die erfolgreiche Transformation verdeutlichen.
2. Sie müssen authentisch und glaubhaft sein.

Wenn du deine Kunden einfach so fragst, dir ein Testimonial zu geben, erhältst du sehr wahrscheinlich viele Buzzwords: »Angenehme Zusammenarbeit, immer zuverlässig, kurze Kommunikationswege, ...«, gähn. Das ist zwar nett – aber auch nicht wirklich hilfreich, um mit deinen Ergebnissen und Testimonials deine Konkurrenz in den Schatten zu stellen.

Doch wie erhältst du authentische, klare und glaubhafte »Testis«, die ihre eigene Transformation beschreiben? Das ist ganz simpel: Deine Aufgabe ist es, deinem Kunden etwas Orientierung zu geben und ihm zu sagen, was dir bei einer ehrlichen Kundenstimme wichtig wäre.

10.7.1 Die Fragen, die du deinen Kunden stellen solltest

Wenn du bessere und aussagekräftigere Kundenstimmen erhalten möchtest, kannst du folgende 7 Fragen nutzen, um deinen Kunden eine Unterstützung bei der Formulierung zu geben:

7 wichtige Fragen für bessere Kundenstimmen

1. Wie bist du auf uns aufmerksam geworden?
2. Sei ganz ehrlich: Welche Bedenken hattest du vor dem Start der Zusammenarbeit? (Haben sich diese Bedenken bewahrheitet?)
3. Wie war deine Ausgangssituation vor der Zusammenarbeit?
4. Wie wurde dir ganz konkret von uns geholfen? Was waren deine Erfahrungen?
5. Was ist das Ergebnis – wo stehst du heute? Wie hat sich dein Leben verändert?
6. Wie fühlt sich die Zusammenarbeit an? Wie war dein Gefühl dabei?
7. Würdest du uns einem Freund von dir weiterempfehlen?

Durch diese Fragen führst du deinen Kunden zurück in den emotionalen Zustand vor der Zusammenarbeit – und wie sich sein Leben seitdem verbessert hat. Sogar die Skepsis soll er aussprechen, da potenzielle Kunden von dir sehr wahrscheinlich die gleichen Bedenken vor einer Zusammenarbeit haben.

Dein Kunde muss nicht all diese Fragen haargenau beantworten können. Aber so erhältst du ganz sicher ein Testimonial, das sowohl die Transformation beschreibt und gleichzeitig glaubhaft und authentisch ist.

10.7.2 Varianten der Testimonials

Am besten sind Video-Testimonials, und zwar aus folgenden Gründen: Deine Interessenten sehen, dass es sich um eine echte Person handelt, und können neben dem Gesagten auch die Mimik, Gestik und Tonalität der Kundenstimme bewerten. Das schafft mehr Authentizität und Vertrauen, ist jedoch aufwendiger zu produzieren.

Ein Weg, den auch wir gerne nutzen, sind Sprachnachrichten als Testimonials. So hast du den (fast) gleichen Effekt: Das Feedback kommt von einer echten Person und anhand der Tonalität kann dein Interessent bewerten, ob der Kunde es auch aufrichtig meint.

Und selbstverständlich eignen sich schriftliche Testimonials ebenfalls hervorragend. Achte aber darauf, ein gutes Bild, den Namen und die Position der Kundenstimme mitzuliefern. Das schafft ebenfalls mehr Vertrauen in die schriftliche Aussage. Und nutz das Testimonial gerne in gesprochener Sprache – mitsamt grammatikalischen Fehlern. Wenn du ein schriftliches Testimonial bearbeitest oder aufpolierst, wirkt es nicht mehr authentisch und das Misstrauen gegenüber der Aussage wächst beim Leser.

Daher gibt es hier keine genauen Formulierungen – schließlich sollst du keine Testimonials selbst verbessern oder schreiben (wenngleich das leider auch sehr viele Anbieter im Onlinemarketing machen).

10.8 FAQs

Die Frequently Asked Questions sind besonders wichtig für die Einwandbehandlung (wie du bereits weißt). Daher solltest du sie auch genau so behandeln: Was sind die größten, wichtigsten und häufigsten Einwände, die deine Interessenten haben könnten, bei dir zu kaufen? Diese Einwände musst du natürlich selbst identifizieren und deine Kundschaft (und Nicht-Kundschaft) regelmäßig fragen, weshalb sie bei dir gekauft haben bzw. nicht den nächsten Schritt gegangen sind. Ich kann dir aber jetzt schon die fünf häufigsten Einwände nennen, die universal *immer* auftreten – egal, was du verkaufst, egal, welche Branche.

Deine Interessenten fragen sich immer:

1. Was kostet es und kriege ich es auch günstiger?
2. Wie lange dauert es, bis ich mein Ergebnis habe?
3. Was ist, wenn es nicht das Richtige für mich ist oder es bei mir nicht funktioniert? Brauche ich irgendwelche Voraussetzungen?
4. Was, wenn es mir nicht gefällt? Kann ich mein Geld zurückerhalten? Und falls ja – wie?
5. Was ist, wenn ich noch Fragen habe? Wie wird mir konkret geholfen?

Und zu jeder Frage gebe ich dir direkt ein Formulierungsbeispiel, um diesen Einwand zu entkräften. Selbstverständlich kannst du diese nur nutzen, wenn du und dein Angebot das auch einhalten.

Einwand und Frage #1: »Was kostet das Angebot?«

Das können wir so pauschal nicht beantworten – der Preis setzt sich aus mehreren Faktoren zusammen: den Anforderungen, deiner Situation und der jeweiligen Leistung sowie der Betreuungsintensität. Wir bieten je nach Wunsch verschiedene Pakete an. Sprich uns gerne einfach an und nach einem kurzen Kennenlern- und Analysegespräch können wir dir den genauen Preis mitteilen.

Und falls du dich gefragt hast: Ja, es gibt auch die Möglichkeit zur Ratenzahlung – entweder in 3, 6 oder 12 Monatsraten.

Und solltest du dennoch nicht zufrieden sein, kannst du ja von deinem Rückgaberecht Gebrauch machen. Aber wir sind uns sehr sicher, dass es dazu nicht kommen wird – denn du wirst begeistert sein!

In diesem Fall habe ich jetzt den Preis nicht genannt. Diese Formulierung passt beispielsweise zu individuellen Dienstleistungen oder zu Hochpreisprodukten, bei denen du den Preis nicht ohne persönlichen Kontakt und Einschätzung der Situation des Interessenten nennen möchtest.

Wenn du den Preis auf der Seite oder an anderer Stelle bereits genannt hast, macht entweder diese Frage in der FAQ-Section keinen Sinn oder du nennst den Preis ohne Umschweife erneut. Wichtig sind die Konditionen in der Frage: Erwähne Ratenzahlung und Garantie, um etwaige Bedenken zu nehmen.

Einwand und Frage #2: »Ich habe wenig Zeit.«

Gar kein Problem! Unser Programm ist extra so konzipiert, dass du es mit maximal 5–10 Minuten Zeitinvestition pro Tag absolvieren kannst und allein damit schon nach 4 Wochen die ersten Ergebnisse siehst.

Darüber hinaus nehmen wir dir alles weitere an Handling und Aufwand ab – damit du dich voll und ganz auf deinen Fortschritt fokussieren kannst.

Zeit ist immer ein riesengroßer Einwand, na ja, mehr eine Ausrede. Die meisten Menschen möchten das Ergebnis, aber können sich mit dem Zeitvorwand selbst einreden, weshalb sie nicht handeln oder ihr Ziel umsetzen müssen. Daher solltest du immer eine gute Begründung parat haben, weshalb die Zeit kein Einwand sein darf, im Gegenteil.

Und wenn dein Angebot keinen Zeitfaktor berücksichtigt hat, bau ihn ein – z. B. in Form von Auslieferung, erster Inbetriebnahme, vergangener Zeit bis zum finalen Ergebnis etc.

Einwand und Frage #3: »Ich bin noch ganz am Anfang – ist das trotzdem etwas für mich?«

Ja, klar. Unser Produkt ist sowohl für fortgeschrittene Nutzer als auch für absolute Beginner bestens geeignet.

Du kannst völlig ohne Vorkenntnisse von unserem Angebot profitieren. Du erhältst von uns eine genaue Anleitung zur Umsetzung und zum Start. Darin sind alle Schritte und die häufigsten Fragen für dich geklärt. Auch zur Technik – da brauchst du dir gar keine Sorgen machen.

Und sollte doch mal eine kleine Frage offenbleiben, kannst du dich jederzeit in einen persönlichen Beratungstermin mit einem unserer Experten setzen – wir helfen dir bei jeder deiner Fragen individuell und in aller Ruhe weiter.

Wir alle fangen mal klein an. Und die meisten Produkte sind ja dafür gedacht, auch Anfängern zu helfen. Solltest du aber beispielsweise eine fortgeschrittene Leistung anbieten, dann solltest du natürlich hier transparent Nein zu Anfängern sagen. Das ist außerdem noch Demarketing und sorgt für mehr Vertrauen bei deiner fortgeschrittenen Zielgruppe.

Einwand und Frage #4: »Gibt es eine Garantie, dass es funktioniert?«

Ja, die gibt es! Wenn du nicht innerhalb von 3 Monaten deine Investition wieder heraus hast, erhältst du von uns ohne Wenn und Aber den Betrag zurückerstattet.

Sende uns dafür einfach eine formlose E-Mail an info@ innerhalb der 90 Tage mit deinem Kündigungswunsch und du hast deine gesamte Investitionssumme innerhalb von weniger als 48 Stunden wieder auf deinem Konto. No questions asked!

Wenn du eine Garantie anbietest, dann solltest du sie dementsprechend erneut nennen. Ganz wichtig dabei: Die Konditionen, wie die Garantie in Kraft treten kann. Ganz einfach per Mail? Oder unter welchen Bedingungen? Je unkomplizierter für den Kunden, desto besser.

Einwand und Frage #5: »Was ist, wenn ich Fragen habe?«

Selbstverständlich steht dir unser Team aus erfahrenen Experten 24/7 per Direktnachricht oder Mail zur Verfügung. Wir antworten immer innerhalb von maximal 8 Stunden auf deine Frage – Ehrenwort!

Darüber hinaus kannst du dir auch jeden Werktag zwischen 9 und 15 Uhr einen Beratungstermin bei einem unserer Experten buchen, der dir bei deinem Anliegen persönlich weiterhilft. Deinen Termin kannst du ganz einfach über folgendes Formular unkompliziert selbst buchen: Hier deinen Termin vereinbaren!

Mit diesen Fragen und ein paar spezifischen Antworten kannst du nun erst mal launchen und starten. Und wenn dann beim Customer Support sehr häufig andere

Fragen auftauchen, dann aktualisierst du die Liste der FAQs fortlaufend. Denn egal, wie sehr du dich darauf vorbereitest – es werden immer mal Fragen kommen, die du nicht auf dem Schirm hattest. Die solltest du aber unbedingt für die Klarheit bei deinen Interessenten und für das Ausräumen der letzten Zweifel behandeln.

10.9 Preisboxen

Bei Preisboxen sind sowohl das Zusammenspiel aus Copy und Design als auch die Angebote (inklusive Preisen) sowie deren Platzierung entscheidend.

Das bedeutet konkret: Du musst visuell und mit der Copy den Fokus auf den Preis und das Angebot lenken, das du am häufigsten verkaufen möchtest. Mit der Preisgestaltung haben wir uns ja schon ganz kurz in Kapitel 4 im Rahmen der Preispsychologie beschäftigt.

Im Prinzip empfehle ich dir drei Vorgehensweisen, die du nutzen solltest:

1. Du hast nur ein Angebot? Dann bleib bei einer Preisbox und lenk den Fokus voll auf dieses Angebot – mit Streichpreis und Verknappung, um die Entscheidung des Interessenten zu verstärken.
2. Du hast zwei Varianten anzubieten? Dann nimm trotzdem drei Preisboxen und schaffe eine dritte Premiumvariante, die wesentlich teurer ist als dein Kernangebot, und ankere mit diesem Premiumpreis deinen Interessenten.
3. Du hast drei Varianten des Angebots? Dann mach das teuerste Angebot zum besten Deal und die mittlere Variante nur leicht günstiger (bei viel weniger Leistung), während du die Basisvariante sehr, fast schon *zu* günstig anbietest. So fällt die Entscheidung wahrscheinlicher auf das teuerste Paket.

Wir Menschen tendieren mit dem Blick und bei der intuitiven Auswahl immer mehr zur Mitte (und danach nach links) – daher findest du online auch so viele Preissektionen, in denen meist die mittlere Preisbox hervorgehoben ist.

10.10 Call to Action

Wir haben ja schon häufiger darüber gesprochen, wie wichtig es ist, den Leser zum richtigen Zeitpunkt zur Handlung aufzufordern. Calls to Action sind eine eigene kleine Disziplin im Copywriting, in der man sehr viel richtig – aber eben auch viel falsch machen kann.

Hier geht es zwar um Nuancen in der Conversion, doch je nach Größe des Unternehmens, des Traffics oder des Dealvolumens können diese Nuancen – und lassen wir es nur eine Verbesserung um 1 % sein – die Marge drastisch erhöhen, und das ohne weiteren Aufwand.

Die meisten arbeiten leider trotzdem noch mit Calls to Action wie »Jetzt klicken« oder »Hier buchen«. Oder denken, sie müssten nur die Farbe des Buttons knalliger machen oder ihn wild pulsieren lassen. Mach Letzteres bitte nicht.

Meiner Meinung nach sind diese einfachen CTAs zu Beginn völlig ausreichend – wenn du gerade erst gestartet bist und erst mal die großen Dinge richtig machen musst. Wenn du aber schon eine Liga höher spielst, lässt du mit solchen CTAs wortwörtlich Geld auf der Straße liegen und – vielleicht noch schlimmer – outest dich als Anfänger.

Lass uns daher bessere, klickstarke und gewinnbringende Calls to Action formulieren. Ich gebe dir hier drei wichtige Tipps mit, die du umsetzen solltest, natürlich inklusive Beispielformulierungen.

10.10.1 Die Basics für mehr Klicks

Den Fokus legst du wie immer ganz klar auf die *eine* Handlung. Solltest du mehr als zwei Buttons haben, dann setz die bevorzugte Wahl immer nach links, weil nachgewiesen ist, dass die meisten Nutzer eher den linken als den rechten Button klicken.

Benötigst du noch Beispiele für die Formulierung von CTAs? Ja? Okay, bekommst du – aber erst nur die langweiligen.

Verschiedene CTAs

- Klar und direkt: »Jetzt Code anwenden und sparen«
- Nutzen: »Hier Ihre kostenlosen Winterreifen sichern«
- Nach einer Frage die Antwort vorwegnehmen: »Ja, ich möchte am kostenlosen Event teilnehmen!«

Okay, das ist jetzt nichts Wildes bis hierhin. Aber wir können deine CTAs noch ein bisschen aufpimpen.

10.10.2 Call to Value

Der Call to Value ist schnell erklärt, denn du bist ja jetzt fast schon ein Profi in der Nutzenkommunikation: Anstatt nur die Handlung anzustoßen, kannst du im CTA einen Mehrwert nennen, den der Leser nach dem Klick erhalten wird, also einen Call to Value statt Call to Action.

Beispiele für einen Call to Value

- »Jetzt mit einem Klick Gutschein anwenden und *40 % sparen*«
- »*3x mehr Zeit* mit diesen Prompts«
- »Finde heraus, *wie das Outfit an dir aussieht*«
- »Hier deinen *Durst löschen* ...«
- »Klick hier und *gestern war deine letzte schlaflose Nacht*«

Was hat dein Leser also konkret an Mehrwert davon, hier zu klicken? Lass es ihn wissen.

10.10.3 CTA muss zur Headline passen

Das Auge scannt schnell die Seite. Und gerade in der Hero-Section hast du keine Zeit zu verlieren – die Headline muss sitzen und der Leser soll im besten Fall direkt handeln. Wie kannst du also CTAs besser formulieren, damit das geschieht? Indem der CTA perfekt zur Headline passt und den Gedanken der Headline weiterführt – inklusive der Aufforderung, weiterzuklicken.

Beispiele für CTAs, die zur Headline passen

- **Headline**: »Unsere neue Winterkollektion ist da!«
  CTA: »Jetzt warm anziehen«
- **Headline**: »Eine völlig neue Welt wartet auf dich«
  CTA: »Erkunde sie!«
- **Headline**: »Über 100 Stunden Videomaterial komplett geschenkt! So gut, ich würde an deiner Stelle jetzt ...«
  CTA: »... kostenlos starten.«

Der Vorteil: Wer zur Headline schon Ja sagt, wird zum CTA wahrscheinlich dann ebenfalls Ja sagen. So führst du unmittelbar zum Klick.

10.10.4 Verstärker nutzen und so Bedenken nehmen

Du kannst gute, starke und aussagekräftige Calls to Action sogar noch mal verstärken, indem du vor oder nach dem CTA noch eine kleine Notiz und Dringlichkeit unterbringst. Diese muss zum CTA passen und auch glaubwürdig sein, sonst funktioniert es nicht.

Beispiele für CTAs mit Verstärker

- **CTA**: »Hol dir hier die limitierte, handsignierte Ausgabe«
  Verstärker: »(Nur 100 Exemplare verfügbar)«
- **Verstärker**: »Über 6.000 Nutzer bestätigen«
  CTA: »Jetzt mit der App besser schlafen«
- **CTA**: »Nur bis heute um 23:59 Uhr noch 47 % sparen«
  Verstärker: Countdown, der herunterläuft

Verstärker können Testimonials, Verknappung, ein Countdown oder sogar Grafiken sein, die den CTA noch besser hervorheben.

10.11 Auf einen Blick

Du hast für die wesentlichen Sektionen einige Formulierungsbeispiele und -formeln erhalten. Damit kannst du jetzt den Aufbau der einzelnen Elemente aus Kapitel 9, »Der inhaltliche Bauplan der wichtigsten Conversion-Elemente – vom ersten Klick bis zum glücklichen Testimonial«, Stück für Stück befüllen und wie einen Baukasten mit den einzelnen Formulierungen zusammensetzen. Aber wie immer ist besonders wichtig, dass dabei ein Lesefluss entsteht, der nicht unterbrochen wird. Achte also auf die Übergänge und die Lesestraße (dazu kommen wir jetzt im nächsten Kapitel).

Jetzt hast du schon alles kennengelernt, kennst die Psychologie, den Research, den Aufbau, sogar die einzelnen Formulierungen, hast über 300 Seiten bereits durchgearbeitet … und immer noch kein Wort geschrieben. Das ist ja fast schon frech für ein Buch, auf dem dick »CopyWRITING« draufsteht. Dann will ich mal nicht so sein: Wir widmen uns jetzt dem mystischen Schreibprozess!

Im nächsten Kapitel schreibst du. Besser. Schneller. Flüssiger. Eloquenter. Und hast danach wirklich alles an Wissen, um ein herausragender Copywriter zu werden … und zu bleiben. Ich kann es kaum erwarten, irgendwann einen deiner Texte zu lesen!

Kapitel 11

Der Schreibprozess – vom ersten Wort zur finalen Copy

Du hast nun deinen Research gemacht, deine Dokumente beisammen, den Aufbau der einzelnen Werbetexte und sogar gute Formulierungen für diese Elemente. Bleibt eigentlich nur noch eins übrig: Fangen wir an zu schreiben!

Das ist tatsächlich insgeheim das letzte Kapitel des Buches, das sich konkret mit dem Verfassen von Werbetexten befasst, denn danach folgt nur noch das Bonuskapitel, in dem ich dir einige Tipps zum Arbeitsalltag als Copywriter mit auf den Weg geben werde. Bist du auch so traurig, wie ich? Komm, lass uns diese letzten Seiten noch mal genießen und erhobenen Hauptes beenden. Du hast danach all das Wissen, das du benötigst, um herausragende, überzeugende Werbetexte zu schreiben.

Tu mir mal einen Gefallen und schau in den Spiegel. Weißt du noch, was dich da für ein Mensch angeblickt hat, als du die ersten Seiten begonnen hast? Und jetzt schau dich an: Du strotzt nur so vor Selbstbewusstsein, dieses Funkeln in den Augen, das siegessichere Grinsen, du strahlst förmlich! Diese Energie, dieser Tatendrang – du willst jetzt endlich *die* eine Copy verfassen, die dich in ein völlig neues Leben katapultiert, richtig?

Ich weiß, du kannst es kaum abwarten, aber bevor du selbst in die Tasten haust, lass uns noch dieses letzte offizielle Kapitel deiner Überholspur-Ausbildung abschließen. Und danach gehen wir beide wieder unserer Wege, als zwei Menschen, die gemeinsam die Welt mit ethischen, schönen, kreativen und einzigartigen (Werbe-)Texten bereichern wollen. Du und ich. Getrennt und im Geiste doch vereint. (Wer hat hier Zwiebeln geschnitten, du?)

11.1 Die Vorbereitung – kein Wort ohne deinen Plan

In einer idealen Welt würdest du ganz einfach dein ausgefülltes Marketing-Cockpit aus deinem Research nehmen und die einzelnen Informationen und Sätze nur noch in die richtige Reihenfolge bringen. So solltest du auch tatsächlich anfangen, denn das ist die halbe Miete. Aber so einfach ist es dann doch nicht – immerhin geht jetzt das Schreiben erst so richtig los!

Du hast im letzten Kapitel schon viele gute Formulierungen und Beispiele kennengelernt. Doch du sollst ja nicht nur stumpf kopieren (darfst du aber natürlich), sondern du willst ja selbst herausragende Werbetexte verfassen!

Solche, die nicht so leicht von künstlicher Intelligenz oder deiner Konkurrenz zu kopieren sind, sondern mit Charme, Wortwitz und dem Fünkchen Einzigartigkeit überzeugen. Kurz, du willst deine eigenen Originale erschaffen.

Bereit dazu? Ich wusste es! Auf dich ist Verlass, daher bist du auch mein Lieblingsleser, weil du dein eigenes Ding machen willst und besser als die Masse sein möchtest. (Verrate es aber bitte nicht den anderen Lesern, ich möchte nicht, dass sie enttäuscht sind ...)

11.1.1 Research bereitlegen

Du hast deine Zielgruppenrecherche? Check. Du hast dein Angebot, deine Benefits und den USP? Perfekt. Du hast alle weiteren relevanten Informationen gesammelt und dein Marketing-Cockpit aus Kapitel 7, »Konzeption und Recherche«, bereitliegen? Hervorragend! Dann steht dem Schreiben ja nichts mehr im Weg, rein ins Getümmel, lass uns loslegen.

11.1.2 Vorlagen und Templates bauen

Glücklicherweise hast du in Kapitel 9, »Der inhaltliche Bauplan der wichtigsten Conversion-Elemente – vom ersten Klick bis zum glücklichen Testimonial«, ja für fast jedes Conversion-Element ein konkretes Template erhalten. Leg dir vor Schreibbeginn ein Dokument an, das du in genau diese Sections unterteilst. Du kannst dir auch schon in jede Section eine Beispielformulierung aus Kapitel 10, »So geht Copy!«, reinkopieren, damit du direkt weißt, wie du diese Section angehen solltest. So startest du nicht mit einem leeren Blatt Papier und hast die grobe Struktur deiner Argumentation direkt vor Augen. Das kann dir dabei helfen, schneller ins Schreiben und auf neue Ideen zu kommen. Abgesehen davon wirkt die Aufgabe, zerlegt in kleine Einzelteile, auch wesentlich bewältigbarer.

Wichtig: Mach das alles natürlich nur, wenn es dir bei deinem Schreibprozess hilft, es in kleine Sektionen aufzuteilen. Wenn das für dich eher eine Einschränkung bedeutet oder zur kreativen Blockade führt, dann nutz selbstverständlich den Schreibprozess und die Vorlage, die dir am besten liegen.

11.1.3 Swipe Files, Beispiele und Schmierblatt nutzen

Zur perfekten Vorbereitung gehört immer, seine Axt zu schärfen, den Bogen zu spannen und das Rad zu ölen. Im Copywriting geht das, wie du weißt, mit deinem Research einher. Je besser deine Recherche, desto besser kannst du dich auf den Schreibprozess vorbereiten und hast deine wichtigsten Argumente und Ideen schon beisammen. Mit den Templates kannst du dann auch schon loslegen.

Aber was, wenn dir diese eine zündende Idee für deine Copy oder den Einstieg noch nicht gekommen ist? Für diesen Fall solltest du mit Swipe Files, Beispielen und einem Schmierblatt arbeiten.

Und klar, du kannst auch mit einer KI als Sparringspartner arbeiten, aber das haben wir ja schon besprochen.

Swipe Files

Leg deine eigene Swipe File an oder nutz gerne bekannte aus der Copywriting-Bubble, beispielsweise folgende im Kasten.

Einige bekannte Copywriting-Swipe-Files

- *www.swiped.co*
- *www.thebigad.com*
- *www.swipefile.com*

Wie immer gilt: Nicht klauen, sondern inspirieren lassen oder clever adaptieren. Du weißt Bescheid.

Beispiele

Gute Beispiele, Metaphern oder Modelle helfen dir, deinen Standpunkt und deine Argumentation zu untermauern. Studien, Prognosen, Fachartikel, Zitate oder Statistiken eignen sich logischerweise ebenfalls hervorragend dafür.

Du kannst dir zu deinem Thema entweder schon zur Vorbereitung einige Beispiele aus dem Themenfeld zurechtlegen, die du dann zu gegebener Zeit in deine Copy einarbeitest, oder du suchst explizit Beispiele zum jeweiligen Einstieg oder Argument.

Erinnerst du dich noch an mein Beispiel aus der Pre-Launch-Mail in Kapitel 9, »Der inhaltliche Bauplan der wichtigsten Conversion-Elemente – vom ersten Klick bis zum glücklichen Testimonial«? Dort ging es um die Angst der Unternehmer in Bezug auf KI und Digitalisierung und wie sich ihr Geschäftsmodell in den nächsten 5–10 Jahren verändert. (Zur Erinnerung, die Zahl war: 75 %.)

Dieses Beispiel habe ich vorab gesucht, weil ich die Idee hatte, dass prinzipiell jeder Unternehmer *immer* Angst davor hat, dass sich sein Geschäftsmodell in den nächsten 5–10 Jahren ändert. Weil es kaum Branchen gibt, die konstant unverändert bleiben, und weil Angst vor Veränderung immer ein Treiber für sicherheitsliebende Menschen ist. (Unternehmer sind zwar risikobereiter als die meisten Menschen, aber auch weniger bereit dazu, ihren Status wieder zu senken.)

Passend zu dieser Sorge habe ich also eine Statistik mit einem hohen Prozentsatz gesucht und in dieser Richtung noch viele weitere Beispiele, bevor ich überhaupt ein Wort geschrieben habe.

Leg dir also vorab einen Ordner mit viele Beispielen, Zitaten, Studien und Metaphern an, aus denen du immer wieder beim Schreiben schöpfen kannst, und deine Copy wird dir viel leichter von der Hand gehen.

Schmierblatt

Ein separates Dokument nur als Schmierblatt zu nutzen, ist mir auch immer wieder eine Riesenhilfe. Ich persönlich komme während des Schreibens schnell auf neue Ideen und Ansätze, wie ich die Copy umgestalten oder andere Hooks testen könnte.

Wenn ich allerdings mitten im Prozess bin, ist es unsinnig, jede Idee gegeneinander abzuwägen. Entweder ich merke sofort, dass meine neue Idee wesentlich stärker ist – dann schmeiß ich den Rest über Bord – oder sie landen ungefiltert auf meinem Schmierblatt.

Es ist wie Brainstorming: Hier darf sich jede noch so absurde Idee, Formulierung oder Wortwahl wiederfinden, das Dokument oder Schmierblatt dient einzig und allein dazu, dass ich die Versionen später in einem ruhigen Moment miteinander vergleichen kann und eine Entscheidung treffe, welche Idee wohl stärker ist für die Copy. Probiere es aus, denn viele gute Ideen gehen dir sonst durch die Lappen.

11.1.4 Copywriter, bleib bei deinen Best Practices!

Als kreativer Kopf und ambitionierter Copywriter willst du natürlich keine 08/15-Arbeit abliefern, sondern immer auf neue, geniale Ideen und Konzepte kommen. Und dieser Anspruch ist auch gut so – behalt ihn dir immer bei! Jede Mail muss etwas anders sein und du solltest deinen Status quo stets anfechten, um sukzessive auch besser zu werden.

Es gibt jedoch auch einfach Mails, Ads oder Sections, für die musst du das Rad nicht neu erfinden. Da reicht es, dich immer wieder auf deine Best Practices zu verlassen und diese qualitativ weiter zu verbessern. Nur so siehst du auch einen Fortschritt.

Wenn eine Mail zuverlässig gut funktioniert, belass ihre Struktur und die Argumentation und pass sie nur den jeweiligen Kunden und der Zielgruppe an. Und dann teste einige neue Elemente und Formulierungen, um die Conversion Rate noch weiter nach oben zu schrauben.

11.2 Die Schreibtechniken – so wird deine Copy lesbarer

Diese einfachen Regeln helfen dir, Texte mit mehr Wow- und Oh-Faktor zu verfassen. Sie mögen unscheinbar aussehen, doch sie sind echte Geheimwaffen. Lass uns direkt loslegen.

11.2.1 Die Grundlagen

Beginnen wir mit den Basics. Lass uns mal ein paar Beispiele Schritt für Schritt besser machen. Dazu nutzen wir einige Grundlagen des Textens. Wichtig: Du weißt ja bereits, dass Copywriting eine besondere Form des Textens ist. Du führst ein Gespräch mit deinem potenziellen Kunden und versuchst ihn über Distanz von einem Kauf zu überzeugen. Daher gelten hier viele Schreib- oder Stilregeln, wie du sie aus der Schule kennst, nicht. Nehmen wir beispielsweise Füllwörter: KI, Duden Mentor, Gemini oder auch der Copilot von Word (mit dem ich hier gerade das Buch verfasse) weisen immer darauf hin, für mehr Prägnanz gewisse Wörter aus deinem Satz herauszustreichen. Wie du vielleicht gemerkt hast, mache ich das bewusst nicht – weil ich eben so schreiben möchte, wie ich auch sprechen würde. Das macht den Text lebendig, nahbar und sympathisch. (Hoffe ich zumindest.)

Starten wir mit den ersten Grundlagen im Copywriting und dem Schreiben an sich.

Kurz und knackig

In der Kürze liegt die Würze: Langatmige Sätze sind ... nun ja ... laaangatmig. Um deine Leser bei der Stange (also beim Text) zu halten, schreibst du kurze Sätze, klar auf den Punkt. Das treibt die Leser immer weiter durch die Copy. Jihaa!

Schlecht

»Wir schicken dir unsere kostenlose Probe per Post innerhalb weniger Werktage zu, damit du dich selbst von der Qualität unserer hochwertigen Produkte und der verschiedenen Materialien in aller Ruhe bei dir zu Hause oder im Büro überzeugen kannst. Lass dich von unseren Proben restlos begeistern und fordere dein Probenpaket jetzt kostenlos an.«

Das wirkt automatisch so, als würdest du um den heißen Brei herumreden wollen. Und wenn der Leser denkt, man redet um den heißen Brei – dann wird er skeptisch und vermutet, dass du deine wahre Aussage etwas schönen und elegant umschreiben möchtest. Bleib klar und direkt.

Besser

»Wir schicken dir unsere kostenlose Probe zu. Überzeug dich selbst von der Qualität unserer hochwertigen Produkte. Fordere sie jetzt an – und lass dich begeistern!«

Wirkt selbstbewusster, klarer und direkter, oder? Du gibst so mehr den Takt vor und lässt keine Zweifel an deiner Aussage. Muss aber auch zu deinem Stil passen. Wenn du sonst anders kommunizierst (siehe Brand Voice in Kapitel 5, »Die wichtigsten Marketinggrundlagen, die du als Copywriter kennen musst«), dann käme es komisch rüber, plötzlich im direkten Ton zu schreiben.

Hinweis

Am Ende macht's natürlich die gute Mischung. Trotz der Liebe zu kurzen Sätzen muss der Rhythmus des Textes stimmen. Die ganze Zeit nur knackige Sätze zu verwenden, stört die Melodie. Streu daher dann und wann, wenn es sinnvoll ist, längere Sätze ein, die der Lesbarkeit und dem Rhythmus des Textes zugutekommen.

Schachtelsätze vermeiden

Schachtelsätze sind wie eine Matroschka-Puppe, die wir nach und nach auspacken müssen. Das ist nicht nur nervig, sondern lässt Leser häufig abspringen. Hast du also einen Schachtelsatz geschrieben, löst du den einfach fix auf. Dazu gilt auch: Hauptsachen gehören in Hauptsätze. Nebensachen in Nebensätze.

Schlecht

»Die onely digital GmbH, eine in Köln ansässige Firma, die 2021 von Matthias Schacknies, René Hentschke und Lukas Greitemann gegründet wurde, bietet Copywriting und Performance Marketing an, sowohl als Agenturdienstleistung als auch im Mentoring.«

Das wirkt schon recht umständlich und kompliziert ausgedrückt. Wieso nicht einfach sagen, was zu sagen ist? Eins nach dem anderen.

Besser

»Die onely digital GmbH bietet Copywriting und Performance Marketing an – sowohl als Agenturdienstleistung als auch im Mentoring. Die Firma sitzt in Köln und wurde 2021 von Matthias Schacknies, René Hentschke und Lukas Greitemann gegründet.«

Klarer. Aufgeräumter. Und ja, ich habe einfach ungeniert unsere Agentur hier als Beispiel platziert. Ich schäme mich für nichts!

Relevanz – lass Überflüssiges weg

Da wir selbst meist alle Informationen über unsere Firma und unser Produkt im Kopf haben, neigen wir dazu, auch alle niederzuschreiben. Dadurch verliert sich der Text manchmal. Besser ist, die relevanten Infos zu identifizieren und alles Überflüssige zu killen. Das tut weh, hilft dem Leser aber enorm.

Schlecht
»Wie lange dauert die Bestellung?
Wir produzieren alle unsere Produkte in Europa. Die kurzen Lieferwege ermöglichen uns schnelle Lieferzeiten. Nachdem wir die Druckdatei mit dir vereinbart haben, erhältst du die fertigen Produkte nach 3–4 Wochen. Klingt lange? Nein, denn üblicherweise liegen die Lieferzeiten bei 10 bis 15 Wochen.«

Da sind einfach ein paar unnötige, irrelevante Informationen drin, die den Leser nicht jucken. Und andere kann man viel vorteilhafter für das Unternehmen formulieren.

Besser
»Wie lange dauert die Bestellung?
Unsere kurzen Lieferwege ermöglichen dir schnelle Lieferzeiten. So sind wir 3-mal schneller als andere Anbieter. Nachdem wir die Druckdatei mit dir vereinbart haben, erhältst du die fertigen Produkte bereits in 3–4 Wochen.«

Dreimal schneller und in 3–4 Wochen bei mir – das ist alles, was ich als Kunde hören will.

Gesprochene Sprache

Superwichtig. Jeder Satz sollte so klingen, als ob du ihn mündlich ausgesprochen hättest. (Das habe ich ja schon zum Einstieg hier erwähnt.) Wenn du schreibst, wie du sprichst, ergeben sich ganz von allein logische Gedankenketten, denen deine Leser folgen können.

Wer hingegen versucht, möglichst viele Infos in einen Satz zu packen und dabei möglichst schlau zu klingen, riskiert genau das Gegenteil, nämlich zu unlogisch, gestelzt und kompliziert zu klingen. Denk immer daran: Wir führen auch im Internet ein VerkaufsGESPRÄCH. Wir reden mit dem Kunden. Und das so, als würden wir mit einem guten Freund an der Bar reden. Wie du das hinkriegst? Mit folgenden Tricks:

Aufgeblähte Sprache vermeiden

Niemand mag Angeber. Niemand mag Klugscheißer. Wer mit Fachchinesisch, zu viel Drumherumreden oder schlauen Formulierungen zu punkten versucht, punktet höchstens beim Bullshitbingo.

Machen wir mal ein mieses Beispiel nach und nach besser.

Ganz, ganz mies

»Nachdem gestern die frühzeitige Versendung der Split-Test-Mailings vorgenommen wurde, fiel bei der Beantwortung vereinzelter Rückfragen auf, dass eine vorherige Orthografieprüfung hätte stattfinden sollen.«

Bah, pfui! »Nachdem … fiel auf … hätte stattfinden sollen …« – alles kompletter Quatsch. So würde niemand sprechen. Und so will auch niemand lesen. Machen wir erst mal drei Sätze draus und vermeiden den Mist.

Nur noch mies

»Die Versendung der Split-Test-Mailings wurde gestern frühzeitig vorgenommen. Besser hätte eine vorherige Orthografieprüfung stattgefunden. Das fiel bei der Beantwortung vereinzelter Rückfragen auf.«

Immer noch eklig. Aber wenigstens leichter zu verdauen.

Verben statt Nomen

Im Copywriting möchten wir Emotionen transportieren. Wieso? Weil Menschen Kaufentscheidungen *immer* emotional treffen, niemals rational. Ratio kommt erst später hinzu – wenn man vor sich selbst oder vor anderen die Kaufentscheidung rechtfertigt.

Wer also sagt: *»Ich habe mir den Ferrari gekauft, weil die Sitze aus besonderem Leder sind und ich die Handwerkskunst sehr wertschätze«*, der lügt genauso offensichtlich wie Donald Trump. Es geht ihm vielmehr um das wunderbare Gefühl, dass sein Nachbar ihn um den Ferrari beneidet, dass die Person mit dem Ferrari gesehen wird. Status also, mehr nicht.

Aber wie transportierst du Emotionen besser in deiner Schreibe? Ganz einfach, indem du Nomen in Verben übersetzt. Ums germanistikstudentengerechter auszudrücken: Vermeide Nominalstil, verwende stattdessen Verbalstil! Wir ersetzen »Versendung«, »Prüfung« und »Beantwortung« durch »versenden«, »prüfen« und »beantworten«:

Immer noch mies

»Die Split-Test-Mailings wurden gestern frühzeitig versendet. Besser hätte man vorher die Orthografie geprüft. Das fiel auf, als vereinzelte Rückfragen beantwortet wurden.«

Huch, das lässt sich ja viel besser lesen, aber noch lange nicht gut genug. Weiter geht's!

Aktiv statt Passiv

Wer passiv schreibt, baut eine Distanz zum Leser auf. Aussagen bleiben vage und sind schwer zu durchdringen. Da du deine Leser aber immer überzeugen möchtest, nutzt du besser die aktive Sprache. Du nimmst sie so an die Hand und führst sie gekonnt durch den Verkaufstext. Noch wichtiger: Du motivierst sie gleichzeitig zur Handlung.

Schlecht
»Die Split-Test-Mailings wurden gestern frühzeitig versendet. Besser hätte man vorher die Orthografie geprüft. Das fiel auf, als vereinzelte Rückfragen beantwortet wurden.«

Wirkt, als hätte ein kosmisches, allwissendes Wesen die Mails rausgesendet. Da weiß man ja gar nicht, was man jetzt mit der Info anfangen soll. Und von wem kommt sie überhaupt? Mehr Distanz geht kaum.

Besser
»Gestern haben wir die Split-Test-Mailings frühzeitig versendet. Wir hätten besser vorher die Orthografie geprüft. Das fiel uns auf, als wir vereinzelte Rückfragen beantwortet haben.«

Aha, immerhin weiß ich jetzt, dass *Menschen* dafür verantwortlich waren, und es ist direkter. Aber gut, wir sind ja noch nicht am Ende unserer Optimierung angekommen.

Fremdwörter vermeiden

Jeder, der sich in einem Bereich sehr gut auskennt, ist stolz darauf, diese Expertise auch zu zeigen. Daher schleichen sich in einen Text viele Fachbegriffe ein, die die Kompetenz der Marke oder des Produkts untermauern sollen.

Das Problem dabei: Die meisten Menschen können leider rein gar nichts mit den Begriffen anfangen. Klar, wenn deine Zielgruppe definiert ist und diese *nur* speziell nach bestimmten Fachbegriffen sucht, dann solltest du diese auch nennen. Aber das ist selten der Fall.

Wenn die Zielgruppe jedoch einfach nur eine Lösung sucht, dann ist jede verwirrende Bezeichnung, jeder Fachbegriff oder jedes Fremdwort einfach nur ein Hindernis zu kaufen. Klingt hart, ist aber so.

Daher sollten wir versuchen, jeden Fachbegriff in einfachere Sprache zu übersetzen:

- Orthografie wird zu Rechtschreibung.
- »Split-Test-Mailing« wird zu »Test-Mails«.
- Aus frühzeitig wird »zu früh«.

Noch besser

»Gestern haben wir die Test-Mails zu früh versendet. Wir hätten besser vorher ihre Rechtschreibung geprüft. Das fiel uns auf, als wir Rückfragen beantwortet haben.«

Na, geht doch. Das ist jetzt immerhin verständlich und klar. Oder was sagst du, wenn du den Satz von Beginn noch mal dagegen liest?

Zum Vergleich von Beginn

»Nachdem gestern die frühzeitige Versendung der Split-Test-Mailings vorgenommen wurde, fiel bei der Beantwortung vereinzelter Rückfragen auf, dass eine vorherige Orthografieprüfung hätte stattfinden sollen.«

Kann sich doch schon sehen lassen, unser Ergebnis: schlanker, klarer, sympathischer, direkter – einfach besser.

Um den Prozess für dich noch einfacher zu machen, kannst du deinen Text auch in das Canvas von ChatGPT kopieren und dort dann einfach den Stil und die Komplexität des Textes verändern.

Überzeugen statt informieren

Das ist schon Copy-Gold. Einfach, aber viel zu oft missachtet. Das Relevante für den Leser muss immer an erster Stelle stehen. Simpel? Offensichtlich? Ja. Und nein. Denn wie gesagt tun es die meisten nicht.

Was ist (in den meisten Fällen) die wichtigste Information für den Leser? Klar, was für ihn drinsteckt, ergo der größte Vorteil oder Nutzen. Viele Texte beginnen jedoch damit, das Produkt oder das Unternehmen zu beschreiben.

Das ist jedoch nur dann sinnvoll, wenn der potenzielle Kunde schon alle Vorteile für sich kennt und nur noch vom Anbieter überzeugt werden möchte. Ist halt selten der Fall.

Faustregel

Willst du informieren, dann kommt zuerst die Information und erst danach die Begründung. Wenn du überzeugen möchtest (wie es hier beim Copywriting der Fall ist), dann musst du erst den Grund kommunizieren, die Information folgt danach.

Weniger überzeugend

»Unsere Verpackung ist von innen durch eine Spezialbeschichtung metallisiert. So hält sie UV-Strahlen sowie Flüssigkeit extrem gut draußen.«

Ist okay, geht aber stärker, indem wir den Vorteil nach vorne packen und die Eigenschaft des Produkts an die zweite Stelle.

Sehr überzeugend

»Unsere Verpackung hält UV-Strahlen und Flüssigkeit draußen! Wie? Durch eine metallisierte Spezialbeschichtung von innen.«

Besser. Jetzt, da du die wichtigsten formellen Grundregeln des Schreibens kennst, widmen wir uns dem Stil – deiner Persönlichkeit im Text und wie du sie noch stärker hervorbringst.

11.3 Schreibstil – mit Persönlichkeit überzeugen

Okay, so viel zu den Grundlagen. Kommen wir nun zu den stilistischen Feinheiten, die Texte noch klarer und sympathischer machen. Denn wie wir bereits besprochen haben, hebst du dich durch deine Persönlichkeit von der Masse ab. Ich gebe dir hier ein paar stilistische Regeln mit auf den Weg, die dich und deine Texte automatisch sympathischer machen. Wie du mit Humor, eigenen Formulierungen, Wortspielen oder deinem eigenen Kommunikationsstil überzeugst, das solltest du selbst herausfinden, indem du mutig bist und dich ausprobierst! Denn ich möchte dir hier nicht meinen Stil oder den eines anderen Copywriters aufdrängen. Du musst deine eigene Stimme finden, die, die dir nicht nur leicht von der Hand geht, sondern die auch beim Leser im Kopf bleibt.

11.3.1 Sympathie aufbauen

Eine der Grundregeln der (Verkaufs-)Psychologie lautet: Wir vertrauen Menschen, die uns sympathisch sind. Heißt, wir kaufen auch eher von Menschen oder Marken, die uns sympathisch sind. Um in deinen Verkaufstexten noch sympathischer, offener und herzlicher zu klingen als Oprah Winfrey, musst du fünf Dinge richtig machen:

1. Respekt vorm Leser

Zwar solltest du so klar und deutlich schreiben, dass es auch ein Viertklässler versteht, das heißt aber nicht, dass du respektlos klingen darfst. Sieh deine Leser immer als gebildete, interessierte und freundliche Menschen an.

- Klar, willst du verkaufen, aber nicht um jeden Preis.
- Klar, möchtest du schnell auf den Punkt kommen, aber keine Texte hinrotzen.
- Klar, ist dein Produkt wichtig, aber der Leser ist noch viiiel wichtiger.

Wer sympathisch wirkt, hat auch eine wertschätzende innere Haltung. Wer andere Menschen mag, den mögen andere Menschen auch.

Texte werden immer von echten Menschen gelesen. Das heißt, der Leser nimmt sich gerade wertvolle Zeit, um deinen Text zu durchstöbern. Daher gehst du auch respektvoll mit seiner Zeit um. Du schreibst interessant, neuartig, kommst schnell auf den Punkt und lieferst deinen Interessenten auch nur die Infos, die sie brauchen, und das in einem Rahmen, der einem Verständnis von respektvoller Kommunikation gebührt. Alles andere ist Zeitverschwendung für die Leser und führt zwangsläufig zum Absprung.

2. Leser im Mittelpunkt

Der Leser steht im Mittelpunkt. Er ist dein Protagonist, in jeder Zeile ist er der Held deiner Geschichte. Daher »verkaufst« du nicht, sondern stellst den Nutzen bzw. Wert des Produkts für den Leser in den Vordergrund. Du überzeugst ihn von deiner Meinung, weil du selbst zu 100 % überzeugt bist. Gib sinnvolle Tipps und Wissen preis, weil du weißt, dass es dem Leser hilft – nicht dir.

Jeder Verkaufstext muss dem Leser schmecken, nicht dir selbst. Wenn du das kapiert hast, ist das schon die halbe Miete.

3. »Ich« oder »Wir« am Satzanfang vermeiden

Wenn der Leser im Mittelpunkt steht, heißt das gleichzeitig: Du bist bzw. wir sind es nicht. Wir kommen an zweiter Stelle. Wir reden nicht von uns.

Versuch, so oft es geht, Satzanfänge mit »ich« oder »wir« zu vermeiden. Natürlich musst du jetzt auch nicht krampfhaft übertreiben. Behalt es einfach im Hinterkopf.

4. Auf Augenhöhe

Um sympathisch rüberzukommen, solltest du immer auf Augenhöhe mit deinen Lesern kommunizieren, nicht belehrend oder von oben herab, aber bitte auch nicht unterwürfig oder bettelnd.

Weder musst du beweisen, wie schlau und cool du bist, noch willst du auf Teufel komm raus, dass deine Leser dich mögen. Vermeide also Sätze wie: *»Dürften wir dir die Vorteile von Produkt XY ganz kurz erklären?«* oder *»Du musst dich jetzt unbedingt hier anmelden!«*

5. Sanfte Imperative ohne »e«

»Schicke noch die Produkte heraus und schreibe mir daraufhin kurz. Drucke danach bitte noch die neuen Designs aus. Mein ewiger Dank gebührt dir!«

Okay, das war jetzt mal wieder überspitzt (insbesondere der letzte Satz). Aber es klingt schon sehr fordernd und altbacken, oder? Moderner und lässiger ist das:

»Schick noch die Produkte raus und schreib mir daraufhin kurz. Druck danach bitte noch die neuen Designs aus. Danke!«

Ja klar, nett ist immer noch was anderes. Aber wesentlich angenehmer als vorher ist es schon. Die Regel lautet also: Verwende (wenn möglich) Imperative ohne Endung auf »e«:

- Sage wird zu sag.
- Schreibe wird zu schreib.
- Stelle wird zu stell.
- Habe wird zu hab.
- Mache wird zu mach.

Hinweis

Das klappt natürlich nicht immer. Bei »verwende« beispielsweise wäre es nicht gegangen. »Verwend die Imperative?« Nee, das geht nicht.

11.3.2 Zur, zum, am, im und beim

Das können wir schnell abhandeln: »Zu dem« oder »an dem« solltest du zur Lesbarkeit (und weil es allgemein anerkannt ist) umwandeln zu »zum« oder »am«. Nicht spektakulär, aber trotzdem einfacher.

11.3.3 Duzen oder doch siezen?

Siezen oder nicht siezen – das ist hier die Frage. Und wie bei allen großen, philosophischen Fragen des Lebens, gibt es keine klare Ja/Nein-Antwort darauf.

Wie du ja weißt, ist die Copy abhängig von der Zielgruppe. Wenn du einen Treppenlift direkt an Menschen über 75 Jahre verkaufst (also nicht an die Kinder, die ihn ihren Eltern besorgen), dann empfehle ich dir, die angesprochene Person besser zu siezen. Wenn du aber mit Pokémon-Sammelkarten dealst, dann wäre das Duzen wohl angebrachter.

Meine Einschätzung: Mittlerweile ist es für den Großteil der Menschen im Internet selbstverständlich, geduzt zu werden. Ausnahme sind natürlich gewisse Unternehmensbereiche, die es entweder nicht gewohnt sind oder in denen die Zielgruppe zu alt ist, um geduzt zu werden. Doch über kurz oder lang wird in Deutschland in ein paar Jahren größtenteils geduzt werden, denke ich.

Jetzt stellt sich für moderne, innovative und junge Unternehmen immer noch eine Frage, ob »du« groß- oder kleingeschrieben werden soll. Meine Empfehlung (auch nach Duden): Schreib »du« in Marketingtexten und jeder Kommunikation klein, es sei denn, es steht in persönlichen Briefen oder Mails. Da ist laut Duden sogar die Großschreibung präferiert.

Mein Einwand aus Copy-Sicht: Unsere Kommunikation sollte einheitlich sein. Daher empfehle ich, in der Regel nicht zwischen »du« klein und »Du« groß zu wechseln.

Langer Rede kurzer Sinn: Ich würde dir im Zweifel das respektvolle »du« empfehlen und deinen Leser auch vorher kurz abholen, dass du lieber in deinen Texten duzt. Es sei denn, es ergibt aus Zielgruppensicht keinen Sinn. Dann solltest du siezen. Die Ansprache ist natürlich ansonsten jedem selbst überlassen.

11.3.4 Gendern in der Copy

Dir wird aufgefallen sein, dass ich in diesem Buch das generische Maskulinum verwende. Zur Einordnung (und ich weiß, ich kann mir hier nur Feinde machen): Ich habe eine ganze Zeit lang in meinen Werbetexten gegendert, weil ich dachte, dass es das absolut Richtige ist und sich auch durchsetzen wird. Nur bin ich damit an einige Grenzen gestoßen, wodurch die Lesbarkeit litt und meine Texte in vielerlei Hinsicht inkonsequent wurden. Daher habe ich mich entschieden, das generische Maskulinum für meine Texte vorerst beizubehalten, da es sich in meinen Augen besser liest und einfacher zu verstehen ist. Aber ich möchte dir hier auch gar keine Empfehlung geben. Du sollst selbstverständlich selbst entscheiden, ob und wie du in deinen Texten gendern möchtest.

Achte dabei nur wie immer auf die Zielgruppe. Aus Copywriting-Sicht macht es natürlich wenig Sinn, ein Herzmedikament für Männer über 50 Jahre zu bewerben und in dem Text dann zu gendern. Oder ein Produkt an Frauen zu bewerben und dort nicht das Femininum zu nutzen. Das ist einfach so. Sonst würde der Text schlechter funktionieren.

Wenn du hingegen eine junge, progressive Zielgruppe mit deinen Texten ansprichst, ist es sinnvoller, zu gendern. Ja, das klingt vielleicht sehr opportunistisch, aber natürlich sollten wir Menschen in Werbetexten immer so ansprechen, wie sie angesprochen werden möchten.

Doch bevor die Diskussion hier eskaliert, lass mich dir noch eins sagen: Ich habe leider auch nicht die eine perfekte Lösung dafür. Dieses Thema ist mehr als komplex. Wenn du mit meiner Wahl hier unzufrieden bist, dann ist das selbstverständlich völlig in Ordnung. Wie du schreiben und kommunizieren möchtest, ist natürlich dir überlassen und darf jeder für sich selbst entscheiden. Das ist ja das Schöne daran! Wir alle lernen noch dazu und nähern uns hoffentlich nur weiter an, anstatt zu spalten und zu verurteilen. Und wenn ich hier wirklich völlig auf dem Holzweg bin, dann möchte ich es sehr gerne erfahren – also schreib mir, wie ich es besser machen kann in Zukunft. Nur bitte respektvoll, das wäre lieb.

11.3.5 Überraschend schreiben

Eine Erfahrung, die ich in den letzten Jahren immer wieder gemacht habe: Wer überraschend schreibt, bekommt treuere und aufmerksamere Leser!

Was meine ich mit überraschend? Worte zu wählen, die sonst sehr selten in Texten vorkommen. Und auch mit Formulierungen zu überraschen, die die Leser nicht erwarten. Wer aus der Reihe tanzt, wird weniger vergleichbar und auch stärker gehört! Je weniger dein Text antizipiert werden kann, desto spannender ist er für die Leser.

Ganz simples Beispiel

Kennst du noch die Fernsehwerbung mit dem Auto auf der Landstraße, das seelenruhig eine Serpentine herunterfährt? Ich pack dir gleich noch mal das Bild dazu ans Ende dieses Abschnitts. Wenn du sie kennst, dann hast du sie nie vergessen. Denn am Ende kommt der Schocker. (Keine Sorge, ich nehme nicht das Bild mit dem Zombie.)

Den gleichen Effekt kannst du aber auch in abgeschwächter Form mit deinem Text erzeugen:

»Als ich die neuen AirPods Pro 3 in den Händen hielt, konnte ich es erst kaum glauben …

Leichtere Hülle. Unglaublich elegantes Design. Perfekte Haptik.

Als ich dann die Kopfhörer zum ersten Mal im überlaufenen Apple Store ins Ohr steckte, passierte es:

KRACHENDE STILLE.

Bumm.

Bumm.

Bumm.

Nichts, außer meinem Herzschlag. Und dann der Song ›Empire State of Mind‹ von Jay Z und Alicia Keys – mit einem Bass, der meinen Herzschlag fast zum Stehen brachte.«

Erkennst du, was ich gemacht habe? Kurz habe ich die Aufmerksamkeit erhascht und bin mit einem *Open Loop* – also einem Informationsdefizit, das erst später aufgelöst wird – im ersten Satz gestartet. Dann habe ich fast nebensächlich ein paar Benefits aufgezählt, die aber nicht der USP sind, sondern nur für den Aufbau sorgen. »Überlaufener Apple Store« sagt automatisch aus, dass es dort laut ist – ohne es zu sagen. Und schließlich folgt das Crescendo mit der überraschend paradoxen »krachenden Stille«, nur, um am Ende mit der Bass- und Klangqualität und einem

Beispiel abzurunden, am besten mit einem Song, den alle kennen und sofort im Kopf hören. Also, schreib so wie jeder Satz klingt, der aus Udo Lindenbergs Mund kommt: unantizipierbar.

Ach ja, ich bin dir ja noch das Bild der Schockerwerbung schuldig (siehe Abbildung 11.1).

Abbildung 11.1 Diese Werbung kennst du, oder?

Und? Kennste? Klar, oder? Wird man nicht so schnell wieder vergessen.

Aber auch beim überraschenden Schreiben gilt: Bitte mit Maß. Wer versucht, jeden Satz zu einem fabulösen Kunststück der Wortakrobatik emporzuheben, klingt irgendwann unglaubwürdig, so wie ich jetzt. Deshalb hör ich jetzt auch auf damit …

11.4 Copywriting-Hacks – schnell, effizient, mehr Klicks

Ich möchte dir hier noch ein paar kleine Hacks im Stil und der Sprache zeigen, die deine Copy lesbarer und einflussreicher machen. Bedenk dabei, es sind nur kleine Kniffe. In Summe können sie die Conversion pushen, sie können aber nicht die berühmte »Kuh vom Eis« holen. Wenn Angebot, Zielgruppe und Zeitpunkt nicht passen oder andere gravierende Fehler begangen wurden, dann wird aus 0 trotzdem nicht 1.

Lass mich dir eine schnelle Übersicht und jeweils eine knackige Erklärung geben – wie und wo du die Copywriting-Hacks dann in deinem Werbetext einsetzt, überlasse ich gänzlich deinem Gespür. Einige Copywriting-Hacks für bessere Lesbarkeit und mehr Klicks findest du in Tabelle 11.1.

Copywriting-Hack	Erklärung
Auslassungspunkte und Satzumbrüche	Du möchtest ja, dass deine Copy mehr gelesen wird. Ein kleiner, aber feiner Trick sind Auslassungspunkte und ungewöhnliche Satzumbrüche. Wenn du mitten im Satz, Folgendes tust … … dann müssen deine Leser fast zwanghaft den zweiten Teil des Satzes ebenfalls lesen, … … um auch alle Informationen zu erhalten.
Link above the fold mitten im Text	Das geht nicht immer, aber wenn möglich und sinnvoll, dann solltest du einen Link above the fold in deine Copy einbauen. Beispiel: »Hast du schon von unserer Neujahrsaktion gehört? Nein? *Dann klick schnell hier und erfahre, wie du bis zu 50 % sparen kannst …* Zum Start ins neue Jahr haben wir uns nämlich etwas ganz Besonderes überlegt: …«
den »Fast forward« nutzen	In nur einem Satz das Versprechen der Mail oder Landingpage »vorwegnehmen« und dann neugierig machen. Beispiel: »Am Ende dieser Mail wirst du wissen, wie du bei deiner nächsten Reise nach Griechenland bis zu 40 % sparen kannst – wenn du folgende Schritte beachtest: …«
eckige Klammern im Betreff oder in Headlines	Lenkt die Aufmerksamkeit auf die wichtigste Information, ohne den Sinn der Überschrift zu verfälschen. Beispiel: »[Nur heute] Meld dich hier noch zum kostenfreien Infoabend an:«

Tabelle 11.1 Copywriting-Hacks für mehr Klicks

Copywriting-Hack	Erklärung
Copy in Grafik weiterführen	Du hast auf deiner Sales Page oder in deiner Mail eine Grafik, auf der Copy steht? Dann bau sie in deine Body Copy mit ein, so als wäre sie Teil des normalen Textes. Das führt zu mehr Interaktion. (Ach ja, mach deine Grafik klickbar für eine höhere Conversion.)
Antworten auf W-Fragen fetten	Name des Produkts, Datum, Angebot oder Aktion, Ort oder das Hauptversprechen sollten im Text gefettet werden, damit die Leser auf einen Blick alle relevanten Informationen für ihre Entscheidungsfindung scannen können.
Testimonials vor und nach dem CTA	Betten die Handlung und den Klick quasi in Vertrauen und Sicherheit ein.
Text in Klammern oder in kleinerer Schrift unter oder über dem CTA	Du kannst die Dringlichkeit und den Fokus auf den Call to Action noch mal verstärken, indem du in kleiner Schrift oder in Klammern eine weitere Verknappung oder Erläuterung zum CTA hinzufügst. Beispiel: »Jetzt dein Ticket mit 70 % Rabatt sichern« (Nur max. 100 Stück verfügbar)

Tabelle 11.1 Copywriting-Hacks für mehr Klicks (Forts.)

Probiere diese kleinen, aber effektiven Hacks mal aus und schau, wie sich deine Conversion Rate verändert, wenn du mehrere unterbringst.

11.5 Editieren – mach aus purem Gold sogar noch einen Diamanten

Das Editieren deiner Copy findet auf verschiedenen Ebenen statt: Der Sinn- (oder Meta-)Ebene sowie der Makro- und der Mikroebene. Du solltest dich aus der Vogelperspektive, also der Metaebene, beim Editieren immer eine Ebene tiefer vorarbeiten – nur um dann ganz zum Schluss erneut aus der Vogelperspektive draufzuschauen.

Ja, ich weiß, für viele Menschen ist das Editieren der unliebsamste Schritt im Schreibprozess, immerhin ist die Leistung eigentlich schon erbracht. Du hast dir deinen eigenen Text zu diesem Zeitpunkt bestimmt auch schon 24-mal durchgelesen ... und jetzt da erneut mehrfach drüberzugehen, ist einfach nur ätzend.

Aber das Editieren trennt die Spreu vom Weizen und kann eine So-lala-Copy zu einem einschlagenden Meisterwerk veredeln. Daher ist dieser letzte Schritt leider unabdingbar. Also lass uns noch ein letztes Mal über deine Copy gehen, mit diesen Tipps wird das Editieren zum Spaß!

11.5.1 Nimm dir Zeit für verschiedene Phasen

Editieren bedeutet, Geduld zu haben. Wenn du wirklich aus deinem Werbetext noch das Maximum herausholen möchtest, solltest du mindestens drei Phasen des Editierens einplanen und nach jeder Phase mindestens eine kleine, besser eine lange Pause einplanen:

- **Phase 1**: erste Verbesserungen und grobes Editieren
- **Phase 2**: am besten einen Tag später, um mit frischem Blick über die Copy zu gehen
- **Phase 3**: Finalisierung

Je länger die Copy oder je größer der Funnel, desto mehr Zeit solltest du selbstverständlich für die Phasen einplanen.

11.5.2 Die W-Fragen

Ich weiß, du bist vermutlich älter als 12 Jahre (sonst sofort ab ins Bett!) und du bist auch bestimmt nicht mehr in der Schule. Deshalb wird dir dieser Tipp wahrscheinlich sehr banal vorkommen – fast schon beleidigend für deine Intelligenz. Aber du musst mir vertrauen, diesen Fehler begehen die größten Unternehmen und erfahrensten Marketer. Sie checken nicht die simplen W-Fragen, bevor sie eine Kampagne veröffentlichen.

Die W-Fragen

- Wer?
- Was?
- Wo?
- Wie?
- Wann?

Ja, es ist langweilig. Ja, es ist nervig, das jedes Mal durchzugehen. Aber nichts schadet einer Werbekampagne mehr, als eine dieser Fragen nicht glasklar beantwortet zu haben:

- **Wer?**

  Wer ist der Absender der Werbebotschaft? Wer ist der Adressat? Wer soll die Handlung ausführen? Wer ist explizit nicht gemeint?

- **Was?**

  Was wird beworben? Was ist das genaue Angebot und ist es unmissverständlich? Was genau soll der Interessent tun, um zum gewünschten Endergebnis zu gelangen?

- **Wo?**

  Wo findet die Transaktion, das Event, die Zustellung statt? Wo kann sich der Leser informieren? Wo soll er hingeleitet werden? Wo kann er reklamieren, falls er nicht zufrieden ist?

- **Wie?**

  Wie kann der Interessent das Produkt erwerben? Wie soll er sich nach dem Kauf fühlen? Wie nutzt er das Produkt?

- **Wann?**

  Wann soll der Interessent handeln? Wann findet beispielsweise das Event oder Webinar statt? Sowohl das Datum als auch die GENAUE Uhrzeit müssen genannt werden. (Ja, auch hier sehe ich ganz häufig, dass die Uhrzeit einfach vergessen wird oder eine falsche eingefügt wurde.)

Erst, wenn alle W-Fragen ohne Missverständnisse beantwortet sind, gehst du zum nächsten Teil des Editierens über: der Sinnhaftigkeit deiner Copy.

11.5.3 Die Sinnebene (oder auch Metaebene)

Hier wird es schon etwas kniffliger. Du musst deine Copy im nächsten Schritt auf ihre Sinnhaftigkeit und Verständlichkeit hin prüfen. Es gibt aber wie so häufig folgende Herausforderung: Du bist Ersteller der Copy. Du hast alle Informationen rund um das Unternehmen und das Angebot, die Zielgruppe etc. in deinem Kopf. Schwer, da objektiv zu bleiben. Denn ob du willst oder nicht – unbewusst füllst du Informationslücken einfach selbst auf und nimmst sie insofern in der Copy nicht wahr. Das bedeutet, du bist eigentlich nicht die geeignetste Person, um deine Texte zu prüfen. Aber gut, du bist ja dennoch unser bestes Pferd im Stall und ich vertraue niemandem so sehr wie dir. Daher lass uns schauen, wie du trotz dieser Herausforderung deine Texte auf Sinn und Klarheit prüfen kannst. Dazu solltest du fünf Kriterien definitiv beachten.

Kriterien, den Text auf der Sinnebene zu bewerten und zu editieren

- **Sinnhaftigkeit**: Ergeben alle Informationen und die Reihenfolge, in der du sie präsentiert hast, auch wirklich Sinn?
- **Klarheit**: Sind alle Informationen eindeutig und klar formuliert? Gibt es eventuelle Missverständnisse, die auftreten könnten?
- **Information**: Sind auch alle relevanten Informationen für den Leser im Text enthalten und untergebracht? (Prüf die W-Fragen durch.)

- **Verständlichkeit**: Gibt es Abschnitte, Sätze oder Formulierungen, die auch anders interpretiert werden könnten?
- **Lesbarkeit**: Ist deine Copy lesbar? Gibt es irgendwo Schwierigkeiten bei der Darstellung oder Lesbarkeit?

Ein sehr nützlicher Tipp: Geh deine Copy 5-mal nacheinander mit dem Vorsatz durch, sie wirklich nur nach einem dieser Kriterien zu bewerten, und markiere die Auffälligkeiten dementsprechend. Ich empfehle dir der Einfachheit halber, für jedes Kriterium eine feste Farbe auszuwählen. So kannst du verschiedene Abschnitte, Sätze oder Wörter einfach schnell markieren und weißt beim nächsten Durchgang immer sofort, wo genau das Problem lag.

Und du kannst hierbei natürlich wie immer auch die KI als Unterstützung hinzuziehen, indem du sie darauf trainierst, genau diese Kriterien in deinem Text zu prüfen. Dazu gibst du ihr einfach die Rolle des Unwissenden bzw. sagst ihr, auf welcher Stufe der Aufmerksamkeit sie sich befinden soll.

Prompt zum Editieren der Sinnhaftigkeit

Kannst du den angefügten Text bitte auf folgende Kriterien prüfen und verbessern?

- **Sinnhaftigkeit**: Ergeben alle Informationen und die Reihenfolge, in der ich sie präsentiert habe, auch wirklich Sinn?
- **Klarheit**: Sind alle Informationen eindeutig und klar formuliert? Gibt es eventuelle Missverständnisse, die auftreten könnten?
- **Information**: Sind auch alle relevanten Informationen für den Leser im Text enthalten und untergebracht? (W-Fragen prüfen.)
- **Verständlichkeit**: Gibt es Abschnitte, Sätze oder Formulierungen, die auch anders interpretiert werden könnten?
- **Lesbarkeit**: Ist meine Copy lesbar? Gibt es irgendwo Schwierigkeiten bei der Darstellung oder Lesbarkeit?

Gib mir den fertigen Text bitte in zwei Versionen: Einmal final korrigiert ohne Anmerkungen und einmal markiert mit den genauen Änderungen, die du vorgenommen hast, damit ich die Änderungen nachvollziehen kann.

Wenn du deinen Werbetext auf dieser Ebene geprüft hast, kannst du in die nächste Phase des Editierens übergehen: die Makroebene.

11.5.4 Die Makroebene

Die Makroebene ist die Form, die optische Struktur, die visuelle Auslieferung deiner Copy. Denn der beste Text der Welt nützt dir rein gar nichts, wenn er nicht auch gelesen wird.

Ellenlange Textwüsten, zu kleine Schrift, unzusammenhängende Abschnitte oder einfach ein optisches Chaos sorgen dafür, dass deine Leser gar nicht erst anfangen, ihren Job zu vollrichten und deine Copy aufmerksam zu lesen. Sie springen direkt ab. Daher musst du Ordnung und Struktur reinbringen. Wie sagt man so schön? Das Auge isst mit.

Kluge Absätze

Die meisten Texte werden höchstens mit der kalten Schulter angeschaut, weil sie als unattraktive Textblöcke daherkommen. Das überfordert das Auge des Lesers. Besser sorgst du für sinnvolle Absätze. Beachte dafür folgende Schritte:

Text planen

Viel zu häufig setzen wir uns ohne konkreten Plan an unsere Texte. Frei nach dem Motto: »Wenn ich nur lange genug draufstarre, dann kommt schon eine geile Idee!«

Das kann mal funktionieren, tut es in den meisten Fällen jedoch nicht.

Besser planst du deinen Text. Schreib dir ganz genau auf, was du wann sagen möchtest, um deine Leser zu überzeugen. Das schafft nicht nur maximale Klarheit für dich – sondern erleichtert dir auch erheblich die Arbeit.

Glaub mir: Mit der richtigen Planung und Struktur zu Beginn, kommen dir während des Schreibens die genialen Ideen von allein!

Also, befolg einfach diese simplen Schritte:

- Schreib dir in Stichwörtern übereinander die Inhalte auf, die dein Text enthalten soll.
- Kategorisiere die Inhalte grob nach Themenblöcken.
- Sortiere nun die einzelnen Themenblöcke, bis sie argumentativ schlüssig sind.
- Gib den Blöcken gegebenenfalls Überschriften und nummeriere sie logisch durch (1, 2, 2a, 2b, 2c, 3, …).
- Dann formuliere jedes Stichwort gemäß den Schreibprinzipien aus Abschnitt 11.2, »Die Schreibtechniken – so wird deine Copy lesbarer«, einfach aus. Füll sozusagen das Skelett mit Fleisch.

Easy, oder?

Jeder Gedanke ein Absatz

Eine große Hilfe beim Schreiben und Lesen ist es, wenn du für jeden Gedanken oder geschlossenen Gedankengang einen Absatz verwendest.

Du startest einen neuen Gedanken? Dann starte einen neuen Absatz.

Absätze können auch sehr kurz sein und aus einem Wort oder einem Satz bestehen, wenn ihre Gedanken für sich allein stehen.

Bulletpoints

Auch simpel, aber wichtig: Folgen viele kurze Gedanken einer logischen Kette direkt aufeinander? Dann pack sie untereinander hinter Bulletpoints.

Aber nur, wenn mehr als zwei Gedanken aufeinanderfolgen. Ansonsten wirkt es etwas lächerlich. Optimal ist ohnehin (wenn möglich), Bulletpoint-Listen in Dreier- oder Fünfer-Schritten zu wählen – diese sind am leichtesten für das Hirn zu verarbeiten.

Du kannst Bulletpoints auch gerne nutzen, um den Fokus auf einen bestimmten Teil deiner Copy zu richten, beispielsweise die Benefits.

Schlechtes Beispiel

»Wenn auch du dich wieder klarer, energetischer, zufriedener, gesünder und glücklicher fühlen möchtest, dann tritt jetzt dem Morning-Fitness-Routine-Club bei – und hol dir deine Energie zurück!«

Alle Benefits sind in der Aufzählung des Satzes enthalten, man überliest sie nur leichter. Wenn du jedoch das Augenmerk genau auf diese Vorteile richten möchtest, versuch's mal so:

Gutes Beispiel

»Wenn auch du dich endlich wieder

- klarer
- energetischer
- zufriedener
- gesünder
- und glücklicher

fühlen möchtest, dann tritt jetzt dem Morning-Fitness-Routine-Club bei – und hol dir deine Energie zurück!«

Viel konsumierbarer für den Leser und leichter, an dieser Stelle mit den Augen hängen zu bleiben.

Leerzeile zwischen Absätzen

Hast du hier im Buch noch nicht gesehen, da es sich hier anders verhält als beim Copywriting: Wir machen immer Leerzeichen zwischen den Absätzen (so wie hier ausnahmsweise).

Wieso? Weil auch das für die Leser (gerade am Smartphone) leichter zu konsumieren ist und die Trennung der zwei Aussagen oder Gedanken so klarer gezogen wird.

Wenn das hier im Buch auch zählen würde, wäre ich viel schneller mit der Seitenanzahl durch gewesen … aber leider ist das ja keine Copy hier. Und du hättest auch nur die Hälfte an Wissen bekommen.

Ausnahme:

Wenn du den Absatz nur als kleine Überschrift nutzen möchtest – so wie hier.

Die Lesestraße – großzügige Zwischenüberschriften

Wir sind keine Romanautoren, sondern versuchen klare und nutzenorientierte Marketingtexte für unsere Kunden zu verfassen. Und was macht die Struktur und den Sinn eines Textes klarer als viele Zwischenüberschriften? Richtig. Nichts.

Du musst pro Absatz nicht viel schreiben. Aber die Lesestraße ist extrem wichtig. Denn leider scannen viele Menschen heutzutage die Texte nur schnell und tauchen erst dann tiefer ein, wenn sie an einem bestimmten Punkt hängen bleiben. (Optimalerweise wäre das natürlich nach der ersten Headline.) Geh daher großzügig mit Zwischen-Headlines um und versuch möglichst schon die gesamte Geschichte über sie zu erzählen.

Kleiner Hack für die Lesestraße

In Google Docs (und auch in anderen Schreibprogrammen) kannst du Überschriften für bestimmte Abschnitte festlegen und den Text unter jedem Abschnitt aus- oder einklappen.

Wenn du also ein langes Dokument hast, leg deine Zwischenüberschriften so an und klapp die gesamte Body-Copy ein. Du erhältst so eine Übersicht allein mit deinen Headlines. Jetzt geh mal diese Lesestraße durch – ist deine Argumentation logisch und verständlich, ohne dass der Leser die Body-Copy liest?

Bilder oder GIFs

Ja, auch gezielt Bilder einzubauen gehört zum Copywriting dazu. Denn du gibst als Copywriter vor, an welcher Stelle ein Bild am aussagekräftigsten ist, den Text auflockert oder die Argumentation unterstützt.

Wenn du in einer Mail ein bestimmtes Produkt bewirbst, bietet es sich an, dieses Produkt an einer sinnvollen Stelle auch zu zeigen. Geh aber sparsam damit um. Denn ansonsten sollten gerade Mails aussehen wie Mails und nicht wie ein Werbekatalog zum Durchblättern.

Ich liebe z. B. lustige GIFs in meinen Mails. Das habe ich mir irgendwann mal in Amerika abgeschaut und bemerkt, dass es in Deutschland in Mails fast nie verwendet wird. Und ja, hier sind GIFs in Mails gar nicht so gern gesehen. Einer schrieb mir auf den Newsletter sogar mal, es sei »widerlich«. Steile These. Mir ist das egal, ich bleibe dabei. Und dir sollte es auch egal sein, solange es deiner Copy dient und du deinen Text mit Bildern oder GIFs etwas auflockern kannst.

Fetten, Versalien, unterstreichen, kursiv

Ich LIEBE es, mit Großschrift (Versalien) zu arbeiten. *Ehrlich*! Es hilft dabei, die Betonung auf das **wirklich** Wichtige zu richten.

Durch die Nutzung von Fett-, Groß- und Kursivschrift wie dem Unterstreichen kannst du viel mehr Dynamik in deine Copy bringen. Und es unterstützt ebenfalls das Gefühl der gesprochenen Sprache. Oder sag du's mir: Welcher Satz liest sich emotionaler?

Ohne

»Ich kann dir nur sagen, so was hast du noch nicht gesehen ...«

Bisschen langweilig, oder? Wie sieht's hiermit aus?

Mit

»Ich kann dir nur sagen, SO WAS hast du noch nicht gesehen ...«

Natürlich ist das immer Stilsache und muss zur Brand Voice des Unternehmens passen. Aber Dynamik tut grundsätzlich jedem Text gut. Denn es gibt ja nur eines, das du vermeiden möchtest: langweilig zu sein.

Wenn du außerdem wichtige Informationen, Argumente oder Benefits in deinem Text fettest, kannst du dadurch ebenfalls eine Lesestraße erzeugen, an der sich die Leser entlanghangeln können, ohne die gesamte Copy lesen zu müssen. Die wichtigsten Antworten auf die W-Fragen kannst du ebenfalls fetten.

Wichtiges in größerer Schrift

Du hast ein Produkt, das du launchst? Du lädst zu einem wichtigen Webinar ein? Du hast eine besondere Aktion?

Dann mach dieses Angebot zum zentralen Anker deiner Mail, indem du das Angebot in größerer Schrift von der restlichen Copy abhebst. Ich empfehle dir, etwa nach der Hälfte oder nach 2/3 der Mail den visuellen Anker zu setzen und die größere Schrift zu verwenden.

CTAs und Links nutzen

Calls to Action, Buttons oder Textlinks benötigst du nicht nur für den Klick, sondern du kannst sie auch einsetzen, um Mail und Text optisch in verschiedene Abschnitte zu unterteilen.

Bei vielen Mails (nicht allen) ist es sinnvoll, einen Link above the fold anzubieten, damit schnelle Entscheider direkt zur Landingpage weitergeleitet werden. (Auf Landingpages gibt es ja ohnehin immer direkt einen CTA above the fold.)

Meiner Erfahrung nach solltest du auch hier immer spätestens bei der Hälfte oder nach 2/3 der Mail einen CTA einbauen – und dann noch einen zweiten kurz vor Ende der Mail (im PS im besten Fall auch noch).

Die Buttons oder Links strukturieren deine Mail dann sehr gut durch. Sie müssen gar nicht so unglaublich auffallend oder präsent sein, aber sie geben trotzdem eine optische Struktur. Die Leser wissen auf den ersten Blick, wie die Mail unterteilt ist und wo es Möglichkeiten zum Klicken gibt.

Text schmaler machen

Wie bereits gesagt, gilt im Marketing schon lange »mobile first«. Mails, Landingpages oder Ads werden auf dem Handy gelesen. Daher solltest du deinen Text auch für das Format eines Smartphones optimieren. Um die Leserbarkeit zu erhöhen und den Text leicht verdaulich zu machen, kannst du ihn einfach etwas schmaler darstellen. So wird er mehr gelesen. Simpel, aber effektiv.

Horizontale Linien

Horizontale Linien nutze ich auch sehr gerne. Um beispielsweise eine Mail noch besser für das Auge des Lesers zu strukturieren, kannst du punktuell eine horizontale Trennlinie einbauen. Die Mail darf dadurch natürlich nicht zu zerstückelt wirken, nutz also maximal ein bis zwei Trennlinien pro Mail.

Am sinnvollsten ist sie, wenn du z. B. den Content und die Tipps in einem eigenen Bereich trennst, damit die Leser direkt einen Anker haben, wo sie wichtige Inhalte finden. Oder du nutzt sie kurz vor deinem Pitch in der Mail. Das Auge bleibt an der Trennlinie hängen und liest den ersten Satz nach der Linie. So kannst du direkt den Fokus auf dein Angebot lenken.

11.5.5 Die Mikroebene

Jetzt gehen wir noch eine Ebene tiefer und werden mal so richtig penibel. Auf der Mikroebene müssen wir jeden Satz durchgehen und prüfen. Das kann echt anstrengend sein – gerade, weil man seinen Text ja schon zum x-ten Mal liest –, ist aber ein Muss. Denn hier holst du die letzten und entscheidenden Prozente aus deiner Copy heraus.

Keep it simple! (Atemtest und Satzzeichen)

Im großen Land der Dichter und Denker haben wir in unserer Schullaufbahn, wie auch im Erwachsenenalter, durch die Literatur oft den Eindruck vermittelt bekommen, dass möglichst viele Schachtelsätze, so wie in diesem anschaulichen Falle genutzt, von erhabenem Intellekt und besonderer Eloquenz zeugen, obgleich wir uns eingestehen müssen, dass diese Art des Schreibens eher aufgeblasenes Gehabe ist, wenn nicht sogar auf eine gesteigerte Hybris zurückzuführen ist, die weder dem Leser noch dem Verfasser selbst dienlich ist und gleichzeitig dafür sorgt, dass du schon längst vergessen hast, worum es am Anfang dieses elendig langen Satzes ging, richtig?

Zugegeben, das hat Spaß gemacht, diesen Satz zu schreiben. Aber er ist natürlich völliger Blödsinn. Kein Mensch spricht, liest oder denkt so. Du kannst intelligent sein und auch intelligent schreiben, ohne deine Gedanken hinter Schachtelungen verstecken zu müssen, damit sie noch cleverer wirken.

Ganz im Gegenteil: beim Copywriting besteht die Herausforderung ja genau darin, dass du unfassbar wenig Zeit hast, deine Leser zu überzeugen. Und deine Gedanken und Worte sollten auf einen Blick erfassbar und verständlich sein. Wenn jemand einen Satz in deiner Copy zweimal lesen muss, dann nur, weil du es so wolltest!

Ansonsten muss jeder, wirklich jeder Satz beim ersten Lesen klar sein und die Leser zum nächsten Satz führen. (Du erinnerst dich, die *Slippery Slide*.)

Daher gilt: Keep it simple! Schreib geradlinige, klare, prägnante Sätze, einen Gedanken nach dem anderen. Ist der Satz zu umständlich, heißt es kürzen. Doch wie findest du heraus, ob ein Satz zu lang oder zu umständlich ist? Dafür gibt es einen einfachen wie genialen Trick: den Atemtest.

Der Atemtest

Geh deine Copy Satz für Satz durch. Lies jeden einzelnen Satz laut vor. Solltest du an einer Stelle während des Vorlesens auch nur ein einziges Mal Luft holen müssen, ist der Satz zu lang. Versuch ihn mithilfe sinnvoller Satzzeichen zu kürzen. Oder du streichst Irrelevantes komplett heraus.

Ich für meinen Teil – wie du hier auch sicherlich schon gemerkt hast – bin ein großer Fan von Spiegelstrichen, Doppelpunkten und Auslassungspunkten. Semikola nutze ich für meinen Teil weniger (das hat für mich rein ästhetische Gründe), sie eignen sich aber natürlich genauso gut.

Nehmen wir einfach mal den absurd langen Satz, den ich mir zum Einstieg dieses Abschnitts ausgedacht habe, und teilen ihn Stück für Stück in konsumierbare Sätze und Gedanken. Fügen wir jetzt ein paar Punkte und Satzzeichen ein, stellen es etwas um, kürzen Unnötiges raus und prüfen das Ganze noch mal mit dem Atemtest.

Mit simplen Sätzen, mehr Satzzeichen und dem Atemtest

Im großen Land der Dichter und Denker haben wir in unserer Schullaufbahn – wie auch im Erwachsenenalter – durch die Literatur oft den Eindruck vermittelt bekommen, dass möglichst viele Schachtelsätze von erhabenem Intellekt und besonderer Eloquenz zeugen. Obwohl wir uns eingestehen müssen: Diese Art des Schreibens ist eher aufgeblasenes Gehabe oder lässt auf eine gesteigerte Hybris schließen. Denn weder sind Schachtelsätze dem Leser ... noch dem Verfasser selbst dienlich.

Immer noch kein schöner Text – aber immerhin viel verdaulicher.

Sag nur das, was du zu sagen hast

Achtung, Warnhinweis: Dieser Tipp, einmal verinnerlicht, kann das Zusammenleben mit einigen Menschen in deinem Umfeld schwer beeinflussen. Der Tipp: Sag bitte nur, was du zu sagen hast, und starte mit der wichtigsten Information zuerst. (Ausgenommen, du möchtest mit Storytelling oder bewusst mit Informationsdefiziten arbeiten.)

Die meisten Menschen formulieren ihr Anliegen eher so:

Irreführend

Letzte Woche hatten wir ja unser Meeting in der großen Runde. Eine Frage, die aufgekommen ist: Könntest du mir eine Auswertung der Newsletter aus dem letzten Quartal zukommen lassen? Ist dir dort etwas an den Zahlen aufgefallen? Im letzten Dienstags-Meeting war auch die Geschäftsführung dabei und da hat mir Uta in der Pause gesagt, dass wir im letzten Quartal nur 7 oder 8 Newsletter rausgesendet haben und daher unser Umsatz wohl massiv eingebrochen ist. Jetzt wollte ich dich einfach mal fragen, woran das eventuell gelegen hat. Hattet ihr einfach zu viel zu tun oder gab es andere Probleme? Wäre es möglich, im kommenden Quartal die Schlagzahl wieder etwas hochzufahren – damit wir auch über unser E-Mail-Marketing wieder mehr Umsatz machen?

Klar, diese Formulierung ist nett und freundlich. Und den netten Ton wollen wir auch beibehalten. Nur kommt die entscheidende Information für den Empfänger erst zum Schluss und ist noch dazu in schwammige Sätze eingebettet. Besser ist, mit der wichtigsten Aussage zu beginnen.

Klarer

Können wir im nächsten Quartal mehr Newsletter raussenden, um den Umsatz zu steigern? Der Grund ist folgender: Laut Uta ist der Umsatz im letzten Quartal eingebrochen. Eine Theorie ist, dass es an der geringeren Schlagzahl an Newslettern lag. Wie siehst du das?

First things first – starte für mehr Klarheit mit der wichtigsten Information und gib danach die Begründung dafür. Und all den weiteren Fluff drumherum? Einfach weglassen.

Verben statt Nomen

Zu Beginn von Kapitel 6, »Die Grundprinzipien erfolgreicher Copy«, habe ich es bereits erwähnt, in diesem Kapitel habe ich es auch schon erwähnt, ich kann es gar nicht oft genug sagen: Wir schreiben so, wie wir sprechen.

Und niemand würde sich im echten Leben in einem Gespräch so ausdrücken:

> *Es erfolgte die Durchführung der Marketingmaßnahme, die einen erheblichen Erfolg vorzuweisen hatte.*

Es sei denn, die Person ist Jurist oder Politiker. Nein, wir Menschen sprechen nicht im Nominalstil, sondern im Verbalstil. So wird ein Schuh draus:

> *Wir haben die Marketingmaßnahme erfolgreich durchgeführt.*

Angenehmer und natürlicher, oder? Und glaub mir: Kommt auch besser bei den Lesern an. Nominalstil wirkt belehrend und von oben herab kommunizierend. Das wollen wir ja nicht – Augenhöhe, du erinnerst dich.

Vermeide Fremd- und Fachwörter

Auch schon besprochen, aber gerade beim Editieren ist es ein wichtiger Punkt, auf den du achten solltest: Streich konsequent alle Fachbegriffe aus deiner Copy heraus. Je klarer und einfacher du erklärst, desto verständlicher für alle Leser. Du musst nicht mit deinem Fachwissen angeben – das geht häufig auf Kosten der Conversion.

Mit einer Ausnahme: Du sprichst in der Sprache der Zielgruppe und sie würden diese Worte selbst verwenden. Eine studierte und praktizierende Biologin würde vermutlich selbst eher von Mitochondrien sprechen als von den »Kraftwerken der Zelle«.

Kill your darlings ...

Wie singt Chris Martin von *Coldplay* schon so rührselig im Song »The Hardest Part«?

> *»And the hardest part was letting go, not taking part ... you really broke my hea-a-a-art.«*

Genau so fühlt es sich an, wenn du deine Lieblingssätze liest – und sie aus deinem Text rausstreichen musst. Doch häufig müssen wir uns leider eingestehen: Die Sätze, die uns selbst am besten gefallen, haben in der Copy nichts zu suchen oder sind zu verwirrend für den Leser. Daher müssen wir uns schweren Herzens von ihnen trennen. Und ja, du hast recht: Den merkwürdigen Coldplay-Einstieg hätte ich ebenfalls streichen sollen. Aber wenn du den Song kennst, wird dir dadurch diese Lektion hoffentlich in Erinnerung bleiben.

Rechtschreibung prüfen

Nichts ist peinlicher als offensichtliche Rechtschreibfehler. Gerade in der heutigen Zeit, in der dir jedes Tool den Skill astreiner deutscher Rechtschreibung abnimmt.

Deine Rechtschreibung muss zu 99 % sitzen. Außer, es ist absichtlich nicht gewollt. Und gleichzeitig darfst du dich auch nicht verrückt machen, solltest du einen Fehler haben, selbst einen wiederkehrenden. Auch du bist nur ein Mensch. Und kleine Fehler machen uns sympathisch, solange nicht der gesamte Text von Fehlern durchzogen ist.

Rechtschreibung auch mal missachten

»Erst sagt er, man müsse dies und das unbedingt machen – und jetzt fordert er schon wieder dazu auf, die selbst aufgestellten Regeln zu missachten! Entscheid dich mal, Jung!«

Fair point ... aber ruhig bleiben, ich werd's dir ja erklären. Wenn du möchtest, dass deine Copy dynamisch, frisch und originell ist, kannst du dich nicht an jede steife Regel halten. Du musst sie auch mal brechen, solange du es bewusst machst und solange der Leser auch erkennt, dass das entweder Stil oder bewusst gewählt ist und keinesfalls auf Nichtwissen oder Schludrigkeit zurückzuführen ist.

Wenn ich also einen Berliner Akzent imitieren möchte, dann missachte ich natürlich die Rechtschreibung: »Ick glob, ick bin im Film!« Sonst käme der Akzent ja auch nicht rüber.

Es gibt einen Ort, an dem du die Rechtschreibung definitiv komplett missachten solltest: bei deinen Kundenstimmen. Wenn du originale Kommentare und positive Testimonials bekommen hast, dann darfst du unter keinen Umständen die Rechtschreibung dieser Kundenstimmen verbessern. Wieso? Weil es übergriffig ist und weil du dadurch die Echtheit des Testimonials untergräbst. Und dir somit nur selbst schadest. Kundenstimmen werden mit all ihren Fehlern übernommen. Auch, wenn es weh tut.

Check den Flow deines Textes

»*Lass es flowen wie Nasenbluten*«, ist eine der peinlichsten Zeilen, die der Deutsch-Rap je ertragen musste. Und diese Zeile geht leider auf Kool Savas' Kappe. (Witzigerweise ist es dennoch immer der erste Satz, der mir in den Sinn kommt, wenn ich vom Flow spreche oder schreibe.)

Der *Flow-Zustand* ist eines der schönsten psychologischen Phänomene, das man in seiner Arbeit erreichen kann. Alles um einen herum wird unwichtig, die Zeit verfliegt, du wirst eins mit deinem Tun und kommst fast in einen Rausch. Ein geiles Gefühl.

Und genau wie beim Deutsch-Rap ist der Flow der Copy ganz entscheidend dafür, ob sich ein Song oder ein Text gut anhören.

Es ist der Rhythmus, das Gefühl, das Tempo, die Melodie des Textes, die hier den Unterschied machen. Manchmal musst du anziehen ... und dir manchmal gaaanz viel Zeit lassen. Manchmal hört sich ein Satz einfach falsch an – auch wenn du nicht weißt, woran es liegt. Mitunter musst du ein Wort hinzufügen, statt es wegzustreichen.

Du gibst den Takt vor. Du bist der Dirigent. Hör auf deine Intuition. Wo bricht der Text? Wo stolperst du? Wo sind die Worte nicht ganz im Rhythmus? Was passt nicht in die Melodie?

Jetzt hab ich mich hier ein wenig in der Schreibromantik verloren. Ich hoffe, du verstehst, was ich meine. Den Flow eines Textes wirklich bewerten zu können, braucht viel Erfahrung. Aber mit der Übung wirst du irgendwann automatisch merken, wo etwas fehl am Platz ist.

Drei Tipps, um den Flow zu checken

1. Lies den Text laut vor und achte darauf, ob und wo du beim Vorlesen stolperst. Versuch dieses Wort entweder zu streichen oder durch ein passenderes zu ersetzen.
2. Jag den Text durch ChatGPT oder Claude – mit der Bitte an die KI, den Text auf unnötige Füllwörter oder komplizierte Ausdrücke hin zu prüfen. (**Achtung:** Die KI wird dir vermutlich alle Füllwörter daraufhin rauskicken. Aber für den Flow und die gesprochene Sprache ist es oft supersinnvoll, extra natürliche Füllwörter einzubauen. Sonst wirkt dein Text zu statisch und glatt gebügelt.)
3. Gib wie immer den Text anderen Menschen – sowohl aus deinem Unternehmen als auch themenfremden Personen – und frag sie ebenfalls, wo sie stolpern.

Wie der Text flowt, musst du selbst prüfen und entscheiden. Ich kann dir hier leider keinen besseren Tipp geben, als ihn so oft laut vorzulesen und zu ändern, bis du nicht mehr beim Vorlesen stolperst, sondern in einem Rutsch durchlesen kannst.

In dem Sinne: Lass deine Copy flowen wie Nasenbluten ... oder so ähnlich.

11.5.6 Editieren mit KI

Natürlich solltest du dir beim Editieren auch die Hilfe unseres freundlichen Roboters aus der Nachbarschaft holen. Darin ist er auch besonders gut.

Aber sag ChatGPT & Co. bitte wie immer ganz genau, worauf es den Text prüfen und editieren soll. Sonst läufst du Gefahr, dass wichtige Informationen, Wörter oder ganze Gedanken aus dem Text gekürzt werden und du sie im Nachgang wieder hinzufügen oder ganz neu formulieren musst. Das macht dich im Endeffekt dann langsamer statt schneller.

Du kennst bereits einige der nützlichen KI-Tools, die du zum Editieren und Redigieren nutzen kannst:

- **LanguageTool**: Als Google-Plug-in ist das Tool dein ständiger Korrektor, der dir parallel beim Schreiben über die Schulter schaut. Unverzichtbar!
- **Duden Mentor**: Lohnt sich, um noch mal die deutsche Instanz in Sachen Rechtschreibung drüberschauen zu lassen. Findet noch andere Fehler, die LanguageTool gegebenenfalls übersieht.
- **DeepL Write**: Ebenfalls ein hervorragender KI-Schreibassistent, besonders geeignet für verschiedene Stile.
- **Gemini**: Geht auch, ist aber nicht meine präferierte KI zur Textüberprüfung.
- **ChatGPT**: Na klar, ChatGPT hilft dir natürlich auch hervorragend beim Editieren und Redigieren und ist sogar ein kleiner Lektor für dich. Mittlerweile gibt es auch das Canvas von ChatGPT. Dort kannst du in Sekundenschnelle deinen Text in verschiedenen Stilen oder auf unterschiedlichem sprachlichem Niveau erstellen lassen. Sehr, sehr hilfreich!
- **Claude**: Wenn du Claude darauf trainiert hast, deinen Text auf Sinn-, Makro- und Mikroebene nach den oben stehenden Kriterien zu editieren, ist das für mich persönlich die beste von allen Alternativen. Du erhältst wirklich erstaunliche Ergebnisse und wie gesagt ist Claude darin für meinen Geschmack besser als ChatGPT. (Aber wer weiß, was noch so kommt in nächster Zeit.)

Ich gebe dir der Vollständigkeit halber auch noch einen Beispiel-Prompt mit, der die wesentlichen Kriterien zum Erstellen guter Copy aus diesem Kapitel beinhaltet. So kannst du schnell deine Copy zuerst auf der Sinnebene und dann auch auf Makro- wie auf Mikroebene prüfen.

Hier der Beispiel-Prompt, um deine Copy zu editieren

Kannst du den angefügten Text nach den wichtigsten Copywriting-Kriterien prüfen und verbessern?

Prüfe den Text bitte auf folgende Kriterien:

1. Auf der Sinnebene: [Hier die Kriterien einfügen]
2. Auf der Makroebene: [Hier die Kriterien einfügen]
3. Auf der Mikroebene: [Hier die Kriterien einfügen]
4. Prüfe ihn ebenfalls auf meinen Stil, den ich dir bereits beigebracht habe.

Gib mir den fertigen Text bitte in zwei Versionen: Einmal final korrigiert ohne Anmerkungen – und einmal markiert mit den genauen Änderungen, die du vorgenommen hast, damit ich die Änderungen nachvollziehen kann.

Probier ihn aus und ergänze ihn anhand deiner Kriterien, deines Stils und deiner Erfahrung. Und wie immer nicht vergessen: Wenn du mit einem Ergebnis superzufrieden bist – egal, ob direkt von der KI oder mit deinem Zutun –, gib der KI dein gutes Ergebnis, um daraus fürs nächste Mal zu lernen.

11.5.7 Der letzte Feinschliff

Jetzt hat dein Text wahrlich eine echte Odyssee hinter sich. Nun hast du dein Bestes getan, um das Maximum aus ihm herauszuholen. Jetzt gibt es nur noch einen letzten Schritt – ja, ich weiß, du willst das jetzt nicht hören und hast keinen Bock mehr. Aber du musst jetzt noch ein letztes Mal drüberlesen.

Tut mir ehrlich leid, ich will dich nicht quälen, aber es muss leider einfach sein, es ist Teil des Jobs. Denn glaub mir, beim letzten Durchlesen der Copy fällt dir in neun von zehn Fällen noch irgendetwas auf, das entweder noch falsch formatiert ist oder einen klitzekleinen Flüchtigkeitsfehler enthält, vielleicht sogar, dass eine wichtige Information noch fehlt. Ist leider im stressigen Alltag so. Daher sind doppelte Checks unerlässlich.

Selbst der beste Rechtschreibling macht Fehler in einem langen Text. (Wenn du lange suchst, findest du hier im Buch bestimmt auch einen oder zwei … maxymal!)

Daher solltest nicht nur du selbst deine Texte mindestens zweimal kontrollieren, sondern sie am besten auch mehreren Personen zum Gegenlesen geben. Denn es ist einfach so: Für unsere eigenen Fehler sind wir blind. Lassen wir eine andere Person draufschauen, erkennt sie sie sofort.

Und wenn deine Copy nicht von dir, sondern von einer anderen Person in eine Website, Broschüre oder Mail eingepflegt wird, lass dir diese Testversion vor Abnahme noch einmal zur Übersicht zusenden. Denn häufig passieren entscheidende

Fehler auch beim Kopieren der Texte. Und nichts ist ärgerlicher als ein fehlender Part, der wichtig für deine Argumentation ist, nur weil jemand ihn aus Versehen nicht miteingefügt hat.

Wenn du noch mehr über verschiedene Stile, sprachliche Kniffe und Schreibtechniken erfahren möchtest, empfehle ich dir auch sehr das Buch »Texten können« von Daniela Rorig, ebenfalls aus dem Rheinwerk Verlag. Sie befasst sich in ihrem Buch noch sehr viel ausführlicher mit unterschiedlichen sprachlichen Stilen und wie du mehr Leben aus deinem Text herausholen kannst. Klare Empfehlung!

11.6 Deine finale Copy – ein Meisterwerk … aber sieht das deine Zielgruppe auch so?

Da sitzt du nun. Fertig mit dem Text. Fertig mit den Nerven. Es ist vollbracht – halleluja!

Die langen Tage und Stunden, das Grübeln, das Ideengenerieren und wieder Verwerfen, das Ringen mit den Worten, das Überwinden des Moments, als du fast den Kopf auf den Tisch schlagen wolltest … Das alles ist nun vorbei und du blickst stolz auf dein Werk. All die Mühe hat sich gelohnt!

Und während du ein letztes Mal voller Stolz drüberliest, melden sich auf einmal dieses fiese Imposter-Syndrom, der Perfektionismus und die Unsicherheit:

- *»Fuck, sollte ich das nicht besser anders schreiben? Und darf ich überhaupt ›Fuck‹ sagen?«*
- *»Hab ich auch wirklich an alles gedacht? Was ist, wenn ich etwas Wichtiges vergessen hab?«*
- *»Vielleicht sollte ich doch eher die andere Headline nehmen? Oder noch einen anderen Story-Einstieg wählen … und ist das auch wirklich der stärkste Benefit?«*
- *»Mist, ich hab einen Rechtschreibfehler gefunden – ist die Mail schon rausgegangen?«*

Ein kleiner Pep Talk: Diese Gedanken wirst du immer haben. Sie gehören dazu. Und wie ich gesagt habe: Fehler werden passieren. Da kommst du gar nicht drumherum.

Denn Schreiben ist wie Sport. Es gibt Tage, an denen es super läuft und du dich fantastisch fühlst, und andere, an denen du keinen geraden Satz herausbekommst. Doch wenn du so richtig, richtig gut werden möchtest, dann gibt keine Alternative, als jeden Tag wieder von Neuem anzutreten.

Es wird Projekte und Kampagnen geben, die so fantastisch funktionieren, dass du Gefahr läufst, dich für den nächsten Ogilvy zu halten. Und du wirst bei anderen

Kampagnen krachend scheitern, obwohl du eigentlich in der Theorie und auf dem Papier alles richtig gemacht hast. So ist das Spiel. Als Copywriter musst du sehr viel Erfahrung sammeln. Glaub mir, nichts ist wertvoller für dich als die Erfahrung.

Du wirst auf viele deiner Texte eventuell wertschätzende und liebe Rückmeldungen erhalten. Und du wirst auch heftige Kritik abbekommen, berechtigte und unberechtigte. So ist das Leben. Du wirst es nicht allen recht machen können.

Mal musst du dich gegen den Kunden durchsetzen, weil du es besser weißt. Und mal musst du dir eingestehen, dass du mit deiner These danebengelegen hast und doch etwas anderes besser funktioniert.

Marketing – und gerade Werbetexte – existieren nicht in einem Vakuum. Du erschaffst nicht mehr den *einen* Text für die Ewigkeit. Du trittst in den Dialog mit deiner Zielgruppe und den Menschen da draußen im weiten, weiten Internet. Das bedeutet, dass du Fehler machen, sie eingestehen und korrigieren darfst. Und das ist etwas Gutes!

Teste deine Texte auf der Straße, justiere immer wieder nach, hol dir permanent Feedback ein und lass dich nicht unterkriegen, wenn du nicht sofort die Resonanz erzielst, die du dir gewünscht hast. Je länger du dranbleibst und je mehr du testest, desto schneller entwickelst du das Gespür dafür, was gut funktioniert. Und das ist die wertvollste Fähigkeit, die du besitzen kannst – und die dir auch keine künstliche Intelligenz der Welt wegnehmen kann.

Nimm dich und deine Texte nicht für zu voll. Kritik an etwas, an dem du lange gearbeitet hast und das dir etwas bedeutet, weil du deine kreative Energie dort reininvestiert hast, ist immer hart und wird dich auch treffen – aber du bist nicht deine Texte und deine Arbeit ist nicht deine Persönlichkeit.

Es gibt nur einen einzigen Weg, ein herausragender Werbetexter zu werden, dem die Leserschaft nicht nur an den Worten klebt, sondern auch noch unglaublich hohe Gewinne einspielt: Fehler machen. Daraus lernen. Besser werden. Ach ja, einen zweiten Weg gibt es auch noch: ChatGPT alles machen lassen. Aber das macht auf Dauer nicht so viel Freude.

In diesem Sinne: Genieß das Schreiben. Du wirst es vermutlich den Rest deines Lebens machen müssen. Wieso dann nicht immer besser und überzeugender?

11.7 Auf einen Blick

Wir haben in diesem Kapitel den Schreibprozess und das Editieren von A bis Z besprochen – von der Planung und Vorbereitung bis zum letzten peniblen Feinschliff und somit zur finalen Copy, die du auf mehrere Hunderttausende Menschen loslassen kannst. Du hast gelernt, weshalb es so wichtig ist, dem Leser auf Augenhöhe zu begegnen, wie du besser und überzeugender kommunizierst und wie du deine Texte zu einem wahren Meisterwerk editierst. Du hast jetzt alles, um mit dem Copywriting durchstarten zu können! Befassen wir uns nun im letzten Bonuskapitel mit deinem typischen Alltag als Copywriter.

Kapitel 12

Bonus: So arbeitest du besser als Copywriter

Du hast nun alles an Wissen, Vorlagen, Strategien und Schreibtechniken, um erfolgreiche Werbetexte zu verfassen und so mehr zu verkaufen. Herzlichen Glückwunsch, well done! Aber das Wissen zu besitzen ist das eine, die Umsetzung im Alltag bekanntlich das andere. Daher möchte ich dir hier einige Strategien mitgeben, die dich nicht nur produktiver machen, sondern dir das Leben als Copywriter hoffentlich auch erleichtern.

Die schlechte Nachricht zuerst: Texten ist Schmerz. Falls du jetzt denkst: »Das hat er aber sehr pathetisch ausgedrückt«, habe ich nicht. Wer sich tagein, tagaus mit dem Verfassen von (Werbe-)Texten beschäftigt, kennt diesen Schmerz.

Eine glänzende Seite der Medaille gibt es aber auch: Texten ist wundervoll. Es gibt fast kein schöneres Gefühl, als lange an einem Text zu feilen, bis er annähernd perfekt ist und man stolz auf sein Ergebnis sein kann. (Kleiner Disclaimer: Kein Text ist je perfekt.) Noch schöner ist es, wenn die Resonanz der Leserschaft auch noch positiv ist.

Klar, mithilfe von KI können wir jetzt viele schmerzhafte Schritte des Schreibprozesses überspringen, die Denkarbeit bleibt aber im Kern die gleiche. Und außerdem verlassen wir uns ja auch nicht auf die KI. Oder? … *Oder*? Sehr gut.

Ich möchte dir in diesem Kapitel einige hilfreiche Tipps und Tricks mitgeben, die dir deinen Alltag im Kampf mit den Worten erheblich erleichtern können. Zumindest helfen sie mir dabei.

12.1 Kreativität – so entwickelst du bessere Ideen … und nutzt sie auch!

Wie der Showmaster Rudi Carell schon einst sagte:

> *»Wer ein Ass aus dem Ärmel schütteln will, muss da vorher eines reintun.«*

Das ist das große Geheimnis der Kreativität. Wenn du auf neue, innovative, überraschende, hervorragende Ideen kommen möchtest, benötigst du zunächst einen enormen Pool an Wissen, Perspektiven und vorherigen Ideen, um die einzig wahre herauszufinden (siehe dazu auch Abschnitt 7.4 zum Thema *Big Idea* entwickeln).

Auch, wenn die kreativsten Ideen scheinbar aus dem Nichts unter der Dusche, im Auto oder kurz vorm Einschlafen kommen – das geschieht nur, weil du dich vorher gedanklich intensiv mit dem Problem und der Thematik auseinandergesetzt hast. Denn nur in den »Erholungsphasen« kann dein Hirn neue neuronale Verknüpfungen herstellen, die dir plötzlich dann den berühmten Heureka-Moment bescheren.

Daher gibt es beim Schreiben – und generell im kreativen Prozess – die goldene Regel, der du immer folgen kannst:

> *Everything is input.*

Selbst die banalsten Dinge, die dir im Alltag passieren, können geniale Aufhänger für deine Copy sein – je nahbarer und echter, desto besser.

Darüber hinaus gibt es natürlich noch viele weitere Quellen zur Inspiration für dich – versuch immer möglichst viel an anderen Ideen zu konsumieren, um selbst auf neue Ansätze zu kommen. Aber Vorsicht: Du kannst auch zu viel Input tanken, der dich dann eher in deiner Kreativität lähmt, als dich voranzubringen.

Quellen der Kreativität

- Newsletter von anderen Copywritern und Marketern (Ben Settle, Cole Schafer, Joanna Wiebe, Alex Hormozi oder natürlich auch den onely-Newsletter)
- Swipe Files, die du dir angelegt hast oder nutzt (Dazu hast du ja Links in Kapitel 11, »Der Schreibprozess – vom ersten Wort zur finalen Copy«, erhalten.)
- Mit ChatGPT und Perplexity kannst du dir immer Neuigkeiten, Trends oder Entwicklungen im Markt zusammenfassen lassen.
- Bücher, Fachartikel, Studien, Statistiken, News (die Bücher der Marketingkoryphäen aus Kapitel 1, »Einführung ins Copywriting«, Statista, »Psychologie Heute«, die Zeitung deiner Wahl – und natürlich themenspezifische Artikel, passend zu deinem Research)
- Auch Serien, Geschichten, Podcasts oder Hörbücher können als Inspiration dienen. (Lass dich je nach Branche und Research inspirieren.)
- Nutz deinen eigenen Alltag als Inspiration – oder den Arbeitsalltag im Unternehmen.
- Denk *outside of the box* – was passt gar nicht zu deiner Branche, könnte dich aber auf vollkommen neue Ideen bringen?

Kleiner Buchtipp am Rande

Rick Rubin, einer der größten Musikproduzenten unserer Zeit, hat ein super Buch zum Thema Kreativität geschrieben. Wenn du tiefer in den kreativen Prozess eintauchen möchtest, kann ich dir dieses Buch nur wärmstens empfehlen. Rubin beschreibt dort (den eigentlich fast nicht zu beschreibenden) kreativen Prozess wirklich unfassbar gut.

12.1.1 Kreativtechniken

Brainstorming, Mindmapping, Freewriting ... es gibt viele gute Kreativtechniken, die du für neue Ideen und das Schreiben nutzen kannst. Sicherlich hast du einige von ihnen auch schon ausprobiert oder arbeitest mit deinen eigenen Kreativtechniken.

Denn die Probleme, die du als schreibende und kreierende Person hast, sind immer dieselben:

- »Ich weiß nicht, worüber ich schreiben soll.«
- »Ist das langweilig? Interessiert das meine Leser überhaupt?«
- »Habe ich darüber nicht schon mal geschrieben?«
- »Ich habe eine grobe Idee, aber keinen Plan, wie ich es angehen soll ...«

Musstest du schon mal eine Hochzeitskarte 5 Minuten vor Abgabe beim Brautpaar schreiben? Dann weißt du, was eine Schreibblockade ist.

Ja, das mit den kreativen Ideen ist so eine Sache. Du kannst sie nicht immer planen – aber du kannst dich auf sie vorbereiten und sie trainieren. Kreativität hat viel mit deiner Einstellung und deinen Gewohnheiten zu tun. Nur, wer sich neuen Ideen öffnet, kann auch welche erhalten. Daher habe ich 7 Eigenschaften für dich, die du als kreative Person mitbringen solltest.

7 Eigenschaften für mehr Kreativität

1. Sei offen für Neues.
2. Sei aufmerksam.
3. Sei neugierig.
4. Stell viele Fragen – und hör auch zu.
5. Sei einfallsreich.
6. Sei (ein klein bisschen) obsessiv.
7. Sei verantwortungsbewusst.

Na klar, als kreative und einfallsreiche Person solltest du immer offen für neue Ideen und Perspektiven sein, sonst bist du leider falsch in dem Job. Aber diese neuen Sichtweisen erhältst du auch nur, indem du neugierig und aufmerksam bist – sonst ziehen sie an dir vorüber. Dazu musst du viele Fragen stellen und auch obsessiv sein. Wieso? Weil du immer tiefer graben und den Status quo anfechten musst, um wirklich bessere Ideen zu entwickeln.

Zu guter Letzt: Geh verantwortungsbewusst mit deinen eigenen Ideen und denen anderer Menschen um. Ideen sind geistiges Eigentum. Du solltest sie nicht stehlen. Und sollte deine Idee andere Menschen verletzen oder problematisch sein, dann ändere sie bitte.

Das 4A-Framework von Nicolas Cole

Wie gesagt gibt es Kreativtechniken wie Sand am Meer. Probiere einfach einige für dich aus und finde heraus, welche bei dir gut funktionieren.

Eine, die du vielleicht noch nicht kennst, ist das 4A-Framework von Nicolas Cole, einem bekannten Blogger und Copywriter aus den USA. Er sagt, dass man mit diesem Framework unendlich viele Ideen generieren kann, also lass uns testen, ob er recht hat.

Die *4A* stehen für: Actionable, Analytical, Aspirational und Anthropological. Damit ist jeweils eine andere Herangehensweise an ein Thema gemeint. Doch bevor du deine Ideengenerierungsmaschine anwirfst, musst du wie immer vorher folgende drei Fragen beantworten:

1. Was ist das Thema?
2. Für wen schreibe ich?
3. Und was sollen meine Leser danach tun können?

Wenn du das weißt, gibt es die vier Herangehensweisen, mit deren Hilfe du dich deinem Thema nähern kannst:

- **Actionable** – so funktioniert's

  Schreib darüber, wie etwas funktioniert, wie deine Leser etwas anwenden können und was sie tun müssen, um ein Ergebnis zu erhalten.

  Beispiel: Hier sind 4 Wege, wie du schneller Ideen entwickeln kannst.

- **Analytical** – die Aufschlüsselung

  Nimm das Thema auseinander und wähle einen analytischen Ansatz, indem du einen Teilaspekt ganz genau beleuchtest und spezifisch beschreibst.

  Beispiel: Die 4 Wege, die Zeit für deine Ideenfindung um 70 % zu reduzieren.

- **Aspirational** – ich hab's geschafft, also kannst du's auch!

  Motiviere deine Leser: Wenn du etwas in deinem Leben geschafft hast, dann zeig deinen Lesern, wie du es gemacht hast und dass sie es auch schaffen können.

  Beispiel: Ich habe eine Methode gefunden, in unter 1 Minute Ideen zu entwickeln – und du kannst das auch!

- **Anthropological** – der größere, psychologische Grund hinter dem Warum

  Menschen lieben es, Geheimnisse zu erfahren. Und mit dieser Herangehensweise kannst du das große »Warum« hinter einem Thema lüften.

  Beispiel: Hier ist der wahre Grund, weshalb dir die Ideenfindung schwerfällt.

Der Leser möchte erfahren, *wie* du ein Problem für ihn löst und ob er sich mit diesem Lösungsweg identifizieren kann, ob es seinen Wünschen, Vorstellungen und Bedürfnissen entspricht.

Beispiel: Es gibt viele Möglichkeiten, im Internet Geld zu verdienen. Und es gibt mindestens zwei Lager:

1. die »Sichtbarkeit ist alles«-Fans
2. die »Inhalt und Qualität ist alles«-Fans

Beide haben recht. Denn du kannst mit viel Sichtbarkeit und Reichweite schnell viel Geld in kurzer Zeit verdienen. Oder du versuchst mit Qualität, Ruhe und Konstanz Geld zu verdienen. Die Frage ist nur, welchen Weg dein Leser hören will. Und mit welchem er sich selbst mehr identifiziert.

Und falls du dich jetzt gefragt hast: Geht das auch schneller? Klar – nutz dieses Framework einfach in Kombination mit ChatGPT, um noch schneller noch mehr Ideen zu generieren. Diesen Prompt habe ich ebenfalls von Nicolas Cole:

Prompt von Nicolas Cole für das 4A-Framework

Ich werde dich darin schulen, eine unendliche Ideenfabrik zu werden.

So funktioniert es: Es gibt vier Arten von Ideen, die du generieren sollst.

Die vier Hauptarten von Ideen sind:

- Umsetzbar
- Analytisch
- Ambitioniert
- Anthropologisch

Dann gibt es Unterthemen innerhalb jeder dieser Kategorien:

Umsetzbar (So geht's):

- Tipps
- Tools
- Hacks
- Ratschläge
- Ressourcen
- Frameworks
- ultimative Leitfäden

Analytisch (So sieht die Aufschlüsselung aus):

- Trends
- Zahlen
- Gründe
- Beispiele

- Teardowns
- Swipe File

Ambitioniert (ja, du kannst das auch):

- Lektionen
- Fehler
- Reflexionen
- persönliche Geschichten
- Geschichten über Wachstum
- unterschätzte Eigenschaften
- Ratschläge an mein früheres Ich

Anthropologisch (hier ist der psychologische Grund):

- Ängste
- Misserfolge
- Kämpfe
- Paradoxien
- Beobachtungen
- Vergleiche
- Warum andere falsch liegen
- Warum Sie in die Irre geführt wurden

Ich gebe dir ein Thema, einen Leser [FÜR WEN] und ein Ergebnis, das sich dieser Leser wünscht [DAMIT], und du entwickelst eine Idee (in Form einer Überschrift) für jedes der oben genannten Unterthemen – organisiert auf die gleiche Weise wie hier.

Hast du verstanden?

Deine KI-Ideenmaschine sagt daraufhin ja und du musst ab sofort nur noch »Für wen?« und »Damit?« beantworten. Daraufhin erhältst du beliebig viele Ideen von ChatGPT – es liegt natürlich wie immer in deiner Verantwortung, daraus jetzt eine starke auszusuchen und weiterzuentwickeln.

Connect the Dots

Du hast in diesem Buch bestimmt schon rausgelesen, dass ich ein großer Fan von nur *einer* Idee bin. Wer hochkomplexe Leistungen oder Prozesse auf die einfachste aller Botschaften runterbrechen kann und diese in simplen Worten transportiert, ist in meinen Augen ein herausragender Copywriter. Und um das zu können, bediene ich mich immer folgender Technik:

Ich schreibe die wirklich einfachsten Benefits auf und bringe sie in eine Reihenfolge. Dann versuche ich, diese Benefits mit anderen Motiven und Aspekten zusammenzubringen und daraus eine einzigartige Botschaft zu entwickeln. Wenn ich denke, eine besondere gefunden zu haben, vereinfache ich diese wiederum so lange, bis sie klar und präzise ist.

Und um diese eine Big Idea (vorausgesetzt, sie gefällt sowohl mir als auch dem Kunden) entwickle ich dann unzählige Angles und Kampagnenideen.

Okay, ohne Beispiel wird es nicht klar, also hier eine kleine Demonstration: Nehmen wir mal das ReMarkable, ein digitales Notizbuch, das sich genauso anfühlt, als würde man auf Papier schreiben.

Liste aller simplen Benefits – Beispiel ReMarkable

- großer Speicher für viele Notizen
- Schreiben, wie auf Papier
- leicht und handlich, lässt sich überallhin problemlos mitnehmen
- schlichtes Design
- lange Akkulaufzeit und schnell aufgeladen

Aus dieser Liste nehme ich jetzt die besten Benefits, spiele ein bisschen rum und verknüpfe sie mit Motiven, die die Zielgruppe wahrscheinlich haben könnte.

Mit anderen Motiven verknüpfen

- stilvoll, obwohl digital
- ein unendliches Notizbuch
- Kreativität durch Bewegung – nicht tippen
- intuitives Ideengenerieren
- schlicht = zeitlos
- gut für die Augen
- Ideen haptisch greifbar machen

Mir gefällt die Idee der »Unendlichkeit« und auch der stilvolle Aspekt, da das Produkt recht teuer ist und ich glaube, dass sich Käufer als Status bewusst gegen herkömmliche Tablets stellen möchten.

Daraus entsteht folgende Idee für die Kampagne, indem ich die in meinen Augen stärksten Benefits und Ideen verknüpfe:

Die Idee

Das unendliche Notizbuch. Für zeitlosen Stil.

Aus den Ideen Unendlichkeit und Zeitlosigkeit kann ich jetzt unzählige weitere Ideen für Kampagnen spinnen:

- Nie wieder einen Gedanken verlieren. Für immer.
- Die Zukunft der Notizen.
- Wie früher. Nur besser.
- Schreiben, wie früher. Nur für immer.

Du siehst, ab hier ist die neue Ideengenerierung ein Kinderspiel, sobald du deine eine Big Idea gefunden hast.

12.2 Produktivität – Schreibblockaden überwinden und mehr Output schaffen (auch ohne KI)

Wenn du im Marketing arbeitest, weißt du, wovon ich spreche: Alles ist besser gestern als heute fertig. Das sorgt bei verschiedenen Kunden, Projekten und Deadlines oft für ein Meer an Informationen, Druck von außen, Hektik bei den Abgaben – und führt im schlimmsten Fall zu einer Schreibblockade.

Dabei ist ja besonders wichtig, dass du auch genügend Zeit für deine Kampagnen einplanst – denn du benötigst sowohl viel Zeit für die Ideenentwicklung, dann für das Produzieren an sich und schließlich für die gesamte Korrektur, damit auch kein Fehler enthalten ist. Daher möchte ich dir hier kleine Tipps geben, um so einer Situation vorzubeugen.

12.2.1 Schreibblockaden

Du kennst es … du hast das Dokument geöffnet. Ganz oben steht »Artikel 1«. Und dieser kleine, senkrechte schwarze Strich auf dem weißen Blatt Papier pocht unaufhörlich: | | | …

5 Minuten. 10 Minuten. Boah … ätzend! Du stehst auf und holst dir einen Kaffee. Starrst aus dem Fenster. Drehst 18 Runden um deinen Schreibtisch. Bringt nichts, denn der Kopf ist leer.

Und ganz langsam macht sie sich breit: die berühmte Angst vorm weißen Blatt (digitalem) Papier. Was sollst du schreiben? Worüber? Und wie?

Hier 3 schnelle Tipps, um deinen Geist zu »entkleben« und deine Finger zum Fliegen zu bringen:

1. Struktur besiegt den leeren Kopf

Leg dir eine Struktur fest, bevor du mit dem Schreiben beginnst. Nehmen wir als Beispiel einen Newsletter. Du kannst hier viele kleine Inselthemen finden und dich kreativ austoben! Was liegt dir besonders gut? Worüber könntest du stundenlang reden? Was interessiert dich selbst? Hier ein paar schnelle Beispiele:

- Buchtipp
- Learning der Woche
- eine Produktempfehlung
- ein konkreter Tipp für deine Leser
- Fuck-up der Woche
- deine Gedanken zu einem aktuellen Thema
- Kundenstimmen

Und dann legst du ein Dokument an, das immer gleich aufgebaut ist. Du kannst auch innerhalb einer Tabelle schreiben, das macht die Parts noch klarer. Schreib zu jedem dieser Parts in 3–5 Stichpunkten, was du sagen möchtest. Und wenn du das hast, dann schreib einfach drauflos!

So machst du deinen Schreibprozess »snackable« und stehst nicht schon zu Beginn vor einem unüberwindbaren Berg. Wenn du dann mal an einem Punkt hängst, kannst du einfach zum nächsten springen und dort weiterschreiben.

2. Research is King!

In Kapitel 7, »Konzeption und Recherche«, haben wir ja schon ausführlich drüber gesprochen, aber man kann es nicht oft genug betonen – du kannst auch noch weitere Dinge recherchieren, wenn du eine Blockade hast:

Such Zitate zu deinem Thema. Sie sind immer ein hervorragender Quell der Inspiration. Schau dir andere Artikel, Mails, Websites zu deinem Thema an. Was hat *dich* gecatcht? Woran bist du hängen geblieben? Und dann bitte nicht klauen, sondern diese Idee clever in deinem Stil adaptieren. Und ja … du darfst sogar ChatGPT fragen, dir einige Denkanstöße oder erste Entwürfe zu geben. Doch du kennst meine Meinung: Der Text sollte dennoch von dir überarbeitet oder ganz von dir kommen. Nur so baust du eine echte Verbindung zu deinen Lesern auf.

Achte aber darauf, dass du dich nicht in Recherchen verlierst – das kann die Blockade manchmal sogar verschlimmern.

3. Der effektivste Tipp: Fang einfach an!

Banal? Ja. Klingt einfacher, als es ist? Auf jeden Fall. Funktioniert's? IMMER. Ist der beste Tipp, den ich dir geben kann!

Wenn du eine Schreibblockade hast, fang einfach an, draufloszuschreiben. Die ersten Sätze werden fürchterlich klingen und absoluter Pain sein. Aber je mehr du aufs Papier bringst, desto einfacher wird es. Und irgendwann stolperst du von ganz allein über einen Satz, der dich auf den richtigen Weg bringt. Dann nimm diesen Satz und fang ganz von vorn an. Glaub mir, es klappt.

Ich hoffe, die Tipps helfen etwas, wenn du eine Schreibblockade hast. Wie du weißt, beginnt jede Idee, jedes Produkt, jede Marketingkampagne, jede Mail, jeder Kontakt zu deinen Kunden und auch jedes Video- oder Audioformat zunächst mit einem leeren Blatt Papier und den ersten einfachen Worten.

Du solltest also keine Angst davor haben, sondern dich auf die Worte freuen! Denn sie machen den Unterschied, bei allem.

12.2.2 Mehr Output in kurzer Zeit

Es gibt Tage und Wochen, da wird's richtig hektisch. Da musst du in kurzer Zeit schnell gute Copy produzieren und agil auf den Markt reagieren. Dann ist es besonders wichtig, einen kühlen Kopf zu bewahren und schnell qualitativ hochwertigen Output zu erzeugen, trotz eines schlechten Tages oder hundert anderer To-dos auf dem Schreibtisch.

Aber wie? Indem du dir – wie bereits bei der Kreativität oben erwähnt – schon dein Ass in den Ärmel gesteckt hast: deine funktionierenden Templates. Du musst nicht auf Teufel komm raus das Rad neu erfinden. Wenn die Zeit knapp wird, bediene dich deiner bereits funktionierenden Copy und nimm die Struktur und den Stil als Vorlage für deine neue Copy.

Wo kannst du auch zur Hilfe andere Elemente übernehmen? Beispielsweise Copy-Sektionen aus der Sales Page, die du nur etwas umformulieren musst, um daraus eine Mail zu bauen?

12.2.3 Ändere die Bedingungen zu deinen Gunsten

Du hängst fest mit deiner Copy … und findest keinen Ausweg? Dann hab immer einen Plan B, C und D – und ändere das Spiel zu deinen Gunsten!

Wenn ich in einem Projekt nicht weiterkomme, mir die zündende Idee fehlt oder ich blind für die Nuancen werde, springe ich zu einem anderen Projekt, das mir in diesem Moment wieder eine völlig neue Perspektive und einen neuen Anreiz schenkt. Daher benötigst du auch mehrere andere Projekte, damit du eine Auswahl hast in das zu springen, das dich gerade am meisten interessiert und fasziniert. Nur eine einzige Alternative reicht nicht aus.

Ein Ortswechsel ist ebenfalls eine hervorragende Möglichkeit, auf neue Ideen zu kommen und Schreibblockaden zu überwinden. Dazu musst du nicht in die Berge oder nach Bali fliegen – es reicht der Balkon, das Café um die Ecke, sogar eine bequemere Position mit Laptop in einem Sessel kann dafür sorgen, dass du neue Impulse setzt.

Ein weiterer wesentlicher Aspekt deiner Produktivität ist dein Zeitmanagement. Wann und wie lange solltest du schreiben? Wie viel Zeit musst du für ein Projekt oder eine Copy einplanen?

12.3 Zeitmanagement – nimm dir Zeit, aber nicht zu viel

Zeit ist Geld, sagen sie. Wenn deine Auftragslage stimmt, ist das tatsächlich so – je mehr Copy du abliefern kannst, desto mehr kannst du verdienen.

Damit habe ich nur zwei Probleme:

1. Du benötigst ausreichend Zeit für herausragende Ergebnisse.
2. Du solltest dir deine Leistung ohnehin nicht anhand von Stunden, sondern ebendiesen herausragenden Ergebnissen vergüten lassen.

So oder so, brauchst du Zeit zum Arbeiten. Und du willst mehr Zeit zum Leben, richtig? Dann lass mich dir ein paar kleine Tipps zum Zeitmanagement eines Copywriters mitgeben.

12.3.1 Die 3 Phasen richtig timen

Wie du bereits weißt, besteht der Schreibprozess grob aus drei Phasen: Vorbereitung, Schreiben, Editieren. Ich weiß jetzt natürlich nicht, wie lange du für die unterschiedlichen Phasen benötigst. Aber versuch die Zeit für ein Projekt ungefähr in folgende Längen einzuteilen: ca. 50 % Research, 20 % Schreiben, 30 % Editieren. Mit dem Editieren wirst du mit zunehmender Erfahrung schneller, mit dem Schreiben natürlich ebenfalls – so kannst du noch mehr im Research nach Gold schürfen.

Wenn du beispielsweise eine Mail schreibst, solltest du dir mindestens 2 bis 3 Tage Zeit dafür nehmen. Auch, wenn du gut bist und sie in 30 Minuten schreibst, sollte zwischen dem Schreiben und dem Editieren mindestens eine Nacht liegen, um sich das Geschriebene noch einmal mit frischem Geist anzuschauen. Wenn du größere Copy-Projekte annimmst, plane immer vor Deadline noch mindestens 1 Woche Puffer ein.

Vertrau mir: Egal, wie früh du mit allem fertig bist, egal wie gut du bist – du wirst immer am Tag vor der Abgabe noch Dinge finden, die du ändern oder schärfen möchtest. Und manchmal sprudeln auch richtig gute Ideen noch kurz vor der Abgabe. Gib diesen Ideen und diesem letzten Feinschliff also noch genug Raum zum Entfalten. Sonst lässt du eventuell großes Potenzial deiner Copy liegen.

12.3.2 Die Pomodoro-Technik beim Schreiben

Supersimpel, aber nach wie vor für mich eine der besten Methoden, um in den Flow zu kommen: die *Pomodoro-Technik*. Kennst du?

Stell dir einen Timer für 25 Minuten, in denen du konzentriert an nur einer (!) Aufgabe arbeitest. Danach gibt es 5 Minuten Pause ohne Ablenkung, also kein Handy, kein Laptop, einfach 5 Minuten in die Ferne gucken, Kaffee oder Tee trinken und die Augen sowie den Geist erholen lassen. Danach arbeitest du wieder 25 Minuten usw. Entweder du teilst dir eine große Aufgabe so in kleine Teile auf oder du schaffst pro Runde eine Aufgabe.

Der perfekte Zeitrahmen ist natürlich deiner persönlichen Präferenz vorbehalten. Ich persönlich nehme oft direkt 50 Minuten und 10 Minuten Pause oder wenn ich im Flow bin sogar länger – enorm wichtig ist dann aber auch, die Pause dementsprechend länger zu machen.

12.3.3 Deep-Work-Phasen herausfinden

Wann bist du besonders aktiv und kreativ? Wann hast du die meisten mentalen Ressourcen? Und was kann in deinem Arbeitsalltag an zweite, dritte und vierte Stelle rücken?

First things first: Der bestbezahlte Copywriter aller Zeiten, Gary Halbert, hat immer direkt zu Beginn des Tages ohne Umschweife angefangen zu schreiben. Das mache ich auch so und das ist auch der offensichtlichste wie beste Tipp für den Schreibprozess. Schalte in dieser Phase alles ab – es darf keinerlei Ablenkung geben.

Ich für meinen Teil bin nicht nur morgens, sondern auch spätnachmittags oder sogar abends besonders produktiv. Mittags habe ich eher ein Tief, in dem ich dann meine unliebsamen To-dos abhake, Mails beantworte oder Kunden-Meetings lege.

12.3.4 Schneller mit KI

Du hast in diesem Buch ja schon viele Impulse für die Arbeit mit KI erhalten und ich hoffe, sie erleichtern dir deine Arbeit.

Aber neben der Copy gibt es ja auch noch weitere KI-Tools, die dir dein Leben erleichtern können:

- Motion für die Kalenderoptimierung und Planung deiner Termine und To-dos
- ChatGPT für den Desktop, dort kannst du mit einem Shortcut direkt Infos recherchieren.
- *AI-Agents* nehmen dir komplette Workflows ab und machen dich so noch schneller und produktiver.

... und noch viele, viele mehr. Wie bereits erwähnt, musst du die Tools herausfinden, die dir im Alltag eine echte Hilfe sind, und dich nicht verrückt machen lassen von der ganzen Auswahl. Auch wenn hinter jeder Ecke ein Tool lauert, das dir noch mehr Produktivität verspricht: Mit Burnout bringt dir der ganze Quatsch auch nichts mehr. Achte auf deine mentale Gesundheit und schraub dich nicht zu sehr rein.

12.3.5 Raus damit!

Teste, bevor du dich ohne Erfahrungswerte auf der Straße totoptimierst. Du kannst jeden Text immer noch mehr feinschleifen, aber irgendwann musst du für dich selbst den Schlussstrich ziehen. Und echte, unperfekte Texte kommen ohnehin besser an als übereditierte, die zu glatt und ohne Persönlichkeit daherkommen. Teste also und wenn es nicht geklappt hat, dann machst du's halt nächstes Mal besser. So ist das Spiel, so ist das Leben.

12.4 Der typische Alltag

Wenn du Copywriter im Internet siehst, werben alle mit dem gleichen großen Versprechen: Freiheit. Du kannst schreiben, wann und wo du willst, bist komplett frei und verdienst nebenbei auch noch mehr als ein Arzt.

Na ja, prinzipiell kann das alles stimmen. Doch am Ende musst du trotzdem arbeiten. Denn wer auf Dauer in dem Beruf Erfolg haben möchte, muss sich ständig neu erfinden und seinen eigenen Status quo immer wieder neu definieren. Die Frage ist nur, ob und wo du das am besten kannst.

Ich persönlich habe gelernt, dass es schwieriger ist, am Strand konzentriert zu bleiben, als in einem ruhigen, klimatisierten Raum ohne Ablenkung. Aber das ist halt eine Frage des Typs. Ein routinierter Alltag kann für deine Kreativität und deine Ergebnisse ebenso förderlich sein, wie neue Impulse und ein ständiger Wechsel der Umgebung.

Einen Rat möchte ich dir dazu noch geben: Sorg für mentalen Ausgleich und unterschätz nicht den Mental Load, den du hast, wenn du inhaltlich als Copywriter in viele Projekte eingebunden bist. Da du sehr tief in den Themen steckst und dir viele Informationen auflädst, kann es schneller passieren, als du denkst, dass sich eine Überlastung und Stress einstellen und du mental ausbrennst. Natürlich ist das immer noch ein sehr privilegierter Beruf – ich möchte dich nur warnen.

Ausgleich kann eine andere Tätigkeit sein, die nichts mit Text zu tun hat, gut gewählte Pausen, Sport oder einfach gute Gespräche zum Abschalten. Plan es dir nur aktiv ein, damit du weiterhin kognitiv frisch und mental gesund bleibst.

12.4.1 Erst das Vergnügen ... dann die Arbeit

Um wirklich gute Texte zu verfassen, musst du Freude am Schreiben haben oder zumindest so tun. Denn wer wirklich überhaupt keinen Bock auf Schreiben hat, der wird es leider auch nie auf Dauer durchziehen können (auch nicht mit KI-Unterstützung).

Daher solltest du das Schreiben in deinem Alltag auch immer priorisieren. Bedeutet: die erste Hälfte des Tages gehst du nur in die Produktion von Copy. Manche nennen es »die goldenen Stunden«, andere »Beast mode«, wie auch immer. Du solltest ungestört mindestens 3 Stunden am Stück schreiben.

Jede Mail, jedes Telefonat oder jeder Termin in dieser Zeit sind Störfaktoren. Logisch, du kannst nicht immer alles ignorieren in der Zeit. Aber versuch bitte, möglichst ungestört und im Idealfall auch nur an einem Thema zu arbeiten. So gibst du dir die maximale Chance, in den Flow-Zustand zu kommen und wirklich viel in kurzer Zeit zu produzieren.

Erst, wenn du diese Zeit ungestört mit Freude an deiner Copy gesessen hast, kannst du dich um die »echte« Arbeit kümmern und den ganzen organisatorischen Kram erledigen. Und selbstverständlich kannst du zwischendurch weiterschreiben. Nur dein Main Part für den Tag sollte dann schon erbracht sein.

Solltest du nicht selbstständig sein oder dir deine Zeit frei einteilen können, bitte deine Vorgesetzten darum, dir diese Zeit im Arbeitsalltag einzuräumen. Ich weiß, dass du nicht alle Termine umlegen kannst. Aber versuch dir diese Zeit im Alltag zu blocken und erklär ihnen, weshalb das so wichtig ist – auch im Interesse des Unternehmens.

12.4.2 Copywriting ist Balance

Hört sich an, als würde ich mich jetzt für einen Sensei halten und dir wie Mr. Miyagi von Karate-Kid einen mystischen und bedeutungsschweren Tipp mit auf den Weg geben wollen. Aber tatsächlich ist es so: Copywriting ist Balance. Du musst permanent entscheiden, was du kommunizieren möchtest – und was nicht. Du musst entscheiden, welche Stimme dein Unternehmen oder du selbst da draußen in der weiten Welt des Internets haben soll.

Es gibt keine guten Aktionen, wenn nicht auch Phasen der Ruhe einkehren. Es gibt keine Mails, die so unglaublich viel verkaufen, wenn du nicht vorher mit anderen Mails den Lesern Mehrwert gegeben hast. Und auch du kannst keine gute Copy schreiben oder strategisch denken, wenn du nicht selbst die gedanklichen Ressourcen dafür hast.

Vertrau mir: Balance ist alles. Du kannst gerne viel auf einmal produzieren und sicher noch mehr mit KI, aber wenn du zu viele Themen im Kopf hast, zu viel auf einmal willst, dann wird deine Copy an allen Ecken und Enden Mängel oder sogar krasse Fehler aufweisen. Bei zu viel Input verlierst du irgendwann den Überblick und wirst blind für eigene (Flüchtigkeits-)Fehler.

Wenn du nicht zu 100 % bei der Sache – ergo der Copy – bist, verschenkst du enormes Potenzial. Und lieber mal vom Gas zu gehen und einen Schritt zurückzutreten kann den Unterschied machen, ob deine Copy einschlägt oder nur versandet.

12.4.3 Ein paar Dinge, die ich in den letzten 10 Jahren gelernt habe ...

Kommen wir zum Schluss noch zu ein paar Lektionen, die ich selbst am eigenen Leib und nur durch Erfahrung lernen durfte. Ich hoffe, sie helfen dir und geben dir ein klein bisschen mehr Sicherheit, wenn du deine Texte an viele Menschen raussendest. Das habe ich aus dem Versand an Millionen Menschen gelernt:

Lieber unperfekt als unveröffentlicht

Glaub mir, es gibt keinen perfekten Text. Du wirst immer Dinge finden, die du verbessern, umformulieren oder feinschleifen kannst. Natürlich muss dein Standard hoch sein. Aber viel wichtiger ist, dass du eine Konstanz reinbekommst und mehr veröffentlichst, als dich im stillen Kämmerlein in die Perfektionsfalle zu schrauben.

Abgesehen davon machen kleine Fehler sympathisch und zeigen deinen Lesern, dass du noch selbst Hand angelegt hast.

Es gibt keinen Fehler, der nicht korrigiert werden kann

Wir sind Menschen und Menschen unterlaufen Fehler, auch dir und mir. Es wird vielleicht mal etwas rausgehen, das fehlerhaft war. Und dann werden sich Menschen beschweren. So ist das halt.

Aber egal, wie viel Sorge man vor so etwas hat, ich kann dich beruhigen: Es gibt keinen Fehler dieser Welt, den du nicht mit einer aufrichtigen Entschuldigung und Korrektur wieder hinbiegen kannst. Ja, das Internet kann fies sein. Aber es verzeiht auch sehr schnell, wenn du einfach einen Fehler zugibst.

Negative Kommentare sind etwas Gutes!

Apropos fieses Internet: Du kannst es nicht allen recht machen. Du wirst negative Kommentare erhalten, egal, was du schreibst. Sogar wenn du sagst: »Ich bin für Weltfrieden!«, wird jemand drunterschreiben: »Verzieh dich, du Systemling.« So ist das mit dem Internet.

Das ist aber nichts Schlimmes, sondern etwas Gutes! Denn so weißt du, dass du auf Resonanz stößt und sich andere Menschen davon angesprochen fühlen. Das Schlimmste, das tatsächlich passieren kann, ist keinerlei Resonanz. Denn dann ist deine Werbebotschaft irrelevant und verbrennt nur Geld.

Und glaub mir, die Kommentare mit Humor zu nehmen ist der beste Umgang damit. Solange du niemandem schadest oder Menschen beleidigst, ist alles in bester Ordnung.

Der einzige Weg, besser zu schreiben, ist täglich zu schreiben

Du kannst dir mit ChatGPT & Co. die Shortcuts holen, du kannst effektiver, effizienter, schneller und produktiver werden, aber du wirst nur ein besserer Copywriter, indem du andere Copy studierst und selbst täglich schreibst. Es ist der einzige Weg, deine Fähigkeiten zu verbessern.

Menschen vergessen deine genauen Worte – aber nicht deine Haltung

Ein bekanntes Zitat, das häufig der großen Schriftstellerin Maya Angelou zugeschrieben wird, lautet:

> *»People will forget what you said, people will forget what you did, but people will never forget how you made them feel.«*

Auf Deutsch: »Ich habe gelernt, dass die Leute vergessen, was du gesagt hast, dass Leute vergessen, was du getan hast, aber sie werden nie vergessen, wie sie sich bei dir gefühlt haben.«

Deine innere Haltung, deine Werte, deine Überzeugungen, deine Persönlichkeit und deine Art, dein Stil sind viel wichtiger als der noch so toll geschriebene Satz oder das beste Angebot. Vertrauen entsteht zwischen Menschen. Und es kann auch lange dauern, bis es aufgebaut ist. Also gib deinen Lesern das Gefühl, wer du bist und wofür du stehst, um sich mit dir auch identifizieren zu können.

Du schreibst immer nur einer einzigen Person, nicht Tausenden

Ich bin BVB-Fan und habe seit 17 Jahren gemeinsam mit meinem Onkel Andi eine Dauerkarte. Falls du kein Fußballfan bist: Ins Dortmunder Stadion passen über 80.000 Menschen.

Als wir damals mit GEDANKENtanken so explodiert sind und schnell über eine halbe Million Mail-Kontakte hatten, stand ich mal im Stadion und dachte mir: »*Ach du scheiße. Das ist sechsmal dieses ganze Stadion, die jetzt deine Texte lesen.*«

Auf der einen Seite ist das ein geiles Gefühl. Auf der anderen Seite bedeutet es einen enormen Druck. Was ist, wenn ich mal Blödsinn schreibe? Da sind ja bestimmt auch Fehler drin! Und ich möchte doch auch keinem auf die Füße treten – habe ich wirklich alles bedacht? Kann man das hier z. B. noch so sagen?

Weißt du, was mir dabei geholfen hat? Die Relation und Sichtweise zu ändern. Denn ich schreibe nicht so vielen Menschen. Ich schreibe immer nur einer einzigen Person. Ich richte mich nur an einen einzigen Leser. Und ich möchte nur diesem einen Menschen helfen oder ihn mit meinen Texten begeistern und überzeugen, keine Hunderttausende Menschen, keine graue, unüberschaubare Masse, nur einen einzigen Menschen. So werden deine Texte nicht nur besser und persönlicher – glaub mir, auch der Druck wird dir von den Schultern genommen.

12.5 Auf einen Blick

Hier sind wir nun angekommen, am Ende dieses Buches. Ich hoffe, ich konnte dir mit diesem kleinen Zusatzkapitel noch ein paar wertvolle Impulse mitgeben, wie der Alltag eines Copywriters für dich aussehen kann und auf was du achten solltest, um dir Fehler schon von Beginn an zu ersparen. Ich weiß, dass du deinen eigenen Weg finden wirst, bessere Copy zu schreiben, und dass einige meiner Tipps vielleicht auch gar nichts für dich sind. Aber mir war dennoch wichtig, dir ein paar »weiche« Faktoren und Erfahrungen mitzugeben, die ich selbst über die Zeit lernen durfte.

Wer weiß, vielleicht hilft es dir ja. So oder so bin ich mir sicher, dass du das Richtige tun wirst! Am Ende gibt es für dich ohnehin nur einen einzigen Weg, um langfristig besser, erfolgreich, glücklich und gelassen zu werden: Probiere immer wieder neue Dinge und Techniken aus, aber hör auf dein Bauchgefühl, was davon dich wirklich weiterbringt – und was nicht zu dir passt. In dem Sinne: Viel Erfolg bei deiner Umsetzung!

Nachwort

Das war's. Was soll ich sagen? Ich hoffe, es hat dir nicht nur gefallen, sondern du konntest auch richtig, richtig viel mitnehmen – egal, ob du schon lange Copy schreibst oder völlig neu im Game bist. Ich hoffe auch, dass ich dir mit meinen Späßen nicht zu sehr auf die Nerven gegangen bin, sondern dass dir das Lesen hier und da ein kleines Lächeln auf die Lippen gezaubert hat und so das Buch nicht zu trist geworden ist. Und dann hoffe ich natürlich, dass du rückwirkend denkst, die richtige Entscheidung getroffen zu haben, dieses Buch zu erwerben und zu lesen. Denn egal, wie lange ich das hier schon mache oder noch machen werde, bleibt und ist es für mich nie selbstverständlich, wenn sich jemand die Zeit nimmt, einen Text oder sogar ein ganzes Buch zu lesen.

Daher möchte ich nur kurz und knapp ein Wort loswerden: DANKE. Von Herzen. Danke für dein Vertrauen, deine Wissbegierde und dein Mitdenken. Das bedeutet mir ehrlich viel. Und ich freue mich sehr, wenn du auch nur eine neue Idee für dich herausziehen und umsetzen konntest.

Zu guter Letzt möchte ich mich auch beim Rheinwerk Verlag und allen Menschen herzlich bedanken, die an diesem Buch mitgewirkt und mitgearbeitet haben – vom Lektorat über das Korrektorat und den Satz bis hin zum Druck. Danke für die guten Tipps, die tatkräftige Hilfe, die herausragende Arbeit und vor allem die kritischen Nachfragen!

Ein weiteres Dankeschön geht an mein gesamtes Umfeld, an meine Freundin, meine Freunde, meine Kollegen, meine große Familie, die mir während der Zeit des Schreibens den Rücken frei- und mich ausgehalten haben. Und einen letzten, gesonderten Dank möchte ich an meine Mutter richten, die mich mein ganzes Leben immer bei allem unterstützt hat und mich so meinen eigenen Weg hat finden lassen. Manche sagen sogar, dass es mich ohne sie gar nicht gäbe. Daher danke, Mama.

Zurück zu dir, liebe Leserin, lieber Leser: Ich wünsche dir unglaublich viel Erfolg mit den Tipps aus diesem Buch und hoffe, dass du ab sofort mit deiner Copy durchstartest und so all die Ergebnisse und Ziele erreichst, die du dir wünschst.

Ich würde mich wirklich sehr freuen, wenn ich mal etwas von dir lese und wenn wir in irgendeiner Form in Kontakt bleiben. Du weißt, wo du mich findest.

Herzlichen Dank fürs Lesen und bis bald
Lukas

Index

D

E

F

P

R

S